臺灣歷史與文化 研究輯刊

二三編

第 9 冊

美術史的邊界與觀念形成：
清末以來臺灣地理空間上的敘述和考察

丁 平 著

花木蘭文化事業有限公司

國家圖書館出版品預行編目資料

美術史的邊界與觀念形成：清末以來臺灣地理空間上的敘述和
考察／丁平 著 -- 初版 -- 新北市：花木蘭文化事業有限公司，
2023〔民112〕

序 22+ 目 6+276 面；19×26 公分

（臺灣歷史與文化研究輯刊二三編；第 9 冊）

ISBN 978-626-344-201-6（精裝）

1.CST：美術史 2.CST：臺灣

733.08 111021717

ISBN-978-626-344-201-6

9 786263 442016

臺灣歷史與文化研究輯刊
二三編　第 九 冊　　　　　ISBN：978-626-344-201-6

美術史的邊界與觀念形成：
清末以來臺灣地理空間上的敘述和考察

作　　者　丁平

總 編 輯　杜潔祥

副總編輯　楊嘉樂

編輯主任　許郁翎

編　　輯　張雅淋、潘玟靜　美術編輯　陳逸婷

出　　版　花木蘭文化事業有限公司

發 行 人　高小娟

聯絡地址　235　新北市中和區中安街七二號十三樓

　　　　　電話：02-2923-1455 ／傳真：02-2923-1452

網　　址　http://www.huamulan.tw 信箱 service@huamulans.com

印　　刷　普羅文化出版廣告事業

初　　版　2023 年 3 月

定　　價　二三編 13 冊（精裝）新台幣 38,000 元

美術史的邊界與觀念形成：
清末以來臺灣地理空間上的敘述和考察

丁平　著

作者簡介

丁平，籍貫安慶樅陽，人民大學哲學博士，副研究館員，曾於臺灣藝術大學藝術與文化政策管理研究所公派研習，關注書畫理論和實踐、文化政策與藝術管理、文藝美學方向。曾在高校任教，現工作於中國文聯，主要從事書法美術等領域專業研究及相關專業書法工作。先後承擔全國性展覽、活動和教育項目近百次。參編相關論著，發表論文十餘篇。

提　　要

　　作為一種知識形式，史的觀念和表述邏輯，涉及歷史、思維意識、語言、表達及其對象的關係和自然邏輯。本書以「地方色」問題為線索，選取清末日本殖民統治臺灣至 1987 年國民黨解嚴共九十多年的時空為觀察載體，考察其地理空間上美術運動、思潮的興起發展中「臺灣美術」及其「主體性」觀念的形成機制，以及與社會歷史、思潮之間的關係，復原其歷史語境與知識圖像。具體內容如下：

　　第一章　殖民與傳統記憶：日據下美術「地方色」的源起。本章圍繞臺灣美術早期形態「地方色」觀念的形成，論述傳統美術的審美方式、場境轉向殖民現代性的景觀時，與景觀特徵有關的「地方色」觀念如何漸變為美術概念；籍此勾勒日據時期臺灣社會、文化（美術）語言環境的流轉及話語關係變化下，其深層結構關係的變化中隱藏的是殖民性擴張與現代主義複製及其殖民文化認同策略。

　　第二章　歷史記憶與現實取向：光復初期的結構轉捩、意識形態與美術。本章圍繞二戰後「臺灣光復」與「二二八革命」兩個時間性節點，論述日據時所形成的「地方色」美術概念及其權力、體制和意識形態，如何在急劇的社會形勢變革下發生演變，由此揭示戰後初期臺灣社會結構與思潮激烈衝突、變形中的政治、文化（美術）關係，以及殖民文化認同的轉捩、崩潰與中華文化認同的構建。

　　第三章　政治文化認同與「正統中國」意識下的中華色。本章圍繞上世紀 50 年代國民黨政府潰退臺灣後嚴酷政治體制及意識形態控制下的反共與正統中華身份認同的構建，論述殖民性「地方色」美術概念的危機與根本性身份轉換。這表現於「國畫正統論」和「東洋畫現代性危機」兩個問題。

　　第四章　文化中國與鄉土美學：臺灣時空下的中華臺灣色。本章圍繞 70 年代臺灣政治和國際形勢下本土化運動所興起的鄉土思潮（運動）與政治及其意識形態之間的關係，闡述身份轉化後的「地方色」美術概念如何在文化認同的權力運作下，以中華鄉土的身份轉化再次確立其政治場域中的角色，及由此確立其殖民性身份轉換後的「中華身份」向臺灣地域身份的初步轉化。

　　第五章　「主體性」與「本土性」：臺灣意識下的臺灣本土色。本章圍繞臺灣 80 年代解嚴後新興政治、文化力量的崛起對中華傳統身份的衝擊與解構，勾勒臺灣地理身份下的「地方色」如何在諸如主體性臺灣意識和分裂意識的構建下演變為主體性「臺灣美術」，揭示雜含著分裂意識的文化認同策略下的認同邏輯與文化（臺灣美術）表現。

　　餘論　政治統攝與美術史知識構成。本章概述清末以來臺灣美術社會嬗變背後的文化認同基本邏輯，以及政治社會形式變化，終使文化認同下本土化方向的臺灣意識對美術意識展開殖民：一種區別於殖民現代性視覺表徵的臺灣意識及文化認同下的視覺化表徵。

謹此付梓，以記故人；
以敬謝各位關心、教誨的先生、師友。

台灣近現代美術的地理想像——
一個臺灣美術研究者對本書的論文對話，
及代後序

廖新田〔註1〕

　　百年來，因著台灣歷史形構深受不同勢力的影響及不同文化板塊的衝擊，台灣美術如何反映此一權力競逐下的地理想像及文化變遷，是相當重要但較少被提及的議題。本文將從這個角度切入，透過對二次大戰前後（1920 年代到 2000 年）的五個面向：地方色彩、「台灣遺民」、鄉土運動、「台灣製造」（MADE IN TAIWAN）、亞洲／全球化城市，探討台灣戰前及戰後美術作品中所反映出來的地理意識及文化地理學的認同問題。這五個探測點分別連繫著不同的關係及構築文化地緣的環結：即日本、中國、台灣／本土與亞洲／全球城市，呼應了台灣自二十世紀以來的歷史發展軌跡。這個面向的探討有助於了解及擴展台灣美術研究的思考向度，同時搭起亞洲近現代美術興起的對話平台。

　　想像的地理（imagined community）一如學者 Anderson 之「想像的社群」（imagined communities）或 Eric Hobsbawm 之「傳統的發明」（the invention of tradition），都扮演者文化與歷史脈絡梳理的工作，將現實的發展理想化地和過去與未來連結起來，合理化其存在，並達到溝通與平台建立的目的，成為現實的基礎。想像的地理也是一個文化藝術的策略性參考架構，做為藝術創作、理論思想、評論詮釋的「反身性平台」（reflective platform），可以說是美學的座標。這是現代化過程中的文化基礎工程，並如實地體現歷史情境中的意志、選擇與生存的法則。

〔註 1〕廖新田，台灣藝術大學人文學院院長、教授；澳洲國家大學榮譽教授。

　　在視覺藝術上，台灣近現代美術的多變歷程是一個在現實與想像、傳統與創新、東方與西方、地方與全球間搓揉與掙扎的藝術世界，可謂亞洲藝術發展的一個縮影。

關鍵字：台灣美術，地理想像，地方色彩，鄉土運動，想像的社群。

一、地理意識與視覺形構

　　近幾年來日據臺灣史的檔案與文件整理中顯示，風景畫與地圖的質與量在美術與地理學的領域中佔有相當大的份量，兩者並且都和在地環境有密切關聯。日據時期的美術發展研究自九〇年代起，透過學者們資料的梳理與分析顯示，風景畫乃成為殖民臺灣美術現代化的主要焦點之一，一些議題如地方色彩、灣製畫、寫生等成為畫家與文藝人士關心與討論的重心。顏娟英的〈近代台灣風景觀的建構〉（2000）與《風景心境——台灣近代美術文獻導讀》（2001）可為代表。而臺灣舊地圖的蒐集、整理與展示、出版，顯示臺灣地理在研究興趣的取向之轉變。例如，《先民的足跡——古地圖畫臺灣滄桑史》（1991）、《十七世紀荷蘭人繪製的台灣老地圖》（1997）、「台北古地圖展」（1999）、《臺灣鳥瞰圖——一九三〇年代臺灣地誌繪集》（2000）、《臺灣的古地圖——明清、日治時代》（2002）、故宮的「福爾摩莎——十七世紀的臺灣、荷蘭與東亞」大展（2003）及筆者策劃，（台北）國立歷史博物館和古地圖俱樂部合辦的「美麗之島——臺灣古地圖與生活風貌展」（2003）等，都是透過視覺化的地理描述來了解台灣歷史的面貌。在這裡風景畫和地圖有一個明顯的交會點，那就是它們都對台灣地景的建構起著一定程度的作用，成為官方與民間對話的後設基礎。戰前及戰後藝術家以何種「地理意識」作為創作的參考架構則是本文的主要興趣。對馬克思主義者而言，「意識」是歷史的動力，其激進的意義是「虛假意識」（false consciousness），是「意識型態」（ideology），和階級、思想的宰制有關，因此帶有強烈的批判意涵。〔註2〕這裡，本文同時引用這個概念和一般所謂的思考模式及價值體系的解釋。

　　美術作品中的地理意識意味著：創作者的領域思考如何和他所描寫的地景發生關係。日據時期不少日本畫家來台寫生，除了在創作上追求純粹的美感價值外，殖民關係的地理從屬是否影響其創作上有著異國風情，或與殖民帝國聯繫的解讀？本土畫家在官展機制下從事「地方色彩」的視覺開發，其地理意

〔註2〕Raymond Williams，劉建基譯，《關鍵詞——文化與社會的詞彙》，台北：巨流（1976／2003），頁170～175。

識是否直接或間接影響其創作？甚至，作品中的地方認同與國家認同，是否反
應於地理意識之中？都是值得探討的問題。地理意識無法直接為人所察覺，
但透過對製圖者及創作者的作品分析，我們仍然可以掌握到創作者的地理意
識內涵及創作意涵。筆者認為，美術作品中的地理意識的展現，最直接者是挪
用地圖（地理意識的符號化、象徵化表現），間接者則表現在主題、內容、形
式、題材等之中。本文討論的三個案例，「地方色彩」屬後者，「臺灣遺民圖」
和 MADE IN TAIWAN 屬前者。在進入個案分析之前，本文將簡要釐清兩點：
地理／地圖和殖民的關係，以及風景畫與地圖的關係，此有助於對這三個案例
的了解。

　　根據學者的研究，源起於歐洲的殖民活動和地理科學的發展有密切的關
係〔註3〕。作為地形學調查主要成果之一的地圖，則呈現了殖民權力在物理空
間操作的文化痕跡，所謂「後殖民地理」（postcolonial geography）。〔註4〕另一
方面，《地圖的力量》（The Power of Maps）作者 Denis Wood 分析，地圖創造
過去與現在，結合想像、現實，呈現知識與權力的合作關係，並且構築了人們
活動的世界；地圖把人和其所處的環境聯繫在一起，放置在某個固定的脈絡中
表示人的「立場」。總之，地圖的背後隱藏了慾望的動機與實踐的計劃，它既
是名詞更是動詞，也是人類慾望與意志的代名詞。〔註5〕由於地理與地圖潛藏
強烈的文化行動的意義與能量，在後殖民論述中，關於地理的概念乃成為研究
者探索殖民文化的核心議題之一。在薩伊德的《東方主義》中，「想像的地理」
形塑了歐洲中心霸權主義中一個東方的它者。這一套思考模式，為文化、學術
與機構間所共同分享，他稱之為「地理意識」。他說：

> 　　東方主義更是將地理意識分布於美學、學術、經濟、社會學、
> 歷史與政治文本之中。東方主義的細緻操作不僅是基本地理的區
> 分，而是關涉一系列整體的利益……〔註6〕

〔註3〕James Morris Blaut (1993), *The Colonizer's Model of the World – Geographical Diffusionism and Eurocentric History*, New York/London: The Guilford Press, notes 17 in p45.

〔註4〕Pamela Shurmer-Smith ed. (2002), *Doing Cultural Geography*, London etc.: SAGE.

〔註5〕Denis Wood (1992), *The Power of Maps*, New York and London: The Guilford Press. 英文中的 mapping 的反映了地圖的「驅動」與「定位」的功能，反而和地圖無關。

〔註6〕Edward W. Said (1978/1995), *Orientalism – Western Conception of the Orient*, London: Penguin Books, p. 12.

　　意識是一套被建構起來的價值判斷，甚至是信仰體系。一方面意識提供行動架構讓人得以進行活動，但另一方面又框限了人們進行自由的判斷、意義的思考和對真理的反省。意識隱藏於表面之後的存在形態讓人們無法輕易察覺，因此更顯示它的強大操控性。同樣的，人們擁有的地理意識亦是如此，依賴它所提供的訊息架構但又被限制在其中而難以跨越。地理學者 Stephen Daniels 認為地方意識（place awareness or consciousness）的概念主在強調地理學的想像基礎之重要性。現實生活中關涉「地方」（place）之處無不存在著「空間」（space）的問題。因此「地方」（place）的概念可以視為檢閱社會關係的內容以及文化建構（the context of social relations, as a cultural construction）的對象。〔註7〕筆者以為，地理意識既然是指涉一種思維的、抽象的空間隸屬，對風景畫的創作觀當然有其影響。西方風景畫理論顯示，對風景的描繪不只是一種客觀的、對自然的紀錄，而是充滿著情感的與文化的投射，如：性別、階級、經濟操作、地方與國家認同等。〔註8〕因此，殖民脈絡下大量的地理調查與描述，其實是反映了權力對地景的解讀與改寫。

　　地圖作為一種地理意識的實踐，從 Wood 的分析中可知，具有前述的特性。在殖民脈絡下，地圖是理性化與現代化的結果，是重整新領地的宣稱，也是宰制關係的確認。符號與象徵、觀看、土地認同同時在地圖中以極複雜交錯的形式，多層次的呈現著。日本帝國殖民臺灣也有著類似的狀況。從地圖上，割佔前後顯示臺灣領土的歸屬差異。而地圖以視覺文件的型態宣稱合理化了殖民者的佔有，此一論點和後殖民論述中殖民者將被殖民者過去的歷史視為空白有異曲同工之妙。日本據台之後，臺灣全島及「蕃」地成為日本轄地，反映在地圖上的是視覺版圖與地理意識的重調（「臺灣諸島全圖」）。不但如此，地理意義的臺灣島將不斷的被轉換，符號化與再符號化，象徵化與再象徵化，成為各種文本拼貼的素材。一張日據時代的名信片，將日本統治臺灣的狀況以孔雀立於臺灣島的隱喻表現出來（「臺灣電力株式會社名信片」）。簡要的臺灣形象既是科學活動的成果（在之前，臺灣的「樣子」是不斷變化的），也是一

〔註7〕　Stephen Daniels (1992), 'Place and the Geographical Imagination', Geography, vol. 77, part 4, October, pp. 310-322.

〔註8〕　Kenneth Clark (1976), *Landscape into Art*, London: John Murray; W. J. T. Mitchell (1994), Landscape and Power, Chicago and London: The University of Chicago Press; Ann Bermingham (1986), *Landscape and Ideology: The English Rustic Tradition, 1740-1860*, Berkeley, Calif; John Barrell (1980), *The Dark Side of the Landscape*, Cambridge.

種符號與象徵工具。搭配統治象徵的孔雀與從新高山（玉山）發射出的光芒，它構成一個敘述，透過地圖反映統治關係的敘述。這種臺灣地圖的再挪用，將再出現在九〇年代 MADE IN TAIWAN 中。

　　從風景畫的發展歷程來看，和地圖的關係是相當密切的，兩者有時甚至無法切割。有時兩者的創作者是同一人，有時兩者觀看的方式是延續的，兩種文本有時互為敘述，甚至兩者同時並置在畫面之中。〔註 9〕在 Peeter Snayer（1592～1667）的「1624 年布萊達的圍城」（The Infanta Isabella Clara Eugenia at the Siege of Breda of 1624, 1630）與 El Greco（1541～1614）的「託萊多的景觀與計劃」（View and Plan of Toledo, 1610～14）中三度空間與平面性是並置的。現實與計劃（其中包含了想像）並存。文藝復興大師達文西也曾經製作過風景素描、鳥瞰圖、地圖的作品，顯示風景畫與地圖是一種延續狀態（Landscape, 1473; Bird's-eye View of），說明了「圖示化的訊息來源鼓勵吾人知識之擴充，豐富了我們對物理環境的感覺，甚至延伸我們的精神領域。因此地圖與風景畫有一種親密的關係。」〔註 10〕十七世紀荷蘭風景畫是一個更清楚的例子，作品中同時可解讀地圖的訊息與藝術表現。

　　臺灣的風景畫與地圖也有相類似的關係，將在第三、四節將有一些探討。

二、臺灣視覺化歷程的觀察

　　關於臺灣的論述，大體上循著發現（discovery）和再現（representation）兩條路線平行的進行著。「發現」意味著對臺灣的未知狀況產生好奇與認識的興趣，因此，若從關係的角度看，「發現臺灣」明顯地反映出主體（發現者）與客體（臺灣）間之過去、現在與未來的轉變。「發現臺灣」建構新的臺灣知識，改寫臺灣歷史，最終凝聚新的意識型態（政治的、文化的與社會的）。「發現臺灣」的接續動作，就是以文字、圖像等種種符號媒介將對象代表、紀錄起來，稱之為「再現臺灣」。這一套符號系統，以類似語言的方式運作著。事物必須藉著前述的符號表示（represent）其存在的狀態，這也包含著發現者的慾力在其中的作用。就這點而言，「再現」不是客觀的事實，同時「發現」也充滿著慾望的動機。「再現」是一個固著定影的動作，意在以特定的符號達成溝

〔註 9〕Malcolm Andrews (1999), *Landscape and Western Art*, Oxford: Oxford University Press.

〔註10〕Malcolm Andrews (1999), *Landscape and Western Art*，頁 79。以上例子引用 Andrews 的分析。

通的目的。雙方都在再現的過程中透露了特定的意圖與傾向。因此，再現不僅展現主體投射的意圖，也同時區別出其所屬與不所屬，相同與差異。臺灣的再現同時顯現「什麼是臺灣，什麼不是臺灣」。納入與排斥同時作用著，而這個過程乃持續的進行著。

　　臺灣如何被再現？文字是主要的工具。透過歷史敘述、地理描述與文化勾勒之途徑，臺灣呈現了他的抽象形貌。然而，這並不代表臺灣的全部，我們更需要將臺灣視覺化。日據時代，殖民臺灣常被化約為熱帶地區的表徵。「熱帶性」的無以言喻在椰子（檳榔）樹、樟樹、香蕉、鳳梨、水牛、農舍廟宇、原住民等圖像活靈活現的表現出來。視覺化彷彿坦承一個真實的故事，這種真實性（authenticity）的效果，即便捏造，也足以取得讀者的信服。Anderson在《想像的共同體》中論及殖民地的建構，認為人口普查、地圖製作與博物館設立是三個重要的機制，它們分別促成了人口、地理與歷史的想像。〔註11〕在我看來，這三項都具有視覺化的效果：當它們分別轉換成統計圖表、地圖與展覽時，一個彷彿是真實的生活群體就此浮現，並且逐漸形成共識。用這個方式檢驗日據時代的臺灣，臺灣的「現形」（visualization）是在戶口普查、各類地理調查與博覽會展示中完成，反映了前述的觀察。當然，在調查與展示的背後，則是一連串嚴密的、有系統的統治與管理的事實。例如，1905 年所進行的戶口調查浮現了臺灣戶籍與人口之結構，1898 年的土地調查與 1910 年起的林野調查讓地理形貌更形確定，1903 年大阪勸業博覽會成立臺灣館與 1935 年大規模的始政四十周年臺灣博覽會等展示了臺灣總督府統治下的秩序性，等等調查結果與建設成果之呈現，層疊交錯地把臺灣的地理與人文景觀重新梳理一番。這樣的殖民景觀再造工程，誠如夏鑄九所言：「這個為殖民者所翻攪，一層層被塗掉重寫的台灣地景，是殖民者想像的自然，殖民者「大日本帝國」想像的地理學（imagined geography）之中的「其他的自然」（他者的自然）（other nature）。」〔註12〕

　　如果把時間從日據推向更遠之前的清代來看臺灣的整個視覺化過程，地

〔註11〕Benedict Anderson (1983/1991), *Imagined Communities – Reflections on the Origin and Spread on Nationalism*, London and New York: Verso.

〔註12〕夏鑄九，〈殖民的現代性營造——重寫日本殖民時期台灣建築與城市的歷史〉中視殖民現代性的概念為「一種沒有主體建構過程的現代性」或「主體（Subject）缺席」的殖民社會，《台灣社會研究季刊》第 40 期，2000 年 12 月，頁 49、65。

圖、與風景畫分別扮演重要的角色。它們不是以接力的方式描述臺灣，而是進入臺灣的場景後以相互重疊的、互補的方式讓臺灣顯影得更清楚。不但如此，這兩個將臺灣視覺化的機制是以形成「特寫」（close-up）的方式逐漸拉近觀看者的距離。中外製作地圖中的臺灣，我們看到用線條圍成的外型，細節即便詳細，這些符號構成的臺灣是靜默的，我們只看到某一地方（place），對該地的空間（space）仍無法細細判讀。這種缺憾，就如 Ronald G. Knapp 在〈臺灣地景的形塑〉中所強調的關於地方與空間概念互為流動的重要：「檢視地方的形塑如何進入空間的運作，使我們更能了解物理環境因素與人類經濟、社會、政治層面間之互相連結的關係，並且賦予這些地球表面特定的意義。」〔註13〕這是地景中自然與文化辯證關係的關鍵。從 1100 年（宋）的「古今華夷區域總要圖」中的琉求，或 1554 年起不斷被複製的 I. Formosa，古今中外的讀者藉著這小小的島嶼形狀，以或多或少的想像填充這個不能言，但越來越多地被討論著的「他者」。當荷蘭人進入澎湖、臺窩灣之後（1622，1624 年），地圖所描寫的內容不再是海岸輪廓，而是更為細緻的、小區域的地景內容。Johannes Vinboons 的熱蘭遮城的建物、船舶描繪（1635 年，「熱蘭遮城與長官官邸鳥瞰圖」）將臺灣視覺化的工程向前推進了一步，地圖製作與風景畫的意味在此並無法全然區隔。對荷蘭人而言，這兩者有理論與實踐上的親近性，誠如一位荷蘭製圖者所言：「誰能在紙上確實掌握他過去的外國的地形，除非他懂得繪畫。好的地圖是多麼富麗絕妙，使人如從另一世界看這世界。為此，我們要感謝繪畫的藝術。」〔註14〕此呼應了 Malcolm Andrews 的看法：「製圖家與畫家的作品是同時經常是互為關連的，即使我們把前者當做是科學而後者是藝術。」〔註15〕Andrews 指出，當我們理解到地圖與風景畫的製作與觀看同時都在探索地景，讓地景變的合乎人之理解情境，其實兩者的差異並不是那麼的遙遠。在 Andrews 看來，這是「擁有的隱喻語彙」（a metaphorical vocabulary of possession），流動在兩種製作的過程與結果的背後，形成後設的架構。而臺灣的地理圖像，在荷蘭人的操作下，呈現的既是地圖，也是風景的樣貌。地圖是

〔註13〕 Ronald G. Knapp (1999), "The Shaping of Taiwan's Landscapes", in Murray A. Rubinstein ed. *Taiwan – A New History*. New York and London: M. E. Sharp, pp. 3-26.
〔註14〕 格斯・冉福立，江樹生譯，《十七世紀荷蘭人繪製的台灣老地圖》（下冊），臺北：漢聲，1997 年，頁9。
〔註15〕 Malcolm Andrews (1999), *Landscape and Western Art*, Oxford: Oxford University Press.

指標與定位，風景畫則提供一個可進一步閱讀的內容，從無聲到有聲，從故事的大綱到生動的細節。甚且，此一轉折，從地圖到風景畫，加入了美感認知的因素，詮釋的動機超過科學紀錄的成分。從地圖到風景畫，地方的面貌因而更形完整、具體，符號的轉換也更為靈活。1930 年代，石川欽一郎與日本旅遊畫家在臺灣各地的寫生，如果從「地圖／風景畫」的觀念看，風景畫不再謹謹是固著於「臺灣現代美術興起」的思考點，而是放在一個更大的文化形構的範疇來討論。在此，「地圖是藝術」這句話將具有更深刻的意涵，而臺灣的視覺化歷史亦將獲得更完足的詮釋空間。

三、描繪台灣：石川欽一郎及日本畫家的風景畫

　　描繪、紀錄新殖民地台灣是日據時代視覺活動的主流，特別是西式風景畫的興起。眾多以石川欽一郎為首的日本藝術家帶動來台寫生的風潮，並培養第一代本土藝術家接棒，形成源源不斷的美感再現台灣的運動。

　　日據時期台灣的風景觀，顏娟英認為與理藩政策、人類學研究同步（1907～1916），更與現代休閒型態，即旅行、登山活動有關（1924～1932）。在殖民台灣的時代，台灣地景的視覺表徵與地圖紀錄總是和冒險為伍。大規模的冒險行動與調查早於 1896 年領台初期展開。總都府軍務局派遣五支探險隊調查縱貫和橫貫鐵路的預定路線 [註 16]。繪製地圖乃是未來擴張和建設的重要依據，也是山區冒險的必要工具之一。日據初期，台灣對外的刻板印象是充斥著獵人頭的山地人及致命的熱帶疾病。對日人藝術家來說，它是一個充滿危險的地方。河和新藏對『蕃人』猙獰的印象來自於一張明治七年（1874）年的錦繪 [註 17]。當石川欽一郎前往台灣任職前夕，朋友也給他一些忠告 [註 18]。他以軍事翻譯官的身份初入台灣，離台後搏得「台灣西畫之父」的美名 [註 19]。

　　石川欽一郎來台之前事實上有許多的攝影寫真的展覽報導及風景名信片的出版散見於報端。風景名信片足見是相當受歡迎的消費品。台灣風景印象在

[註 16] 伊能嘉矩，陽南郡譯，《台灣踏查日記》（上），台北：遠流，1996 年，頁 167。
[註 17] Ronald G. Knapp (1999), "The Shaping of Taiwan's Landscapes", in Murray A. Rubinstein ed. *Taiwan – A New History*，頁 62～66。
[註 18] Ronald G. Knapp (1999), "The Shaping of Taiwan's Landscapes", in Murray A. Rubinstein ed. *Taiwan – A New History*，頁 54～56。
[註 19] 靜岡縣立美術館，《石川欽一郎　明治水彩畫之先達・台灣洋畫之父》，靜岡：靜岡縣立美術館，1992 年。

殖民的第一個十年已漸漸因著出版、報導而普為人知。他的特殊貢獻與影響在於他從日本帶進了戶外繪畫的觀念，欣賞自然的新理論與水彩畫的創作方法。這些促使台灣的跟隨者能夠接觸他們所居住的環境。他在這方面的專業因著美術啟蒙老師及繪畫社團的指導人的身份而益顯重要。他與官方的密切關係及藝術名譽使他有機會為天皇及總督繪製風景畫。他深刻的意見與豐富的知識對台灣風景畫的影響是無以倫比的。

對於台灣風景的觀察，石川結合了軍事行動與探險者的愉悅。中央山脈的探險最能說明這點。當他在做速寫時，步槍兵在旁保護。1909 年 3 月，應佐九間總督之邀隨著軍隊深入危險的山區記錄地理狀況與征伐的成果。九件作品最後被挑選出來呈獻給天皇。從他的旅遊報導可以看出兩種矛盾的心情同時糾葛在心中[註20]。一方面他非常擔心生命安危而另一方面則欣喜於如此特殊的自然景觀之美。在這種情況下，畫家個人、作品與自然環境間存在一種張力，氣氛是不輕鬆的。他說：

> 到了稜線，風景很漂亮。腳底下的斷崖，有濁水溪穿流其下，身不見底。……不久他們為我放置了桌椅，讓我把此地方壯麗的景致都記錄下來。……護衛的少尉與裝滿彈丸的八人兵隊，在我的周圍形成警戒保護的警備隊。有幾位隘勇手持槍彈隱藏在附近的草叢中，森嚴的戒備著。有時後他們會朝著風中搖曳的樹木示威似地發射，槍聲在山間迴響，讓人感覺好像交戰的氣氛。當然這和我繪畫的心情是不搭調的，不過又覺得雄壯而痛快……[註21]

雖然石川也曾經把在東北戰場出生入死的經驗在 1914 年的水彩雜誌（Mizue）報導出來[註22]，但此次的冒險仍然帶給他極深刻的回憶。在當時緊迫的情境下，他需要快速而正確的技巧來經營畫面。而他過去速寫及水彩畫的訓練則完全發揮了作用。在石川與日本來台畫家間都有著這種迅即凝結一個典型的畫面及有效地形構畫面的方式。他的學生是最主要的繼承與發揚光大者，而迅速有效的法則也轉化成養成專業畫家的美術教育上。他「為他們做

〔註20〕靜岡縣立美術館，《石川欽一郎　明治水彩畫之先達・台灣洋畫之父》。

〔註21〕夏鑄九，〈殖民的現代性營造——重寫日本殖民時期台灣建築與城市的歷史〉中視殖民現代性的概念為「一種沒有主體建構過程的現代性」或「主體（Subject）缺席」的殖民社會，頁 44〜45。

〔註22〕Ronald G. Knapp (1999), "The Shaping of Taiwan's Landscapes", in Murray A. Rubinstein ed. *Taiwan – A New History*，頁 164。

了先導的鋪路工作，更借給他們一副觀看的眼睛」〔註23〕。或者，也可以說他為那些對台灣有興趣的人『翻譯』了這個有異國風味的地方。

　　解讀石川在中央山脈探險的速寫，地圖與風景畫在此交集。他自己也對他的作品有此雙重功能而自豪〔註24〕。文字在此用來說明所描繪的地點並且使這些素描具有一種策略性的功能。畫面中的小標題也帶有地圖製作的意味。帶著槍桿與畫筆，軍人與畫家的動機有其雷同之處，即征服與秩序。軍人所逡巡的領土與畫家所畫的速描有相似的重要性，兩者都以他們的方式宣稱他們所佔領的地方。當石川欽一郎的畫作獻給天皇作為殖民的成果時，美與權力乃結合在一起，也是美學政治化與政治美學化的實踐。對他來說，這是完全相容的，因為水彩是客觀的記錄工具而眼睛所接收到的顏色也是客觀的。科學的觀察是必要的。他指出，「觀賞景物時客觀因素比主觀因素感覺自然而普遍被接受」〔註25〕。軍人與畫家的分界因此是模糊又融通的。問及為何石川能同時製作戰爭畫又熱衷於跨種族文明的推廣〔註26〕，從製作地圖的角度看地圖與風景畫的共通基礎提供了可能的答案。

四、殖民關係下「地方色彩」的興起及其地理意識之意涵

　　從異國情調到「地方色彩」的轉變，是日據時代台灣美術的發展的主要基調〔註27〕。殖民初期，日本對於台灣自然景觀異於內地的震驚，其採用的途徑是以類比的方式解讀台灣風景特性，亦即將台灣的種種以日本的標準來看是恰當的〔註28〕。早在 1879 年人類學者伊能嘉矩（1867～1925）探訪台灣山區時便有這種觀察。他認為日本的風景是精緻的，而台灣的風景是雄壯的。結合

〔註23〕顏娟英，〈觀看與思索風景〉，《風景心境——台灣近代美術文獻導讀》（上），台北：雄獅，2001 年，頁 24。

〔註24〕夏鑄九，〈殖民的現代性營造——重寫日本殖民時期台灣建築與城市的歷史〉中視殖民現代性的概念為「一種沒有主體建構過程的現代性」或「主體（Subject）缺席」的殖民社會，頁 187。

〔註25〕Ronald G. Knapp (1999), "The Shaping of Taiwan's Landscapes", in Murray A. Rubinstein ed. *Taiwan – A New History*. p. 33.

〔註26〕林如薇，〈石川欽一郎第一次在台灣的活動〉，《藝術家》第 241 期，1995 年 6 月，頁 350～360；〈石川欽一郎第二次在台灣的活動〉，《藝術家》第 243 期，1995 年 8 月，頁 326～336。

〔註27〕王淑津，〈日本殖民地時代台灣美術史的「地方色彩」論題〉，《今藝術》第 3 期，2003 年 3 月，頁 52～58。

〔註28〕靜岡縣立美術館，《石川欽一郎　明治水彩畫之先達・台灣洋畫之父》。

兩種類型可為日本風景畫家與造景家提供極好的理論﹝註29﹞。石川欽一郎也
提議以日本的風景畫來閱讀台灣。﹝註30﹞如此也導致他對台灣風景的總結：野
性美、鮮豔的顏色、粗獷的線條、外表的淺薄與強烈的光線。此外，當與新世
界遭遇時，旅行者也不免會聯想到它地的代表景點。台灣風景讓1914年來台
寫生的三宅克己（1874〜1954）想起義大利南部、西班牙與埃及﹝註31﹞；曾四
次赴台的川島理一郎把台南看成羅馬或龐貝城﹝註32﹞。一幅滿載甘蔗的牛車
的畫面情景讓人聯想起米勒的作品﹝註33﹞。這種典範式的比較觀點經常出現
在殖民關係之中，多少扭曲了兩者的真貌與關係。

　　當殖民政策與日本人逐漸深入台灣社會，對台灣的認識也日趨深刻，因此
漸漸擺脫前述異國風情的刻板印象。「地方色彩」（local color）的訴求在質疑
聲中逐漸成為主流，並取得民間與的官方的共識﹝註34﹞。「地方色彩」不僅是
描繪一地風貌的意思。在不同的脈絡使用下，「地方色彩」呈現多層的意義，
就筆者所了解。其一，指透過奇裝異服等裝置引發異國情境的氛圍。James

﹝註29﹞ Ronald G. Knapp (1999), "The Shaping of Taiwan's Landscapes", in Murray A.
Rubinstein ed. *Taiwan – A New History*. p. 163.

﹝註30﹞ 夏鑄九，〈殖民的現代性營造──重寫日本殖民時期台灣建築與城市的歷史〉
中視殖民現代性的概念為「一種沒有主體建構過程的現代性」或「主體
（Subject）缺席」的殖民社會，頁30〜31、32〜35。

﹝註31﹞ 夏鑄九，〈殖民的現代性營造──重寫日本殖民時期台灣建築與城市的歷史〉
中視殖民現代性的概念為「一種沒有主體建構過程的現代性」或「主體
（Subject）缺席」的殖民社會，頁59〜61。

﹝註32﹞ 夏鑄九，〈殖民的現代性營造──重寫日本殖民時期台灣建築與城市的歷史〉
中視殖民現代性的概念為「一種沒有主體建構過程的現代性」或「主體
（Subject）缺席」的殖民社會，頁81〜83。

﹝註33﹞ 夏鑄九，〈殖民的現代性營造──重寫日本殖民時期台灣建築與城市的歷史〉
中視殖民現代性的概念為「一種沒有主體建構過程的現代性」或「主體
（Subject）缺席」的殖民社會，頁67〜69。

﹝註34﹞ 廖新田（2002），〈變調的顏色──日據時代台灣西式風景畫中『地方色彩』論
述〉（Blurring-The 'Local Colour' Discourses in Taiwanese Landscape Painting, the
1930s-1940s），第八屆北美台灣研究學會「權力，知識生產與行動體：朝向一
個批判的台灣研究」（Power, Knowledge Production, and Agency: Towards a
Critical Taiwan Studies）（27th to 30th June），該文論證「地方色彩」的呼籲讓
官方的美術展覽會（台展與府展）以及民間的藝術家與評論人有一個共同追
求的美術創作目標，然而僵化膚淺的思考，理論上與時潮脫節（和當時的台灣
社會現實主義要求不同調）的訴求，以及和台灣文學超現實主義中所持的自
然觀之差異，而讓「地方色彩」落入「地方物產」及大東亞共榮圈下的從屬位
階之狹隘解釋，使「地方色彩」（local color）充滿了發展上的矛盾與障礙。

Clifford 在《文明的困境》中描述 1910 至 1930 年代巴黎人類博物館的非洲文物收藏及展示﹝註 35﹞。這種跨文化癖好甚至和當代原始主義藝術的興起有密切關係﹝註 36﹞。其二，在日本內地，「地方色彩」指大正昭和時期面對西洋新美術的應對之道：將題材國粹化（以油畫媒材及方法描繪本土主題）及發展本土創作品味﹝註 37﹞。Takashina 和 McCallum 分別以「印象主義者的學院主義」（Impressionistic Academism）和「學院的印象主義」（academic Impressionism）描述以黑田清輝為首的地方風格運動。這種折衷的本土風格也成為許多台灣第一代西畫家追求的創作目標﹝註 38﹞。第三，根據富山一郎的研究﹝註 39﹞，日本內部對「地方」的概念乃受到地理氣候與殖民關係的影響而有不同意義的轉向。在此邏輯下「熱帶」與「島民」的意涵放入自我與它者的對立架構中，並且和文明／落後，正常／病態的價值差異平行。進一步的，富山一郎認為這種觀點和大東亞共榮圈的統合主義（cooperativism）之主張維持地方特色與發展傳統是一致的。因此，這種思考是將日本放在主宰的核心，而台灣、南洋等地成為這張同心圓地圖上的某一環點。台灣的「地方色彩」，從統治脈絡與背景看來，含括了上述三點：熱帶異國情調的、折衷寫實的本土化風格的、從屬的殖民關係的。同時，地理概念一直是這種思考的座標。上山滿之敬總督在第一屆台灣美術展覽會（簡稱「台展」）致詞便強調台灣地理與氣候的特殊性對美術發展的關係：

﹝註 35﹞ James Clifford (1988), *The Predicament of Culture – Twentieth-Century Ethnography, Literature, and Art*, Cambridge and London: Harvard University Press, p. 135.

﹝註 36﹞ 廖新田，〈馬諦斯，東方風格及其批判〉，《歷史文物》第 118 期，2003 年 5 月，頁 39～49。

﹝註 37﹞ Takashina Shūji (1987), "Eastern and Western Dynamic in the Development of Western-style Oil Painting during the Meiji Era", in *Paris in Japan – The Japanese Encounter with European Painting*, Tokyo and Louis: The Japan Foundation and Washington University, pp 21-32; Donald F. McCallum (1987), "Three Taishō Artist" Yorozu Tetsugorō, Koide Narashige, and Kishida Ryūsei", in *Paris in Japan – The Japanese Encounter with European Painting*, Tokyo and Louis: The Japan Foundation and Washington University, pp 81-95.

﹝註 38﹞ 王秀雄，〈戰前台灣西洋畫的風格探釋〉，《西潮東風——印象派在台灣》，高雄：高雄市立美術館，1997 年。

﹝註 39﹞ Tomiyama Ichirō (1997), "Colonialism and the Sciences of the Tropical Zone: The Academic Analysis of Difference in 'the Island People'", in Barlow Tanie ed. *Formations of Colonial Modernity in East Asia*, Durham and London: Duke University Press, pp. 199-221.

夫美術為文明之精華。其榮瘁足徵國運隆替。恭惟皇澤之覃敷
邇遍。於茲三十餘年諸般施設。逐漸奏績駸駸乎有進而無已也。詎
有美術一途。置之度外之理。於是美術展新成可為本島文化興隆取
資之祝。顧本島有天候地理一種物色。美術為環境之反映。亦自有
特色固不待言。今也甫見美術萌芽。宜培之灌之。期他日花實俱秀。
放帝國一異彩也。〔註40〕

　　總督府文教局長石黑英彥也基於「在此亞熱帶的本島，富有值得在藝術
上發揮的特色」〔註41〕而樂見「台灣作品表現出的地方色彩」〔註42〕。東京美
術學校教授藤島武二鼓勵台灣畫家「正確地掌握熱帶地方色彩」〔註43〕。對台
灣美術甚具影響力的油畫家鹽月桃甫認為地理因素對藝術創作的影響是毫無
疑問的：「特殊的地理條件會創造出獨具該國特性的藝術。」〔註44〕鹽月的地
理決定論將「地方色彩」和「南國色彩」等同起來，並致力描寫台灣原住民圖
像，最後形成「台灣圖像」的創作目標〔註45〕。這種順理成章的連結見諸於一
篇第三屆台展的評論：「經過嚴格挑選的西洋畫入選作品，展現出南國風味的
地方色彩。」〔註46〕總之，由官方指導，民間台日人士全力投入的台展，將「地
方色彩」視為發展台灣美術的主要目標與選件標準，因此鼓勵了台灣美術新秀
將台灣本土風景描繪於作品中。西方繪畫技術與科學的觀察方法的引進固然
扮演決定性的影響，但政策的引導才是最具關鍵性的推動力。一篇《台灣日日
新報》的短文很清楚的掌握了台灣熱帶地理氣候環境特色和創作的關係：「地
方色彩是藝術活動中很重要的因素，台展重點應該在於以台灣本島為中心的
藝術創作，表現出本島精神，以及外來文化充分融合後的精神，展現本島活

〔註40〕〈臺灣美展開院式〉，《漢文臺灣日日新報朝刊》，昭和2年10月28日。

〔註41〕Benedict Anderson (1983/1991), *Imagined Communities – Reflections on the Origin and Spread on Nationalism*, p. 558.

〔註42〕石黑英彥，方林摘譯，〈台灣美術展覽會審查感言〉，《藝術家》第246期，1995年11月，頁388。

〔註43〕Benedict Anderson (1983/1991), *Imagined Communities – Reflections on the Origin and Spread on Nationalism*, p. 99.

〔註44〕鹽月桃甫，方林摘譯，〈台展西洋畫概評〉，《藝術家》第246期，1995年11月，頁390。

〔註45〕王淑津，《南國霓虹——鹽月桃甫藝術研究》，台大藝術史研究所碩士論文，1997年。

〔註46〕X.Y.Z生，方林摘譯，〈第三屆台展入選作品揭曉！〉，《藝術家》第247期，1995年12月，頁318。

力。」〔註47〕在此呼聲下，1930年代之後的台灣美術作品，寫實的風景畫成為主流創作。作品的內容前所未有地將台灣的風景人物以美術的手法與表現紀錄下來，所反映出的不僅是藝術的價值，更反映出畫家的視覺觀注與關照自然環境的面向。發展「地方色彩」的呼聲不僅在1927年台展高喊開來，同年由官方報紙《台灣日日新報》所發起的「台灣新八景」選拔也熱烈展開。精緻文化的普及化與大眾文化的精緻化在此獲得銜接：一方面展覽的作品有了詮釋的機制，另一方面殖民現代化的生活品味也和美術活動同步。〔註48〕這點可由報紙媒體《台灣日日新報》「台展畫室巡禮」中參賽畫家呼應「八景十二勝」的報導可知〔註49〕。

從上面的分析可知，日據時代「地方色彩」的訴求並非單純的在視覺上描寫或表徵台灣，它含帶複雜的意義，特別是面臨藝術創作的目的與描寫地方風物間之兩難抉擇。飯田實雄曾警告一味僵化地追求民俗地方色彩將導致「文化的地方性自殺」〔註50〕。顏娟英點出了「地方色彩」的根本性問題：

> 問題是在台灣這樣的地方，沒有美術訓練學校、研究機構，或
> 美術館；甚而連土地的認同感與文化意識都仍然處於萌芽狀態下，
> 如何具體地發展出台灣畫壇的特色，而不是隨意到處找些民俗性或
> 地方特殊題材作為代表呢？〔註51〕

因此，「地方色彩」在理論上與創作上所反映的地理意識，一方面是認識鄉土的啟蒙，透過科學的觀察、寫實的描寫與新形式的展覽，讓民眾得以感受台灣風物之美；但另一方面，由於此一訴求充滿了內部的矛盾與表面的膚淺，加上殖民關係的牽控，因此無法深刻地培養主體性的認知，對台灣地理意識的推動也就有所限制。從當時的評論與後來的分析可知，以「地方色彩」為訴求

〔註47〕批評家，方林摘譯，〈台展考察（上）〉，《藝術家》第247期，1995年12月，頁324。

〔註48〕宋南萱，〈日據時期「台灣新八景」的產生與圖像〉，《2000年藝術史學生論文發表會》，http://topia.yam.com/home/artcy/paper/.htm，2001年7月28日。

〔註49〕邱琳婷，《1927年「台展」研究──以台灣日日新報前後資料為主》，國立藝術學院美術史研究所碩士論文，1997年。

〔註50〕夏鑄九，〈殖民的現代性營造──重寫日本殖民時期台灣建築與城市的歷史〉中視殖民現代性的概念為「一種沒有主體建構過程的現代性」或「主體（Subject）缺席」的殖民社會，頁539。

〔註51〕顏娟英，〈台展時期東洋畫的地方色彩〉，《台灣東洋畫探源》，台北：台北市立美術館，2000年，頁13。

的美術創作確實為台灣住民開啟了認識在地環境的一扇窗，但並無法引導出
對土地的深刻感情與表達，對台灣的地理意識的培養因此也無從達成。從地方
認同到國家認同是一條連續的進程，當「地方色彩」被挪用為殖民從屬關係下
的異國情調之時，「地方色彩」已無法支撐臺灣地理意識的內涵，並從事主體
與認同的建構工程。

五、在世界地圖中缺席：《臺灣遺民圖》

日據時代的美術作品充滿了「地方色彩」，地理的概念隱藏在創作的背
後，並未明顯地出現在作品中。而作品以寫實描述為主的風格，視「台灣地
方」為理所當然的殖民關係，因此未能如民間政治運動碰觸到台灣定位的問
題。真正從地圖角度探討台灣定位的作品，並且以地圖為創作素材者，當推
1934 年劉錦堂的《臺灣遺民圖》（油彩、絹，183.7×86.5 公分）。劉錦堂，1894
生於台中，就讀台北總督府國語學校師範科。1915 年官費留日，入川端畫學
校學習素描，後考入東京美術學校。受五四運動的感召，1920 年赴大陸，被
國民黨中委王法勤收為義子，改名王悅之。隔年，回日本完成學業後回國，
考入北大中國文學系，同時擔任國立北京藝術學校教授。1916 年和同好共組
「阿博洛（Apollo）學會」，1924 年創辦北京私立美術學校並自任院長，1928
年任杭州西湖藝術學院（林風眠主持）西畫系主任及第一屆全國美展籌備委
員，1929 年應聘國立北平大學藝術學院教授，1930 年兼任私立京華美專校長，
同年自辦北平藝術科職業學校，直至 1937 年 3 月辭世，年僅四十三歲。自赴
日後從未回台，只有在 1925 年受教育部委派至日台考察。他一生從事現代美
術教育之工作，和劉海粟、林風眠、徐悲鴻同為中國現代美術的奠基者。其創
作成就主要在於中國美術現代化及融會中西的貢獻〔註 52〕。其子劉藝將父親
的創作分三階段，《臺灣遺民圖》屬第三階段顛峰期：「人物畫更有時代感和社
會意義，表現了與命運抗爭的追求。」〔註 53〕

此圖原名「三大士像」，和同年的《棄民圖》同屬描寫被遺棄在祖國之外
的流民，被認為是劉氏一生的代表作。畫幅之上鈐有一篆印「台灣遺民」表明

〔註52〕 蕭瓊瑞，〈王悅之與中國美術現代化運動——從「融合中西」角度所做的觀察〉，
《臺灣美術》第 46 期，1999 年 10 月，頁 10～22。
〔註53〕 劉藝，〈劉錦堂在中國現代美術史中的地位〉，《臺灣美術》第 46 期，1999 年
10 月，頁 7。

此畫主旨。《臺灣遺民圖》取陸游詩：「遺民忍死望恢復，幾處今宵垂淚痕。」
之意。畫家曾以詩贈送胞弟歸台：「台灣淪亡四十年，遺民不復有人憐；送君
歸去好耕種，七十慈親依杖懸」〔註54〕。評論者認為此作反映出民族的關懷和
對台灣淪落在日本殖民統治下的同情，情感真摯深刻。中間人物手掌上的眼睛
是「望向故鄉的一隻眼」〔註55〕，表達出對祖國的遙望與回歸的渴望。蕭瓊瑞
評其作品「同時呈顯擁抱祖國、心繫臺灣的文化思考之時代典型」〔註56〕。一
般評論的焦點集中於「臺灣遺民」的民族情結與民族認同、畫面的宗教救贖之
象徵意義及赤足仕女所代表的新女性。對於畫面中間仕女手捧地球的意涵較
少深入討論〔註57〕。筆者以為，這幅作品的感動力與張力乃是來自畫家利用地
圖概念突顯 1895 年之後的臺灣狀況。觀者所見畫面中的地球有亞洲、非洲和
澳洲，除了說明當時臺灣和殖民帝國日本、文化祖國中國的糾結關係外，也導
向台灣在世界版圖中的思考。周亞麗分析：

> 劉錦堂在地球模型的正面，繪上以亞洲為主的東半球地圖……
> 這些國家除日本、蘇俄是強權的殖民帝國外，其餘地區從十九世紀
> 初期到二十世紀初期，幾乎都成為帝國主義的侵略對象，地球模型
> 之安排顯示，劉錦堂所關懷的不止於中國及台灣，而且擴大至眾多
> 所有受壓迫的弱勢民族，共同對抗帝國主義的侵略及殖民主義的問
> 題。……地球模型應是劉錦堂對反帝的民族主義與民族自決理念的

〔註54〕邱琳婷，《1927 年「台展」研究——以台灣日日新報前後資料為主》，國立藝
術學院美術史研究所碩士論文，1997 年，頁 20。

〔註55〕蕭瓊瑞，〈王悅之與中國美術現代化運動——從「融合中西」角度所做的觀察〉，
頁 10～22。

〔註56〕蕭瓊瑞，〈台灣第一代由畫家的文化思考〉，《東亞油畫的誕生與開展》，台北：
台北市立美術館，2000 年，頁 227。

〔註57〕例如林惺嶽評論：「中間女子右手捧著地球模型，攤開下垂的左手掌心出現一
隻眼睛，則似乎透露出象徵的意蘊。」見林惺嶽，〈一位來自台灣的唐山人—
—略論劉錦堂的生涯及藝術〉，《臺灣美術》第 46 期，1999 年 10 月，頁 30；
蕭瓊瑞分析：「是以一種深具宗教意味的構圖，呈現了畫家對故鄉的懸念與期
待。一種取材自民間佛教西方三聖的構圖原模，描繪三位光腳立地、雙手合
十、身著傳統旗袍的女子，其中一人一手捧著地球、一手下垂掌心向外，掌心
上有著一隻眼睛。」見〈台灣第一代由畫家的文化思考〉，《東亞油畫的誕生與
開展》，台北：台北市立美術館，頁 227；理超：「作品中的三個婦女代表著被
侵略者占領後的台灣人民的形象。兩旁合掌祈禱的婦人，她右手捧著一個地
球儀，左手的掌心上有一隻眼睛。其寓意中含有是盼望收復國土，統一祖國的
願望。」《東亞油畫的誕生與開展》，台北：台北市立美術館，頁 199。

陳述。〔註58〕

圖中地球上的地圖是符號指涉，說明台灣在地理關係上的存在，並呈現特定的符號意義：台灣的（祖國）國家認同與文化認同的不確定性〔註59〕。三位裸足現代仕女腳踩的地，背後弧線暗示了三位站在地球之上，是象徵性的空間，同時也是台灣真實踩踏的空間。依理，手捧地球的仕女應相對的站在畫有部分地圖的地球上以茲對照。實際上她們所踩踏的象徵空間是一片空白，頭上臺灣遺民的鈐印也因此如同漂浮於真空之中。劉錦堂固然有意將「臺灣遺民」的寓示鎖定在祖國關係的文本之內，但畫面中卻呈現了「台灣是世界地圖中的遺民」的弦外之音，溢出作品的訴求。如果將劉所指涉的時間點拉長自 17 世紀前葉荷西殖民時代的台灣，並對照當時所製作的台灣地圖，臺灣處於「遺民」的狀態更長，因此所謂「台灣遺民」實有「台灣是世界的遺民」之意。這也預言了 1945 年後臺灣在中國（統獨論戰問題）與國際角色（各國際組織）中的模糊定位及文化認同上的危機感。三位「望向故鄉」的仕女，拋出來的疑問不是祖國認同與關懷的希望，而是歷史作弄下的茫然。那隻眼睛，她們所代表的臺灣「觀」點，找尋著可以落腳的版圖，並渴望腳下的空白能填上合於她們認同的地圖，和手捧的地球相互符合，在象徵符號與生存空間之間取得平衡。

《臺灣遺民圖》以臺灣地理意識問題作為創作素材，點出了「遺民」的困境與悲哀。劉錦堂以大中國的架構思考此問題時，正值面對殖民帝國與文化祖國兩者的拉距，前者政經的壓榨，後者溫柔的呼喚，心懷祖國之夢自是理所當然。但劉未料想到，他去世的那一年爆發日本侵华戰爭，台灣人的國家認同竟淪為吳濁流筆下的「孤兒」：一個在台灣被視為漢奸、在大陸中國又當作日寇的台灣人。從「遺民」到「孤兒」，台灣的地理意識與文化認同尚未找到安頓之處，劉作品中眼神的期待也因此而落空。面對「遺民」與「孤兒」的困境，改名王悅之的劉錦堂也難逃「吳濁流情境」。1931 年接掌京華美專之際，他的台籍身份竟成為對手攻擊的對象，而無視於他自日本學成後對祖國大陸的全心貢獻〔註60〕。以劉的遭遇，「台灣遺民」隱射的不只是回歸祖國的熱盼，以

〔註58〕周亞麗，〈祖國認同與台灣關懷——劉錦堂的「臺灣遺民圖」〉，《何謂台灣？——近代臺灣美術與文化認同論文集》，台北：文建會，1997 年，頁 298～299。

〔註59〕周亞麗，〈祖國認同與台灣關懷——劉錦堂的「臺灣遺民圖」〉，頁 298～299。

〔註60〕攻擊函充分顯示劉錦堂的出生地台灣與後來割讓日本的命運竟然成為污名化王悅之的原因，並被歸為非我族（國）類之罪名，此種邏輯耐人尋味：「王係

及是對台灣不容於殖民帝國與文化母國的慨嘆。腳踩空白的土地和手上捧的地球，都無台灣及台灣人容身之處。這是劉錦堂以地圖概念隱喻台灣地理歸屬的空白。

《臺灣遺民圖》完成於大陸，比較同時期以官展為核心的「地方色彩」運動，兩者在地理意識的架構上顯然不同，前者以日本為架構，後者以中國為參酌，均非以台灣為觀點的主體性考量。文化認同的尋找持續到戰後的藝術創作。

六、MADE IN TAIWAN：戰後台灣美術的文化認同

戰前台灣處於國家歸屬與文化認同的兩難困境，展現在視覺作品上的地理觀是對現實處境的回應。台灣內部被引導出「地方色彩」的訴求，日台藝術家紛至鄉間角落找尋符合此訴求的題材；在大陸的劉錦堂以既是旁觀者，又是來自台灣的身份將自身的遭遇、台灣人國族認同的困境和台灣殖民的無奈等複雜情結融合在《臺灣遺民圖》上。戰後戒嚴的狀況亦讓美術的發展在意識型態的思辨上有所限制。民國 76 年 7 月 15 日解除戒嚴，77 年 1 月 1 日解除報禁，80 年 5 月 1 日終止動員戡亂時期臨時條款，藝術家得以在此一波思想開放的潮流中更密切地思考社會議題和創作的關係。因著政治風氣的轉變，90 年代的許多藝術家們的創作呈現對台灣文化認同的省思。楊茂林的MADE IN TAIWAN 系列作品，以台灣老地圖和考古文物等為素材，明顯地呈現對台地理意識與文化認同的思索，是前述思想鬆綁，禁忌解除而啟蒙批判興起的潮流下的產物。MADE IN TAIWAN 文字併置貝殼等圖像，有時代上的巧合。

戰後國共對峙於海峽兩岸，1950 年美國國務院的經援、聯防，讓台灣於此時期休養生息，進行基礎民生工程。1959 年美援雖削減，隨後的 1961 年 3 期 4 年經建計畫出口額增加 50%，1966 年 12 月 3 日高雄加工出口區正式啟用標誌著台灣進入出口的年代。MADE IN TAIWAN 的產品進入國際，聯合國 1969 年宣佈台灣的經濟成長為世界之首。1977 年進出口貿易總額達 156 億多美元，1979 年 IMF（國際通貨基金）發表台灣出口貿易成長率為第一位。

台灣人，原名劉錦堂，前在日本因犯要案，改名榮楓，潛入我國，隨王法勤姓，更名悅之，侵占阿博洛學會，據為私產……擾我教育，破壞我校風，早宜逐出國境。」引謝里法，《台灣出土人物誌》，台北：前衛出版社，1988 年，頁 104 ～114。

MADE IN TAIWAN 已然成為經濟奇蹟，台灣的驕傲〔註61〕。在五十年的殖民壓抑下，台灣的經濟成長和楊傳廣的奧運十項全能銀牌、棒球運動同為台灣揚眉吐氣的代表。於此之際台灣考古界有重大發現，1954 年台大考古系和台北市文獻會共同挖掘圓山貝塚，1958 年發現大坌坑遺址，MADE IN TAIWAN 的經濟涵義可謂延伸到文化的義涵，而這種延伸似乎開始為台灣的藝術家所察覺，將 MADE IN TAIWAN 納為創作題目或思考架構。

楊茂林的 MADE IN TAIWAN 系列作品，以套印於進出口用木櫃的文字挪用經濟的生產概念，追索台灣文化生產的根源，透過圖像的歷史感探討台灣文化認同的種種。並且，MADE IN TAIWAN 的經濟與文化生產的進行，是在進出口的關係中，意即，國際文化衝擊下形塑而成。利用古地圖喚起台灣四百年的歷史經驗，超越了前述殖民（「地方色彩」）和國族（《臺灣遺民圖》）的思維框架。《圓山紀事 M9117》（1991 年）的直立台灣地圖乃模仿一張 1640 年東印度公司橫著的台灣島圖，《熱蘭遮紀事 L9201》（1992 年）和一張 1655 年中華帝國新圖中的台灣雷同。台灣興起於國際帝國競爭的舞台，並且自身成為國際強權的競技場。《熱蘭遮紀事 L9201》描述了在古台灣地圖上，帝國主義者的商船駛過島嶼上空，遮住了原來住民烙印在土地的痕跡。時間與空間的交錯讓歷史事件如浮光掠影，也強化了台灣政治認同與文化認同的不確定性，追尋認同更非易事。楊茂林在此系列中反覆地將歷史事件所留下的圖騰，符號拼貼於台灣地圖上。突顯了島嶼的歷史宿命：台灣是個歷史平台，它製造了歷史、人物，而歷史、人物也塑造了它，是 MADE IN TAIWAN，同時也是 TAIWAN IN MAKING。

後殖民理論中，分析楊茂林作品中使用地圖的效果，首先，MADE IN TAIWAN 以台灣地圖為視覺主角，思考的架構不是封閉在日本／台灣（「地方色彩」），中國／台灣（「台灣遺民」）〔註62〕之中，而是台灣歷史自身的流變這一層思考之上。一張 17 世紀的老地圖喚起了沉睡的歷史記憶，此一歷史記憶同時和觀者的台灣印記對話、印證或調適。其次，被引用的台灣地圖事實上是

〔註61〕解讀 MADE IN TAIWAN 的義涵不全然是正面的，國際間給這個符號的註記往往是負面的：低品質、廉價、初步製造等等。這種刻板印象流竄在電影（ARMAGEDDON, 1998）、廣告（倫敦 Johnny Walker）之中。這個議題涉及跨文化的思考，筆者爾後將另文探討。

〔註62〕本文分析劉錦堂的《臺灣遺民圖》有國族、世界關係和個人心境上的反映，但中國／台灣的架構仍然是這三種反映的基礎。

帝國強權於海權爭奪時代下的被製造出來的符號。因此台灣地圖的現形和
MADE IN TAIWAN 一樣都帶有強烈諷刺歷史的意味〔註63〕。誰製造了台灣和
台灣製造了什麼是一個古今交錯的意涵。而此符碼的一再挪用，有反轉、改寫
殖民符碼的批判意圖，其語意是間接曲折的。當殖民的符號由主體空白的它
者（other，即台灣）的認同者（即廣義的台灣人，認同以台灣為主體的台灣住
民，是讓台灣具體化的行動代理人）所挪用，是藉由歷史反思自我處境。就此
而言，此圖挪用地圖文化符碼概念，有著後殖民批判的意味。第三，作者藉用
地圖所富含的語意與故事（一個立體狀態的歷史形構），經過複製與簡化，和
其它圖像表徵並置，形成文本間對話的平面空間。此一空間主要由地圖所營
造，地圖所喚起的地理意識與歷史感是其它圖像所不能及的。最後，即使以大
紅色框出外形和描寫帝國船艦，作品中感受不出歷史悲情，只有歷史殘餘符號
的拼貼，這種冷靜與沉澱，反轉了政治煽情下台灣意識感的窄化與工具化。作
品將觀者留置在時空長廊中感受與省思「台灣歷史」的氛圍。

　　《圓山紀事 M9117》中的地理意識與歷史感是否起著文化認同的作用？
以筆者的觀察，此作品乃透過地圖以喚起台灣在歷史形構的意識（即何謂「台
灣」？及「台灣性」Taiwaneseness），以拋出問題、追尋脈絡的方式反思台灣
文化主體的落點。作品中呈現的顯然不是帝國議題、中國議題而是台灣議題，
一個極靠近台灣主體性的問題。路況在最近出版的《臺灣當代美術大系——
世俗・社會》中將挪用臺灣古地圖的創作視為臺灣美術新生代的「新圖式主
義」，是以「『畫地圖』的方式……把台灣經驗實體壓扁凝縮一塊鳥瞰無疑的平
面、切面或表面，而以一種『這就是台灣』的指稱姿態，來宣示其藝術版圖的
佔領與完成。」而 MADE IN TAIWAN 把「已成國際形象的台灣標籤，畫成像
海報或廣告看板的圖案標語，諷喻當時整個『發現臺灣』的本土意識與主體意
識，重新界定『台灣製造』如同畫台灣地圖。……『發現臺灣』可以是發現新
大陸的世界新地圖之展現，同時也是一種自我的『摺曲』，從『現在』直接折
向無限遙遠的過去與記憶。」〔註64〕然而，筆者認為，將「新圖式主義」的「看
圖說話」表現方式解釋成「畫地圖」慾望是忽略了台灣殖民脈絡下地理意識的
形構的根本作用與影響。換言之，地圖不是發洩的結果，而是歷史時空的窗

〔註63〕 Larry D. Lutchmansingh (1992), "Yang Mao-lin: A Retrospective View"，王福東
　　　　編，《楊茂林》，台中：臻品藝術。
〔註64〕 路況，《臺灣當代美術大系——世俗・社會》，台北：藝術家，2003 年，頁 50
　　　　～70。

口。同時和楊茂林 MADE IN TAIWAN 系列使用老地圖的還有楊成愿的作品，
運用地圖的符碼氛圍、考古文物。日據洋式建築與地理意識讓觀者進入歷史的
隧道之中，視野是過去，現在與未來的連接。

七、結論

　　台灣地理意識的變遷及地圖的演化反映了四百年來台灣的興起。地圖作
為一種領域意識的符號表徵，引領人由微觀的世界進入宏觀的世界，並建立起
想像的共同體。藝術創作者體認到這種能量，即地理觀對創作架構的特殊作用
而挪用於作品中。劉錦堂的《臺灣遺民圖》和楊茂林的 MADE IN TAIWAN 系
列和楊成愿的臺灣古地圖作品是展現地圖的力量的例子。而日據時代描寫台
灣地方色彩的風景畫則隱示了地域性的概念，亦具有地誌的標示功能。相較
於藝術家使用其它符碼，地圖或明顯地理範疇的素材仍然是藝術創作中較少
被利用的題材。它們富含歷史語言，然而其帶有強烈的意識型態的傾向與地
域性規範了這種符碼的使用，並潛在的和國家意識相應。上述三種美學化地理
概念與地圖的創作議題，觸及地理意識的探討及文化、國家認同的思辯，以及
地理範疇指涉關係，是台灣美術史中非常「台灣」的例子。

導　論

0.1　選題緣起

　　作為美術史的學科化、學理性構建，基於表現類別有書法、繪畫、雕塑及現代藝術等各專門性描繪或綜合性大美術觀的集中表述，且已有相當成熟的展現。但是，作為一種知識形式和表達方式，「史」的觀念和表述邏輯，在客觀性呈現的同時如何理解其主觀性表達以及可能性文本，是一個有意思的問題。即如何研究歷史、思維意識、語言、表達及其對象的關係和自然邏輯，以及逃脫侷限性的可能。對此，本書選取自清末以來的臺灣地理空間和時間為觀察載體，嘗試作出思考。

　　具體而言，近代臺灣美術的研究始自上世紀 50 年代中期，以臺灣學者王白淵的《臺灣美術運動史》研究為其開端，至 70 年代末鄉土運動時期謝里法的《日據時代臺灣美術運動史》為臺灣美術研究工作的高峰。這兩位臺灣重要的美術史學者也正代表了此時期臺灣美術研究工作的重點，主要集中於日據時期臺灣美術史的分析與研究。70 年代後，隨著臺灣美術研究的深入以及其他學科的加入，近代臺灣美術的研究逐漸於 90 年代發展成為一門顯學。1990 年臺灣省立美術館與《雄獅美術》雜誌社聯辦「臺灣美術三百年作品展」，1993 年臺灣學者林惺岳主持臺北市立美術館「臺灣美術新風貌」特展，兩次展覽均附有專文、史實附錄並出版專著，籍此臺灣近代美術史整理重建的新篇拉開序幕。〔註 1〕

〔註 1〕參閱蕭瓊瑞，「後記：兼論臺灣美術史研究」，《臺灣美術史綱》，劉益昌，臺北：藝術家出版社，2009 年，第 529 頁。

　　然而，目前關於近現代臺灣美術的研究〔註2〕，主要是集中於對史的整理與分析。其中兼有對某一時期或某一美術樣貌的綜合社會學、人類學、政治學、美學等多學科化的分析。總體而言，主要還是集中於美術史實範疇內的研究。就臺灣美術研究來說，其史的研究工作已大體成型，形成了較為豐富翔實的美術史成果，其交叉跨學科的研究近十幾年來學界也在興起，一些學者也開始涉及，不過還僅限於文章散論（或論文集），未多見系統性專著出現。〔註3〕但是，美術史實因其自萌芽起即與社會政治、文化發生著由淺入深的複雜糾葛。如何從傳統美術史之後，發現並真實展現政治文化演變、認同之下的（臺灣）美術真實生態，以及與之相關的社會形態，是傳統美術史與社會史尚未過多涉及的領域。由此，以政治學、文化學及社會學等交叉跨學科角度進行有關近現代臺灣美術思潮（運動）及其與所處社會之間關係的綜合探討顯得具有一定意義，這將有助於我們重新認識傳統美術史之後（臺灣）美術與社會的歷史形態及其生態，而不僅僅是以史寫史，以史傳史。這是研究選項緣起之一。此外具體到臺灣美術學理問題而言，相較於臺灣美術的研究來說，大陸目前各地的地方美術史研究工作逐步於各地推開，而臺灣其特殊的政治歷史背景，使其具有了不同於大陸各地的特殊歷史與現實情勢，這則使得此社會現實之下的臺灣地域的美術（「臺灣美術」）身份表現出搖移不定和特定代表性，反映在80年代以來的臺灣地域即是「主體性」或「臺灣意識」的「臺灣美術」觀念的熱議。關於此時「臺灣美術」觀念的型構問題，其源自於日本殖民時期以來政治、文化認同與臺灣美術身份及其生態的變化發展，至80年代末90年代初臺灣社會大變動之後，一躍成為學界內外的熱門課題。即90年代以來所形成的「臺灣美術」身份問題是一個有著深遠歷史結構和政治文化背景的課題，這不是簡單的關於其自身「身份性」內容的探討，而應從歷史生態之中考慮其淵源由來。然而當前關於此問題的研究還多在於篇章化局部研究，或關注於美術史的探討，並未多見系統性全面探討「臺灣美術」學科性、身份性的研究。且就此問題的探討，也可能基於先天性的政治與社會環境，臺灣學界尚未形成代表性的結論，甚至有偏向政治性的動因所趨，乃至得出結論純為政治附

〔註2〕　參閱蕭瓊瑞，「臺灣美術研究回顧專輯導論」，《臺灣美術》，民國94年第59期。蕭瓊瑞，「後記：兼論臺灣美術史研究」，《臺灣美術史綱》，劉益昌，臺北：藝術家出版社，2009年，第529頁。

〔註3〕　參閱劉新，「當代中國美術出版報告（五）──臺灣美術出版隔岸觀」，《出版廣角》，2001年第12期，第22～24頁。

論。由此客觀圍繞臺灣地域美術「主體性」或「臺灣意識」這一核心爭議問題的形成過程進行探究，審視臺灣 1895 年（殖民）至 1987 年（解嚴）一共九十多年的時間內，臺灣美術運動、思潮興起發展中「臺灣美術」觀念及其「主體性」觀念的形成，與臺灣 1895 年後九十多年社會狀況、思潮之間的複雜關係，是一個有意義的問題。在此本書並不打算就臺灣地域美術的「主體性」或「臺灣意識」展開討論，而是轉向對此核心問題形成的過程進行探究。由此本書重點在於：臺灣社會與美術之間的關係，及其導致哪些相關美術學理問題的產生，也即以日本殖民後臺灣美術思潮為主軸，從九十多年來的臺灣社會歷史及其思潮推演釐析出一個臺灣性的「臺灣美術」及其主體性觀念如何最終形成。此為原因之二。最後，當前大陸學界關於港澳臺相關學科的研究工作正處於上升態勢，並取得了非常豐富的相關成果和積累。然而鑒於臺灣特殊的政治、歷史與文化，關於臺灣美術的研究工作目前仍主要為臺籍學者所從事，大陸還是近乎無人為之，〔註4〕相關研究較為滯後。基於以上諸因，筆者擬對臺灣美術做一較系統的文化學、社會學角度研究，以期重新展現近現代臺灣美術的歷史生態與形態，並由此觀察美術史可能的展現維度。

0.2　研究現狀

臺灣研究，尤其是關於臺灣政治、經濟、歷史等方面的研究，其成果可謂汗牛充棟，對於臺灣美術的研究則相形見絀，少之又少，成體系的研究專著屈指可數。比較而言，這一狀況在大陸臺灣美術研究領域則更顯得極為明顯。在此，本書擬圍繞「美術史」和「跨學科」兩個角度對臺灣美術研究現狀展開分析梳理。以下資料源於「國家圖書館（北京）」、「首都圖書館（北京）」、「中國人民大學圖書館」、「國家圖書館（臺北）」、「國家歷史博物館（臺北）」、「華藝線上圖書館（臺北）」、「Haward Library」、「中國期刊網」等。〔註5〕

〔註4〕具體情況參見下文研究現狀。

〔註5〕A.「臺灣美術」條目：中國人民大學圖書館——館藏 7 項，電子圖書分別為（cadal）11 項、（超星）3 項；國家圖書館（北京）——館藏 103 項；首都圖書館（北京）——館藏 2 項；國家圖書館（臺北）——館藏 4007 項，（戰後臺灣美術：館藏 62 項），國家圖書館博碩士論文庫（臺北）——館藏 1669 項；（戰後臺灣美術：館藏 38 項）；Haward Library——庫藏 717 項；中國期刊網博碩士論文庫——館藏博士 4 項、碩士 21 項；以上，為 2010 年前檢索信息；B.「臺灣、戰後臺灣、臺灣美術」條目（經過挑選整理）：中國期刊網——42

一、大陸「近現代臺灣美術研究」的現狀

在近現代臺灣美術的研究當中，關於美術史方面大陸學界目前有學術性專著兩部〔註6〕出版，此即大陸美術史論家吳步乃與沈暉二位先生於80年代末編著的《臺灣美術簡史》〔註7〕。該書以時間為序大略介紹了臺灣地區從清朝以來直至當代的美術狀況，同時附錄簡要介紹了活動於臺灣的諸位重要藝術家。不過對於美術史實其並未做過多分析，也未涉及社會學等跨學科性研究，僅屬史實性介紹的一本簡史。同樣出版於80年代末的《臺灣現代美術運動》〔註8〕則是陳履生先生所著，該書記錄了戰後直至七十年代末的臺灣美術概況。除去以上著述之外，大陸學界還出版有幾本臺灣美術作品圖錄集：如《臺灣美術發展：1950～2000》〔註9〕，該書以作品為主，並以作品時代為序輔以對50年代以來至80年代臺灣美術畫會、流派、思潮等一些狀況做了簡要概述。《臺灣美術作品選》〔註10〕則是一部純作品圖集。該書1987年5月出版，主要介紹了1968年以後臺灣出品的重要美術作品，但並無任何研究性介紹。至於大陸的博碩士論文中涉及臺灣美術史實方面的有：博士論文《1949～1980臺灣工筆花鳥畫創作研究》〔註11〕，該論文介紹了臺灣50年代以來工筆花鳥畫風的傳衍，以及中國傳統工筆花鳥畫在臺灣的脈絡與變化。總體而言該論文以美術史實為序介紹了工筆畫這一畫種在臺灣美術領域中的狀況。碩士論文《探索臺灣本土藝術走向》〔註12〕則極為簡要的概述了戰後臺灣美術流派，但也無任何研究性介紹。《淺議大陸地區現代岩彩畫與具有臺灣本土特色的膠彩畫之比較研究》〔註13〕則簡述了膠彩畫在臺灣和大陸的發展狀況。《臺

項；華藝線上圖書館（臺北）──期刊18項；電子書3項；國家圖書館（臺北）──期刊27項。以上，為2010年前檢索信息；有關「臺灣」、「戰後」、「光復」的查詢數據省略，相關資料參見附錄。

〔註6〕目前大陸整個近代臺灣美術研究專著也僅限於此。明清時期有少量文獻資料包含臺灣地域美術的介紹。

〔註7〕吳步乃、沈暉，《臺灣美術簡史》，北京：時事出版社，1989年。

〔註8〕陳履生，《臺灣現代美術運動》，北京：人民美術出版社，1989年。

〔註9〕張芳薇，《臺灣美術發展：1950～2000》，北京：中國美術館，2006年。

〔註10〕游允常，《臺灣美術作品選》，北京：人民美術出版社，1987年。

〔註11〕林靜芝，「1949～1980臺灣工筆花鳥畫創作研究」，中國藝術研究院，2009年。

〔註12〕陳籽晴，「探索臺灣本土藝術走向」，南京藝術學院，2009年。

〔註13〕陳靜，「淺議大陸地區現代岩彩畫與具有臺灣本土特色的膠彩畫之比較研究」，廈門大學，2007年。

灣的現代主義繪畫》〔註14〕，簡述了現代主義畫風於臺灣的發展狀況。《基於不同歷史環境下岩彩畫及其教學的文化理解》〔註15〕於論文第一、二章簡要涉及到臺灣岩彩畫教學的介紹。以上研究尤其碩士論文對於臺灣美術研究均未做太多的分析，還僅屬簡述性質介紹。除去成體系的研究之外，大陸學界尚有一些關於臺灣美術史研究的文章。這主要有：吳步乃先生的《近現代的我國臺灣美術》〔註16〕，該論文較為詳細的介紹了日本殖民時期直至1987年以來臺灣整個美術發展狀況。對古今重要藝術家、流派做了些詳細介紹。《臺灣雕塑概說》〔註17〕主要關注日據時期的雕塑藝術家活動，對戰後雕塑家有少量介紹。《去臺木刻家黃榮燦的犧牲經過與生平行跡》〔註18〕則是吳步乃先生對戰後赴臺重要版畫家黃榮燦一些生平經歷的介紹。《中國版畫年鑒——臺灣版畫簡況》〔註19〕則極為簡要的介紹了臺灣六七十年代的版畫狀況。張小鷺先生《淺議近百年來日本美術文化對中國民族繪畫（包括臺灣膠彩畫）的影響》〔註20〕一文對明治維新後日本美術思想與風格對臺灣膠彩畫影響作了簡要介紹。劉新《浩淼煙波辨屐痕——20世紀臺灣美術史的分期和基本特徵（包括早期清朝和日據）》〔註21〕，對百年來臺灣美術狀況做了較為概略性的分期介紹。除以上相關研究文章之外，吳步乃、林木等學者還就臺灣藝術家有相關短文介紹。關於臺灣美術的交叉性學科研究，目前有博士論文一篇，《亂象與主流——臺灣當代美術的文化生態研究》〔註22〕。該論文提出以臺灣當代美術文化生態為對象，以政治機制、民間資本及精神態勢的影響為研究重點，以時間為序梳理臺灣自70年代末以來的當代美術發展狀況。不過該文立基於臺灣當代美術，從而對日據到戰後迄至80年代以來的臺灣美術未有涉及，此外該論

〔註14〕謝心瑜，「臺灣的現代主義繪畫」，南京藝術學院，2009年。
〔註15〕李傑，「基於不同歷史環境下岩彩畫及其教學的文化理解」，廈門大學，2009年。
〔註16〕吳步乃，「近現代的我國臺灣美術」，《美術》，1988年第3期。
〔註17〕吳步乃，「臺灣雕塑概說」，《美術研究》，1988年第2期。
〔註18〕吳步乃，「去臺木刻家黃榮燦的犧牲經過與生平行跡」，《臺聲》，1994年第4期。
〔註19〕吳步乃，《中國版畫年鑒——臺灣版畫簡況》，遼寧：遼寧美術出版社，1984年。
〔註20〕張小鷺，「淺議近百年來日本美術文化對中國民族繪畫（包括臺灣膠彩畫）的影響」，《國畫家》，2006年第4期。
〔註21〕劉新，「浩淼煙波辨屐痕——20世紀臺灣美術史的分期和基本特徵（包括早期清朝和日據）」，《美術研究》，2001年第4期。
〔註22〕陳明，「亂象與主流——臺灣當代美術的文化生態研究」，中國藝術研究院，2008年。

總體而言並未對文化（美術）、政治、意識形態等內在關係和邏輯做出較深分析和研究。除去該論文之外，大陸尚有幾篇文章討論。《政治革新與臺灣當代美術的泛政治化》〔註23〕討論了戰後 80、90 年代臺灣當代藝術與社會情勢之間的關係。《現代主義運動與臺灣現代水墨畫的發展》〔註24〕一文梳理了臺灣自 50 年代以來至 80 年代，現代主義藝術思潮對臺灣現代水墨藝術表現的影響。《明清時期「臺灣美術」的漢土美學風格──論漢土畫風對臺灣美術風格的影響》〔註25〕、《殖民時期臺灣美術「地方色彩」觀念的型構──一個殖民性的視覺化表徵》〔註26〕等幾篇文章對明清和日本殖民時期臺灣美術進行了研究討論。綜合以上，總體反映了大陸臺灣美術研究方面的現狀，對近現代臺灣美術及其與社會之間問題的研究幾近空白；對學理性臺灣意識下的「臺灣美術」觀念與文化認同問題的研究也無涉及。

二、臺灣地區「近現代臺灣美術研究」的現狀

在近現代臺灣美術的研究當中，關於美術史方面臺灣學界目前有較為可觀的學術成果〔註27〕。除去政府、民間研究機構的學術活動和研究成果外，大量的個人研究成果也紛紛以專著出現。總體而言臺灣地區研究成果主要有：林惺岳《臺灣美術風雲 40 年》〔註28〕，蕭瓊瑞《五月與東方：中國美術現代化運動在戰後臺灣之發展：1945～1970》〔註29〕、《島嶼測量：臺灣美術定向》〔註30〕、《戰後臺灣現代藝術的發展（1945～1987）》〔註31〕，王秀雄《臺灣

〔註23〕陳明，「政治革新與臺灣當代美術的泛政治化」，《甘肅社會科學》，2009 年第 5 期。

〔註24〕陳明，「現代主義運動與臺灣現代水墨畫的發展」，《藝術探索》，2010 年第 2 期。

〔註25〕丁平，「明清時期「臺灣美術」的漢土美學風格──論漢土畫風對臺灣美術風格的影響」，《美學六十年論文集》，北京：首都師範大學出版社，2010 年。

〔註26〕丁平，「殖民時期臺灣美術『地方色』觀念的型構──一個殖民性的視覺化表徵」，《文藝爭鳴》，2011 年第 1 期。

〔註27〕參閱蕭瓊瑞，「臺灣美術研究回顧專輯導論」，《臺灣美術》，民國 94 年第 59 期。蕭瓊瑞，「後記：兼論臺灣美術史研究」，劉益昌，《臺灣美術史綱》，臺北：藝術家出版社，2009 年，第 525～531 頁。

〔註28〕林惺岳，《臺灣美術風雲 40 年》，臺北：自立晚報社文化出版部，民國 76 年。

〔註29〕蕭瓊瑞，《五月與東方：中國美術現代化運動在戰後臺灣之發展：1945～1970》，臺北：東大圖書股份有限公司，民國 80 年。

〔註30〕蕭瓊瑞，《島嶼測量：臺灣美術定向》，臺北：三民書局股份有限公司，2004 年。

〔註31〕蕭瓊瑞，《戰後臺灣現代藝術的發展（1945～1987）》，臺中：臺灣省美術館，民國 93 年。

美術發展史論》〔註32〕，李欽賢《臺灣美術歷程》〔註33〕、《臺灣美術閱覽》
〔註34〕、《臺灣美術之旅》〔註35〕，李俊賢《臺灣美術的南方觀點》〔註36〕，
謝里法《臺灣新藝術測候部隊點名錄》〔註37〕、《探索臺灣美術的歷史視野》
〔註38〕，謝東山《臺灣美術史》〔註39〕、《臺灣當代藝術》〔註40〕，廖瑾瑗《背
離的視線──臺灣美術史展望》〔註41〕，朱佩儀、謝東山《臺灣寫實主義美術
（1895～2005）》〔註42〕，顏娟英等《臺灣的美術》〔註43〕，徐文琴《臺灣美術
史》〔註44〕，劉益昌、蕭瓊瑞等《臺灣美術史綱》〔註45〕，賴英英《臺灣前衛：
60年代複合藝術》〔註46〕，（臺中）國立臺灣美術館《臺灣美術地方發展史全集》
〔註47〕，藝術家出版社《臺灣美術全集》〔註48〕、《臺灣當代美術大系》〔註49〕、
《臺灣現代美術大系》〔註50〕，（臺北）國立歷史博物館《口述歷史叢書：前輩
書畫家系列》〔註51〕，（臺北）文建會《臺灣美術中的五十座山嶽》〔註52〕等

〔註32〕 王秀雄，《臺灣美術發展史論》，臺北：國立歷史博物館，民國84年。
〔註33〕 李欽賢，《臺灣美術歷程》，臺北：自立晚報社文化出版部，1992年。
〔註34〕 李欽賢，《臺灣美術閱覽》，臺北：玉山社，1996年。
〔註35〕 李欽賢，《臺灣美術之旅》，臺北：雄獅圖書股份有限公司，2007年。
〔註36〕 李俊賢，《臺灣美術的南方觀點》，臺北：臺北市立美術館，民國85年。
〔註37〕 謝里法，《臺灣新藝術測候部隊點名錄》，臺北：藝術家出版社，1995年。
〔註38〕 謝里法，《探索臺灣美術的歷史視野》，臺北：臺北市立美術館，民國86年。
〔註39〕 謝東山，《臺灣美術史》，臺南：國立臺南藝術學院藝術史與藝術評論研究所，
1999年。
〔註40〕 謝東山，《臺灣當代藝術》，臺北：洪葉文化事業有限公司，2007年。
〔註41〕 廖瑾瑗，《背離的視線──臺灣美術史展望》，臺北：雄獅圖書股份有限公司，
民94年。
〔註42〕 朱佩儀、謝東山，《臺灣寫實主義美術（1895～2005）》，臺北：典藏藝術家庭
股份有限公司，2006年。
〔註43〕 顏娟英、廖新田，《臺灣的美術》，臺北：財團法人群策會，民國95年。
〔註44〕 徐文琴，《臺灣美術史》，臺北：南天書局出版有限公司，2007年。
〔註45〕 劉益昌、蕭瓊瑞，《臺灣美術史綱》，臺北：藝術家出版社，2007年。
〔註46〕 賴英英，《臺灣前衛：60年代複合藝術》，臺北：藝術家出版社，民國96年。
〔註47〕 （臺北）國立臺灣省美術館編，《臺灣美術地方發展史全集》，臺北：日創社文
化事業有限公司，1992～2008年。
〔註48〕 藝術家出版社編，《臺灣美術全集》，臺北：藝術家出版社，1992年。
〔註49〕 藝術家出版社編，《臺灣當代美術大系》，臺北：藝術家出版社，2003年。
〔註50〕 藝術家出版社編，《臺灣現代美術大系》，臺北：藝術家出版社，2004年。
〔註51〕 （臺北）國立歷史博物館編，《口述歷史叢書：前輩書畫家系列》，臺北：國立
歷史博物館，2003年至今。
〔註52〕 （臺北）文建會編，《臺灣美術中的五十座山嶽》，臺北：雄獅美術圖書股份有
限公司，2005年。

等。此外涉及美術史研究的博碩士論文在臺灣也相當豐富，如陳瓊花《林玉山繪畫藝術之研究》〔註 53〕、黃冬富《臺灣全省美術展覽會國畫部門之研究》〔註 54〕、王素峰《廖繼春之研究》〔註 55〕、朴敬姬《黃君璧繪畫之研究》〔註 56〕、楊宗坤《光復後臺灣國畫寫生論之研究》〔註 57〕、余秀潤《臺灣 1950～60 年代抽象繪畫思潮之研究》〔註 58〕、林玠熹《戰後臺灣現代國畫運動與在臺國畫家之因應（1945～1991）》〔註 59〕、林芳瑩《藝術家席德進研究》〔註 60〕等等。對此可參閱臺灣學者蕭瓊瑞先生的《臺灣美術研究回顧專輯導論》〔註 61〕，該文對臺灣主要大學、科研機構自 1962 年至 2004 年以來所有的博碩士論文進行了非常細緻的列表和分析介紹。以上為有關美術史的專著，除此之外尚有一些以美術史實為序的作品圖錄和論文集。如臺北市立美術館《臺灣美術新風貌展（1945～1993）》〔註 62〕、《開新：80 年代臺灣美術》〔註 63〕、《立異：九〇年代臺灣美術發展》〔註 64〕，郭繼生《當代臺灣繪畫文選：1945～1990》〔註 65〕，林保堯《百年臺灣美術圖像》〔註 66〕，長流美術館《時間的刻度：臺灣美術戰後五十年作品展》〔註 67〕，臺中縣文化局《臺灣美

〔註 53〕陳瓊花，「林玉山繪畫藝術之研」，臺灣師範大學美術研究所，1984 年。

〔註 54〕黃冬富，「臺灣全省美術展覽會國畫部門之研究」，臺灣師範大學美術研究所，1985 年。

〔註 55〕王素峰，「廖繼春之研究」，臺灣師範大學美術研究所，1986 年。

〔註 56〕朴敬姬，「黃君璧繪畫之研究」，中國文化大學藝術研究所，1989 年。

〔註 57〕楊宗坤，「光復後臺灣國畫寫生論之研究」，臺灣師範大學美術研究所，1993 年。

〔註 58〕余秀潤，「臺灣 1950～60 年代抽象繪畫思潮之研究」，成功大學藝術研究所，1997 年。

〔註 59〕林玠熹，《戰後臺灣現代國畫運動與在臺國畫家之因應（1945～1991）》，臺灣師範大學美術研究所，2003 年。

〔註 60〕林芳瑩，「藝術家席德進研究」，臺灣東海大學歷史學系，民國 93 年。

〔註 61〕蕭瓊瑞，「臺灣美術研究回顧專輯導論」，《臺灣美術》，民國 94 年第 59 期。

〔註 62〕黃光男，《臺灣美術新風貌展（1945～1993）》，臺北：臺北市立美術館，民國 82 年。

〔註 63〕陳盈瑛，《開新：80 年代臺灣美術》，臺北：臺北市立美術館，2003 年。

〔註 64〕林葆華、雷逸婷，《立異：九〇年代臺灣美術發展》，臺北：臺北市立美術館，2004 年。

〔註 65〕郭繼生，《當代臺灣繪畫文選：1945～1990》，臺北：雄獅圖書股份有限公司，1991 年。

〔註 66〕林保堯，《百年臺灣美術圖像》，臺北：藝術家出版社，2001 年。

〔註 67〕黃承志，《時間的刻度：臺灣美術戰後五十年作品展》，桃園縣：長流美術館，民國 92 年。

術六十年》〔註68〕，臺灣美術館《藝域長流──臺灣美術溯源》〔註69〕等等。
值得注意的是，臺灣美術史研究中已有一些對戰後臺灣美術史料進行總結的
工作；如蕭瓊瑞的《戰後臺灣現代繪畫運動大事年表（1945～1970）》〔註70〕、
《戰後臺灣美術文獻編年（1950～1970）》〔註71〕，倪再沁的《戰後臺灣美術
編年史初稿》〔註72〕，顏娟英的《臺灣近代美術大事年表》〔註73〕，以及雄獅
美術《臺灣美術年鑒》等等。綜上所述為有關美術史的研究，其中有通史、斷
代史、美術活動史和美術流派以及畫家個體，乃至區域性美術研究等。總體而
言，主要立基於廓清臺灣美術史實，兼帶簡要的史論分析，進而對臺灣美術史
進行梳理、歸納、整理和總結，但對與政治、文化認同等多學科問題相關的研
究並未顯現。至於臺灣學界有關臺灣美術史的文章，因其數量極為龐大在此從
略，詳情參見附錄的參考文獻。通過以上對臺灣美術學界研究現狀的梳理可
見，整個臺灣美術史的研究成果非常翔實細密的廓清和展現了臺灣近現代的
美術歷史風貌及其生態。這也為新時期其他學科介入臺灣美術的研究提供了
可能性和條件。

　　以上為近現代臺灣美術史實方面的研究現狀，關於近現代臺灣美術的史
論研究及其跨學科性交叉研究，在90年代以後臺灣學界同樣取得了較為豐富
的成果。對此主要有：蕭瓊瑞《臺灣美術史研究論集》〔註74〕、《觀看與思維：
臺灣美術史研究論集》〔註75〕、《島嶼色彩──臺灣美術史論》〔註76〕，以上
著述立基於作者多年來有關臺灣美術的主要論述，其對臺灣文化本質進行了
思考，對藝術家的創作和美術作品展開了深層意義剖析；與此同時對研究方
法進行了辯證討論，並提出了富有創建性的獨特觀點。郭繼生《當代臺灣繪

〔註68〕許秀蘭，《臺灣美術六十年》，臺中縣清水鎮：臺中縣文化局，民國94年。
〔註69〕林明賢，《藝域長流──臺灣美術溯源》，臺中：臺灣美術館，民國96年。
〔註70〕蕭瓊瑞，「戰後臺灣現代繪畫運動大事年表（1945～1970）」，《現代美術》，民
　　　　國79年第28期。
〔註71〕蕭瓊瑞，「戰後臺灣美術文獻編年（1950～1970）」，《炎黃藝術》，1989年第10
　　　　～18期。
〔註72〕倪再沁，「戰後臺灣美術編年史初稿」，《藝術貴族》，1993年第46期。
〔註73〕顏娟英，《臺灣近代美術大事年表》，臺北：雄獅圖書股份有限公司，1998年。
〔註74〕蕭瓊瑞，《臺灣美術史研究論集》，臺中：伯亞出版事業有限公司，1991年。
〔註75〕蕭瓊瑞，《觀看與思維：臺灣美術史研究論集》，臺中：臺灣省立美術館，1995
　　　　年。
〔註76〕蕭瓊瑞，《島嶼色彩──臺灣美術史論》，臺北：東大圖書股份有限公司，2007
　　　　年。

畫文選：1945～1990》〔註77〕，該書以論文集形式通過對戰後 1945 年至 1990
年來有關臺灣美術流派、展覽、藝術思潮以及美術史的回顧，展現了臺灣美術
形態。缺憾在於其文選的性質決定該書沒有整體性的把握，只能由微顯大。葉
玉靜《臺灣美術中的臺灣意識：前九〇年代臺灣美術論戰選集》〔註78〕，該書
主要集中於 90 年代以來有關臺灣美術論戰的文章，討論內容涉及當代臺灣美
術的諸多重要問題。對臺灣美術西方後殖民化影響、「本土化」、「臺灣意識」
以及全球化下臺灣當代美術困境等諸類問題皆有關涉。不過對於戰後以來至
90 年代之前的臺灣美術並未做研究。倪再沁《藝術家——臺灣美術：細說從
頭二十年》〔註79〕，該書作者從《藝術家》雜誌 1975 年以來整整二十年的文
章中挑選出歷年重點篇章，並由此闡述其個人對該雜誌及臺灣畫壇的思考；
內容包括年度內容總括、重要人物、代表作品、年度代表性展覽、年度藝術新
聞焦點等等，全面展現了臺灣畫壇二十年的歷史生態與形態，勾勒出臺灣畫
壇整體環境。不過該書主要關注 70 年代至 90 年代，對日本殖民時期到戰後
1945 年以來的美術狀況沒有涉及。倪再沁《臺灣美術的人文觀察》〔註80〕《臺
灣美術論衡》〔註81〕，這兩部著述皆立論於臺灣當代本土美術的發展狀況進
行評論，尤其著重於對臺灣「本土化」、「臺灣意識」以及全球化之下臺灣美術
生態展開評論。不足之處在於對這些問題的討論沒有形成系統體系性，僅是
篇章討論而已。臺北市立美術館《1945～1995：臺灣現代美術生態》〔註82〕，
該書圍繞 50 年代以來的臺灣美術史實，從政治、文化、社會等諸角度對臺灣
美術的脈絡、流派、教育以及本土化和主體性等問題展開了論述。不過該書屬
論文集性質，未能很好體現各論析之間的內在關聯。黃寶萍《臺灣美術影像閱
讀》〔註83〕，該書關注美術館展場之外，對相較於官方行政體系限制來說較為
自由的替代空間、私人畫廊等非官方展覽體系進行思考，展現出對擺脫意識形

〔註77〕郭繼生，《當代臺灣繪畫文選：1945～1990》，臺北：雄獅圖書股份有限公司，
　　　　1991 年。
〔註78〕葉玉靜，《臺灣美術中的臺灣意識：前九〇年代臺灣美術論戰選集》，臺北：雄
　　　　獅圖書股份有限公司，1994 年。
〔註79〕倪再沁，《藝術家——臺灣美術：細說從頭二十年》，臺北：藝術家出版社，民
　　　　國 84 年。
〔註80〕倪再沁，《臺灣美術的人文觀察》，臺北：雄獅圖書股份有限公司，1995 年。
〔註81〕倪再沁，《臺灣美術論衡》，臺北：藝術家出版社，2007 年。
〔註82〕臺北市立美術館編，《1945～1995：臺灣現代美術生態》，臺北：臺北市立美術
　　　　館，民國 84 年。
〔註83〕黃寶萍，《臺灣美術影像閱讀》，臺北：藝術家出版社，1996 年。

態箝制下臺灣美術的思索。內容包括對系列美術活動、作品理念、藝術家個體等方面的簡略評論。林惺岳《渡越驚濤駭浪的臺灣美術》〔註84〕，該書是一本圍繞美術與政治、社會之間關係的論文集，主要對50年代以來臺灣美術發展狀況、藝術家個體、美術研究、美術政治、美術流派等諸問題展開討論，並由此涉及到對臺灣美術本體性學理問題的探討。不足仍在於單篇散論未能很好的形成體系並展現之間的內在聯繫。高千惠《當代文化藝術澀相》〔註85〕，該書從文化研究的角度展開，內容涉及臺灣島內外及海外當代藝術家的活動和創作狀況，並由此對臺灣當代美術的問題展開深入研究和探討。藝術家出版社《臺灣美術評論全集》〔註86〕，該系列叢書首次對在臺灣美術史上長期致力於美術評論的臺灣美術及評論家個體予以專門性介紹；在配以大量圖錄介紹的同時，將藝術家個人的美術評論史料予以收集串聯以形成美術評論史。這是對戰後以來臺灣美術研究重要思想及言論的一項重要的總結性整理工作。林伯欣等《戰後臺灣美術中的東方優越論》〔註87〕，該書以福柯譜系學的思路，基於五六十年代臺灣的藝術評論史料，對戰後臺灣美術中「東方優越論」這一問題從文化研究的角度展開了較為系統的研究論述。謝東山《臺灣美術批評史》〔註88〕，該書以臺灣美術思想觀念的演進為線，通過譜系學式的研究角度，將臺灣當代美術批評意識、標準、模式等方面的流變過程進行了較為細緻的歸納與整理。廖新田《臺灣美術四論》〔註89〕，該書以社會學的角度揭示歷史與美術史實背後的動因關聯，於隱微之處展示意識形態與文化意涵的幽微之系。具體於美術史的研究，作者從殖民現代性的角度全面考察了臺灣美術的視覺文化意義可能性。不過主要研究內容圍繞日據時期，僅有一章涉及到70年代的臺灣美術。《「臺灣美術與文化認同」課程教材》〔註90〕，該書以論文集形式，從文化研究角度展開對戰後臺灣美術與政治之間關係的討論。討論範圍基於美術思潮、運動及美術現象而達到對臺灣美術本土化、主體性及

〔註84〕　林惺岳，《渡越驚濤駭浪的臺灣美術》，臺北：藝術家出版社，民國86年。
〔註85〕　高千惠，《當代文化藝術澀相》，臺北：藝術家出版社，1998年。
〔註86〕　藝術家出版社編，《臺灣美術評論全集》，臺北：藝術家出版社，1999年。
〔註87〕　林伯欣，《戰後臺灣美術中的東方優越論》，臺南縣：國立臺南藝術學院發行，1999年。
〔註88〕　謝東山，《臺灣美術批評史》，臺北：洪葉文化事業有限公司，2005年。
〔註89〕　廖新田，《臺灣美術四論》，臺北：典藏藝術家庭股份有限公司，2008年。
〔註90〕　廖新田，《「臺灣美術與文化認同」課程教材》，臺北：教育顧問室全球化下的臺灣文史藝術與計劃辦公室，民國97年。（未出版）

其文化認同問題的全面討論。該書雖為論文集但整體框架較為體系化，展現了對於臺灣美術文化研究的整體性思考，不足在於具體內容上不夠精練簡潔而稍顯散亂。《藝術的張力──臺灣美術與文化政治學》〔註91〕，該書以文化政治學的角度考察臺灣藝術情勢，通過對各種有關藝術論述的探析，詮釋、展現並批判處於不同階段、事件、集群之下的臺灣美術現象與觀念，並由此開拓更加深入的藝術文化與政治對話空間。該書具有宏大的社會與文化反思批判性，對臺灣美術發展著力做出深邃的洞悉。除此以外，關涉此領域研究的尚有一些博碩士論文，具體情況參閱臺灣學者蕭瓊瑞先生的《臺灣美術研究回顧專輯導論》〔註92〕，相關研究文章參見附錄的參考文獻。綜合以上為臺灣學界對近現代臺灣美術史論及多學科研究現狀的概述；總體而言其研究成果主要集中於對臺灣美術的美術史、社會、文化、政治等等之間關係的探討，但多以論文（集）形式出現，並未能夠對某一問題展開系統性體系研究，且於諸多研究之中，對「臺灣美術」觀念形成和「文化認同」機制問題進行社會學或文化研究等角度的系統探討較為稀少。

　　綜上兩節所述為整個近現代臺灣美術領域研究現狀的大致概況，至於有關臺灣歷史研究的情況，請參閱陳忠純2009年的一篇綜述性文章，《大陸臺灣史研究的歷史與現狀分析──以《臺灣研究集刊》歷史類論文（1983～2007）為中心》〔註93〕。更多相關臺灣史研究狀況，參閱附錄參考文獻。

0.3　研究方法

　　本書基於近代以來臺灣社會、政治、經濟與文化思潮等諸多背景，以美術史時間為序，展開對臺灣美術史料、現象的重新梳理、認識和內在分析；以美術事件、人物及相關美術思潮為線，對臺灣美術運動、思潮興起發展中「臺灣美術」觀念及其「主體性」觀念的形成，與臺灣1895年後九十多年社會狀況、思潮之間的關係進行分析，推演釐析臺灣性的「臺灣美術」及其主體性觀念如何最終形成。作為本書的研究方法論，文獻史料分析、文化研究及藝術社會學

〔註91〕廖新田，《藝術的張力：臺灣美術與文化政治學》，臺北：典藏藝術家股份有限公司，2010年。
〔註92〕蕭瓊瑞，「臺灣美術研究回顧專輯導論」，《臺灣美術》，民國94年第59期。
〔註93〕陳忠純，「大陸臺灣史研究的歷史與現狀分析──以《臺灣研究集刊》歷史類論文（1983～2007）為中心」，《臺灣研究集刊》，2009年第2期。

方法等將是重要的方法論支撐，以下為本書主要方法論簡介：

　　文獻分析法〔註94〕：文獻史料的回顧分析在於全面展現相關問題的知識全貌，並在此過程之中重新發現既有的研究成果、方法與當前所研究問題之間的關係，引發新的思考，並由此對與當前研究問題相關的資料知識展開新的認識與分析。這種方法將使我們建立起新的歷史、脈絡、理論與視野。這當中歷史回顧（historical review）指的是回溯某一概念的形成過程，並展現其不同時期的演進與變化。理論回顧（theoretical review）指的是將研究相關問題的支撐理論陳述出來，並對其在具體研究分析中的效果展開分析。整合回顧（integrative review）指的是陳述某快速成長知識領域內最新的資料與知識狀況。方法論回顧（methodological review）是專門性的整合回顧，其與後設分析（meta-analysis）同為一體。基於行文和實際研究需要，本著上述研究思路，本書將在具體論述過程之中綜合運用這一研究方法，對臺灣美術史料重新釐析，並予以新的認識。文化研究理論〔註95〕：文化研究是一門涉及多重學科或後學科（multi-or post disciplines）研究領域的跨學科性研究學科。這當中正如斯圖亞特・霍爾（Stuart Hall）所認為，文化研究關注的重心在於其對權力及政治問題的關注。然而文化研究的構成是基於對研究對象和關鍵概念、思想的一體性探討而成的。由此，研究對象（客體）是基於權利政治問題的關注，進而實現對其自身意義與知識的理解和建構。這當中，「語言」不是所謂客觀知識與意義形成的中立媒介，只不過研究對象（客體世界）也不會存在於語言之外，在這種對政治權利的關注之下，研究對象自身成了意義與知識的重要組成。即研究對象（客體）直接構成了知識與意義的現實性。關於作為認識世界的一種方法和手段的文化研究理論，其建構的正是一種自我反思的論述實踐，尋求認識這個世界的方式與途徑。理論建構透過對特定概念與論述邏輯的思考，提供新的思考路徑。由此文化研究扮演的是祛魅角色，在對文化文本所建構的特質及深植其中的各種理論神話和意識形態展開全面反思和探討，藉此創造出研究對象新的位置。作為一種理論，文化研究希望組織各種異質運動，使其形成一種介入文化政治（Cultural politics）的結盟力量。藝術社會學：藝

〔註94〕　參閱 W. Lawrence Neuman 著，朱柔若譯，《社會研究方法——質化與量化取向》，臺北：揚智文化事業股份有限公司，2002 年，第 174～177 頁。

〔註95〕　參閱 Chris Barker 著、羅世宏等譯，《文化研究——理論與實踐》，臺北：五南圖書出版股份有限公司，2008 年，第 6～42 頁。

術與社會的關係是與生俱有的緊密關係，無法將藝術從社會之中抽離；基於
對美術運動、思潮及其相關觀念的產生問題，藝術社會學將藝術與社會之間
的關係作為研究的重點，以此展現藝術於社會之中的表現狀態、發展規律及
其之間的相互關聯，並由此徹底洞悉社會體系中藝術生存與發展的生態和形
態。綜上為本書研究的主要方法論支撐和理論來源。這些將作為指導原則運
用於具體的論述之中，各方法論並不會直接對應於問題的研究，而是期望藉
此融合了多元理論的研究視野對近現代臺灣美術社會進行深入探索，對近代
以來臺灣社會下的臺灣美術諸現象重新梳理和認識，並由此對本書的核心問
題「臺灣美術」觀念的形成做出邏輯論述和展現。在此本書的研究工作將遵
循以下原則：一，以歷史文獻、史籍、史料所記載的史實信息作為臺灣社會
與美術史研究的基礎材料。二、依據相關社會歷史史料，重新發現、展示近
現代臺灣的歷史、政治及社會面貌，基於此再將美術或文化論述的相關文獻
放置於此歷史脈絡中予以分析、說明並闡釋其原因；也即將原有美術或文化
研究（文獻）置於整體社會之中，進而對其與重新展現認識的政治情勢、社會
背景及意識形態之間的關係做出新的深入分析和探討，展示二者間的另度關
係與維度。

第 1 章　殖民與傳統記憶：日據下美術「地方色」的源起（1895～1945 年代）

從美術學理的角度而言，「地方色」這一概念在臺灣產生並形成於整個日據時期，同時它影響並最終決定了這一時期的臺灣美術整體風貌，以及戰後美術觀之間的矛盾與衝突狀態。這在臺灣美術史上來看，其中展現的是諸多社會現實下美術的歷史生態與歷史形態。「地方色」問題，為有關清末以來臺灣美術與整個社會的認識提供了一個切口。

1.1 傳統記憶與日據時期的美術「地方色」

1.1.1 從早期明清時期的書畫傳統及其地方題材說起

關於臺灣早期明清時期的書畫傳統，這也許要與漢地民眾的移民史有關。翻開臺灣史，我們發現早在隋唐時代即開始有中原漢土民眾移居臺灣，至宋元之時則更是持續增長不斷。據史料記載「隋開皇中，虎賁陳稜，略地澎湖；唐元和間，進士施肩吾，攜眷移居澎湖；」[註1] 這可能為漢人入臺的最早記錄，不過此則記載史籍尚無定論。確切的史料記錄，查《臺灣省通志》中有如下表述：

[註 1] 《臺灣省通志 10 卷二 人民志 人口篇》，臺灣省文獻委員會編印，1972 年，第 18 頁。

「樓鑰《玫瑰集》汪大猷行狀云：乾道七年四月起，知泉州。……
郡實瀕海，中有沙洲數萬畝，總平湖。……公即其地，造屋二百間，
遣將分屯；軍民皆以為便。不敢犯境。」「以此則所記之『平湖』，
據趙汝适《諸蕃志》毗舍耶國條作『澎湖』，係指今之澎湖無訛。可
知乾道年間已有漢人墾居澎湖；而由汪大猷遣軍屯守，需屋二百間，
又可推測當時居住該地之漢人，為數不少。」〔註2〕

由此以上資料可以發現，至少唐宋兩代左右即已有內陸民眾的赴臺活
動。在此之後，明清兩代雖然實施了嚴格的海禁政策與渡臺禁令，但民眾私
自渡臺加上明末清末之時的海禁鬆弛，使得實際情況是移民規模仍舊大量出
現。對此，下面一段日據時期的人口資料從側面似可佐證這一移民情況。

民國九年（公元一九二〇年、日大正九年）日人所作之戶口普
查：本省籍漢人共有三百三十七萬人，占本省總人口數之百分之九
十；其中祖籍為福建省系者，計有二百八十五萬人，占漢族人口百
分之八十四點六；祖籍為廣東省系者有五十二萬人，占百分之十五
點四；而來自其他省系者僅有二百三十五人而已。〔註3〕

對於以上這則材料，由於1895年臺灣被日本割占後，日本通令臺灣地區
居民在規定期限內自行選擇留在臺灣還是赴清政府治下的大陸，但是因為經
濟條件等原因，除一些富門貴族外，普通百姓基本無法實現赴大陸的願望而只
能留居臺灣地區。至此以後，基於日本割據臺灣的政治原因，兩岸規模化移民
基本結束；從而此則戶籍普查資料所得人口數據，應基本反映了最遲至清朝時
期的移民數量，從中能夠發現內陸民眾於明清時期的移民之盛，及其在臺灣人
口中的比重所佔之高。

伴隨著人口的大量移入，經濟勃興、社會安定，這為漢土中原文化必然傳
入臺灣地區提供了根本性社會條件；而在經歷了明清時期的大量移民及其農
耕墾荒過程之後，明清政府對臺灣的管轄與治理也逐漸完善，這則為文化的傳
入提供了重要的政治保障。從現有美術史料所及，真正意義上的大規模漢文化
（漢書畫）傳入臺灣地區並廣為影響，也正是在明清兩代的耕植與管理之下逐
漸形成，直至1886年劉銘傳赴臺將先進的洋務運動精神和實踐於當地展開，

〔註2〕《臺灣省通志10 卷二 人民志 人口篇》，臺灣省文獻委員會編印，1972年，
第18頁。

〔註3〕此為日本殖民時代臺灣總督府對臺灣漢人所作的一次祖籍調查。參見《臺灣省
通志10 卷二 人民志 人口篇》，臺灣省文獻委員會編印，1972年，第9頁。

臺灣近代漢文化發展達到了最高峰。〔註4〕經濟發展、文明開化之下，明清兩代政府與民間士紳陸續建立起各類文化團體組織和機構，——廣設文廟、書院、民學，中土文風和儒士由此廣引入臺〔註5〕。資料記載有清一代臺灣先後開設有 23 所書院，同時將中原地區科舉制度延展至臺灣，由此連帶吸引了一大批閩、粵士人赴臺求取功名。〔註6〕基於明清兩代政治經濟文化上的積澱與發展之功效，臺灣地域美術於清代開始表現出強烈的中原漢土風格。

　　從美術史與社會移民史的角度來看，明清時期臺灣地域的中原美術傳統的形成主要基於三類群體〔註7〕的活動。其中

　　　　一為仕宦畫家，亦即前來臺灣任職的文武官員中擅於書畫者，其中知名者，如：最早的鄭成功、朱術桂，乃至之後的謝曦、柯輅、楊廷理、武隆阿、孫爾準、曹謹、洪毓琛、周凱、郭尚先、沈葆禎、岱齡、劉銘傳、唐景崧等人。二為流寓畫家，亦即以書畫專長，載筆遊臺、販畫為生，或受聘來臺、客寓大戶人家的專業書畫家，較知名者，如：葉文舟、曾茂西、魯琪光、陳邦選、鄭觀圖、謝琯樵、呂世宜、葉化成、許筠、林紓、倪湜、龔植等人。三為本地出生成名者，如：林朝英、莊敬夫、張朝翔、黃本淵、蕭聯魁、林覺、謝彬、吳鴻業等人。〔註8〕

　　在仕宦書畫家群體中，鄭成功為明朝代表。其書風縱橫捭闔開張有度，展現出濃鬱的漢土審美風格和意蘊。現於臺南民族博物館收藏的五言對聯「禮樂衣冠第，文章孔孟家。南山開壽域，東海釀流霞」即傳為其所作。另據臺灣史學家楊雲萍所考，藏於臺南開元寺的「太極圖說軸」應為鄭成功手跡無誤。同樣，代表明清書風的還有作為鄭成功部下赴臺的朱術桂，其書法作品亦蒼勁古樸，渾厚有力。總體而言，鄭朱二家書風一定程度上共同反映了移民臺灣

〔註4〕儘管在經歷了六年時間的開發之後歸於停頓。
〔註5〕參閱蔡淵絜，「清代臺灣基層政治體系中非正式結構之發展」，《歷史學報》，民國 72 年第 11 期，第 97～108 頁。
〔註6〕參閱謝東山，《臺灣美術史》，（臺南）國立臺南藝術學院藝術史與藝術評論研究所出版，1999 年，第 4 頁。
〔註7〕關於此分類，吳步乃著《臺灣美術簡史》，謝東山著《臺灣美術史》，劉益昌等著《臺灣美術史綱》，林明賢主編《閩習臺風」——明清時期臺灣美術之研究》（臺中：國立臺灣美術館，民國 97 年，第 104～105 頁）基本持同樣觀點，本書援引林明賢觀點。
〔註8〕林明賢，《閩習臺風」——明清時期臺灣美術之研究》，臺中：國立臺灣美術館，民國 97 年，第 104～105 頁。

的大陸中原士人的審美風格。〔註9〕清代之後，臺灣書風開始轉向以郭尚先為代表的書法風尚，就其書法康有為稱之高於時世。因其在閩地玉屏書院等處廣為講授和交遊閩臺，其書風對此時臺灣地區的書法風格產生了極為重要的影響。清代龔顯《芳堅館題跋（郭氏著）敘錄》評論其書法道：

> 蘭石先生以工八法名嘉、道間，⋯⋯書法娟秀逸宕，直入敬客「磚塔銘」之室，行書嗣體平原「論坐帖」，中年以後，幾與董思翁方駕齊驅，⋯⋯署跋金石，鈎稽真贋，手題掌錄，恒袗莊研究，不肯率意下筆，獨得晉、唐無諍三昧。〔註10〕

圖一　鄭成功《禮樂南山聯》
　　　草書（傳）
（158.5×63cm 臺南民族文物館藏）

圖二　鄭成功《太極圖說軸》行書
　　　　（藏臺南市開元寺）

圖片來源：《府城文物特展圖錄》（臺北）
　　　　　國立歷史博物館，第71頁。

圖片來源：《臺灣美術史綱》，劉益昌等
　　　　　著，藝術家出版社，2009年
　　　　　3月，第136頁。

〔註 9〕參閱劉益昌，《臺灣美術史綱》，臺北：藝術家出版社，2009年，第137頁。
〔註10〕林明賢，《「閩習臺風」──明清時期臺灣美術之研究》，臺中：國立臺灣美術
　　　　館，民國97年，第19頁。

　　由此可見郭尚先的書法筆意也是漢風渾厚，且直追漢唐為世矚目。相應於此，在臺頗富聲譽的金石學大家呂世宜即在玉屏書院受業於郭尚先，並且這位同為福建籍的呂世宜除受業於郭尚先之外，還深受福建汀州伊秉綬書風的影響。呂世宜則對郭、伊二人在臺灣的進一步影響起到了積極作用。日本人伊能嘉矩於《臺灣文化志》中說道：

　　　　呂世宜善八分書，與伊秉綬齊名，閩中早有伊、呂史絕之譽。
〔註11〕

圖三　呂世宜　行書作品

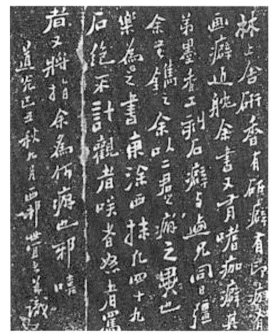

圖片來源：《「閩習臺風」——明清時期臺灣美術之研究》，林明賢主編，
臺中：國立臺灣美術館，民國 97 年 6 月，第 29 頁。

　　通過以上代表性書家群體的風格及師承可見，明清二季閩臺兩地的書畫交流和傳播，使得臺灣書學也表現為強烈的漢風傳統之下的書學傳統脈絡。相較於仕宦書畫家群，影響臺灣地域漢土書畫美學風格形成的第二類書畫家群體，則主要以文人性的流寓書畫家為代表。作為臺灣地域吸收中原傳統繪畫特質的重要來源，其畫風直接而深入的決定了早期臺灣地域美術的基礎形

〔註11〕林明賢，《「閩習臺風」——明清時期臺灣美術之研究》，臺中：國立臺灣美術館，民國 97 年，第 30 頁。

態。這其中以堪稱「詩、書、畫三絕」的福建詔安籍謝穎蘇為最重要的代表性
人物，其對臺灣地域的書畫風格產生了極為廣泛的影響。清嘉慶十六年，出
生於書香世家的謝穎蘇家學濃鬱，加之詔安此地於嘉慶年間所形成的「詔安
畫派」，使得謝穎蘇於家學之外深受各家影響。在這之中當以詔安畫派創始者
沈錦洲的影響為巨，其奠定了謝穎蘇秀勁工緻的基本功及其凝煉渾樸的漢地
畫風。〔註12〕此後謝穎蘇與林則徐結為至交，並在顏伯燾總督府擔任幕僚，這
使得謝穎蘇又得以結識湯雨生、齊梅麓等閩地著名畫家，並拜訪八閩名家高
體華，及此謝穎蘇於兼收並蓄中再博採揚州八怪之風，這些使得其中原漢土
畫風得以進一步醇厚濃鬱。具體於美術創作之上，其畫作常以水墨蘭竹為題，
自稱畫竹：

> 仿擬青藤、白陽及板橋。所寫蘭竹，瀟灑淋漓，文質彬彬，頗
> 有文人畫簡逸疏淡之風格。花鳥畫則以新羅山人筆意為尚，構圖喜
> 做垂崖枯枝，配以清瘦靈動之鳥雀，頗負詩意。〔註13〕

由此，謝穎蘇逐漸掌握並形成了代表傳統的中原漢土畫風。與此同時，在
其畫風形成之中，謝穎蘇曾於幕僚任上（咸豐元年，1851 年）赴臺講學作畫，
這應為中原畫風意蘊在臺灣地區傳播的開拓；咸豐七年（1857 年）之後謝穎
蘇更是去職以在臺灣吳家私塾、海東書院和板橋城大關義學等地講學授徒，四
年之間可謂遍遊臺灣南北各處，〔註14〕為臺灣地區留下了豐富的畫作和書畫
人才。日本漢學及考古學家尾崎秀真曾言：

> 臺灣流寓名士，就文我推周凱，詩推楊雪滄，書推呂世宜，畫
> 推謝琯樵。〔註15〕

據此可見以謝穎蘇為主要代表的流寓畫家群在臺灣地域畫風的形成上起
到了較為重要的影響。除謝穎蘇之外，流寓畫家群中尚有花鳥畫家林嘉、許
筠、施少雨，山水畫家周凱、葉化成、林紓等人也對臺灣地域的畫風形成了一
定的影響。

〔註12〕 參閱何池，「謝穎蘇——臺灣美術的開山祖」，《炎黃縱橫》，2009 年第 1 期，
第 20～21 頁。

〔註13〕 參閱謝東山，《臺灣美術史》，（臺南）國立臺南藝術學院藝術史與藝術評論研
究所出版，1999 年，第 9 頁。

〔註14〕 參閱何池，「謝穎蘇——臺灣美術的開山祖」，《炎黃縱橫》，2009 年第 1 期，
第 21 頁。

〔註15〕 林明賢，《藝域長流——臺灣美術溯源》，臺中：臺灣美術館，民國 96 年，第
15 頁。

圖四　謝琯樵《蘭石圖》

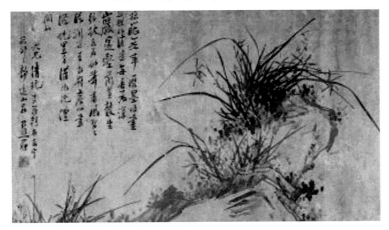

圖片來源：《「閩習臺風」──明清時期臺灣美術之研究》，林明賢主編，
臺中：國立臺灣美術館，民國 97 年 6 月，第 122 頁。

圖五　林朝英《墨荷圖》

圖片來源：《「閩習臺風」──明清時期臺灣美術之研究》，林明賢主編，
臺中：國立臺灣美術館，民國 97 年 6 月，第 110 頁。

　　至於第三類畫家群體，臺灣本土籍畫家群〔註 16〕，其代表則應屬臺籍人
士林朝英。其出生於臺南府治，以墨畫專長。筆法之中融合了特異的書寫筆
法，行筆放縱誇張，轉折率疾，頓挫有緻，極富表現力。通過扭曲誇張的線
條表達出與含蓄溫婉相迥異的文人畫風，這與明代徐渭的畫風極其相似。現有

―――――――――――――――――――――――――――――――――――――――
〔註 16〕此處因討論漢地中原畫風的影響，從而擱置本土民間藝術及其群體的討論。

「墨梅圖」、「墨荷圖」等作品存世。日本漢學家尾崎秀真對林朝英評價道：

　　清代二百五十年間，在臺灣勉強可舉出之藝術家者，僅林朝英，
即一峰亭一人而已。〔註17〕

　　當然，林朝英所代表的臺灣籍本土畫家群體仍舊是表現出對中國傳統繪畫體系的延展。

圖六　林覺《蘆鴨》（道光）

圖片來源：《「閩習臺風」——明清時期臺灣美術之研究》，林明賢主編，
臺中：國立臺灣美術館，民國97年6月，第82頁。

　　總體而言，臺灣地域畫風主要師事宋四家、元四家，明代吳派、徐渭、董其昌、陳洪綬，清代四王、石濤、八大、揚州八怪、任伯年、吳昌碩等中土諸家風格。從而，在臺灣地域的美術作品中，我們可以發現林朝英的水墨花鳥與徐渭的風格相近，林覺、許龍、謝彬與黃慎的風格較為接近。當然謝穎蘇則乾脆在其蘭竹、山水、花鳥等題材的畫作中，題上擬宋人或擬元代高克恭、明代沈周、唐寅、陳淳、徐渭、板橋等字樣。由此可見，濃鬱的中土畫風及其師摹環境使得以花鳥和四君子題材為中心的臺灣地域美術傳統，歸屬於漢土中原

〔註17〕謝東山，《臺灣美術史》，（臺南）國立臺南藝術學院藝術史與藝術評論研究所
　　　　出版，1999年，第10頁。

文化的脈絡之系。相應於臺灣地域中土漢風的傳播與形成，基於以上三類書畫家群體的活動狀態，明清兩季臺灣地域的書畫傳統表現出承傳相依、「師古臨摹」的漢土濃鬱氛圍；並且在由經濟繁榮的臺南地區逐漸傳至北部及中部地區的過程中，開始呈現出較為清晰的臺灣地方特色。由於臺灣與中原漢土尤其是閩、粵之地風土相近，如流行關公、觀音、三星等神佛之像以及風俗畫、年畫等，從而使得傳統美術脈絡之下的臺灣地域美術風格還廣受閩、粵之風影響。由此出於漢土中原美術傳統脈絡的臺灣地域美術，又呈現出其獨特的「閩習」地方特色。其

> 風格在於用筆運墨大膽放縱、恣逸疾率，並以野肆霸氣等作風為其特徵。往往在簡率筆意中，即已掌握形體的神韻於剎那間。其畫面以感染力特強見長，……契合了當時移民墾拓之冒險精神，達到融合交乳的狀態。〔註18〕

這其中以揚州八怪之一的黃慎對早期臺灣地域美術閩習之風的形成影響最大。可以說，臺灣地域美術風格的閩風特徵，是早期在臺活動的畫家群體依漢土傳統風格所形成的一種風格體系，〔註19〕而這正構成了此時期臺灣地域美術濃鬱的地方題材風格與特徵。源於閩習粵風及深遠的中土畫風，臺灣明清以來的繪畫題材也自然的表現出其地方性色彩：如梅、蘭、竹、菊、蕙、荷花、巴蕉、白鷺、鴨子、蘆雁、翎毛、蟹、蝶、鶴、鹿和漁夫等題材的動植物畫和人物畫以及少數神怪題材的畫作。〔註20〕這當中除山水畫較少之外，也包括了一定數量各類題材的行草書法作品。

基於漢土中原美術傳統的建構角度而言，漢土美術已經形成了一套穩固的語言體系，並在臺灣地域鋪展開來。從而在臺灣地域美術系統的背後，其展現出來的是一套漢土美術體系的「傳世傳統」。而這正是臺灣地域漢畫傳統風格未發生變化之前，「傳統體系」與「書畫語言」尚未發生分離的領域空間。在此空間之下，體現出的是明清中央政治權力對地方關係在文化上的表現，即政治力量在文化結構上的固定構型。然而，這一切在 1895 年之後將面臨著新的考驗。不過，至少遲至日據時期 1927 年前的一段時間內，臺灣繪畫語言與

〔註18〕謝東山，《臺灣美術史》，國立臺南藝術學院藝術史與藝術評論研究所出版，1999 年，第 12 頁。

〔註19〕參閱林明賢，《「閩習臺風」──明清時期臺灣美術之研究》，臺中：國立臺灣美術館，民國 97 年，第 75 頁。

〔註20〕參閱吳步乃，「近現代的我國臺灣美術」，《美術》，1988 年第 3 期，第 32 頁。

傳統體系仍舊表現出維持著一個較為穩定的局面。臺灣地域的美術仍然主要是中國畫占統治地位，畫風仍多接近明代吳門畫派，兼具清代揚州八怪之風，筆墨粗放、內容題材傳統。與此同時，一大批精研於漢土中原傳統的畫家仍在從事傳統書畫的創作和研究，如蔡雪溪、蔡九五、蔡大成、鄭香圃、范耀庚、鄭江立、陳湖古、陳心授、李學樵、張金柱、林玉山、郭雪湖、陳進等人，且皆具名氣。〔註21〕

圖七　黃慎《山水人物》

圖片來源：《「閩習臺風」——明清時期臺灣美術之研究》，林明賢主編，
臺中：國立臺灣美術館，民國 97 年 6 月，第 84 頁。

1.1.2 視覺景觀下的蠻荒與文明：日據與「地方色」觀念的型構

　　「一八九五」，作為一個標誌性符號，它預示著臺灣社會的漸變，然而一個符號或一場戰爭還不足以將先前整個社會的元素納入新的系統之內。由此，符指、能指之間是日本殖民政府對整個符號系統的撤換、調整與構建。在最初之時，「美術」作為一種最佳的語言符號系統並沒有被日本殖民政府所意識並加以運用。不過，這一點並沒有持續多久。現實考量之下，「地方色」觀念逐漸從一種與地理性特徵有關的視覺文化轉變成為盛極一時的美術概念。然而，美術畢竟是不能等同於視覺文化的景觀圖像。視覺文化的運作將使觀者

〔註21〕參閱成喬明，「日治時期臺灣繪畫的反殖民主義運動」，《南京藝術學院學報》，2007 年第 1 期，第 60 頁。

的注意力從整個傳統美術的觀看方式與場境之中，引向一個更加開放和生活化的場所。視覺文化景觀對美術藝術進行了扭轉挪移並加以鞏固，「地方色」成為美術概念。而日據時期的日本殖民政府在認識到美術作為一種有力的語言工具之後，通過臺地資源調查、博覽會、美術展等一系列的途徑，將臺灣特有的視覺景觀轉換成為藝術圖像，臺灣的漢土美術傳統逐漸發生了一場幽微漸進的變革；臺灣地域的傳統美術語言發生了挪移，也或者說型構成為一種新的語言符號結構。從而在日據時期的美術語言之後其所表現的已不再是傳統，也無法從臺地美術背後找到傳統。在此符指與符徵迷離的境況之下，日本總督府開始逐漸嫻熟的將符徵、符指重新組合，語言、表達、邏輯及思維和意識表現出新的結構變化。

圖八　臺灣總督府

圖片來源：《臺灣美術史綱》，劉益昌等著，臺北：藝術家出版社，2009 年 3 月，第 280 頁。

　　1895 年 5 月 29 日，在抗日復清的目標之下「臺灣民主國」成立。自這一刻起，臺灣民眾前後以各種組織形式進行了大範圍的抗日運動鬥爭。從而日據政府在進入臺灣的 1895 年這一刻起，便面臨著極為迫切的軍事活動。由此，在 1920 年代之前的臺灣殖民管理政策上，日據政府迫於形勢將重點放在對臺灣民眾包括少數民族的軍事鎮壓之上。不過軍事行動對於臺灣總督府來說，只是其整個殖民政策中一個小小的環節。因為在「工業日本，農業臺灣」的目標之下，日據政府需要的不是一個滿目瘡痍的農業臺灣。然而軍事行動在直接鎮壓的效果之外，更為直接的現實是對固有權力體系的解散，進而對更加淵源深

遠的文化傳統體系的鬆動，即軍事行動將固有文化結構所依存的緊密社會體系鬆動開來。從而軍事行動的同時是伴隨著日據殖民政府在政治、經濟、文化諸層面殖民化的逐步推展；當然迫於形勢，這一切表現的「有條不紊」。至於「地方色彩」觀念〔註22〕的提出，這只是日據中期左右整個殖民政策體系之中一個細微的點。不過從中展現出的卻是整個日據時期政治、社會、文化（包括美術）語言環境的流轉，及話語關係的變化。當然在深層的結構關係變化之下，一定程度上其表現出來的是殖民性擴張與現代主義複製。

1.1.2.1 1895 年～1910 年：照片、明信片（繪葉書）與殖產宣傳

明治維新之後，日本在脫亞入歐的夢想之下邁入現代國家之列。經濟的急速發展使得其國內產業資源遠遠不能滿足自身的需求。殖民擴張成為日本學習歐洲老牌殖民列強的首要任務之一。1895 年的甲午海戰，終以工業文明對農耕文明的重創而結束。日本在繼取得對朝鮮、韓國的殖民之後，獲得了對臺灣的殖民霸權。正如矢內原忠雄所言：「日本對於臺灣的經濟要求，是決定統治臺灣各種政策的最有力原因」。〔註23〕從而儘管迫於臺灣民眾軍事抵抗的猛烈形勢，臺灣總督府仍在疲於軍事鎮壓的同時迫不及待的展開了對臺灣土地、林業乃至佛教產業等方面資源情況的調查。不過直至 1898 年前，從樺山資紀到乃木希典三代總督所主導的嚴酷軍事鎮壓政策不但沒有給日據政府的資源調查、開發帶來樂觀的局勢，反而更加激化了臺灣人民的反抗情緒，並且引起國際社會的強烈譴責，同時導致日本國內政壇對總督府政策及其官員能力的批判。這種狀況也凸顯出日據初期臺灣傳統民族意識形態與中華文化力量結構的穩固性。對此，早在日本殖民之初臺灣總督府在考慮到控制局勢和迅速掠奪物產資源的實際需要下，即輔有對文化作用發揮的考慮，但直至第四任總督兒玉源太郎時代才被正式重視起來。1898 年，第四任臺灣總督兒玉源太郎上任，民政長官後藤新平為其得力助手。對於他們來說，前期極端軍事鎮壓所激起的臺灣民族反抗運動，使得他們面臨的主要問題仍舊是軍事鎮壓。這使得後藤新平認為其治臺方針仍只可是「以無方針為方針」〔註24〕；不過主導性

〔註22〕關於「地方色」觀念形成的分期主要分為四個階段，本書對此參考了臺灣學者廖新田先生的觀點。參見廖新田，《「臺灣美術與文化認同」課程教材》，臺北：教育顧問室全球化下的臺灣文史藝術與計劃辦公室，民國97年。（未出版）

〔註23〕轉引自廖新田，《臺灣美術四論》，臺北：典藏藝術家庭股份有限公司，2008年，第28頁。

〔註24〕鶴見佑輔，《後藤新平傳》，東京：太平洋協會出版部，1943年，第25～26頁。

軍事行動的同時，其開始著力加強了對文化體系的關注和建構。──具體而言，在日本殖民之初，從首任總督樺山資紀起「僅設民政、陸軍、海軍三局，以後一再更易，增設單位，以應統治需要」，可見軍事佔據了主要位置，不過一個更為重要的現象是，出於穩定局勢的考量，「地方官制及區域，起初沿襲清朝舊制。」〔註25〕這使得軍事行動衝擊下殘存的臺灣傳統社會文化體系與政治結構〔註26〕，得以依附於日本殖民體系而獲得延續；然而藉此延續，也使得日本殖民政府得以在此傳統形式之下展開初步的殖民文化構建工作。由此，沿襲傳統政治、文化結構的日本殖民政府所開展的文教工作之一便是《頒發紳章制度》：其認為

> 持有舊政府（指清朝政府）時代之學位（舉人、貢生、秀才等等）者，全島尚存不少。渠輩費多年努力而獲得之學位，在新生臺灣（指日據時期的臺灣）等於一片廢紙而成無何價值，故其不平不滿，實有難與掩蔽者。彼輩概為地方指導者，具有相當勢力，漠然置之不理，詢為不可輕視之一大問題也。〔註27〕（著重號為筆者所加）

至此，日本殖民總督府借沿襲清政府的傳統角色，欲藉其執行政治功能的事實實現臺灣民眾政治意識形態的認同，進而實現對傳統社會結構體系的滲入、掌控，乃至「皇化」目標。從而，正如總督府所言此制度所「特創設優遇具有學識資望者之途，憚能均霑皇化，惟此乃最必要之事也。」〔註28〕其最終政治目的與意識是為了所隱藏的「皇化」。循此政治認同之目的，鑒於民眾軍事抵抗逐漸上升的現實，兒玉時代的總督府逐漸開始擴展並加強其文化建設，文學詩會等各類傳統文化活動開始廣泛興起；由此，強制性的政治意識形態認同逐步轉向進入到文化認同層面，依附於政治、社會結構的文化結構開始漸變。據史料所載，此段時間內日本殖民政府所舉辦的大量活動中多有臺籍人士加入。如 1898 年臺北知縣林上談堂發起的「江瀨軒唱和」，1899 年總督

〔註25〕田珏、韓恒煜，「第八講　日據時期臺灣（一）」，《歷史教學問題》，1989 年第 6 期，第 34 頁。

〔註26〕丁平，「殖民時期臺灣美術『地方色』觀念的型構──一個殖民性的視覺化表徵」，《文藝爭鳴》，2011 年第 1 期，第 126 頁。

〔註27〕劉登翰、莊明萱、黃重添、林承璜，《臺灣文學史》，福州：海峽文藝出版社，1991 年，第 36 頁。

〔註28〕劉登翰、莊明萱、黃重添、林承璜，《臺灣文學史》，福州：海峽文藝出版社，1991 年，第 36 頁。

兒玉源太郎組織的「南菜園唱和」〔註29〕等大規模聯吟活動。其中尤以1900年兒玉源太郎在「淡水館」召開的「揚文會」規模最大。總督府邀請了在臺前清進士、舉人、貢生、廩生一共151人，參加的人數達到72人。〔註30〕對此兒玉說道：

> 夫揚文之會，望能搜羅文人學士，共會一堂，施優待之典，隆
> 諄風勵學之儀，展其所長，以同贊文明之化。〔註31〕

　　不過此「文明之化」已決然不是傳統的漢地文化。正如1897年日本漢文學家中村櫻溪《玉山吟社會宴記》所言：「彼我相望，新舊不間，人人既醉……而斯土人士亦忘其為新版圖之民也」。〔註32〕由此，日據政府通過始初對原有政治結構的沿襲及其功能延續，取得了傳統文化結構所依存之社會體系的控制角色，並使得大眾模糊了對原有政治意識形態的認同；模糊的政治認同之下，日據政府極力展開的傳統文化活動進一步使得大眾由強制性政治認同進入到深層的文化認同層面。即政治語言結構的扭變，最終使得與之相依的文化結構、社會結構皆於漸進之中產生挪移與混亂〔註33〕。當然其最終是從深層文化認同轉回對現實政治意識形態的根本認同。不過於殘存的傳統文化認同遺緒之下，此時的傳統美術語言仍舊保持著原有的語言形態，其文化身份一定程度依然被日據政府所延續，當然其實際上已經大不同於從前。從「揚文會、唱和會」等活動中，我們還可以看到所進行的詩書畫活動依舊保持著大

〔註29〕在這一活動的參與者中，即有後來影響臺灣美術發展的石川欽一郎。
〔註30〕參閱丁平，「殖民時期臺灣美術『地方色』觀念的型構——一個殖民性的視覺化表徵」，《文藝爭鳴》，2011年第1期，第126頁。
〔註31〕劉登翰、莊明萱、黃重添、林承璜，《臺灣文學史》，福州：海峽文藝出版社，1991年，第36頁。
〔註32〕劉登翰、莊明萱、黃重添、林承璜，《臺灣文學史》，福州：海峽文藝出版社，1991年，第42頁。
〔註33〕其實歷朝歷代都存在這種前朝遺緒下遺民的亡國亡家意識，而這種意識的根深蒂固又在傳統的中華文化血脈之中似乎被延續的極其完整。這在對待日本殖民統治上，表現出來是強烈的中華民族體系的精神反抗。而這種中華民族精神體系的亡國反抗意識，又不等同於納入到中華文化傳統體系內和國土之內的亡國亡家反抗意識，不過日本殖民統治，無可避免地要遭遇基於這種民族精神體系之內的亡國遺民意識的同樣的激烈反抗。從而殖民意識形態下兩種精神結構或意識的轉化將是日據政府最為重視的問題。由此，武治到文治同化直至皇民化的權力控制下，殖民政府配以各種展示手段對固有的傳統中華文化意識結構進行解構、清除和重新配置、組合。符號與權力在政治的控制和運轉之下發生扭變。殖民現代性是一個最佳的手段，下文中將更突出表現出來。

量的傳統文化語言。「漢畫與漢詩、漢學一樣，於讀書人之間當作是社交的媒介，在移民社會代表上層階級的休閒文化，意味著唐山渡海來臺的族群對原鄉傳統的認同，……在某些地方確是漢人的文化優越感……。」〔註34〕整體而言，在這樣一種政治文化結構之中，日據政府「尊重並保留著前清品味與遺規。除民間宗教藝術與生活工藝外，概為文人水墨書畫，花鳥、人物、山水為主要表現形式，鮮有新意，只能視為前期餘緒。」〔註35〕此時的傳統美術語言（包括文學等其他文化形式）與日據政府的文化政策以及日本美術之間還是共存對話的，相互間沒有太大隔閡。這一點在「淡水館」的書畫展覽中仍可見一斑。1898 年由前清「登瀛書院」改制而來的「淡水館」開館，作為日據政府官員及後來大眾公共性的主要活動場所，其從 1901 年開始附有書畫展覽。這當中主要是日籍畫家作品居多，且「相當程度接近傳統中國水墨畫風」〔註36〕；但重要的是，其中還常常展出部分傳統中國畫作，如明代沈周、仇英等人的作品。這一現象在 1900 年至 1905 年的《臺灣日日新報》〔註37〕中有圖錄記載。

　　的確，文化活動的開展並不能取代軍事行動的意義，但文化活動和政治活動所構建的社會結構關係使得其中的軍事行動在這樣一種結構關係之下更為有效。1898 年 5 月 25 日，兒玉總督在對地方長官的訓示中提出：「在稱作土匪者中，有種類的不同，重要的是要對其能予以判別處分。」6 月 3 日，在對軍隊官員的談話中再次強調「消滅土匪的根本性良策，為識別良民與土匪，不可驅民為匪。」〔註38〕藉此「民政主義」的政治方針及一系列文化活動，臺灣地域政治與文化結構挪移下的社會屈同開始產生。在此背景之下，軍事政策中出現了相對緩和的「招降政策」。結果到 1902 年冬天，兒玉殖民政府消滅了堅

〔註34〕謝里法，「臺灣美術發展史上的國家認同意涵——以二十世紀東方媒材繪畫的命名為例」，（臺北）《國家認同之文化論述學術研討會論文集》，民國 95 年，第 2 頁。

〔註35〕國立歷史博物館編輯委員會編，《臺灣史十一講》，臺北：國立歷史博物館，民國 95 年，第 184 頁。

〔註36〕臺灣創價學會藝文中心執行委員會企劃，《日治時期臺灣官辦美展（1927～1943）圖錄與論文集》，臺北：勤宣文教基金會，2010 年，第 98 頁。

〔註37〕此《臺灣日日新報》是由日據政府邀請日籍畫家立石鐵成參與設立，為日據政府的官方媒體。其從此時一直到臺灣美術啟蒙發展過程當中，起到了非常微妙而重要的作用。

〔註38〕許世楷，《日本統治下的臺灣》，東京：東京大學出版會，1972 年，第 103 頁。

持 6 年游擊戰的臺灣抗日武裝組織，被殺義民達到 1 萬人以上。〔註39〕緊接
其後，謀劃既久的對臺「蕃族」調查和鎮壓行動開始。

圖九　日警討伐隊

圖片來源：《臺灣美術史綱》，劉益昌等著，臺北：藝術家出版社，2009
年 3 月，第 74 頁。

圖十　蕃族男女（泰雅族）

圖片來源：《臺灣美術史綱》，劉益昌等著，臺北：藝術家出版社，2009
年 3 月，第 70 頁。

〔註39〕參閱田珏、韓恒煜，「第八講　日據時期臺灣（一）（續）」，《歷史教學問題》，
1990 年第 1 期，第 35 頁。

　　從 1906 年到 1914 年的 9 年間，日人開始「理蕃」工作，首先
對北部山胞進行武力鎮壓。1910 年又制定「廓清蕃地五年計劃」，
在總督府設立「蕃務本署」，在各地增設「蕃務課」（後改為「理蕃
課」），在「刷新蕃政」的口號下進行「理蕃」。日本殖民當局以精銳
兵力對土著族不斷進行「討伐」，日據時期，「討伐」達 120 多次，
殺害土著族人不計其數。僅第五任總督佐久間佐馬太統治期間，就
有四、五萬土著族人被殺害。〔註40〕

　　政治文化及軍事行動的逐步展開之下，兒玉殖民統治時期的臺灣局勢較
之前有了初步緩和。這為經濟的發展和資源普查、開發提供了一定的安全環
境。繼 1898 年開始至 1904 年，臺灣總督府開展了多次「土地調查」行動；
1910 年至 1914 年間又進行了大規模的「林業調查」行動。與此同時，總督府
先後相繼頒布了《臺灣地籍規則》《土地調查規則》《土地登記規則》《官有林
野取締規則》等一系列制度。除此之外，1899 年至 1908 年間兒玉殖民政府又
先後「修成基隆至高雄間縱貫鐵路，繼又興建竹南至大勝線。……後又修建
阿里山鐵路、宜蘭鐵路、花（蓮）臺（東）鐵路。1903 年開始基隆港工程，
1908 年高雄港工程開工。同時建設蘇澳至花蓮等公路」等等，〔註41〕一系列
基本交通網絡逐漸修建完成。以上這些為臺地資源的掠奪、開掘創造了客觀
的政治條件和產業條件。不過問題仍沒有得到圓滿解決，因為資源普查最終
是為了吸引日本國內企業來臺投資做鋪墊。政治制度和交通建設也只是為實
際的資源攫取提供了客觀條件。然而結果卻是，1901 年殖民當局百般勸誘到
臺灣投資的第一家製糖會社便不得不在軍隊的嚴密保護下才得以正常開工建
設。此外，日本國內對臺灣的一無所知，也更使得投資開發進度緩慢不前。
資料顯示，1920 年之前臺灣農業生產年平均增長率僅為 1.4%。與此同時，兒
玉殖民政府在其長達 8 年多的任期中初步建立起了較為完善的警察政治、度
量衡制、獨立財政、土地改革、公共衛生以及戶口調查等殖民性現代管理制
度，使得臺灣社會邁入殖民「現代化建設」階段。〔註42〕以上這些狀況使得總

〔註40〕田珏、韓恒煜，「第十講　日據時期臺灣（三）」，《歷史教學問題》，1990 年第
　　　　4 期，第 29 頁。

〔註41〕田珏、韓恒煜，「第八講　日據時期臺灣（一）（續）」，《歷史教學問題》，1990
　　　　年第 1 期，第 37 頁。

〔註42〕參閱田珏、韓恒煜，「第八講　日據時期臺灣（一）」，《歷史教學問題》，1989
　　　　年第 6 期，第 34 頁。

督府一方面急需宣傳臺灣豐富的資源，以改變蠻荒印象。另一方面又急需宣傳臺灣地域現代化配套設施建設所取得的成果，以便盡快吸引更多的企業和資金投入臺灣資源開發。然而傳統的漢風書畫、唱和會或日本畫是無法實現這樣緊迫而實際的殖產宣傳需要的，從而「始政展覽」〔註43〕與博物館常設展覽成了必要的途徑。

圖十一　新落成的臺灣總督府博物館

圖片來源：《臺灣史十一講》，國立歷史博物館編輯委員會編，臺北：國
立歷史博物館，民國95年12月，第160頁。

　　1899年時臺灣總督博物館〔註44〕稱為「臺灣總督府民政部殖產局商品陳列館」。在日據時期，日本「所掠奪臺灣各種物產資源。皆隸屬於殖產局的商品陳列館，顯然是以陳列展覽臺灣的物產資源為目的，以吸引日本的資本家到臺灣投資設廠。」〔註45〕1906年，兒玉總督與民政長官後藤新平為了紀念臺灣總督府「治臺功績」，「強令全島民眾每人捐獻一元錢，來資助紀念館的建設。新館址選在清代臺北舊天后宮的原址。〔註46〕1908年（日本明治四十一年）5月24日，臺灣總督府博物館正式創設。同年8月26日，《告示第九十六號》公布臺灣總督府殖產局附屬博物館規程，同時將全島各地的產業標本集中於舊彩票局的廳舍。10月24日，總督府《告示第一二八號》公布開

〔註43〕日本殖民政府為紀念佔領臺灣和治理建設臺灣的成績所進行的展覽會活動。
〔註44〕現臺灣省立博物館。
〔註45〕向安強、姜崢，「日據至光復初期臺灣博物館管窺」，《華南農業大學學報》（社會科學版），2002年第2期，第55頁。
〔註46〕該館正式動工應該是1913年，於1915年建成，始稱作臺灣總督府民政部殖產局附屬博物館。

館。」〔註47〕開館初期，該館一共分為十一個部類〔註48〕。其中第四部人類部，其多數材料源自於日本考古學家伊能嘉矩的考察所得。1899 年時，他將到臺灣「各部落踏查時拍攝的不同族群人物照片剪貼拼成海報，用來說明他所分類的臺灣原住民族群。後來為了在 1900 年巴黎世界博覽會中展覽臺灣各地族群的分類和分布，他又請人將 1898 年的拼貼照片重新彩繪，畫出各族男女形貌和服飾上明顯的物質文化特色」等等，〔註49〕收藏了大量的「物質文化標本、繪圖和田野照片。」〔註50〕除去伊能嘉矩之外，島居龍藏和森丑之助等人採用照相方法也做了大量的田野攝影和物質文化標本採集工作，為博物館留下了大量資料。不過，這些資料在進入博物館後與之前有所不同的是性質發生了變化〔註51〕：

> 原本由總督府主導配合殖民施政而進行的調查和採集行動，移到正式的博物館之後，相對增加了通俗知識性和宣傳性的角色，成為提供一般大眾觀賞臺灣殖民地特色和日本殖民能力的重要展示品來源。〔註52〕

部數	一	二	三	四	五	六	七	八	九	十	十一	合計
品目	地質地文及礦物	植物	動物	人類	歷史及教育	農業	林業	水產	礦業	工藝	貿易	
點數	908	2998	3722	712	100	1811	455	179	372	152	316	12723

此表為該館當時規模。〔註53〕

〔註47〕向安強、姜崢，「日據至光復初期臺灣博物館管窺」，《華南農業大學學報》（社會科學版），2002 年第 2 期，第 55 頁。

〔註48〕各部內容分別是：第一部，地質地文及礦物；第二部，植物；第三部，動物；第四部，人類；第五部，歷史及教育；第六部，農業；第七部，林業；第八部，水產；第九部，礦業；第十部，工藝；第十一部，貿易。——見向安強、姜崢，「日據至光復初期臺灣博物館管窺」，《華南農業大學學報》（社會科學版），2002 年第 2 期，第 55 頁。

〔註49〕國立歷史博物館編輯委員會編，《臺灣史十一講》，臺北：國立歷史博物館，民國 95 年，第 159 頁。

〔註50〕國立歷史博物館編輯委員會編，《臺灣史十一講》，臺北：國立歷史博物館，民國 95 年，第 159 頁。

〔註51〕丁平，「殖民時期臺灣美術『地方色』觀念的型構——一個殖民性的視覺化表徵」，《文藝爭鳴》，2011 年第 1 期，第 126 頁。

〔註52〕國立歷史博物館編輯委員會編，《臺灣史十一講》，臺北：國立歷史博物館，民國 95 年，第 160 頁。

〔註53〕轉引自向安強、姜崢，「日據至光復初期臺灣博物館管窺」，《華南農業大學學報》（社會科學版），2002 年第 2 期，第 55 頁。

圖十二　伊能嘉矩《臺灣原住民相貌圖》
（為 1900 年巴黎萬國博覽會所繪）

圖片來源：《臺灣史十一講》，國立歷史博物館編輯委員會編，臺北：國
立歷史博物館，民國 95 年 12 月，第 159 頁。

圖十三　1935 年臺灣博覽會海報

圖片來源：《臺灣美術四論》，廖新田，臺北：典藏藝術家庭股份有限公
司，2008 年 11 月，第 76 頁。

　　在此，「照片」作為最直觀便捷的展現方式和功能顯得尤為突出，其逼真展現了臺灣地方性物產人文的特色。相應於此，另一類更加重要的展示方式即「始政博覽會」所發行的「繪葉書」（風景明信片）〔註54〕。總體而言風景明信片在臺灣普遍發行的時間大約在 1900 年以後。初期其主要是引介臺灣風景和民俗等，並以此作為日本人赴臺出發前的參考。不過這當中風景物產的設計是經過選擇性加工後於繪葉書中呈現出來。「1905 年總督府首度發行始政十週年『繪葉書』（風景明信片），臺北繪葉書交換會等團體亦加入發行的行列，臺灣風景的描繪蔚為流行。」〔註55〕當然除去博覽會發行之外，當時還「有許多攝影寫真的展覽報導及風景明信片的出版散見於報端。風景明信片足見是相當受歡迎的消費品。」〔註56〕經由風景明信片（繪葉畫）的發行時間及傳統書畫活動可知，有關臺灣地方的風景物產性題材的攝影作品應早於繪畫作品出現的時間。對此，John Berger 在《藝術觀賞之道》（*Ways of Seeing*）一書中提到：

> 照相機的發明，改變了人們觀看事物的方法。他們眼中的事物逐漸有了新的含義。這立刻反應在繪畫上。……照相機的發明，也使人運用不同的方法，來觀賞那些這在照相機發明之前就創造的繪畫作品。〔註57〕

　　由此，「照相技術」的精美逼真和展現方式在動搖同樣表現地方題材的國畫傳統地位時，直接影響到了表現地方性物產題材的「繪葉書」的設計製作。與此同時，官方博物館中的正式展出又加固了照片攝影技術在視覺領域的主導地位和視覺化權威性。同時博物館、博覽會的這種文化展示空間又穩固了這種視覺化的經驗並轉換成為記憶；〔註58〕由此這種籍由官展照片轉換而來的記憶使得視覺性成為權威性，殖民性成為現代性；二者就如同將真實等同人為事實一樣成為一對等同體。對那些參觀博覽會的觀眾來說，這極易使其認同這種殖產宣傳下的殖民論述邏輯。此外再如遊記作者松本曉美所指出：「美術明信片（風景明信片）如與其他土產禮品相比，由於價格低廉購買的

〔註54〕分照片類型和繪畫類型。

〔註55〕臺灣創價學會藝文中心執行委員會企劃，《日治時期臺灣官辦美展（1927～1943）圖錄與論文集》，臺北：勤宣文教基金會，2010 年，第 199 頁。

〔註56〕廖新田，《臺灣美術四論》，臺北：典藏藝術家庭股份有限公司，2008 年 11 月，第 24 頁。

〔註57〕John Berger 著、戴行鉞譯，《藝術觀賞之道》，臺北：臺灣商務印書館股份有限公司，1993 年，第 16 頁。

〔註58〕博覽會的展示空間成為集體記憶重新編列的空間場所。

人較多。」〔註59〕從而潛移默化中更是使得民眾（觀者）再也無法分辨視覺圖像與政治權威，現代性與日本性、殖民性之間到底有何種差異，而這在隨著殖民進程的深化後會表現的更為突出。由此在現代性、日本性、殖民性和視覺景觀混同下，原有文化認同產生了裂縫、滑移和錯亂。照片、繪葉書及展示空間邏輯下的「臺灣圖像」成了新的文化象徵資本與認同基點，傳統文化認同與記憶遭到消解；〔註60〕當然這還不影響傳統繪畫的繼續存在，只不過借助於照相技術的視覺感觀與影像，使得繪畫的語言形式出現挪移與扭轉。地方性題材從傳統藝術模式之下被引入到一個更為廣泛開闊的視覺景觀場域。——傳統繪畫語言走出藝術，進入到視覺景觀的殖產宣傳。對此，前面所提到的經過選擇性加工的繪葉畫（風景明信片）和照片的出現即是解釋。

圖十四　日殖時期臺灣風景明信片

圖片來源：《臺灣美術四論》，廖新田，臺北：典藏藝術家庭股份有限公
司，2008 年 11 月，第 43 頁。

〔註59〕轉引自陳美靜，「日治時期臺灣風景畫中廟宇主題繪畫作品之研究」，（臺南）
　　　國立臺南藝術大學藝術史與藝術評論研究所，民國 99 年，第 193 頁。

〔註60〕丁平，「殖民時期臺灣美術『地方色』觀念的型構——一個殖民性的視覺化表
　　　徵」，《文藝爭鳴》，2011 年第 1 期，第 127 頁。

　　當然在此時期，挪移了傳統美術中「地方題材」的繪葉書和照片還並未將「地方色」的觀念上升到美術語言層面，這尚且需要經歷 1910 年後學校圖畫教育的發展過程。1895 年日本國內勸業博覽會即開始設立美術展區，但直到 1903 年第五回日本國內勸業博覽會設立臺灣館時，也沒有在臺灣館設立美術展區。1897 年總督府國語學校第四附屬學校在臺灣創立，其首次開設了圖畫教育課程，不過直至 1910 年圖畫課改為獨立學科時才正式面向臺籍子弟。由此對於日據政府來說，其設立臺灣館的目的僅在於向日本介紹臺灣物產人文及殖民現代化建設成果，純粹的美術教育與臺灣無關緊要。所以，此時的學校教育也僅會是實用性圖畫教育，與殖民資源開發、利用的目的緊密。純然的美術展也主要是表現為淡水館等所舉辦的展覽，僅為文化活動和招降需要。從而在此時期內，「地方色」觀念還只是朦朧地存在於以臺灣地域物產資源開發為目的的殖產宣傳意識之中，與美術未有直接的關聯〔註61〕，正式的書畫展覽活動中也未見地方色觀念的表現或提出；相應於此，殘存的傳統文化認同遺緒下傳統美術語言仍保持著原有的語言形態，其文化身份一定程度仍被殖民性延續；這在揚文會、唱和會等傳統詩書畫活動中還能看到。整體而言，在這樣一種政治文化結構中，日本殖民政府仍「尊重並保留著前清品味與遺規。……鮮有新意，只能視為前期餘緒。」傳統漢畫、日本畫、宣傳照片、圖片〔註62〕仍繼續並存，傳統美術語言與日本美術及殖民文化政策之間是共存的，傳統性地方題材的繪畫與日據政府的殖民宣傳景觀沒有衝突。當然，伴隨著日本殖產宣傳的需要和模式，衝突是遲早的事情。存在於始政博覽會、博物館中的宣傳照片和明信片對資源的分類和規劃之效，終將催生製圖課程的設置。由此隨之國語學校圖畫課程的開設、臺灣美術啟蒙者石川欽一郎〔註63〕等人由殖民官員到美術教師角色的轉換等等，「地方色」從視覺景觀轉換成美術身份的語言是最終的必然。〔註64〕

1.1.2.2 1910 年～1927 年：山地旅行、美術啟蒙與美展

　　1915 年的西來庵事件之後，臺灣民眾抗日運動基本從武裝鬥爭轉向非暴

〔註61〕丁平，「殖民時期臺灣美術『地方色』觀念的型構——一個殖民性的視覺化表徵」，《文藝爭鳴》，2011 年第 1 期，第 127 頁。

〔註62〕下文中簡稱的「宣傳片」，即包括照片與繪葉書（風景明信片）。

〔註63〕1924 年石川欽一郎的再度入臺有日據政府讓其教授美術以緩臺地運動形勢之目的，且此時間正為臺灣文化協會成立（1921 年）後不久、文化運動頻發之時，同時正處於日本「內地延長主義」政策實施之時。

〔註64〕丁平，「殖民時期臺灣美術『地方色』觀念的型構——一個殖民性的視覺化表徵」，《文藝爭鳴》，2011 年第 1 期，第 127 頁。

力運動。兒玉殖民政府及其後繼時代在經過近 20 年的武裝鎮壓之後，社會反抗形勢趨於緩和。殖產經濟的大力發展與現代建設，使得蠻荒印記下的臺灣影像有了較為明顯的改善。博覽會與博物館等展覽中宣傳照片和明信片的廣泛運用，使得傳統繪畫藝術的題材由此邁入視覺景觀盛世的門檻，而殖民圖畫教育的逐步開展則進一步加深了這一狀況。傳統的繪畫語言將被另一種與之關聯的「能指」所替代。在這樣一種語言症狀之下，「所指」的美術題材轉變成為日常的視覺景觀。儘管 1910 年代之際傳統的美術語言依舊存在，但是視覺景觀的拓殖與擴展勢必使得這一平衡將被打破，傳統美術語言將逐漸失去生存土壤而萎靡。相應於此，外來的日本新美術觀念在殖民統治的社會背景之下，也從一種藝術語言演變成為政治語言。在此之下，臺灣美術最終演變成為視覺景觀下的殖產宣傳，游離於藝術之外，也無關於社會運動，殖民反思能力和條件缺失，從而最終與當時的社會運動形成距離。當然在此階段，這一切表現為殖民政府對美術語言的初步認識和運用。

圖十五　菱田春草《落葉》

圖片來源：《臺灣寫實主義美術（1895～2005）》，朱佩儀、謝東山，典藏
藝術家庭股份有限公司，2006 年，第 124 頁。

明治維新後，日本在「文明開化」的政策之下開始學習西方世界的文教、政治制度和社會生活、風俗樣式等。伴隨著綜合國力的發展，各種新興的美術思潮也同時湧入日本。這主要表現在東洋畫（日本畫）和西洋畫的風格發展之上。至 20 世紀初日本畫（東洋畫）形成以「吸取西方自然主義造型表現觀念來復興東方古典手法，並趨於洗練和純藝術傾向」〔註65〕的東方式新古典主義

〔註65〕張小鷺「淺議近年來日本美術文化對中國民族繪畫（包括臺灣膠彩畫）的影響」，《國畫家》，2006 年第 4 期，第 39 頁。

風格的「東京畫派」，以及不同於東京畫壇風格的「京都畫派」。其中「東京畫派」以菱田春草與橫山大觀為代表，其師承以明代雪舟畫風為宗的日本狩野畫派最後一代大師中橋本亞邦。此外東京畫派還包括了著名的川合玉堂、鈴木清方、松岡映丘、山口蓬春和伊東深水等人。京都畫派則以竹內棲鳳為代表。以上這些畫家都是立足於狩野畫派或四條派的傳統，並結合西方觀念進行了改革。1907 年後在黑田清輝提議創立的「文部省美術展覽會」〔註66〕中，這些畫派基本上處於主流地位。在西洋畫方面，師承法國學院派教授柯蘭的黑田清輝所形成的「外光派」影響最大。此畫派「具有傳統學院派的結實素描與清晰輪廓，又具有印象派的亮麗色彩」。〔註67〕1896 年黑田清輝主持東京美術學校西洋畫科主任教授，由此外光派的西畫成為東京美術學校西畫科主要的風格。日後對臺灣東洋畫、西洋畫影響甚巨的鄉原古統、鹽月桃甫等都畢業於該校。〔註68〕在黑田的傳播之下，其周圍形成了一個以久米桂一郎、岡田三郎助、藤島武二、和田英作和田邊至等人構成的「外光派」團體。而在黑田清輝的提議下，外光派成員又多為「文展」的主要審查委員〔註69〕。在這兩大畫派的影響之下，他們基本掌控了日本畫壇話語。也因此在日本國內「畫家登龍門最好能在最有權威的官展入選，社會才公認他為優秀的畫家。因此日本的畫家，尤其是就讀於東京美術學校的西畫家，莫不以入選『文展』（後來是帝展）為最大的抱復與光榮，全年為準備官展而製作。如此，為入選官展而作的作品，當然就要迎合審查委員的風格和品位，很難有個性和新觀念的作品產生，臺灣留學日本的西畫家，也避免不掉上述陋習。」〔註70〕基於此，自1913 年起東洋畫的橫山大觀、下村觀山等，西洋畫的有島生馬、梅原龍三郎等，開始分別組成「院展」和「二科會」以反對「文展」中所充斥的這種舊派畫風。到了 1920 年代，更是對東京美術學校和官展提出嚴厲的改革要求。與此同時，基於日本國內農村經濟等社會問題的嚴重形勢，日本各地開始掀起由歐美思潮影響的以壓制地方分權的愛國愛鄉的鄉土教育和文化運動。〔註71〕

〔註66〕1919 年改稱「帝國美術院展覽會」簡稱「帝展」，下文簡稱「文展」。
〔註67〕王秀雄，《臺灣美術發展史論》，臺北：國立歷史博物館，民國 84 年，第 35 頁。
〔註68〕石川欽一郎雖不是該校畢業，但其也主要學習了 Alfred Eastd 的外光派思想。
〔註69〕日後很多成員有擔任「臺展」審查委員之職的經歷，對臺灣美術風格的影響甚巨。
〔註70〕王秀雄，《臺灣美術發展史論》，臺北：國立歷史博物館，民國 84 年，第 35 頁。
〔註71〕參閱王淑津，「日本殖民地時代臺灣美術史的『地方色彩』論題」，《典藏今藝術》，2006 年第 126 期，第 53 頁。

這表現在美術上即是對日本國內「本土題材」的關注。以上這一美術與社會情形將在其隨後的發展以及日籍人員的大量赴臺和交流中，對臺灣地域的美術狀況產生漸進的深遠影響。

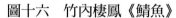
圖十六　竹內棲鳳《鯖魚》

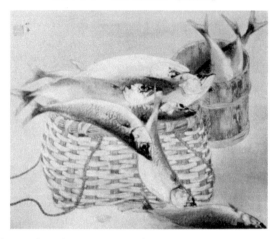

圖片來源：《日治時期臺灣官辦美展（1927～1943）圖錄與論文集》，臺灣創價學會藝文中心執行委員會企劃，臺北：勤宣文教基金會，2010 年，第 38 頁。

圖十七　橫山大觀《海潮四題（夏）》

圖片來源：《臺灣寫實主義美術（1895～2005）》，朱佩儀、謝東山，典藏藝術家庭股份有限公司，2006 年，第 124 頁。

圖十八　黑田清輝《湖畔》

圖片來源：《日治時期臺灣官辦美展（1927～1943）圖錄與論文集》，臺灣
創價學會藝文中心執行委員會企劃，臺北：勤宣文教基金會，
2010 年，第 51 頁。

圖十九　藤島武二《造花》

圖二十　岡田三郎助《某夫人肖像》

圖片來源：《臺灣寫實主義美術（1895～
2005）》，朱佩儀、謝東山，典
藏藝術家庭股份有限公司，
2006 年，第 31 頁。

圖片來源：《臺灣寫實主義美術（1895～
2005）》，朱佩儀、謝東山，典
藏藝術家庭股份有限公司，
2006 年，第 30 頁。

　　基於臺灣總督府對土著民族和漢族武裝的成功鎮壓，以及「工業日本，農
業臺灣」政策的實施，製糖與稻米成為衡量此時期臺地資源開發與經濟發展的
重要指標〔註72〕。其中與製糖業發展極為相關的一個環節是對蔗糖原料產地
的掠奪。1910 年起，臺地日資糖廠開始了第一撥合併運動，其主要目的即在
於重新區隔並瓜分蔗糖原料產地。這次合併的結果是形成了控制臺灣製糖業
發展的幾大巨頭〔註73〕，此即臺灣製糖、明治製糖、鹽水港製糖、東洋製糖和
帝國製糖等日資製糖會社。然而重要的是，僅此五家日資製糖會社就佔據了臺
灣地域將近 70%的甘蔗原料產區。〔註74〕由此所顯示出一個重要信息是，基
於兒玉統治時代以來所建立起的「警察制度」，以及山地封鎖劃分政策，使得
原料產區的安全形勢得到了較好控制〔註75〕，從而使得產區的瓜分並實行成
為可能。〔註76〕此外考慮到國際經濟形勢下日本直至 1920 年代以來的糖業經
濟發展和暴利，充分表明當時臺灣農業和社會環境形勢的緩和。從而自 1905
年起，臺灣總督府在財政逐漸雄厚之後除用於扶助日資製糖企業和軍事活動
外，開始將大部分資金直接投資於鐵路、港灣、公路、水利等公共事業的進一
步建設。〔註77〕相應於此，日本民間資本也於 1910 年前後開始大量投資臺
灣，且主要也集中在製糖行業，使得新式糖廠達到了 15 家。據統計這一時期
輸入臺灣的民間日資總共達到了 8000 萬元左右。伴隨著產業經濟的高速發

〔註72〕 自 1901 年起，第四任臺灣總督兒玉源太郎即開始將發展稻米生產和蔗糖生產
　　　　 定為當局殖產興業政策的主要內容。——見《日據初期臺灣稻米輸日問題研
　　　　 究》周翔鶴《臺灣研究集刊》，1997 年第 1 期，第 77 頁。另在「第一次世界
　　　　 大戰期間，德、奧等甜菜糖產國產量劇降，使得日本砂糖（日本精製糖以臺灣
　　　　 粗糖為原料）輸出劇增。同時，日本國內的人均糖消費水平增長，使得糖價上
　　　　 漲，利潤暴增。為此，日資糖廠不僅將大部分紅利轉為投入資本，同時大量向
　　　　 臺灣銀行貸款，五大製糖廠的貸入資本均已超出實收資本。糖業界的「黃金時
　　　　 代」大約持續到 1920 年左右。」——見涂照彥，《日本帝國主義下的臺灣》，
　　　　 臺北：人間出版社，1990 年，第 307～310 頁。
〔註73〕 丁平，「殖民時期臺灣美術『地方色』觀念的型構——一個殖民性的視覺化表
　　　　 徵」，《文藝爭鳴》，2011 年第 1 期，第 127 頁。
〔註74〕 參閱《日本帝國主義下的臺灣》，涂照彥，臺北：人間出版社，第 307～310 頁，
　　　　 1990 年。
〔註75〕 丁平，「殖民時期臺灣美術『地方色』觀念的型構——一個殖民性的視覺化表
　　　　 徵」，《文藝爭鳴》，2011 年第 1 期，第 127 頁。
〔註76〕 此處沒有排除總督府關於老舊糖廓改造政策所起到的影響。——參見周翔鶴，
　　　　 「日據時期臺灣改良糖廓研究」，《臺灣研究集刊》，1995 年第 2 期。
〔註77〕 參閱陳孔立，《臺灣歷史綱要》，北京：九州出版社，1996 年，第 367 頁。

展，相較於官方資本的公共投資，民間資本的日資糖廠等企業也開始將其巨額
利潤大量轉投於臺地其他領域，如採礦、酒精、造紙、金屬製品、藥品、罐頭
和商業等領域。〔註78〕基於以上社會狀況和經濟環境大為改觀的現實，此時期
大量日籍人員赴臺旅行現象的出現得到了解釋。一方面是進一步的殖產建設
宣傳需要，另一方面是社會環境的緩和為赴臺人員的安全提供了條件。此外早
在 1895 年（明治 28 年）福澤諭吉的移民殖產論也對日人赴臺的現實性定下了
政治基礎。其在《臺灣永遠的方針》中闡述道：

　　（臺灣）既歸我版圖，則不容將此天惠地福仍如原樣地付諸蠻
　　民之手。大量移住內地〔註79〕人以開發其富源，即為文明之本意。
　　期望政府決定方針，促使內地人移住，接受蠻民手上自開關以來之
　　蠻民事業，加以文明流之新工風。〔註80〕

圖二十一　「霧社事件」原住民領導　莫那魯道（中）

圖片來源：《臺灣美術新風貌展（1945～1993）》，黃光男，臺北市立美術
　　　　　館，1993 年，第 345 頁。

〔註78〕參閱陳孔立，《臺灣歷史綱要》，北京：九州出版社，1996 年，第 368～369 頁。
〔註79〕指日本國內。
〔註80〕吳密察，《臺灣近代史研究》，臺北：稻鄉出版社，2001 年，第 82～84 頁。

　　1910 年後臺灣社會環境的大為改善使得這一政治言論成為現實，日據殖民政府開始大量派遣和吸引日本人進入臺灣地域。

　　最早帶有旅行性質赴臺的畫家可能為石川欽一郎〔註81〕，不過在 1910 年代以後這一現象逐漸頻繁起來。「集體出遊臺灣的新聞常見諸報端。這種如歐洲『大旅遊』（Grand Tour）般的臺灣旅行經驗透過登山雜誌、學校旅遊日誌與個人遊記等刊物互為流傳。」〔註82〕與此同時「臺灣名景透過媒體的大量傳播，如報紙報導、輿論與民意調查而廣為流傳與運用。」〔註83〕對此，民眾反應熱烈。「1917 年西畫家石川寅治即為鼓勵日本人赴臺旅行撰寫宣傳文章。」「大阪市教育會也以兩星期的時間旅行臺灣以增廣老師們的見聞。這是典型的臺灣旅遊：臺灣神社、臺北淡水、阿里山、臺南古蹟都在行程之內。同樣的，一位名為藤山雷太的日本商界領袖也於 1927 年走訪臺灣並出版了《臺灣遊記》一書。」〔註84〕這種狀況的出現，與 1900 年來仿傚日本的「名所繪」〔註85〕編纂似乎也有著一定的聯繫。因「『名所』的使用有強烈的日本旅遊傳

〔註81〕石川欽一郎（1871～1945），生於日本靜岡縣。中學時代學習英語、南畫。1888 年入遞信省東京電信學校，師小代為重學習西洋畫。1889 年入大藏省印刷局工作，同時跟淺井忠、川村清雄學畫，夜間進修英文，1891 年加入「明治美術會」。1898 年辭去工作赴英學得英國風水彩。1904～1905 年日俄戰爭時被派到偽滿洲擔任英語翻譯官，1907 年又被派而擔任臺灣總督府陸軍通譯官，同時在臺北國語學校（臺北師範前身）做兼任的美術教師。1916 年辭職返日。1923 年受好友臺北師範志保田校長之邀，再度來臺任教。除在臺北師範任教外，也在「臺灣美術研究所」指導校內人士的美術。他跟學生組織了「七星畫會」、「臺灣水彩畫會」、「基隆亞細亞畫會」並舉辦畫展。受其指導後，到東京美術學校就讀的學生甚多，可以說是很重要的臺灣近代西洋畫的啟蒙導師。其英國風渲染效果的寫實水彩，很能捕捉多濕炎熱的臺灣鄉村風景，富有詩情畫意。同時其對「臺展」的催生亦盡力不小，於臺地展覽期間他在《臺灣日日新報》《臺灣時報》《臺灣教育》等媒體發表文章，對臺灣早期的西洋畫影響很大。1932 年返日。在臺期間，曾擔任臺展第一至五回的審查委員。——臺灣創價學會藝文中心執行委員會企劃，《日治時期臺灣官辦美展（1927～1943）圖錄與論文集》，臺北：勤宣文教基金會，2010 年，第 20 頁。

〔註82〕廖新田，《臺灣美術四論》，臺北：典藏藝術家庭股份有限公司，2008 年，第 29 頁。

〔註83〕廖新田，《臺灣美術四論》，臺北：典藏藝術家庭股份有限公司，2008 年，第 33 頁。

〔註84〕廖新田，《臺灣美術四論》，臺北：典藏藝術家庭股份有限公司，2008 年，第 29 頁。

〔註85〕產生於平安至鐮倉時代的屏風繪、障子繪（隔扇畫）中，描繪日本各地名勝，加之季節感、相關人物和事物的畫種。其傳統為繪卷物（畫卷）所繼承，影響

統，它促使大眾能像文人一樣有能力與機會體驗自然之美。」〔註86〕基於此，
這種大旅行活動及其地理景觀的廣泛流傳使得「旅行繪畫提供了另一種重要
的選擇來欣賞臺灣風景。……它使美學經驗與旅行經驗成為可能。」〔註87〕
畫家可以直接將此地方性風景旅行經驗轉化為美術的美學經驗。一種有關臺
灣「地方色（性）」的美術風景觀在畫家旅行活動中逐漸形成。〔註88〕與此同
時，畫家自身所具有的日本美術新觀念又使得這種臺地的地方美術經驗，納入
到了日本美術視野之下。這一點在石川欽一郎論述觀察臺灣地域風景時要以
日本的眼光來觀察得到了明確。〔註89〕此即「鑒賞臺灣地區的風景時，首先
一定要對照著，從日本的風景角度來考慮。」〔註90〕作為藝術的語言來說納
入到日本美術視野之下，還可視為藝術問題。然而殖民背景之下，流入臺灣
的日本美術思想卻逐漸發生了變化。

　　早在 1860 年代可能已有某些「土產物繪」（souvenir painting）的畫家來到
臺灣。但自 1910 年代起，以個人身份赴臺旅行和寫生的日籍畫家開始大量陸
續出現。除去「土產物繪」畫家和當地傳統畫家，這些以個人身份來臺的日
籍畫家多在一月上旬抵達臺北，一月底的時候則開始赴臺灣南部旅行，到了
二月左右則舉辦展覽會；一般來說，這些畫家在臺期間多由石川欽一郎舉辦
的「蕃茶會」招待。〔註91〕不過初期去臺畫家中多數承襲傳統畫風（如狩野

　　　　涉及《洛中洛外圖屏風》及歌川廣重、葛飾北齋等人的浮世繪風景版畫。——
　　　　見《日本美術簡史》久野健等編、蔡敦達譯，上海：上海譯文出版社，2000 年，
　　　　第 152 頁。

〔註86〕廖新田，《臺灣美術四論》，臺北：典藏藝術家庭股份有限公司，2008 年，第
　　　　33 頁。

〔註87〕廖新田，《臺灣美術四論》，臺北：典藏藝術家庭股份有限公司，2008 年，第
　　　　29 頁。

〔註88〕丁平，「殖民時期臺灣美術『地方色』觀念的型構——一個殖民性的視覺化表
　　　　徵」，《文藝爭鳴》，2011 年第 1 期，第 127 頁。

〔註89〕參閱顏娟英，《風景心境——臺灣近代美術文獻導讀（上）》，臺灣：雄獅圖書，
　　　　2001 年，第 32 頁。

〔註90〕顏娟英，《風景心境——臺灣近代美術文獻導讀（上）》，臺灣：雄獅圖書，2001
　　　　年，第 32 頁。

〔註91〕參閱立花義彰著、廖瑾瑗譯，「從一八六〇年代到一九三〇年代，來臺畫家筆
　　　　下的臺灣」，《何為臺灣？——近代臺灣美術與文化認同》論文集，（此論文
　　　　集係「臺灣美術研討會」後期成果，會議由（臺北）文化建設委員會主辦，
　　　　地點：（臺北）國家圖書館國際會議廳，民國 85 年 9 月 13、14 日），第 6～
　　　　14 頁。

派），並且延續傳統題材，其目的也主要是借助此類傳統畫作以撫慰身處異鄉的日本人。〔註92〕不過值得注意的是，此時這種風格的作品還沒有將臺地風景納入進創作主題，也未形成積極、明晰的地方色意識。這一切要等到石川欽一郎第一次來臺之後才漸有改變。也即初期來臺時的日籍畫家還沒有積極和明晰的臺灣地方色意識。其主要仍是作為一種外來美術語言而與臺地傳統美術語言或殖產宣傳並存。也許殖民軍官與畫家的雙重身份，使得石川欽一郎有了突破此限制的意識能力。跨文化的視野之下，石川以比較文化的角度面對臺灣景物，這使得臺地風景隱約呈現出異於日本自然風景的趣味：地方特色。自1907年和1924年兩次赴臺以來，石川在前後19年的時間中逐漸形成自己的臺地美術風景觀念〔註93〕。「外光派」的「寫生」風景觀是其主要觀點。對此，石川認為：

> 太陽的熱與光十分強烈的南方特色，也就是臺灣山水的特色。……北部和南部的向光與陰影的發色不同，除了顏色之外，南北的光線差異也很大。……但是在光線強的臺灣無論如何不能不考慮光線。不如說要先以光線為主來考慮之後，才能看清萬物的顏色，順此次序才對。〔註94〕

相應於此，石川又提出：

> 臺灣山水的美就如其所直接呈現的，如眼前所見的，換句話說，就是觀賞山水直接陳列的大自然美，沒有值得深入之處。由於自然給人強烈的感覺，觀者毫無回想的餘裕。我們所讚賞臺灣的自然美，將此豐富豔麗的色彩延展至畫布上，但是也僅止於美麗色彩的配置而已，更進一步想發現所謂深奧的精神就不容易了，山水美的鑒賞家也大多都停留在表面而已，總之，臺灣的山水之美缺少能夠啟發人們精神性思考的要素，實為遺憾。……〔註95〕

〔註92〕顏娟英，《風景心境——臺灣近代美術文獻導讀（上）》，臺灣：雄獅圖書，2001年，第22頁。

〔註93〕丁平，「殖民時期臺灣美術『地方色』觀念的型構——一個殖民性的視覺化表徵」，《文藝爭鳴》，2011年第1期，第127頁。

〔註94〕顏娟英，《風景心境——臺灣近代美術文獻導讀（上）》，臺灣：雄獅圖書，2001年，第52頁。

〔註95〕顏娟英，《風景心境——臺灣近代美術文獻導讀（上）》，臺灣：雄獅圖書，2001年，第53頁。

圖二十二　石川欽一郎圖像

圖片來源：《臺灣美術四論》，廖新田，臺北：典藏藝術家庭股份有限公
司，2008 年 11 月，第 37 頁。

　　石川提出對臺灣自然風景的審美觀之後，陸續來臺的其他日籍畫家也表
現出極為相像的審美觀。〔註96〕1914 年三宅克己接受石川邀請來臺旅行寫
生，並於鐵道旅館舉辦日本畫個展，期間總督佐久間左馬太參觀展覽。來臺
後的三宅克己認為：臺灣就是綠色的竹林、紅瓦的家屋、路邊的芭蕉林、田
野辛勞的水牛與農夫，還有街旁濃密的相思樹〔註97〕；並且，這些自然特色
在臺灣南部是愈加強烈的。紅色屋簷、竹林、芭蕉樹、水牛與相思樹成了三
宅克己等來臺日籍畫家對臺灣的第一印象。從而對臺灣風景的審美正如三宅
克己所言：

　　　　強烈的陽光下，村落的家屋色彩十分美麗，有如意大利南部或西
　　　　班牙的氣氛。這絕不是吹牛的。年輕的畫家血氣方剛，描寫日本貧弱

〔註96〕丁平，「殖民時期臺灣美術『地方色』觀念的型構──一個殖民性的視覺化表
　　　　徵」，《文藝爭鳴》，2011 年第 1 期，第 127 頁。
〔註97〕丁平，「殖民時期臺灣美術『地方色』觀念的型構──一個殖民性的視覺化表
　　　　徵」，《文藝爭鳴》，2011 年第 1 期，第 127 頁。

的灰色調和濃黑的風物，也想使用強烈的色彩，建議他們不妨到臺灣
南部例如臺南、高雄一帶看看，一定會畫出近代的色彩與調子。〔註98〕

除去色彩，在有關臺灣風景可入畫為題材的問題上，日籍畫家河合新藏認
為臺灣特有的地理及其古代建築、山嶽和漢人風物等都是非常有趣的畫題，尤
其是蕃人風俗。其認為：

> 臺灣卻充分地發揮其特殊的趣味。以她的島國大小而言，規模
> 好像被放大了，尤其是中央山脈的諸多山嶽非常壯觀，令人愉快。
> 而且南部方面，還殘留著古城壁、荒廢的古老建築，三五隻水牛或
> 山羊徜徉其處，一股濃厚的荒涼氣氛，這些都是非常有趣的畫題。
> 其次，土著漢人的家屋、市場和風俗等，其中也有許多有趣的題材，
> 而我最感興趣的是蕃人的原始生活狀態。〔註99〕

圖二十三　木下靜涯《新高山之晨》

圖片來源：《日治時期臺灣官辦美展（1927～1943）圖錄與論文集》，臺灣
創價學會藝文中心執行委員會企劃，臺北：勤宣文教基金會，
2010年，第46頁。

〔註98〕顏娟英，《風景心境——臺灣近代美術文獻導讀（上）》，臺灣：雄獅圖書，2001
年，第60頁。
〔註99〕顏娟英，《風景心境——臺灣近代美術文獻導讀（上）》，臺灣：雄獅圖書，2001
年，第62～66頁。

　　對此，同樣對臺灣地域少數民族題材感興趣的西洋畫家鹽月桃甫〔註100〕
在 1946 年返回日本後發表《臺灣生活小歷》一文，文中提到 1921 年 4 月後他
在渡臺七、八年間經常入山觀察原住民生活的經歷；並且兩年後的 1923 年，
鹽月桃甫即創作了「蕃人舞踴圖」。這是一件以描寫泰雅族人圍著火堆歌舞、
聚會儀式為主題的作品。由此身臨其境的現場般描繪，可知鹽月對原住民部落
及其生活狀況的詳細觀察、記錄和熱愛。1923 年須田速人曾評論鹽月桃甫的
個展是以「蕃人國的生活」為主題所表現出的「美善極致」。同年，鹽月桃甫
還替佐山融吉和大西吉壽所撰寫的《生蕃傳說集》一書畫了插畫。以此等經歷
來看，鹽月在來臺三年後對臺灣原住民的生活、神話傳說以及物質文化有了相
當程度的認識與把握，並且將原住民的題材轉化成了個人的創作來源。〔註101〕
相較於西洋畫而言，東洋畫在表現臺灣地方題材上較為親近。和鹽月桃甫同樣
畢業於東京美術學校師範科的鄉原古統〔註102〕在 1917 年赴臺。其極為重視
山水、花卉以及寫生的能力，提倡通過細膩的線條和填彩來描繪臺灣自然形

〔註100〕鹽月桃甫（1886～1954），「生於宮崎縣西都市，1912 年東京美術學校圖畫師
　　　　範科畢業後，在大阪與松山等地任教小學與師範學校後，於 1921 年赴臺，擔
　　　　任臺北高等學校與臺北一中的美術教師，課餘還在一畫材店附設的『京町畫
　　　　塾』免費教學。……1927 年也參與臺展催生的工作，並擔任日後臺、府展的
　　　　審查委員。也常撰寫藝術批評與藝術介紹的文章。其豪放不羈的性格，致使
　　　　他喜歡野性與充滿生命力的題材。經常深入臺灣山地旅行，愛好山地景色的
　　　　原住民主題。其藝術風格不固定。……其抒發內心強烈的感情，感染力很大，
　　　　頗獲讚賞，是以作品影響他人的畫家。1946 年回日本。擔任臺展第一回至十
　　　　回審查委員，府展第一回至六回審查委員。」——臺灣創價學會藝文中心執
　　　　行委員會企劃，《日治時期臺灣官辦美展（1927～1943）圖錄與論文集》，臺
　　　　北：勤宣文教基金會，2010 年，第 20 頁。
〔註101〕參閱賴明珠，「日治時期的『地方色彩』理念——以鹽月桃甫及石川欽一郎對
　　　　『地方色彩』理念的詮釋與影響為例」，《視覺藝術》，2000 年第 3 期，第 54 頁。
〔註102〕鄉原古統（1887～1965），「本名藤一郎。生於日本長野縣松本市，長野縣立
　　　　松本中學校畢業，1910 年自東京美術學校圖畫師範科（三年制）畢業，取得
　　　　中等學校美術教師資格，同年任教於京都女子師範學校，1914 年轉進愛媛縣
　　　　立今治中學校任教。1917 年赴臺，起初任教於臺中一中（1917），後來轉任
　　　　於臺北第三高等女學校（1920），並兼任臺北第二中學教師。1936 年辭去教
　　　　職返日。鄉原古統擅長山水與花卉，重寫生以細膩線條與填彩來描繪自然形
　　　　象。與木下靜涯一起擔任臺展審查委員時塑造了臺展型的東洋畫，陳進、蔡
　　　　品、周紅綢、彭榮妹、林阿琴、黃寶洽、邱金蓮等是他的女弟子。擔任臺展
　　　　第一回至九回的審查委員。」——臺灣創價學會藝文中心執行委員會企劃，
　　　　《日治時期臺灣官辦美展（1927～1943）圖錄與論文集》，臺北：勤宣文教基
　　　　金會，2010 年，第 41 頁。

象。這與 1918 年抵臺師承於京都派大師竹內棲鳳的木下靜涯〔註 103〕有著很
大的相似性，兩者同樣注重寫生。相對而言，木下主張通過線描及色彩的濃淡
來表現物象的立體和遠近感。山水與花鳥是其所擅長的創作題材。就臺灣東
洋畫來說，鄉原古統與木下靜涯對臺灣東洋畫的發展產生了極其巨大的影
響。總體而言此時期內以私人身份赴臺的畫家為數眾多，對臺灣近代美術的
發展產生了巨大影響。〔註 104〕除以上代表性畫家之外，以私人身份赴臺的畫
家還有青年畫家大澤龍仙（1914 年）、南畫家續木介壽（1920 年）、京都畫家
前田一鷹（1921 年）、四條派畫家鹽田秀耕（1922 年）、書畫家古城江觀氏
（1923 年）、青年洋畫家宮武辰夫（1923 年）、四條派畫家左舟氏（1925 年）、
水彩畫家真野紀太郎（1925 年）等等。〔註 105〕除去以個人身份赴臺的日籍畫
家外，日本官方也於此時期內積極邀請這些私人身份的「內地」畫家赴臺從事
教學、宣傳工作，帶上了鮮明的官方色彩，如石川欽一郎、石川寅治和岡田三
郎助等。1919 年，總督府開始進行廳舍、會議室等處壁畫製作工程，石川寅
治與岡田三郎助等遂被邀請來臺。〔註 106〕其中早在 1917 年石川寅治即對臺
地風景發表過觀點，其認為：

　　　（一月）從日本出發時，眼中到處是苦幹的冬天灰色調，然而

〔註 103〕　木下靜涯（1887～1965），「本名原重郎。生於日本長野縣信州，1909 年師事
　　　　　京都四條派的著名畫家竹內棲鳳。1918 年 12 月欲到印度觀摩石窟畫的途中，
　　　　　登陸臺灣，臺灣的人文與風景給他許多魅力，因而就留在臺灣。自 1923 年定
　　　　　居淡水，直到戰爭結束後 1946 年始返日，可以說是住在臺灣最久的官展審
　　　　　查委員。木下之作品主要是膠彩畫與水墨畫，採取四條派的創作方法，即重
　　　　　視寫生，以線描及色彩濃淡製作出物象及空間的立體感與遠近感，尤其擅長
　　　　　山水與花鳥畫。以創作自樂，生活恬淡，未在學校任教，也未正式設畫塾授
　　　　　徒，不過私下求教的人士為數不少。臺展尚未創設之前組織『黑壺會』與『日
　　　　　本畫協會』，在臺灣的東洋畫界具領導地位。返日之日，把許多畫稿與書籍留
　　　　　給私人學生蔡雲岩，其中有臺、府展共十六回圖錄，……擔任臺展第一回至
　　　　　八回與十回，府展第一回至六回的審查委員。」──臺灣創價學會藝文中心
　　　　　執行委員會企劃，《日治時期臺灣官辦美展（1927～1943）圖錄與論文集》，
　　　　　臺北：勤宣文教基金會，2010 年，第 19 頁。
〔註 104〕　丁平，「殖民時期臺灣美術『地方色』觀念的型構──一個殖民性的視覺化表
　　　　　徵」，《文藝爭鳴》，2011 年第 1 期，第 127 頁。
〔註 105〕　此處僅列舉由日赴臺畫家，資料中早先已經在臺的日籍畫家未計入。──參
　　　　　閱顏娟英，「日據時期臺灣美術史大事年表──西元一八九五年至一九四四
　　　　　年」，《藝術學》，民國 81 年第 8 期，第 58～70 頁。
〔註 106〕　丁平，「殖民時期臺灣美術『地方色』觀念的型構──一個殖民性的視覺化表
　　　　　徵」，《文藝爭鳴》，2011 年第 1 期，第 127 頁。

一到臺灣，天地忽然一變，草木都是蓬勃的綠色，建築物多為紅色瓦頂與紅色壁面，其色彩極為豐富，看過日本冬天內地乾燥無味的眼睛，此地各種風物令人留下深刻印象。臺灣空氣爽快，色彩濃厚，對我們洋畫家的寫生是非常有趣的地方。〔註107〕

圖二十四　1917 年石川欽一郎所繪《中央山脈寫生素描》

圖片來源：《臺灣美術四論》，廖新田，臺北：典藏藝術家庭股份有限公司，2008 年 11 月，第 38 頁。

　　對此石川寅治認為這非常適合油畫的創作，可以將正頹敗的中國式建築的色彩、形態諸特徵充分表現出來。1919 年 1 月應總督府邀請岡田三郎助首先來臺，其先後赴澳底、淡水和高雄等地取材寫生。第二年的 1 月石川寅治來臺，其在總督府會議室分別以「朝陽」和「落日」為題繪製了東西壁的壁畫。同年 4 月岡田三郎助再度抵臺，創作了總督府《北白川宮殿下之澳底登陸》壁畫。〔註108〕日本美術的美學視野之下，臺灣的山嶽、古建築及其周邊牛羊類動物、漢人風土和蕃人生態四大類風景逐漸成為來臺畫家眼中耀眼的臺地特色，並由此進一步轉化成創作元素呈現於作品之中，而此也即為日籍畫家所構建的臺地美術新的美學萌芽。不過這種美學觀在隨著日本殖民程度

〔註107〕顏娟英，《風景心境——臺灣近代美術文獻導讀（上）》，臺灣：雄獅圖書，2001 年，第 70 頁。

〔註108〕顏娟英，《風景心境——臺灣近代美術文獻導讀（上）》，臺灣：雄獅圖書，2001 年，第 89 頁。

的不斷加深下，逐漸演變成為殖民現代性的視覺審美感官。美術開始進入帝國視野。〔註 109〕

圖二十五　石川寅治《繪葉書：臺灣神社》

（臺灣總督府始政第二十九週年紀念）

圖片來源：《見證——臺灣總督府　1895～1945（下）》，施淑宜：臺北：
立虹出版，1996 年，第 55 頁。

　　對於山地和蕃界的見聞，往往是日籍畫家們最感興趣的事，他們常在報章雜誌上刊登進入蕃界的經歷或創作作品；其中留存下來的蕃人作品形態也多類似與人類學家的照片一般，要麼描繪其身上飾品、服飾，要麼描繪正進行的某種獨特活動等，〔註 110〕與殖產調查式的圖片記錄也別無二致。不過具體到現實的美術活動，這種愛好和興趣卻無形中與殖民政治和殖產宣傳拉上了關係。基於統治和安全形勢的維護，在此時期內的山地旅行還是需要警察管轄許可與協助的，而這使得畫家與總督府的警察、官員之間保持了微妙關

〔註 109〕丁平，「殖民時期臺灣美術『地方色』觀念的型構——一個殖民性的視覺化表徵」，《文藝爭鳴》，2011 年第 1 期，第 127 頁。

〔註 110〕參閱林明賢，《島嶼風情——日治時期臺灣美術研究》，臺中：臺灣美術館，民國 97 年，第 92 頁。

係。畫家通常在入山作畫後，「完成的作品又往往要獻給總督及相關的官員，
而總督府也從不厭倦用這些美術作品來宣揚自己的功績。……如 1914 年那須
慶豐繪製合歡山繪卷，贈前荻野司令官。」〔註111〕石川欽一郎則將其 1909 年
作為陸軍通譯官時在隘勇線所描繪的蕃界寫生圖創作成十幾幅大畫，由總督
佐久間左太郎獻給了明治天皇。除去作為討伐生蕃情況的輔助說明外，石川
提到此畫不同於普通風景畫；因為要敬獻給天皇欣賞，所以畫中一草一木都
必須刻畫的如真實景象。〔註112〕由此，畫家們留下了近似於官方殖產調查性
質的人類學田野照片式記錄。山地旅行所吸引來臺的日籍畫家成了日據政府
殖產宣傳的重要途徑。流入臺灣地域的日本美術語言及其美學觀通過對山地
風景的表現及類似於繪葉書（風景明信片）或照片式的設計方式，無形中起
到了博物館和博覽會中明信片、照片的實際功能。進而日籍畫家參與到繪葉
書（風景明信片）的創作，直接發揮殖產宣傳照片和明信片的功能，由此作品
混雜著美術的語言形式和政治化的美術語言。〔註113〕1914 年石川欽一郎的
一幅參展作品《臺北郊外》，被宮內省訂購。進入到 1917 年之後這表現的更為
明顯。臺灣總督府為「加強宣傳臺灣給內地人知道，因此邀請石川寅治來臺，
希望用繪畫的方式推銷臺灣。」〔註114〕負責此次石川寅治來臺接待的蜂谷生
在報紙上撰文說道：

> 日本統治臺灣已二十年，這次南投發生地震，卻有人寫信來臺
> 北慰問。母國日本的人們大都對臺灣完全不認識。對臺灣有點瞭解
> 研究的人或僅限於製砂糖業者或者是曾在此地住過的人而已。我想
> 關心臺灣的人有義務用各種方法將臺灣介紹給日本，石川寅治先生
> 計劃透過繪畫的形式將臺灣介紹給日本。這個目的就純粹藝術表現
> 而言，雖然是次要的，我卻能體會、理解先生的用意。藉著畫筆於
> 日本發表臺灣的真相，讓除了製糖業者以及臺灣相關者以外的知識
> 分子也能瞭解臺灣，或增加對臺灣的興趣，這樣的事是非常重要

〔註111〕林明賢，《島嶼風情——日治時期臺灣美術研究》，臺中：臺灣美術館，民國
　　　　97 年，第 92 頁。
〔註112〕參閱林明賢，《島嶼風情——日治時期臺灣美術研究》，臺中：臺灣美術館，
　　　　民國 97 年，第 91 頁。
〔註113〕丁平，「殖民時期臺灣美術『地方色』觀念的型構——一個殖民性的視覺化表
　　　　徵」，《文藝爭鳴》，2011 年第 1 期，第 127 頁。
〔註114〕林明賢，《島嶼風情——日治時期臺灣美術研究》，臺中：臺灣美術館，民國
　　　　97 年，第 93 頁。

的。故而我們盡可能地協助先生的計劃，期待他的工作滿載而歸。
〔註115〕（著重號為筆者所加）

對此石川寅治認為：

臺灣納入日本版圖以來，已經二十年以上，現在各方面秩序整
齊，臺灣的狀況也大量介紹給日本知道。因此臺灣事務的真面目者
也頗多。然而，我們就洋畫界來看，雖然在日本內地到處旅行的人
很多，而考慮到臺灣旅行的人卻非常少。又即使到臺灣寫生創作了
也很少在日本內地發表作品。臺灣的景色與風俗等，除了繪葉書、
相片所見之外，很少用繪畫的方式向日本介紹，即使攝影方面對臺
灣也不夠充分介紹。〔註116〕（著重號為筆者所加）

由此，代表總督府官方的蜂谷生為石川寅治的繪畫創作訂下了三項主題。
即「未經人工化的自然、本島人的生活狀態、以及正遭到破壞消失的歷史文
物，如廟宇建築等。」〔註117〕可見總督府欲籍此機會系統展示其在臺灣的治
理成績，即臺灣民眾通過他的治理才得以擁有如此祥和的生活狀態。〔註118〕
對此，這種基於風景美學觀而來的殖產宣傳目標，使得對蕃界、山嶽、民風習
俗等特有形貌的呈現，滿足了以皇室為代表的日本殖民體系的想像與征服心
態。從而表現臺灣山嶽時即以富士山為基準，將「玉山」命名為「新高山」；
表現漢地民風習俗時則只表現出漢地風土與氛圍，常常輕描淡寫而沒有了描
繪蕃人形貌時的人類學式記錄，漢文化的主體性及臺地特色已抹去。襯托其
殖民開發與建設的臺灣地域神秘原始意象，則成為其殖民宣傳的創作主題與
關注重心。他者的臺灣地域文化意涵對於整個日本主體而言，那不是關注與
表達的對象；由此，總督府利用畫家為其所做的宣傳效果如何，即便不是很清
楚，也可以肯定其政治意圖是十分明顯的，而此並非相對於「純粹藝術表現而

〔註115〕蜂谷生，「繪畫旅行通信」，《臺灣日日新報》，1917 年 3 月第 4 版；轉引自顏
娟英，《風景心境——臺灣近代美術文獻導讀（上）》，臺灣：雄獅圖書，2001
年，第 67 頁。

〔註116〕石川寅治，「洋畫家所見的臺灣」，《臺灣日日新報》，1917 年 4 月第 1 版；轉
引自引自顏娟英，《風景心境——臺灣近代美術文獻導讀（上）》，臺灣：雄獅
圖書，2001 年，第 70 頁。

〔註117〕引自顏娟英，《風景心境——臺灣近代美術文獻導讀（上）》，臺灣：雄獅圖書，
2001 年，第 67 頁。

〔註118〕參閱林明賢，《島嶼風情——日治時期臺灣美術研究》，臺中：臺灣美術館，
民國 97 年，第 93 頁。

言」是次要目的。由此殖民政府充分利用其「美術」手段，將地理人文諸方面原本自然的風景塑造成以襯托其現代與文明化身的自我新形象；〔註119〕即以無名高聳的山嶽襯托出殖民政府的豐功偉績，以野蠻的蕃人生態反襯出殖民政府「文明」化身的形象，以沉默的漢民生態凸顯出社會治理的成功。這裡殖民官方所營造出的臺灣形象，自上一階段（1895 年～1910 年）始即在其配合發行的始政紀念繪葉書中也得到了初步表現。〔註120〕最終，石川寅治、鹽月桃甫、木下靜涯及鄉原古統等赴臺日籍畫家參與到了始政紀念繪葉書的創作當中。面對官方繪葉書的發行要求，他們似乎認同了政治要求而暫時擱置起自我的美學關懷，配合總督府開始以官方的思維參與到繪葉書的創作當中。鄉原古統放棄了對臺灣山嶽的推崇而選擇以臺灣神社作為創作題材；鹽月桃甫則擱置了對蕃人的關注而配合殖民政府「南進政策」，選擇以鵝鑾鼻為畫作題材。〔註121〕

圖二十六　鄉原古統《繪葉書：臺灣神社》
（臺灣總督府始政第四十週年紀念）

圖片來源：《見證──臺灣總督府　1895～1945（下）》，施淑宜：臺北：
立虹出版，1996 年，第 59 頁。

〔註119〕丁平，「殖民時期臺灣美術『地方色』觀念的型構──一個殖民性的視覺化表徵」，《文藝爭鳴》，2011 年第 1 期，第 127 頁。

〔註120〕參閱林明賢，《島嶼風情──日治時期臺灣美術研究》，臺中：臺灣美術館，民國 97 年，第 93 頁。

〔註121〕參閱林明賢，《島嶼風情──日治時期臺灣美術研究》，臺中：臺灣美術館，民國 97 年，第 100 頁。

圖二十七　鹽月桃甫《繪葉書：鵝鑾鼻》
（臺灣總督府始政第四十週年紀念）

圖片來源：《見證──臺灣總督府　1895～1945（下）》，施淑宜：臺北：
立虹出版，1996年，第59頁。

　　美術活動的展開，社會形勢的變化，使得日據政府逐漸意識到圖畫及美術
教育在殖民統治中的重要意義。1902年總督府開始修改國語學校規則，將師
範部分為甲科（培育日籍教諭）與乙科（培育臺籍訓導）並同時於兩部增設了
習字圖畫科〔註122〕。由此，服務於殖產宣傳的圖畫技能教育被提到了殖民地
臺灣的教育結構之中，不過此時尚未對臺籍人士開放。伴隨著殖產建設宣傳的
實際需要，1910年圖畫科改為單獨學科時，圖畫科才正式面向臺籍子弟招生。
「有用學術」是其最重要的教育方針，即強調描繪和手工操作基礎能力的訓
練。〔註123〕1912年《臺灣總督府第40號公學校規則改正》第三條規定將「圖
畫」及「手工」列為臺灣初等教育公學校的正式課程，前提依舊是實用目的的
重手工輕圖畫。〔註124〕由此持續到一戰結束後的文官治臺時期，這一點略有
所改變；此即1919年臺灣總督府教育令第十二條規定：「在圖畫方面，除了對
物體要做精密觀察，培養正確及自由之繪圖能力之外，尚須暸解公學校的圖

〔註122〕1897年總督府國語學校第四附屬學校在臺灣創立時首次開設了圖畫教育課
　　　　程，但當時並沒有對臺籍子弟開放。
〔註123〕參閱臺灣創價學會藝文中心執行委員會企劃，《日治時期臺灣官辦美展（1927
　　　　～1943）圖錄與論文集》，臺北：勤宣文教基金會，2010年，第199頁。
〔註124〕參閱林明賢，《島嶼風情──日治時期臺灣美術研究》，臺中：臺灣美術館，
　　　　民國97年，第57頁。

畫教授方法以及研究趨向，培養審美觀念。」〔註125〕當然，其本質依然是實用的技能訓練。不過伴隨著殖民圖畫和美術教育的逐漸展開，一個影響日後美術發展（美展）更為重要的事物逐漸脫胎成型。這就是與美展相關的早期展覽會模式「教育品展覽會」的出現。作為殖民宣傳諸種模式之一的「教育品展覽會」源自於日本，是 1920 年代前期在各級學校不斷展開的一種較為流行的展覽方式，在地方殖民政府等機構主辦的物產展、共進會內也時有列展，成為殖民政府執行新教育政策最重要的手段之一，對臺灣社會傳統教育模式及書房傳統形成了強勢壓力和衝擊。與此同時籍「教育品展覽會」，殖產宣傳所需的繪圖技能成就及新式教育模式在臺灣被逐漸認可和推廣。〔註126〕1910 年以後，各類學校開始聯合舉辦大型教育品展覽會。如 1911 年 2 月臺南市第一公學校舉行了為期兩周的「南部教育品展覽會」。〔註127〕這種氛圍使得傳統文化認同得以維繫和延續的基礎之一，傳統美術的平靜被打破。而伴隨著日籍在臺畫家及殖民政府美術教育活動的展開，也提供了臺地民眾和新美術接觸、交流的可能性與機會。文官治臺下的臺灣，一批日籍畫家也於各地學校從事起圖畫、美術教育活動並舉辦各類美術展覽。其中最出名者當屬石川欽一郎、鹽月桃甫和鄉原古統等〔註128〕。第一個引入西洋美術（水彩畫）的石川欽一郎於 1907 年和 1924 年兩度赴臺，並先後任教於臺北中學、國語學校和臺北師範，教授書法習字、臨畫以及寫生等美術課程。學校之外，石川還指導了大量臺籍青年學生，並經常邀請和參與日本國內畫展或組織臺地學生進行美術活動〔註129〕。其「外光派」的「寫生」方法開啟了臺灣美術對於風景觀念的

〔註125〕楊孟哲，《日治時代臺灣美術教育》，臺北：前衛出版社，1999 年，第 52～53 頁。

〔註126〕參閱鄭宇航，「展示與觀看：1927～1930 年臺灣美術展覽會活動研究」，（臺北）國立臺灣大學藝術史研究所，民國 93 年，第 15 頁。

〔註127〕該展由臺南、嘉義、高屏三個地區的所有學校聯合舉辦。還包括了日本小學校及臺灣全島的小學校與公學校。臺北市內的總督府國語學校、中學校等都有展品參加。──參閱鄭宇航，「展示與觀看：1927～1930 年臺灣美術展覽會活動研究」，（臺北）國立臺灣大學藝術史研究所，民國 93 年，第 17 頁。

〔註128〕丁平，「殖民時期臺灣美術『地方色』觀念的型構──一個殖民性的視覺化表徵」，《文藝爭鳴》，2011 年第 1 期，第 127 頁。

〔註129〕如「參與『日本水彩畫會』的創立與展出，以及向『文展』、『巴會』（1902～1909）、『光風會』（1912）出品等，但時而邀請日本的水彩畫家如三宅克己（1874～1954）、牧野克次（1864～1952）來臺共同舉辦展覽，並開啟臺灣水彩畫的風潮。……成立『臺灣水彩畫會』（1927 年 7 月），並鼓勵學生組織『七星畫會』（1926～1928），……且於 1924 年開始在《臺灣日日新報》圖文並茂地介紹臺灣的風貌。並且出版水彩畫集與水彩初學範本的畫冊等。」──參

認識與轉變。受其影響，臺灣第一代西洋畫家誕生，其學生有：倪蔣懷、陳澄
波、陳植棋、廖繼春、李石樵、郭柏川、藍蔭鼎、李澤藩、洪瑞麟、張萬傳、
楊啟東、陳德旺等人。1921 年鹽月桃甫〔註 130〕來臺任教於臺北一中和臺北高
等學校。課餘時間則在一家畫材商店所設立的「京町畫塾」免費為前來求教的
學生指導教學，學生多為在臺日籍學生。相較於石川欽一郎培養學生進入專業
的東京美校而言，其培養的學生多則進入各類大學，而少有進入職業美術學
校。其臺籍學生有許武勇、陳德旺和蕭如松，深受其影響的則有呂璞石、楊三
郎和李梅樹等。在其活動之下，其豪放不羈常常令人耳目一新的變換風格影響
了一代臺灣西洋畫家。1917 年畢業於東京美校的鄉原古統來臺，其先後任教
於臺中一中、臺北第三高等女學校和臺北第二中學，培養了陳進、蔡品、周紅
綢、彭蓉妹、林阿琴、黃寶洽、邱金蓮、黃早早、謝寶治等臺籍學生。在鄉原
古統來臺之後的第二年也即 1918 年，同樣身為東洋畫家的木下靜涯來臺，不
過其並未任教於任何學校，但其創設組織了「黑壺會」與「日本畫協會」，廣
為傳播了他的美術思想，在臺灣東洋畫界有著領導性地位。其私下指導的學生
有蔡雲嚴和許眺川等。相對於臺籍學生以上美術教育活動的美術啟蒙之外，此
時期日籍畫家大量的個人美展活動也有著非常重要的影響。自 1914 年應石川
欽一郎邀請來臺的三宅克己於鐵道旅館舉辦個展以來，至 1927 年日籍畫家於
臺灣先後舉辦有大約三十多次美術展覽，影響廣泛。〔註 131〕（詳情參見本節
附錄）除去以上日籍畫家的美術教育及其活動影響之下的啟蒙，伴隨著此時
期留學熱潮的興起，一批臺籍學生開始遠赴日本各類美術學校深入學習。自
1915 年至 1927 年先後有 20 位臺籍學生赴日留學，其中多數就讀於影響著日
本官方美展（文展、帝展）風格的東京美術學校。如黃土水（1915 年）、劉錦
堂（1916 年）、顏水龍（1922 年）、張秋海（1922 年）、王白淵（1923 年）、陳
澄波（1924 年）、廖繼春（1924 年）、陳植棋（1925 年）、張舜卿（1926 年）、
陳承藩（1927 年）都是東京美術學校。此外，楊三郎於 1923 年入京都美術工

見臺灣創價學會藝文中心執行委員會企劃，《日治時期臺灣官辦美展（1927～
1943）圖錄與論文集》，臺北：勤宣文教基金會，2010 年，第 220 頁。

〔註 130〕「其藝術風格不固定，從高更式的後印象派開始，進入到魯奧式的野獸派畫
風，也創作了康丁斯基式的半抽象繪畫。……」——參見參見臺灣創價學會
藝文中心執行委員會企劃，《日治時期臺灣官辦美展（1927～1943）圖錄與論
文集》，臺北：勤宣文教基金會，2010 年，第 20 頁。

〔註 131〕參閱顏娟英，「日據時期臺灣美術史大事年表——西元一八九五年至一九四
四年」，《藝術學》，民國 81 年第 8 期，第 58～70 頁。

藝學校；陳清汾、任瑞堯、張清錡於 1925 年入關西美術學院；陳進和蔡品分
別於 1925 年和 1927 年入東京女子美術學校；林玉山於 1926 年入川端畫學
校；張啟華和陳敬輝於 1927 年分別入東京日本美術學校和京都美術學校等
等。⋯⋯隨著殖產建設與宣傳工作的逐漸展開，以上諸美術活動及教育的開展
慢慢改變了傳統美術語言與日本美術和殖民宣傳片間的平靜之勢。〔註 132〕
1910 年，倪蔣懷作品入選日本水彩畫會展。1920 年之後，黃土水則更是以
「蕃童」等作品連續三度入選日本最高級別的美術展覽——「帝國美術院展
覽會」，被臺灣各大媒體廣為宣傳，成為留日學生和臺地學生的楷模。1925
年，陳澄波成為繼黃土水之後第二位入選「帝展」的臺籍畫家。作為代表日本
美術最高等級的「帝展」屢將臺籍畫家納入，正表明一種新美術語言架構雛形
的確立，以及新文化認同的政治策略。由此也在臺灣地域正式確立起了新美術
語言的政治合法性與權威性。臺地學生相繼模仿成立類似於官展（如文展、帝
展等）組織形式的「七星畫壇」、「赤陽畫會」、「赤島社」以及「臺灣水彩畫會」
等民間畫會組織〔註 133〕，臺籍人士的美術活動由此興起。不過問題是，興起
的主要還是日本傳播而來的新美術。傳統的美術語言至此儘管還依舊以各種
展覽活動形式而並存，但頹勢已現。而這種逐漸納入殖民政治結構之中的新美
術語言，逐步取代了舊有的殖產宣傳片，並壓制了傳統美術語言而成為新藝術
語言形式下的文化印記與認同基礎〔註 134〕。在藝術的名義之下，文化與政治
的「屈同」開始。臺灣地域的美術語言（包括傳統美術語言）在此日本殖民
「同化」時期和地方風物的宣傳之下，開始失去傳統文化認同下的文化反思與
反抗性，最終在 1927 年之後更加明晰的表現出游離於藝術之外〔註 135〕，成為

〔註 132〕丁平，「殖民時期臺灣美術『地方色』觀念的型構——一個殖民性的視覺化表
　　　　徵」，《文藝爭鳴》，2011 年第 1 期，第 128 頁。
〔註 133〕丁平，「殖民時期臺灣美術『地方色』觀念的型構——一個殖民性的視覺化表
　　　　徵」，《文藝爭鳴》，2011 年第 1 期，第 128 頁。
〔註 134〕丁平，「殖民時期臺灣美術『地方色』觀念的型構——一個殖民性的視覺化表
　　　　徵」，《文藝爭鳴》，2011 年第 1 期，第 128 頁。
〔註 135〕儘管此時期第一屆「總督府臺灣美術展覽會」舉辦。此展覽會的舉辦標誌著
　　　　美術語言政治化，及殖民政府對美術語言的運用達到成熟階段，在此之下傳
　　　　統的美術語言和畫家逐漸被否認而失去美術的身份。由此，官方的總督府將
　　　　以藝術的形式運作美術語言去認定殖民統治結構之下臺灣美術新的身份。新
　　　　一代的畫家由此逐漸出現。當然，我們並不排除或否認臺灣（包括大陸）對
　　　　日本新美術語言（技法、思想）的學習。只是在新的政治結構之下，美術語
　　　　言的身份發生了轉換。

繼殖產宣傳之後新情勢下文化鉗制的新工具（以美術語言的形式出現）。也從根本上遠離了此時期文化運動的形勢。

圖二十八　石川欽一郎《新竹郊外（水彩）》

圖片來源：《日治時期臺灣官辦美展（1927～1943）圖錄與論文集》，臺灣創價學會藝文中心執行委員會企劃，臺北：勤宣文教基金會，2010 年，第 46 頁。

圖二十九　石川欽一郎《臺灣街道（水彩）》

圖片來源：《日治時期臺灣官辦美展（1927～1943）圖錄與論文集》，臺灣創價學會藝文中心執行委員會企劃，臺北：勤宣文教基金會，2010 年，第 46 頁。

圖三十　黃土水《蕃童》

圖片來源：《臺灣美術史綱》，劉益昌等著，臺北：藝術家出版社，2009
　　　年 3 月，第 235 頁。

圖三十一　東京美術學校

圖片來源：《臺灣美術史研究論集》，蕭瓊瑞，臺中：伯亞出版事業有限
　　　公司，1991 年，第 166 頁。

圖三十二　陳澄波《西湖斷橋殘雪》

圖片來源：《日治時期臺灣官辦美展（1927～1943）圖錄與論文集》，臺灣
創價學會藝文中心執行委員會企劃，臺北：勤宣文教基金會，
2010 年，第 60 頁。

　　風景旅行中，由於對地理物產、風景人文題材的美術觀點及其創作與日據
政府的殖產宣傳（照片、繪葉書）在視覺景觀的語言結構之中有了共同的指針
對象，地域性地方題材，從而在殖民社會結構的轉換之下，日本美術語言因與
傳統美術語言、殖產宣傳片相同的能指表徵，而逐漸被納入到殖產宣傳的政治
語言結構之中，並在實現殖產宣傳的同時實現了對各美術語言（包括傳統美術
語言）的掌控。由此，美術風景觀念在從藝術的層面挪移扭轉到視覺景觀的層
面後，納入臺地政治語言結構中的日本美術也將從形式語言與觀念語言兩個
層面實現對傳統繪畫語言的轉換；〔註136〕且基於殖產宣傳所需的製圖目的，
使得傳統的臨摹畫風及其題材必然因不適應殖產宣傳的表現與效果而衰微。
殖產宣傳開始以美術品、美術展（包括博物館，博覽會中所附設的美術展）的
形式進行，而不僅僅是博物館和博覽會中的照片或繪葉書；與此同時，由於借
助了藝術形式的政治語言實現了對傳統美術語言的消解與殖民，從而在社會

〔註136〕丁平，「殖民時期臺灣美術『地方色』觀念的型構——一個殖民性的視覺化表
　　　　徵」，《文藝爭鳴》，2011 年第 1 期，第 128 頁。

形勢的變換之中，其逐漸從取代照片、繪葉書的殖產宣傳作用轉化成文化鉗制的政治語言工具。最終臺灣地域的地方題材從傳統藝術語言進入到視覺景觀盛象之後，消失在殖民社會的微觀政治權力之中〔註 137〕。

附：1927 年前日籍畫家在臺展覽列表〔註 138〕

西曆	日本紀年	展覽紀事
1914	大正 3	2 月 5 日～8 日，應石川欽一郎邀請，洋畫家三宅克己於臺灣鐵道旅館舉辦展覽。
1921	大正 10	2 月 5 日～6 日，臺北伊藤應真於二葉旅館舉行展覽。 5 月上旬，日本京都畫家前田一鷹渡臺寫生，並於 5 月 14 日至 15 日在鐵道旅館展出。
1922	大正 11	3 月 21 日，京都四條派青年畫家鹽田秀耕於臺北博物館展出四十餘件作品。
1923	大正 12	臺北師範教諭田村美壽於日本及臺灣收集油畫及水彩畫約百件於臺北博物館展出。
1924	大正 13	2 月 9 日～11 日，別府貫一郎油畫展於臺北博物館展出。 2 月 22 日～24 日，日本書畫家古城江觀氏於博物館展出臺灣寫生之日本畫。 3 月初，青年洋畫家宮武辰夫於臺北博物館展出。 4 月 19 日～22 日，小早川篤四郎油畫展於臺北博物館展出。 11 月 1 日～2 日，小倉靜三於臺日報社舉辦洋畫展。
1925	大正 14	1 月 10 日～11 日，川村一作於臺南公會堂舉辦洋畫展。 2 月 14 日～26 日，南畫家中川原伯年於臺中商品陳列館舉辦展覽會。 2 月 22 日，四條派畫家左舟氏自名古屋至臺描寫蕃地寫生，並於臺日報社三樓舉辦展覽。 2 月 28 日～3 月 1 日，小島繁於臺日報社三樓舉辦洋畫展。 5 月 9 日～10 日，水彩畫家真野紀太郎自東京至臺北，於博物館展出臺灣、日本、歐洲寫生作品。 10 月 31 日～11 月 1 日，鹽月桃甫於臺北博物館舉辦洋畫展覽會。 11 月 23 日，臺北日之丸旅館舉辦已故南畫家鹽川一堂和雕刻家鈴木蘭生兩人作品展。 11 月 23 日，秋山春水氏於臺北博物館舉辦書畫展覽。 12 月 5 日～6 日，京都南畫家秦金石展覽於臺北博物館舉辦。

〔註 137〕 丁平，「殖民時期臺灣美術『地方色』觀念的型構——一個殖民性的視覺化表徵」，《文藝爭鳴》，2011 年第 1 期，第 128 頁。
〔註 138〕 此數據不包括在臺日籍人士所舉辦的中國傳統書畫展覽。

		12 月 12 日～13 日，田澤震五氏於臺北博物館舉辦洋畫展。 12 月 19 日～20 日，臺北洋畫家素木氏於臺北博物館舉辦展覽。 12 月 22 日～23 日，木下靜涯於臺北博物館舉辦日本畫展。
1926	大正 15、 昭和 1	4 月 3 日～4 日，洋畫家岡部邦香於臺北舉辦個展。 12 月 11 日～12 日，油畫家黑壺氏個展於臺北博物館舉辦。 12 月 11 日～12 日，青木博精洋畫展於臺中行啟紀念館舉辦。
1927	昭和 2	7 月 24 日，圓山派高野南陵畫展於新竹俱樂部舉辦。 7 月 30 日～31 日，水彩畫家吉田朝一於臺北博物館舉辦個展。 8 月 20 日～22 日，臺灣總督府有志後援會於日日新報社舉辦關東、關西名家一百多人之書畫（日本畫）展覽。 12 月 2 日～3 日，川島理一郎於臺北博物館舉辦洋畫個展。 12 月 24 日～25 日，青木博精於臺日新報社舉辦西洋畫個展。

資料來源：參閱顏娟英，《日據時期臺灣美術史大事年表——西元一八九五年至一九四四年》，《藝術學》第八期，民國 81 年 9 月，第 58～70 頁。

1.1.2.3 1927 年～1940 年：新八景、臺展與觀念提出

新美術思想的啟蒙及美術活動和教育的逐步廣泛展開，使得臺灣地域得以傳入新的美術元素，不過殖民地的身份使得這一切並沒有更大的進展。一戰後的社會形勢使得日本殖民統治下的臺灣美術社會發展出一種更為成熟的殖民語言形式。〔註139〕傳統的美術語言及其社會結構衰弱之後，並沒有被另一種更為客觀中立的美術語言或社會結構所改進。殖民統治下的臺灣美術社會及其語言，在視覺景觀的空間社會中被重新組合、替代、分布；其所發生變化的是這個以所謂「美術語言」形式出現的美術社會結構之後深沉的固有構型，也即美術語言與操控此美術語言結構的社會固有構型之間的關係發生了變化。正由此，殖民統治下的「地方色彩」美術語言逐漸成為美術領域中的「理性話語」和權威。一種有關美術語言的新知識由此形成〔註140〕。這一點突出表現在早期來臺的石川欽一郎、鹽月桃甫、鄉原古統、木下靜涯所聯手促動、創立並延續至四十年代的「臺灣美術展覽會」（臺展、府展）之中。

一戰後日本經濟的發展以及對臺灣殖民統治的成效，使得日本加速擴張國力實施其「大東亞共榮圈」計劃。臺灣由此成為日本「南進」目標的戰略基

〔註139〕丁平，「殖民時期臺灣美術『地方色』觀念的型構——一個殖民性的視覺化表徵」，《文藝爭鳴》，2011 年第 1 期，第 128 頁。

〔註140〕丁平，「殖民時期臺灣美術『地方色』觀念的型構——一個殖民性的視覺化表徵」，《文藝爭鳴》，2011 年第 1 期，第 128 頁。

地。從而，殖民教育及其殖民拓展成為日本帝國主義資本發展的重要環節。
1922 年起臺灣總督府開始實施所謂臺日「同化教育」政策。〔註141〕不過，文
化教育及世界民族自由思想對臺灣地域民眾的啟蒙，使得肇始於 1914 年「臺
灣同化會」的「臺灣文化協會」於 1921 年成立，等等。在民族運動、革命思
想宣傳以及學生和農工運動的傾力之下，臺灣農工遊行、學生罷課事件風起雲
湧，臺灣民運形勢極度高漲。臺灣民黨、臺灣共產黨、臺灣地方自治聯盟和
民眾黨相繼成立，抗日運動開始從直接對峙全面轉向內在的文化意識抵抗
運動。這使得日本政府於 1919 年正式派遣首任文官總督田健治郎上任，以應
對文化啟蒙思潮影響下的臺灣民眾文化運動，並進一步順應時事以保障臺灣
殖民經濟的發展和穩固。伴隨著美術活動的逐漸活躍以及留學和美術團體的
不斷出現，面對著非武力的文化抵抗運動，殖民政府發現「美術」對於緩和民
眾精神活動的效果非常良好。由此逐漸納入殖民政治結構之中的美術語言，開
始作為一種有效的政治工具（語言形式）被日據政府正式搬上舞臺。〔註142〕
正如總督府文教局頒布的《臺灣美術展覽會開辦之旨趣》所言：

> 檢討我臺灣文化發展的現狀，各方面都還有很多值得發展的餘
> 地。藝術的建設也是其中之一。日本統治迄今三十年，本島的藝術
> 也和其他文化一起逐漸地發達，近來日本人本島在住者之間對藝術
> 的愛好頗高，而臺灣本島青年，也有的從東京美術學校畢業，有的
> 仍在就讀中。也有入選帝展繪畫及雕刻部門者，或也有人從東京音
> 樂學校畢業的，而且有志於美術方面的人也非常的多。這些都明白
> 顯示目前臺灣的人文精神界比以前更為朝向藝術方面發展。趁此時
> 機，設立足以發揮本島藝術之特長的機構，相信是提升本島文化最
> 重要之事。〔註143〕

　　必須注意的是，在此時期內臺灣仍舊沒有專業的美術學校、研究機構或者
美術館出現。至於殖民政府所提出欲建立的文化機構（臺展）也並非藝術功
能，其作為殖民政治語言（工具）如同早期「教育品展覽會」、「學校美展」在

〔註141〕丁平，「殖民時期臺灣美術『地方色』觀念的型構——一個殖民性的視覺化表
　　　　徵」，《文藝爭鳴》，2011 年第 1 期，第 128 頁。

〔註142〕丁平，「殖民時期臺灣美術『地方色』觀念的型構——一個殖民性的視覺化表
　　　　徵」，《文藝爭鳴》，2011 年第 1 期，第 128 頁。

〔註143〕顏娟英，《風景心境——臺灣近代美術文獻導讀（上）》，臺灣：雄獅圖書，2001
　　　　年，第 559 頁。

繼殖產宣傳之後，將扮演起文化鉗制的功能。﹝註144﹞也即，與專業美術機構無關、僅憑普通殖民教育網絡開展的「新美術形式（機構）」，臺展，基於專業美術學校和美術館的部分形式、功能，將扮演起社會教化的重要角色。由此在這個所謂的美術機構「臺灣美術展覽會」開辦之前，總督府開展的活動便是一面讓民眾熟悉近代日本畫，一面樹立起類似「帝展」、「文展」樣的官辦美展的最高標準，﹝註145﹞以進一步確立起新美術形式及語言（地方色觀念）的美術權威和話語理性。而這一切在媒體的宣傳之下，卻營造出濃厚的藝術氣氛來，成為臺灣民眾的焦點。1926年《臺灣日日新報》有關「就朝鮮展（1921年開辦）的開辦是否臺展創設的問題」引起文藝界的熱烈討論。對此，全程參與十六回臺、府展的鹽月桃甫說道：

> 昭和元年（1926）夏天，在新公園的附近，海野商會的二樓，《臺灣日日新報》主筆大澤貞吉、大阪朝日新聞支局長蒲田丈夫、海野幸德、鄉原古統、石川欽一郎、我及其他幾個人聚在一起，為舉辦臺灣美術展覽會召開磋商會議，其實，這就是臺展的起源。當然我記得，當時的協商是以民間主辦為目標。﹝註146﹞（著重號為筆者所加）

然而熱烈的社會各界議論之下，時任總督伊澤喜多郎與內務長官後藤文夫也表示臺灣開辦美展的條件已經成熟，並欲將此本為民間的活動轉由官方主導籌劃和舉辦。﹝註147﹞對此，《臺灣日日新報》有詳細的報導：

> ……於大正十五年（昭和元年）十二月，現今成為臺展幹部的數位志趣相同的先生，經過數次的聚會，決定計劃設立全島性的民間美術展覽會，而向政府徵求意見時，政府認為臺灣一向缺乏精神層面的慰藉，為了振興本島的文化，此時正是創設美術展覽會的適當時機，於是後藤總務長官不僅表示贊同，甚至表達由政府來積極主辦。﹝註148﹞（著重號為筆者所加）

﹝註144﹞丁平，「殖民時期臺灣美術『地方色』觀念的型構——一個殖民性的視覺化表徵」，《文藝爭鳴》，2011年第1期，第128頁。

﹝註145﹞丁平，「殖民時期臺灣美術『地方色』觀念的型構——一個殖民性的視覺化表徵」，《文藝爭鳴》，2011年第1期，第128頁。

﹝註146﹞鹽月桃甫，「臺灣美術展物語」，《臺灣時報》，1933年11月，第27頁。

﹝註147﹞丁平，「殖民時期臺灣美術『地方色』觀念的型構——一個殖民性的視覺化表徵」，《文藝爭鳴》，2011年第1期，第128頁。

﹝註148﹞王秀雄，《臺灣美術發展史論》，臺北：國立歷史博物館，民國84年，第60頁。

圖三十三　鹿港飛帆（道光刻本《彰化縣志》八景之一）

圖片來源：《臺灣美術史綱》，劉益昌等著，臺北：藝術家出版社，2009
年，第 203 頁。

　　基於此，日本殖民政府舉辦了一件極為重要的活動。這便是 1927 年 5 月在
文教局長石黑英彥、井手薰、尾崎秀真、石川欽一郎和鄉原古統等參與下，有
著官方支持背景的「臺灣日日新報」主辦了臺灣「新八景」票選活動〔註149〕。
配合著營造臺展氛圍使民眾熟悉並樹立起臺灣風景形貌以及展覽模式和標準
等，此次風景票選是基於社會民眾的選取後再經由官員最後審定而選出。當
然，此時的石川欽一郎等人早已有著一套關於臺地風景的美學觀。從而這一不
同於清代無民眾參與的八景選取方式〔註150〕，凸顯出活動的最終目的仍舊是配
合日本殖民政府的帝國殖民美學彰顯、殖產宣傳與文化鉗制，並將此漸趨成型
的地方色彩觀普及至臺灣地域民眾之中〔註151〕。——其票選過程及其結果還是
經由風景明信片、郵戳、美術繪圖等方式大量發行流傳於社會民眾之間。此外

〔註149〕仿照同年在日本國內發起的「日本新八景」票選活動。具體參閱臺灣創價學
　　　　會藝文中心執行委員會企劃，《日治時期臺灣官辦美展（1927～1943）圖錄與
　　　　論文集》，臺北：勤宣文教基金會，2010 年，第 225 頁，注釋 39。
〔註150〕清代臺灣八景主要由官方選取並主要流傳於文人、官員之中，與民眾並無太
　　　　大關聯。相關清代八景參閱尹士俍纂修、李祖基點校，《臺灣志略》（乾隆刻
　　　　本），北京：九州出版社，2003 年。
〔註151〕丁平，「殖民時期臺灣美術『地方色』觀念的型構——一個殖民性的視覺化表
　　　　徵」，《文藝爭鳴》，2011 年第 1 期，第 128 頁。

新舊八景的變化，〔註152〕也進一步表明殖民統治下臺灣社會風景的平面化、視
覺化與景觀化，展示出殖民者對待被殖民地他者風景的觀看方式及其美學轉變。
〔註153〕而無疑，一種較之於傳統審美觀來說新的地方色美學觀隨之滲入。這
也表現出對文化認同的價值形塑，並確立於帝國殖民體系之中。隨著臺灣八景
的選取，配合著臺展宣傳也即殖民地方色觀念宣傳的需要，《臺灣日日新報》於
臺展開幕前八個月開始陸續報導「臺展」的成立與籌備經過。甚至於開幕前的
9月份開始大版面的密集登載「臺展畫室巡禮」。1927年，對「朝鮮美術展覽
會」〔註154〕已經非常熟悉的石黑英彥於朝鮮總督府調任臺灣總督府。加之先期
積累的一系列博覽會、教育品展、美術展等活動經驗，臺灣總督府純熟的掌握
了美術展覽會的運作機制，以及對美術語言的清晰認識和運用。1927年10月
27日仿照東京「帝國美術院展覽會」的第一屆「臺灣美術展覽會」，在石川欽
一郎、鹽月桃甫、鄉原古統、木下靜涯四位在臺日籍畫家與日據政府的合作下
於臺北樺山小學校開幕〔註155〕。這馬上成為全島焦點，展覽會首日即湧入一萬
多人的參觀人潮。地方色觀念由此正式登上權威性十足的官展舞臺，逐漸成為
臺地社會默認的文化屈同點。為標明日本殖民政府對地方色觀念的倡導。以下
本書列舉出一屆臺展開幕前後有關「地方色」的主要言論，以資明晰。

　　總督上山滿之敬於臺展開幕上致辭說道：

　　　　夫美術為文明之精華。其榮瘁足徵國運隆替。恭維皇澤之覃敷
　　　邇邇。於茲三十餘年諸般施捨。逐漸奏績駸駸乎有進而無已也。鋸
　　　有美術一途。置之度外之理。於是美術展新成可為本島文化興隆取
　　　資之祝。顧本島有天候地理一種物色。美術為環境之反映。亦自有
　　　特色固不待言。今也甫見美術萌芽。宜培之灌之。期他日花實俱秀。
　　　放帝國一異彩也。〔註156〕（著重號為筆者所加）

〔註152〕具體參見臺灣創價學會藝文中心執行委員會企劃，《日治時期臺灣官辦美展
　　　　（1927～1943）圖錄與論文集》，臺北：勤宣文教基金會，2010年，第228
　　　　頁，注釋38。

〔註153〕對此問題參閱廖新田，「蠻荒之美──殖民臺灣風景畫中的冒險、旅行與漫
　　　　遊」，《臺灣藝術與設計中折射的殖民現代性國際研討會論文集》，（臺北）文
　　　　建會主辦，2001年8月27～28日，第31頁。

〔註154〕1922年開始舉辦，直至1944年結束。

〔註155〕這種在學校舉辦的模式類似於之前的「教育品展覽會」，也並未設立或在專業
　　　　美術館或展覽館舉辦。

〔註156〕臺灣創價學會藝文中心執行委員會企劃，《日治時期臺灣官辦美展（1927～
　　　　1943）圖錄與論文集》，臺北：勤宣文教基金會，2010年，第202頁。

圖三十四　《臺灣日日新報》報導第一屆臺展的專版

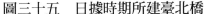

圖片來源：《日治時期臺灣官辦美展（1927～1943）圖錄與論文集》，臺灣
　　　　　創價學會藝文中心執行委員會企劃，臺北：勤宣文教基金會，
　　　　　2010 年，第 69 頁。

圖三十五　日據時期所建臺北橋

圖片來源：《臺灣美術四論》，廖新田，臺北：典藏藝術家庭股份有限公
　　　　　司，2008 年 11 月，第 70 頁。

總務長官後藤文夫致辭說道：

　　　　本島的自然環境獨具風格，以此為對象的藝術自當別具特色。
　　——將來更應依此方向精益求精，建築出一座光輝燦目的南國美術
　　殿堂、……〔註157〕（著重號為筆者所加）

〔註157〕賴明珠，「日治時期的『地方色彩』理念——以鹽月桃甫及石川欽一郎對『地
　　　　　方色彩』理念的詮釋與影響為例」，《視覺藝術》，2000 年第 3 期，第 48 頁。

　　臺展主辦者文教局長石黑英彥於開幕前的五月份，在關於創設臺展的目的中說道：

> 並非因此而期待臺展要與帝展、院展、二科展並駕齊驅，而是
> 期待它能循序漸進地大量網羅臺灣特徵，以發揮所謂的灣展的權威
> 為主要目的。〔註158〕（著重號為筆者所加）

10月27日展覽開幕式上石黑英彥再次說道：

> ……記得鮮展已第八回了，在鮮展時展示了朝鮮民族特有之書
> 法與四君子等南畫。但願今後的臺展，也能錄取書法與四君子式的
> 繪畫，而設立第三部或第四部分別展示，不過這一建議完全出自我
> 個人的意見。……

> 「不僅殷切期待鑒賞機會者頗多，本島美術展覽會創辦的時機
> 已近成熟，並且鑒於在此亞熱帶的本島，在藝術上有許多值得發揮
> 的特色，故更加期待本會之實現，但是本展覽會的目的並不期待與
> 帝展或院展、二科展同步調，而是遞漸大量取材於臺灣的特徵，發
> 揚所謂灣展的權威。」「……此企劃有如暮鼓晨鐘，劃時代之成就將
> 為本島美術界添加激奮和光彩，為島民生活提供趣味與品質，另一方
> 面則廣泛地向社會介紹蓬萊島的人情、風俗等其他事情。」〔註159〕
> （著重號為筆者所加）

一屆臺展東洋畫臺籍入選者林玉山〔註160〕**回憶道：**

〔註158〕臺灣創價學會藝文中心執行委員會企劃，《日治時期臺灣官辦美展（1927～
　　　　1943）圖錄與論文集》，臺北：勤宣文教基金會，2010年，第143頁。

〔註159〕臺灣創價學會藝文中心執行委員會企劃，《日治時期臺灣官辦美展（1927～
　　　　1943）圖錄與論文集》，臺北：勤宣文教基金會，2010年，第39、223、202
　　　　頁。

〔註160〕林玉山（1907～2004），「生於臺灣嘉義。本名英貴。曾至東京川端畫學校習
　　　　畫，受岡村葵園、結城素明、平福百穗等四條派寫生觀念影響。1927年林氏
　　　　以《水牛》一作與陳進、郭雪湖以膠彩畫同時入選首屆「臺展」，人稱「臺展
　　　　三少年」。1935年再赴日，入堂本印象畫塾深造。日後以水墨畫見長，擅畫
　　　　雀鳥、老虎，頗為膾炙人口。晚年作畫風景講究立體光影，用色主觀大膽明
　　　　亮，宛如現代新山水。嘉義地區畫會曾受其帶動影響。其作畫一向強調寫生，
　　　　重視結構。筆法雖有輕重緩急，但如其為人，律己慎嚴待人以寬，表現嚴謹
　　　　不苟、質樸可親的個性，且流露自然之鄉情，畫面素雅淳淨，美意十足。林
　　　　氏以膠彩畫黃牛，以水墨畫水牛，各有殊勝，並可看出畫家創作發展至圓熟
　　　　疏放而自在的境界。」——張芳薇，《臺灣美術發展：1950～2000》，北京：
　　　　中國美術館，2006年，第175頁。

　　日本人說臺灣人就畫臺灣的特色就好，你不用去抄誰的畫，不
要去畫大陸的畫，也不要去畫什麼西畫，臺灣人就畫臺灣，臺灣有
出產甘蔗（……等物產），去畫那個就好了，（所以）我才去畫在臺南
的大南門。……「臺展」主要鼓勵的畫風是以寫生，反映臺灣的特
色，我後來畫甘蔗、畫厝那一陣子，都是畫臺灣的特色嘛！〔註161〕
（著重號為筆者所加）

圖三十六　林玉山《鴛鴦》（寫生）

圖片來源：《林玉山：師法自然》，高以璇編撰，臺北：國立歷史博物館，
　　　　　2004 年，第 107 頁。

　　基於地方特色的倡導，從而一屆臺展於審查過程中明確提出審查標準為
「依作品本位，選出富有地方色彩、個性、生動而有藝術價值者。」〔註162〕相
應於此，參加展覽的傳統書畫作品幾近全部落選。日後隨著臺、府展〔註163〕

〔註161〕高以璇、胡懿勳，《林玉山：師法自然》，臺北：國立歷史博物館，2004 年，
　　　　第 46 頁。
〔註162〕臺灣創價學會藝文中心執行委員會企劃，《日治時期臺灣官辦美展（1927～
　　　　1943）圖錄與論文集》，臺北：勤宣文教基金會，2010 年，第 17 頁。
〔註163〕臺展：臺灣教育會主辦（其總裁由臺灣總督擔任），全稱「臺灣美術展覽會」
　　　　（1927～1936）；「由日籍畫家石川欽一郎、鹽月桃甫與鄉原古統所倡導設立，
　　　　該展包括東洋畫與西洋畫兩部。此後臺灣籍畫家不用再遠赴日本參加帝展比
　　　　賽，此一臺展給予了同樣能夠在畫壇成名的機會。就規模與權威而言，臺展
　　　　算是為臺灣有史以來集合各家作品於一堂的最大美展。在此臺展舉辦的十年
　　　　期間，入選的主要臺籍畫家包括了廖繼春、陳進、顏水龍、郭雪湖、林玉山、
　　　　李石樵、楊三郎、陳澄波、藍蔭鼎和李梅樹等人。」府展：總督府文教局主
　　　　辦，全稱「臺灣總督府美術展覽會」（1938～1943），係臺展之繼續。「其審查
　　　　委員主要由日籍畫家擔任，前後舉辦了六次。」——陳嘉翎，《黃歐波：詩畫
　　　　交融》，臺北：國立歷史博物館，2004 年，第 25 頁。

每年一次的如期舉行，代表著日本現代與傳統的畫家紛紛入主臺府展評委，在極大左右臺府展美術風格的同時，「寫生」的「地方色」觀念逐漸穩固定型。〔註164〕就地方色而言，這一點在東洋畫（膠彩畫）上表現的尤為突出，且此後關於地方色問題的討論也主要集中於東洋畫（膠彩畫）之上。〔註165〕於此，也體現出作為臺展評委的四位日籍臺灣美術啟蒙者〔註166〕自身對與地方色表現緊密相關的「寫生」與「外光派」方法的倡導和發揚，從而使得地方色及其表現手法在展覽作品中更加凸顯出來。這種表現手法及地方性風景觀的倡導，也即在觀念上提供了一套觀看臺灣地方色（風景）的模式，從而使得作品自然表現出臺灣特有的地方人文地理景觀〔註167〕；這與前文所述 1927年總督府新八景的選拔是自成一體的美學呼應關係，同時皆屬一種提升臺灣「文化向上」的政策，是日本殖民統治策略體系的一環。

從而臺展的開幕，即標誌著寫生與外光派手法下的「地方色」觀念正式進入官方美學體系，成為創作、評選與審美的新美學標準。由此描寫臺地特色成為主流美學意識，廟宇、屋舍、動植物、山脈等成為作品的主體。美術語言由此進入視覺景觀盛世的展覽時代。如此這樣，「地方色」卻自然營造出臺灣風土的濃鬱氛圍，並成為納入到日本殖民文化認同下的一種新的寫實性視覺景觀表現。日本官展評委、南畫大師松林桂月在 1928 年入臺展審查委員時即提到：

〔註164〕丁平，「殖民時期臺灣美術『地方色』觀念的型構──一個殖民性的視覺化表徵」，《文藝爭鳴》，2011 年第 1 期，第 129 頁。

〔註165〕關於日本畫壇對臺展、府展畫風影響及「地方色」形構的問題，本節第二點對有關背景有所涉及。其主要為 20 世紀初日本國內興起的東京美術學校畫家及日本南畫畫家等畫風的影響。如松木桂月、結城素明、野田九浦、梅原龍三郎、藤島武二、和田三造、大久保作次郎等。臺展仿製於日本官展，且自第九回臺展起臺籍畫家即被排除官展審查委員職位。這一切使得整個臺灣官展風格深制於日本畫壇，表現出對外光化、寫生式地方色題材的凸現。對此問題臺灣學者王秀雄先生有詳細論述。具體參見王秀雄，「日據時代臺灣官展的發展與風格探釋──兼論其背後的大眾傳播與藝術評論」，《臺灣美術發展史論》，臺北：國立歷史博物館，民國 84 年，第 57～130 頁；王秀雄，「日治時期臺、府展的興起與風格探釋：兼論支持官展的大眾傳播與藝術批評」，《日治時期臺灣官辦美展（1927～1943）圖錄與論文集》，臺灣創價學會藝文中心執行委員會企劃，臺北：勤宣文教基金會，2010 年，第 14～77 頁。

〔註166〕即石川欽一郎、鹽月桃甫、木下靜涯及鄉原古統。

〔註167〕丁平，「殖民時期臺灣美術『地方色』觀念的型構──一個殖民性的視覺化表徵」，《文藝爭鳴》，2011 年第 1 期，第 129 頁。

本島題材優秀的事物很多，因此今後如果能基於臺灣獨特的色
彩與炎熱完成藝術創作的話，是很好的，正如同東都有東都、京都
有京都、大阪有大阪等等各自的鄉土藝術，期待本島也有鄉土藝術
的完成。〔註168〕

圖三十七　各屆府展圖錄

圖片來源：《日治時期臺灣官辦美展（1927～1943）圖錄與論文集》，臺灣創價學
　　　　　會藝文中心執行委員會企劃，臺北：勤宣文教基金會，2010 年，第 6
　　　　　頁。

圖三十八　各屆臺展圖錄

圖片來源：《日治時期臺灣官辦美展（1927～1943）圖錄與論文集》，臺灣創價學
　　　　　會藝文中心執行委員會企劃，臺北：勤宣文教基金會，2010 年，第 6
　　　　　頁。

1929 年 11 月 13 日《臺灣日日新報》第二版《新鄉土藝術の創作如何》
一文明確將「地方色彩」提出，由此「地方色彩」在臺灣美術中被明確定

〔註168〕鄭宇航，「展示與觀看：1927～1930 年臺灣美術展覽會活動研究」，國立臺灣
　　　　大學藝術史研究所，民國 93 年，第 63～64 頁。

位。〔註169〕強烈的政策性導向下，二次臺展中臺籍畫家郭雪湖〔註170〕即改
變傳統畫風，以一幅仿製東洋畫風格、地方色濃鬱的《圓山附近》而獲特選。
〔註171〕一些傳統民間畫師也逐漸開始轉向認同新的美術語言，如蔡雲岩、蔡
草如、蔡九五、蔡雪溪、潘春源、呂碧松等。而畢業於日本各類美術學校有著
深厚師承的臺籍學生則更是於此認同下創作展品並屢屢獲獎。至第四回臺展
起，臺灣教育會與臺灣日日新報社更依勢分別創設了「臺展賞」與「臺日賞」
兩個獎項，以鼓勵和進一步促進具有「鄉土色彩」或「地方色彩」的作品創作
和展出。儘管面臨有西洋畫家與南畫家對地方色題材因襲模仿的批評，但最終
基於地方色觀念的東洋畫（臺灣地域）還是發展成為典型性的「臺展型」東洋
畫。這在臺展第四回審查委員鄉原古統的評後感中有提到：

> 臺展的東洋畫，逐漸的形成了「臺展型」，這在會場上普遍可以
> 看到。林玉山的《蓮池》與陳進〔註172〕的《年輕的日子》是此臺展
> 型正統的特優者，故給予大賞。……〔註173〕

〔註169〕 參見賴明珠，「日治時期的『地方色彩』理念──以鹽月桃甫及石川欽一郎對
『地方色彩』理念的詮釋與影響為例」，《視覺藝術》，2000 年第 3 期，第 46
頁。

〔註170〕 郭雪湖（1908～2012）「生於臺北大稻埕蕃仔溝。本名金火，號漁莊。由陳英
聲啟蒙，蔡雪溪指導，與任瑞堯切磋及個人努力，立下嚴謹基礎。少年時期
臨摹研習謝琯樵、橋本關雪、石濤等之筆墨意趣。長寫生，題材多旅遊風物，
水墨、彩墨、膠彩兼治，賦色樸而不華。旅日時期多作系列瓶花，典雅富麗。
旅美時期色面簡潔穠豔，氣度恢宏。郭雪湖與陳進、林玉山、呂鐵州等為臺
灣新美術運動中膠彩畫表現的重要先驅。」──張芳薇，《臺灣美術發展：
1950～2000》，北京：中國美術館，2006 年 9 月，第 175 頁。

〔註171〕 丁平，「殖民時期臺灣美術『地方色』觀念的型構──一個殖民性的視覺化表
徵」，《文藝爭鳴》，2011 年第 1 期，第 129 頁。

〔註172〕 陳進（1907～1998），「生於新竹香山。臺北第三高女畢業，1925 年入東京女
子美術學校日本畫科，專攻東洋畫，受教鏑木清方、伊東深水等。作品入選
「臺展」、「府展」、日本「帝展」，為臺灣畫界翹楚。1927 年與林玉山、郭雪
湖同時入選首屆「臺展」。戰前與廖繼春同為最早之「臺展」審查員。陳氏畫
風優雅細緻，寧靜清秀，大家閨秀氣質躍乎紙上。畫面的記述特質，亦能自
然掌握時代性。繪畫題材以人物、風景及花卉為主，晚年旅行國外亦將所見
盡收畫中。陳氏的主要作品如《合奏》、《悠閒》、《化妝》、《洞房》、《慈愛》
等，彷彿可見臺灣早期閨秀少女成長到為人婦、為人母的系列人生，精緻、
細膩、優美，「閒來無事不從容」是陳氏藝術表現的主調。」──張芳薇，《臺
灣美術發展：1950～2000》，北京：中國美術館，2006 年，第 175 頁。

〔註173〕 臺灣創價學會藝文中心執行委員會企劃，《日治時期臺灣官辦美展（1927～
1943）圖錄與論文集》，臺北：勤宣文教基金會，2010 年，第 39 頁。

圖三十九　郭雪湖《圓山附近》

圖片來源：《日治時期臺灣官辦美展（1927～1943）圖錄與論文集》，臺灣
　　　　　創價學會藝文中心執行委員會企劃，臺北：勤宣文教基金會，
　　　　　2010 年，第 131 頁。

圖四十　林玉山《蓮池》

圖片來源：《日治時期臺灣官辦美展（1927～1943）圖錄與論文集》，臺灣
　　　　　創價學會藝文中心執行委員會企劃，臺北：勤宣文教基金會，
　　　　　2010 年，第 37 頁。

　　由此，一種新的美術身份認同與認可機制得以確立，地方色的美術觀念
正式成型。〔註 174〕傳統水墨寫意造境的美學觀，在隨著殖民新視覺經驗的傳

〔註 174〕「地方色彩」（Local Color。日本人以片假名音譯，ローカルカラ）亦可解譯
　　　　　成「地方特色」。它不僅包括南國炎熱的特有色彩，亦包含臺灣特有的自然景
　　　　　色與動植物、臺灣街景等。甚至包括了風俗民情，宗教節慶以及高山同胞的

入後改變了原有漢文化的視覺審美經驗〔註 175〕，——客觀寫實、科學透視的
空間觀念取代了漢畫筆墨趣味；文化政策的引導更使得臺灣地域美術家對地
方特色的關懷與表現格外重視，並對鄉土景觀的表現產生共鳴；由此在寫生
觀念的推動下，臺灣風土以一種全新的方式展現出來。〔註 176〕當然，在視覺
景觀的盛世之下，這對於他們來說已成為最具時代意義與精神表徵的視覺景
觀；一種新的美學秩序由此形成。正如臺灣學者廖新田先生所言：

> 基於科學觀察的持續以及他們學過的描繪技巧，加上現代化刺
> 激下的新社會價值、空間和時間的創新以及現代化生活的觀念。透
> 過公共展覽、日本人和臺灣人逐漸分享這種新的公共視覺經驗，這
> 樣的視覺經驗最後正當化了這種新的美學秩序。〔註 177〕

在此美學秩序之下，日據後期部分臺灣地域的水墨畫家漸趨取法日本南
畫或東洋畫的寫生意趣，臺灣畫壇漸以日本畫所取代。相較於此，強勢文化主
宰之下臺灣文化得以表現的漢文私塾更是於 1943 年全數關閉，與漢文化傳統
詩書息息相關的傳統文人水墨也由此更趨衰弱而終歸消隱。〔註 178〕基於此以
及臺展落選所給予的挫敗，儘管讓傳統書畫家〔註 179〕意識到新畫會組織的重
要性，紛紛組立地方性區域聯盟活動〔註 180〕，然而這一切皆已無力挽回頹

習俗與生活等「鄉土藝術」。臺灣創價學會藝文中心執行委員會企劃，《日治
時期臺灣官辦美展（1927～1943）圖錄與論文集》，臺北：勤宣文教基金會，
2010 年，第 41 頁。

〔註 175〕丁平，「殖民時期臺灣美術『地方色』觀念的型構——一個殖民性的視覺化表
徵」，《文藝爭鳴》，2011 年第 1 期，第 129 頁。

〔註 176〕參閱林明賢，《藝域長流——臺灣美術溯源》，臺中：臺灣美術館，民國 96 年，
第 32～33 頁。

〔註 177〕廖新田，《再現臺灣——臺灣風景畫的視覺表徵》，《臺灣美術》第 65 期，民
國 95 年，第 29 頁。

〔註 178〕參閱林明賢，《藝域長流——臺灣美術溯源》，臺中：臺灣美術館，民國 96 年，
第 18 頁。

〔註 179〕1928 年《臺灣日日新聞報》評述：「若夫臺展以前，不待獎勵，即以繪畫聞
名者，為臺北洪雍平氏，洪以南氏（已故），蔡雪溪氏，李學樵氏，新竹周笑
軒氏，范耀庚氏，鄭雨軒氏，臺南呂碧松氏，九曲堂鄭坤五氏，鳳山王坤泰
氏。然皆屬於南畫，顧南畫之精神主在於飄逸不羈，不甚求形式，畫中有詩，
有詩卷氣，……。」參閱林明賢，《藝域長流——臺灣美術溯源》，臺中：臺
灣美術館，民國 96 年，第 18 頁。

〔註 180〕這與當時林獻堂所引領的臺灣文化運動組織的活動所產生的影響也有著相當
大的關係。如一屆臺展落選後在臺灣日日新報社所舉辦的落選展，即為臺灣文
化協會所支持。並且於一屆臺展開幕前，文化協會即組織了聲援和造勢活動。

勢。這其中主要的畫會組織活動有：1928 年臺南善化書畫會舉辦的「古今書
畫展」。嘉義蘇孝德、林玉書等「鴉社書畫會」舉辦的文雅會展出。1929 年 8
月「新竹書畫益精會」舉辦的「全島書畫展」。1932 年南瀛新報社於教育會館
舉辦的「全島書畫展覽會」等。〔註181〕相較於傳統書畫而言代表新美術的最
重要團體「臺陽美術協會」則主要由「臺展」入選者組成，其基本複製了臺展
模式，從而對日本殖民語言結構體系幾無反抗之意〔註182〕。與此同時，加之
日本殖民政府竭力促使各級教育會舉辦學校美展以資配合官展的活動與政
策，從而使得日本「大東亞共榮圈」殖民理念下凸顯出中央與地方差異性的
「地方色」觀念，必定導致傳統水墨的衰敗，西洋畫與東洋畫成為畫壇主流；
短短十六屆（臺展 10 屆、府展 6 屆）的官展，由此成為臺灣美術發展史上一
段最重要的標誌。

附一：臺展（一至十回）審查委員名單列表〔註183〕

臺　展	審查委員	
	東洋畫	西洋畫
第一回 1927 年	*鄉原古統 *木下靜涯	*石川欽一郎 *鹽月桃甫
第二回 1928 年	*鄉原古統 *木下靜涯 松林桂月	*石川欽一郎 *鹽月桃甫 小林萬吾
第三回 1929 年	*鄉原古統 *木下靜涯 松林桂月	*石川欽一郎 *鹽月桃甫 小林萬吾

〔註181〕參閱林明賢，《藝域長流——臺灣美術溯源》，臺中：臺灣美術館，民國 96 年，
第 17 頁。

〔註182〕臺陽美展主要是總督府臺展獲選的畫家展覽，其模式基本仿製於臺展，作品
風格也更是如此。從而在同樣的文化運動背景之下，臺陽美術協會並沒有收
到多少衝擊，甚至在成立當時還要與文化運動劃清界限，並不歡迎運動分子
加入。至於其美術貢獻當然也不可簡單抹殺。對此臺灣學者林惺岳與王秀雄
有較細緻論述，參見林惺岳，「從戰前到戰後的臺陽美協」，《臺灣美術風雲
四十年》，臺北：自立晚報社文化出版部，民國 76 年，第 34～47 頁。王秀
雄，「日據時代臺灣官展的發展與風格探釋——兼論其背後的大眾傳播與
藝術評論」，《臺灣美術發展史論》，臺北：國立歷史博物館，民國 84 年，第
71 頁。

〔註183〕凡帶「*」標記者為在臺審查委員，其他則為日本去臺的審查委。

第四回 1930 年	*鄉原古統 *木下靜涯 勝田蕉琴	*石川欽一郎 *鹽月桃甫 南薰造
第五回 1931 年	*鄉原古統 *木下靜涯 池上秀畝 矢澤眩月	*石川欽一郎 *鹽月桃甫 和田三造 小澤秀成
第六回 1932 年	*鄉原古統 *木下靜涯 *陳進 結城素明	*石川欽一郎 *鹽月桃甫 *廖繼春 和田三造
第七回 1933 年	*鄉原古統 *木下靜涯 *陳進 結城素明	*鹽月桃甫 *廖繼春 藤島武二 小澤秋成
第八回 1934 年	*鄉原古統 *木下靜涯 *陳進 松林桂月	*鹽月桃甫 *廖繼春 *顏水龍 藤島武二
第九回 1935 年	*鄉原古統 荒木十畝 川崎小虎	*鹽月桃甫 藤島武二 梅原龍三郎
第十回 1936 年	*木下靜涯 結城素明 村島酋一	*鹽月桃甫 梅原龍三郎 伊原宇三郎

資料來源：參閱臺灣創價學會藝文中心執行委員會企劃，《日治時期臺灣官辦美展（1927～1943）圖錄與論文集》，臺北：勤宣文教基金會，2010 年 3 月，第 18～19 頁。

附二：府展（一至六回）審查委員名單列表

府　　　展	審查委員	
	東洋畫	東洋畫
第一回 1938 年	*木下靜涯 野田九浦 山口蓬春	*鹽月桃甫 大久保作太郎 中澤弘光
第二回 1939 年	*木下靜涯 山口蓬春 松林桂月	*鹽月桃甫 大久保作太郎 有島生馬

第三回 1940 年	*木下靜涯 野田九浦 森白甫	*鹽月桃甫 齊藤與裏 中野和高
第四回 1941 年	*木下靜涯 山口蓬春 山川秀峰	*鹽月桃甫 和田三造 中山巍
第五回 1942 年	*木下靜涯 町田曲江 吉田秋光	*鹽月桃甫 辻永 鈴木千久馬
第六回 1943 年	*木下靜涯 町田曲江 望月春江	*鹽月桃甫

資料來源：參閱臺灣創價學會藝文中心執行委員會企劃，《日治時期臺灣官辦美展
　　　　　（1927～1943）圖錄與論文集》，臺北：勤宣文教基金會，2010 年 3 月，
　　　　　第 19 頁。

1.1.2.4　1940 年～1945 年：民俗志下的「地方色」與「地方風物」

　　博覽會、美展及各類文化活動的蓬勃展開，使得經過四十多年殖民統治後
的日據政府，逐漸實現了對臺灣民眾（包括美術人士）集體記憶的收編；現代
性與傳統性，殖民性與地方性，日本性與文明性被重新編列、闡述並印記在新
的文化結構認同之中。在此之下，美展與博覽會的展示空間（景觀視覺），具
有了集體記憶與文化認同賴以保存與維繫的時空載體性質。然而，日本太平洋
戰爭的爆發使得這種情況發生了些微變化，「大東亞共榮圈」政策下的皇民化
運動使得一切活動瞬時間直接靠向了戰時需要。美展、博覽會等美術活動所
依附的文化認同目標，直接轉向了戰爭任務。由此，日本自 1937 年侵華戰爭
爆發之後，便開始派遣包括畫壇名家在內的國內畫家深入戰區繪製「戰爭記
錄畫」或戰爭寓意畫；如黑田清輝、淺井忠、山本芳翠、藤島武二、藤田嗣
治、山口蓬春、小磯良平、中村研一和伊源宇三郎等，其目的主要在於對戰
區各種情況進行記錄並宣揚「皇威」。相應於此，據有重要地理位置的臺灣地
區作為日本「大東亞共榮圈」南進政策的實施基地，自然也被納入進新一輪
的日本殖民化控制體系。1936 年 9 月在臺灣再次恢復到武官治理政策之後，
文教局長黑田英彥便於 1938 年表示：「府展」等臺灣美術展覽會不只是單純
的畫展，同時還要具有實現皇民化的深遠意義，即美展應與時事戰事靠攏。由
此，自 1938 年一屆府展開幕以來的臺籍畫家紛紛開始創作出戰時題材或寓意

之作〔註184〕。如郭雪湖《後方的守護》，陳敬輝《馬糧》，林玉山《襲擊》、《獻馬圖》，李石樵《合唱》，陳永堯《小軍使》等。與此同時，各類戰爭宣傳畫以及戰事宣傳展覽會也紛紛出現；如「戰爭歷史畫展覽會」、「支那事變博覽會」、「時局‧支那大展覽會」、「時局恤兵展覽會」、「國防大博覽會」，還有臺日籍畫家所發起組織的「聖戰美展」、「皇軍慰問畫展」等等。強烈的戰時形勢使得原有的美展語言功能在瞬時發生了新的變化，而在此形勢下的「地方色彩」於各類美展中也似乎愈來愈杳無聲息。對此，1938 年基於戰時形勢的劇變，鹽月桃甫在一屆府展開幕致辭中說道：

> 在臺展作品中尋找反映事變的人，一味地在題材中找與事變相關者，其實即使畫一草一木，只要其藝術表現潑辣清新便能反映事變。……只要各位畫家順著自己追求的目標，朝氣蓬勃地表現各自的特色，那麼臺展的作品自然會反映出事變。我相信在聖戰結束後，更要為日本文化而奮進，也就是投入以文化征服世界的大理想戰爭。〔註185〕

從中可見，時事變化已使得「地方色」在美展語言結構中發生了微妙而意味深遠的變化，其已不再同於一屆臺展開幕時所標舉的文化認同性的藝術口號。當然基於殖民戰爭的現實性，這種情況的出現只是其原有功能或表現無法繼續適應殖民時事發生劇變的結果；從而表現於此時期的美術領域，「地方色」的觀念開始被與戰事相關的目標所取代或隱藏。由此，各類戰事情況、戰備農畜、作物等方面的事物成為此時期殖民美術表現和宣傳的重點。「地方色」的提倡由此轉化成為對戰時臺灣地域風物的全面具體展示，並以此響應戰事之需。〔註186〕

關於臺灣地域文化、風物的展示和介紹，自日據初期始即有臺日人士從事，這當中日籍人士極為出名者應屬尾崎秀真〔註187〕等。不過相較於四十年

〔註184〕 王秀雄，《臺灣美術發展史論》，臺北：國立歷史博物館，民國 84 年，第 93 頁。

〔註185〕 顏娟英，「日治時代美術後期的分裂與結束」，《何為臺灣？──近代臺灣美術與文化認同》論文集（此論文集係「臺灣美術研討會」後期成果，會議由（臺北）文化建設委員會主辦，地點：（臺北）國家圖書館國際會議廳，民國 85 年 9 月 13、14 日），第 23 頁。

〔註186〕 如 1941 年成立了「臺灣宣傳美術奉公園」，1944 年甚至取消了一切官展（包括府展）。

〔註187〕 尾崎秀真（1874～1949），古文物收藏家、考古學家，漢學家以及記者。自 1901 年應民政長官後藤新平之邀來臺擔任《臺灣日日新報》編輯，並專設「古今

代皇民化時期全面的文化風物介紹來說，其只可謂個人之趣。隨著日據政府
對戰時臺灣物產特色及產業宣傳的深入，一本名為《民俗臺灣》的普通雜誌開
始進入帝國視線。該雜誌於 1941 年 7 月由臺北帝國大學醫學教授金關丈夫、
講師岡田謙、臺北高校教授須藤利一、工藝指導家萬造龍寺和臺北帝國大學
土俗人種研究員陳紹馨，以及《興南新聞》編輯黃得時等人所共同發起創
辦。其「內容不僅涵蓋『臺灣本島以及與臺灣本島相關的各地方民俗資料』，
尚包括『鄉土的歷史、地理、自然』等等記載〔註188〕；而且雜誌的性質，不
以『記錄、研究』為限，而是擴及『介紹、連絡』甚或扮演讀者之間的『談話
室』；基本上，雜誌的走向目標是『一般型雜誌』，而非『會員、同人』的專門
刊物。」〔註189〕基於日據時期臺灣地域風俗、習慣等文化被日本殖民政府所
嚴重破壞與廢止的現實背景，該雜誌的出現的確使得此時期內一批臺灣知識
分子一時間紛紛而起絡繹不絕。不過相應於此，日籍創辦者金關丈夫卻在創刊
詞《趣意書》中提到：

> 臺灣本島人的皇民化是非促進不可的。近時強力施行的方法策
> 略，……乃為了加速打破本島舊有的陋習弊風，使島民多享受近代
> 文化的恩惠，這應該會甚受歡迎。但同時另一方面，則使原本沒有
> 弊害的舊慣也犧牲、湮滅。……因此，有記載及研究能力的文明國
> 民，對此現象有加以記錄、研究的必要。陋習歸陋習，弊風歸弊風，
> 將其記錄研究乃為國民之指定課題。〔註190〕（著重號為筆者所加）

───────────

　　　　　書畫名跡」欄探討臺、日雙方書畫；1926 年曾於臺北博物館舉辦「謝琯樵、
　　　　　葉化成、呂世宜遺墨展」；1930 年出版臺灣第一本《臺灣原始藝術》圖錄；
　　　　　其在臺四十餘年，直至二戰結束後返日，對臺灣傳統文化保存推廣做出過積
　　　　　極貢獻。

〔註188〕對文章分類檢索，關於日常生活和習俗的主要有以下幾類：1. 年節歲時類 41
　　　　　篇，如朱峰的《臺南年中行事記》系列、田大熊《春聯》、黃啟木《元宵佳景》、
　　　　　吳尊賢《民俗採訪：午時水的俗信》等。2. 占卜類 25 篇，如李杏花《錳艋
　　　　　聽書》系列（禁忌信俗雜談）、楊雲萍《排算八字與析字法》、吳新榮《帶雙
　　　　　妻》等。3. 生活禮儀風俗類 23 篇，包括生產風俗、成年禮儀、婚喪習俗等。
　　　　　4. 社會慣習類 54 篇，包括臺灣民眾的民族、門第、分類械鬥等。此外學者
　　　　　戴炎輝有《雜肋集》九篇，內容涉及民間百姓遺書、會業、結拜、田舍房契
　　　　　等諸方面。5. 臺語、俚語傳說類 98 篇。6. 遊戲競技比賽類 17 篇，主要記載
　　　　　兒童遊戲。以上數據資料參閱《民俗臺灣》，林川夫，臺北：武陵出版有限公
　　　　　司，1990 年版。

〔註189〕楊孟哲，《日治時代臺灣美術教育》，臺北：前衛出版社，1999 年，第 52～53 頁。
〔註190〕林川夫，《民俗臺灣》（第一輯），臺北：武陵出版有限公司，1990 年，第 42 頁。

　　如果說此段話標明了《民俗臺灣》其創立的主旨是在於關注臺灣沒有弊害的舊有風俗習慣，並以此表明其一般普通性的話；那麼相應於此開篇立意的「創刊詞」而言，岡田謙發表於同年 9 月第 1 卷第 3 號《卷頭語》上的《南進臺灣》一文，則鮮明的突出了戰時形勢下《民俗臺灣》的身份。其認為

> 臺灣住民有兩大任務——一是以身作則，向中國南部的中國人
> 以及南洋幾百萬華僑，示範日本的南進使命；二是透過第一項任務
> 的實踐，創造大日本民族。……日本民族自古便擅長吸收異民族的
> 長處，並將之發揚光大；而融合後的各民族長處，著根在「傳承文
> 化」——「民俗」上，今後「半島人以北方為舞臺，本島人以南方
> 為舞臺，大規模再現此自古歷史，豈不是我昭和一大快事！」〔註191〕
> （著重號為筆者所加）

　　作為雜誌主創人員之一的岡田謙，以其個人言論所出現在《卷頭語》上的這段話已初步標明了該雜誌的走向與性質。隨後，繼金關丈夫與岡田謙所發表的這兩篇似乎立意矛盾的言論之後的第二年，也即 1942 年，該雜誌於 1 月第 2 卷第 1 號的「編輯後記」中正式明確提出：

> 所謂理解臺灣的民族，是我臺灣扮演南方發展基地的重大要素
> 之一。……臺灣民俗的調查與理解，是當下要務。〔註192〕（著重號
> 為筆者所加）

　　由此基於以上言論可見，《民俗臺灣》其已暗暗涉及到了大東亞殖民社會下民俗共同圈建立的意義〔註193〕。即任何一項愈是體現著「大東亞共榮圈」共性特徵的民風民俗，愈是可以為日本殖民下的大東亞新社會帶去通用性的參考與可行性。

　　在這本《民俗臺灣》雜誌中，「臺灣民俗圖繪」與「民藝」兩個專欄尤為重要。其對臺灣地域各類民俗、民藝作了非常詳細全面的介紹。〔註194〕這種實由地方色而來的地方風物主題的全面介紹，彰顯出日據政府「大東亞共榮

〔註191〕轉引自林明賢，《島嶼風情——日治時期臺灣美術研究》，臺中：臺灣美術館，
　　　　民國 97 年，第 143 頁。

〔註192〕轉引自林明賢，《島嶼風情——日治時期臺灣美術研究》，臺中：臺灣美術館，
　　　　民國 97 年，第 143 頁。

〔註193〕轉引自林明賢，《島嶼風情——日治時期臺灣美術研究》，臺中：臺灣美術館，
　　　　民國 97 年，第 126 頁。

〔註194〕相關詳細信息參閱轉引自林明賢，《島嶼風情——日治時期臺灣美術研究》，
　　　　臺中：臺灣美術館，民國 97 年，第 128～139 頁。

圈」意識下對臺灣的全面整合。而《民俗臺灣》的出版發行與推廣介紹，使得
原本對地方色彩內容的宣揚，急速轉向對地方風物題材其實物內容的全面介
紹，凸顯出日據政府已急不可耐於僅僅憑藉地方色漸進式地去轉換審美文化
的語言結構；戰爭形勢的變化，使得將臺灣直接全面納入日本帝國主義和「大
東亞共榮圈」的目標與任務極為迫切和現實。關於《民俗臺灣》雜誌在日據
殖民架構中的問題，臺灣學者廖瑾瑗先生已經做出了非常深入而詳細的研究
與論述。〔註195〕具體請參閱原文，在此本書以下從簡。基於以上日本政府的
殖民政策，1942 年 10 月的《民俗臺灣》第 2 卷第 10 號即把原臺地風物民俗
介紹專欄進一步更改為研究性質的南方習俗研究與介紹，這正式標示出《民
俗臺灣》在「大東亞共榮圈」南進政策下的意義與角色。至 1943 年 4 月，皇
民奉公會中央本部宣傳部長大澤貞吉於《民俗臺灣》第 3 卷第 4 號「卷首語」
中說道：

> 「必須徹底檢討、解決中國民族的本質與真面目，並提供正確
> 的理念與見解。希望從事民族研究的人，能充分發揮幫助大東亞戰
> 爭勝利的功能。」「希望本雜誌所重視的民族研究可以越來越具有亞
> 洲性格、大東亞性格，在積極性、建設性方面，更加大放異彩。」
> 〔註196〕（著重號為筆者所加）

　　在此日本殖民政策的宣揚之下，1943 年 10 月第 3 卷第 10 號的《民俗臺
灣》刊出了主創者金關丈夫《民俗細觀的新意義》一文，其認為「仔細觀察本
島民俗，拔出阻礙國家大方策完成的禍根，發現有利於國家大方策完成的要
因。」由此可見，《民俗臺灣》完全實現了對日本殖民國策的呼應，並轉身進
入到帝國殖民體系。其殖民體系中原有的地方色及美展功能，在此特殊時期
（劇烈戰爭）轉換為「民俗雜誌」來牽強實施和作為一個重要載體。「地方色」
由此轉換成具體實際的全面性地方事物介紹，以期配合盡快實現皇民化與太
平洋戰爭的勝利，進而完成臺地民眾徹底的政治、文化與地理認同。然而基
於這種地方色彩題材的全面性本土化戰時認同方式的轉換，也無形中為戰後
的臺灣美術社會留下了難以釐清的困境。

〔註195〕　參閱廖瑾瑗，「臺灣近代藝術的表徵——《民俗臺灣》的光與影」，《島嶼風
　　　　　情——日治時期臺灣美術研究》，臺中：臺灣美術館，民國 97 年，第 126～
　　　　　145 頁。
〔註196〕　轉引自林明賢，《島嶼風情——日治時期臺灣美術研究》，臺中：臺灣美術館，
　　　　　民國 97 年，第 143 頁。

圖四十一　立石鐵臣《臺灣民俗圖繪：彈棉布》

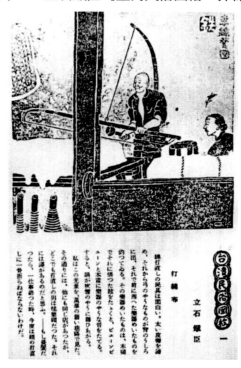

圖片來源：《區域與時代風格的激盪──臺灣美術主體性學術研討會》論
文集，廖新田等，臺中：臺灣美術館，民國 96 年，第 76 頁。

1.2 日據之下「地方色」與國畫、東洋畫、西洋畫

　　「地方色」觀念作為日據政府臺展所提出的美術觀念，其在經由一系列的
殖民意識形態轉換之後，從一個原本應與地方風物有關的美術語言演變成為
殖民性的政治語彙。然而這一基於地方性風物題材的殖民語彙因其所指表象
的含混性，導致此一知識構型（美術語彙）的多義性，並由此必然與原本的美
術語言發生齟齬。在臺灣美術史上則具體表現為在國畫、東洋畫及西洋畫中，
如何理解地方色的具體表現。

　　自 1927 年一屆臺展開幕後，主流的聲音一直強調應表現取自臺灣島上所
見之物的「地方色」。也即包括「南國炎熱的特有色彩，亦包含臺灣特有的自
然景色與動植物、臺灣街景等。甚至包括了風俗民情，宗教節慶以及高山同胞
的習俗與生活等『鄉土藝術』」。基於前文所論，我們知道臺灣早期日據之前以
傳統漢畫為畫壇主流。此一時期臺地美術濃鬱的地方題材風格與特徵，主要是

基於閩習粵風及深遠的中土畫風而來，其繪畫題材自然表現為：梅、蘭、竹、菊、蕙、荷花、巴蕉、白鷺、鴨子、蘆雁、翎毛、蟹、蝶、鶴、鹿和漁夫等題材的動植物畫和人物畫以及少數神怪題材畫作。〔註197〕可見，在傳統美術結構之中這些題材僅表現為傳統美術語言所要表現的地方性美術題材。從內容上來看，其與地方色觀念所要求的內容並無太大差距。似可以說地方色的觀念也正是基於或者說源於傳統繪畫地方題材而來。然而基於殖民政治的本質，這一地方色的觀念實為殖民產業開發之下的地理特徵的表現。所以需要補充指明的是，此與傳統繪畫題材內容相似的地方色，雖表現為基於傳統繪畫題材而來，但其實是完全依循於殖民政治與殖產開發對地理特徵的關注和表現的現實需要而來；這與美術並沒有多大的關聯。對此最能說明問題的是，一屆臺展開幕後同樣表現臺灣地域地方題材的傳統畫作幾近全部落選。對此代表官方的審查委員認為，不得摹寫他人作品並要以「寫生」的創作觀念作為支撐。由此可見，傳統畫作的臨摹師古之風成為其致命之錯。而這根本的原因正在於「寫生」的創作方式，而並非題材問題，畢竟臺地自然人文等題材內容並不會有太大變化。然而通過「寫生」觀念的提倡，使得同樣表現地方題材的傳統國畫受到了第一次衝擊，而此即開始了對傳統國畫認同基礎的動搖，實現了殖民的第一個目的，——解構傳統文化認同。相應與此，寫生的第二個目的即在於對臺灣地域殖產開發宣傳的需要，畢竟師古臨摹的傳統並不適應表現新的臺地風物乃至殖產建設成績宣傳的任務，寫生的創作方式卻能夠非常好的解決這一問題。從而提倡寫生與殖產宣傳是同為一體的殖民「政策」，其並不是出於美術的目的。對於這一點，從前文所涉及的臺地美術教育缺失問題也可見一斑；——臺灣自始沒有任何專業的美術教育或者研究機構等，其唯獨設立的也只是用於殖產宣傳所需的製圖教育課程。由此在地方色與傳統國畫的關係問題上，其凸顯的問題在於殖民統治結構之下基於地方風物而來的地方色與傳統國畫「地方題材」貌合神離；一個是以美術語言形式表現出來的殖產宣傳之下的地理風景特徵表現，從而「寫生」是其重點。一個是著眼於表現傳統繪畫題材內容的美術形式，從而「臨摹」是其重點。兩者皆與美術有關聯，然而卻有著根本性的差距。〔註198〕最終結局是傳統國畫在地方色的口號之下日趨衰亡。

〔註197〕參閱吳步乃，「近現代的我國臺灣美術」，《美術》，1988 年第 3 期，第 32 頁。
〔註198〕同理，寫生與臨摹同為美術創作手段，但在不同的語言結構之中，其如同地方色與地方題材一樣有著根本性差距。

圖四十二　松林桂月《幽居》

圖片來源：《日治時期臺灣官辦美展（1927～1943）圖錄與論文集》，臺灣
　　　　創價學會藝文中心執行委員會企劃，臺北：勤宣文教基金會，
　　　　2010 年，第 46 頁。

「東洋畫」原本稱之為「日本畫」，因「朝鮮美術展覽會」使用了東洋畫
的用法，從而「臺展」沿用此稱，其意在囊括東洋各地畫風。至於為何不繼續
使用「日本畫」的原因，也許正是基於大東亞共榮圈意識，將整個東洋各國統
統納入日本大東亞共榮圈之內來考慮。東洋畫主要分為以南畫、文人畫等使用
水墨為主要媒材的畫種，和以日本畫、工筆重彩等使用膠水和礦物顏料為主要
媒材的膠彩畫。但無論何類畫種，皆是以鄉土題材為寫生對象。這一點在鄉原
古統所提倡和認定的「臺展型」東洋畫上表現的極為突出。其鄉土題材為東洋
畫地方色的重要化育載體。寫生則是地方色載體鄉土題材得以展現的重要手
法，專注於表現臺灣本土的鄉土地方色彩。從美術語言的角度而言，東洋畫的
鄉土地方色與傳統國畫的地方題材並無太大區別。只不過在表現內容的範圍
上，東洋畫的寫生手法使得其範圍較傳統國畫稍廣而已，然而這並不是問題的
關鍵；問題在於日據之下基於傳統地方題材相似性而來的地方色，其表達載體
正是在於此臺展型的東洋畫，即東洋畫被賦予了殖民宣傳所需的標準，地方
色。由此，鄉土題材與殖產宣傳所需的地方色標準，集中於東洋畫這一美術形
式載體之上。地方色與東洋畫在殖民政治結構之中統為一體。由此，地方色的
推廣之下東洋畫逐漸興盛並逐漸取代傳統國畫，成為臺灣畫壇主流。美術被殖
民政治所統轄與殖民。原本包括東洋各地畫風的「東洋畫」最終將中國傳統國
畫排除在外，其唯一的結局便是割斷了臺地傳統文化認同的基礎。至於東洋畫

中以水墨為媒材的南畫與文人畫的畫種，雖與傳統中國畫有著血脈淵源，然而這種源自傳統中國畫的日本南畫，卻並沒有因為這種歷史傳承的淵源親近關係而使得傳統國畫得以繼續維繫〔註199〕，更不要說興盛。二屆臺展，邀請了日本南畫大師松林桂月〔註200〕作為東洋畫評審委員，這使得二屆臺展上與傳統國畫有著無盡相似性的日本南畫〔註201〕大獲提升。這甚至在後來得到了鄉原古統的極大肯定，認為要不是松林桂月就沒有了臺灣畫壇的今日。不過更重要的問題在於，松林桂月認為南畫的提倡也是與鼓勵「臺展」發展富有地方色彩與熱帶氣息的臺灣相關。從而在這一問題上，南畫自然而然的與「寫生」相關〔註202〕，與工筆膠彩畫走向共同的方向，儘管松林桂月一再提醒不要淪為低級的寫生。而這對傳統國畫來說不是一個好現象，癥結正在於它的「臨摹」性。由此，與日本南畫有著極大淵源親近的傳統國畫再次面臨著威脅，即並非是面臨著臺展口號所提出的地方色內容空洞的威脅，而是面臨來自表現這一內容的創作手法「寫生」的威脅。此外在日據之下，與日本畫（東洋畫）能夠發生極大矛盾的也正是傳統國畫，因為這種矛盾正是基於殖民政治結構之下傳統國畫與日本畫的相似性；爾這種相似性並未顯著發生在其他畫種和藝術形式上，且此相似性在提供日本畫（東洋畫）以模糊、取代傳統國畫可能性的同時，也給予日本畫（東洋畫）極大阻礙。與此同時，日本殖民政府的文化結

〔註199〕　日本畫與中國南畫有著歷史傳承關聯。
〔註200〕　松林桂月（1876～1963），「生於山口縣荻市的阿武川畔中渡村，本名伊藤篤，因跟松林孝子結婚，就繼承妻之姓為松林。1893（明治26）年到東京跟野口幽谷學習南畫，1898 年野口逝世後以自學創作南畫。1902 年創設『環翠會畫塾』，1906 年跟山崗米華一起創設『日本南宗畫會』。1907（明治40）年的第一回文展時，因不滿審查委員之人選而不參與文展，1908 年時因文展的審查委員容納新舊派審查委員，因而自第二回文展就持續參與，而第五、六、七、八回連續獲得三等賞，遂樹立了在南畫界的權威地位。1919（大正8）年第一回帝展成立起，繼續擔任審查委員。其纖細而富有韻律感的水墨線條，使他創作出具有特色的南畫風格，對只求形似而重彩的臺展型東洋畫提出批評。戰後榮任日本美術學會理事長。擔任臺展第二、三、八回，府展第二回的審查委員。」──臺灣創價學會藝文中心執行委員會企劃，《日治時期臺灣官辦美展（1927～1943）圖錄與論文集》，臺北：勤宣文教基金會，2010 年，第 23 頁。
〔註201〕　至少筆墨語言以及對題材的表現上有著很大的相似性或共同性。
〔註202〕　日本國內的日本南畫相較於傳統中國畫而言，其有了很大發展變化，其中一點即是「寫生」。更多介紹參見臺灣創價學會藝文中心執行委員會企劃，《日治時期臺灣官辦美展（1927～1943）圖錄與論文集》，臺北：勤宣文教基金會，2010 年，第 38 頁。

構同化政策也正面臨著傳統國畫的問題，因為其是臺灣地域文化認同的一項基礎（因素），爾其文化身份阻滯殖民同化政策。從而，援用淵源親近的日本南畫以壓制傳統國畫成為最好的方式。所以二屆臺展日本南畫大師松林桂月的到來，並未見使得臺灣地域傳統國畫獲得任何的發展。且從前文所論我們知道，自二屆臺展後郭雪湖等傳統畫家即開始轉變畫風畫法以應現實之勢，並很快適應東洋畫的技法以創作展品並獲獎；且繼此之後，其最終發展成為臺展型的東洋畫（膠彩畫），不過這已遠非傳統水墨。由此可見，與地方色相關的是寫生，與寫生相關的是傳統國畫的衰亡和轉變以及向東洋畫（日本南畫）的靠攏，其結局就是臺展型東洋畫的形成，而遠非傳統國畫的復興。原本與日本畫相近，在美術語言結構之下本應獲得發展的傳統國畫卻由此衰落在殖民政治結構之下。東洋畫在「地方色」的語言結構之下，成為一種美術形式的政治語言。

　　西洋畫傳入日本約為明治時期，其所形成的藝術風格總體而言，是學習西方的美術風格和形式來表現日本特有的社會生活和民土民風等〔註203〕。由此而言，西洋畫對於鄉土民風的表現與日本殖民政府「臺展」地方色的倡導有著內在的一貫性，從而臺展西洋畫也極為重視個性表現的地方特色。這一點在臺展審查委員鹽月桃甫身上表現的極為突出。在日籍西洋畫家與臺展影響之下，臺籍畫家開始創作西洋畫，寫生化的地方色觀念於作品中得以充分展現。而由於西洋畫與東洋畫作為兩種美術形式之間並無太大形式、語言等方面的文化身份矛盾，加之臺灣本無西洋畫基礎，從而傳入臺灣地域後與傳統國畫並無直接衝突，由此以寫生為基礎的西洋畫順其自然的成為「地方色」殖產宣傳的第二載體。與此同時，東洋畫與傳統國畫的矛盾，也為西洋畫在臺灣地域的發展提供了空間。翻閱臺灣美術史料可見，日據時期臺灣各地區的畫會組織中以西洋畫居多。西洋繪畫的興盛，一方面自是源於西化（現代化）的潮流所致，而更為重要的正是在於殖民地傳統文化受到削減排斥後國畫衰弱的結局。從而選擇西洋畫不會受到藝術語言乃至政治的過度壓迫。極大的發展空間，使得西洋畫於臺灣地域得到極大發展。這一點在戰後的臺灣畫壇中繼續表現出來。

　　日據之下的地方色觀念，使得與東洋畫、西洋畫本有著同樣表現題材（地方色）的傳統國畫，卻最終因「地方色」而消隱。對此所能說明的唯一問題，即殖民統治對原本文化結構及其認同的解構與重建。

〔註203〕在此暫不討論其他風格類型的西洋畫，參閱前文第一節第二部分相關表述。

第 2 章　歷史記憶與現實取向：光復初期的結構轉捩、意識形態與美術 (1945 ~ 1949 年代)

　　歷史與現實之下的記憶及其文化認同，會基於一定的社會結構而存在。伴隨社會結構出現裂縫、重組和結構，一種新的有關某種社會形態的印記及其認同結構將隨之建立。也即在這樣一種變動的結構空間中，伴隨著認同對象原有記憶的錯亂迷離，有關記憶對象與認同關係將重新確立。1945 年的日本投降，標示著一種殖民社會結構的瓦解。記憶與認同對象之間的關係發生裂變和游離。各種新、舊結構關係、元素不斷游離在此短暫混亂的待定社會空間之中。現實之下，這種情形不可避免的反映在了此時的美術形態之上，表現為一種文化認同下的意識形態結構變動。當然這在臺灣光復後的五年時間之內表現的十分明顯。1945 年後意識形態的變化以太陽旗換為青天白日旗為標誌，然而其所依存的社會結構在戰後短暫時間內並未隨之變革到位，意識形態與社會結構發生偏離；政治經濟的現實狀況使得這一任務被延緩，反映於現實即 1945 年後在臺灣的經濟狀況與政治現實之下，陳儀於日本殖民時期對臺灣經驗的認識與借鑒，使得沿襲借用日本和日本殖民時期臺灣經濟、政治管理體製成為一種可能和現實需要。然而，問題恰恰在此。基於這種結構體制的沿襲與意識形態的劇變使得日後的文化認同與政治認同皆因此而發生混亂和論爭。具體於臺灣地域美術，脫離了殖民體系的「地方色」美術語言體系，其殖民意識漸趨剝離；三民主義的去殖民化意識形態之下，基於殖民結構體系的「地方色」美術語言重回美術結構體系下的語言身份。戰後初期社會結構體系下美術體系的相對沿

襲，也給予了「地方色」美術語言這樣一種體系結構上的自然而然的便捷。當然，意識形態的變更與結構體系的沿襲，又為此埋下了隱患。隨著新的意識形態及其相應社會結構體系的更替完善，基於原殖民結構體系沿襲而來的「地方色」美術語言遭受挑戰。國畫正統論爭的出現即是其中一項重要的標誌。總體而言，去殖民與國民化是此時期文化認同的主要任務，「美術」尚未進入到文化和政治認同的視野之內，至少那還要等到 1949 年國民政府到臺灣之後。

2.1 太陽旗與青天白日旗：現實情勢下的意識形態與體制沿襲

　　從符號角度來看，1895 年與 1945 年幾無區別；基於臺灣社會在歷史中所處的現實結構，其所預示的兩種社會結構的演變機制也有著極大的相似性，然而這種結構演變機制的相似並不能簡單化為結果的同一結構性。在有著諸多社會結構衍變史積澱的臺灣社會，原有社會影像與新的社會元素將在多樣化的或然性之中演繹著某種新的必然性結構。日本殖民政府的覆沒與國民政府的接管，正展現著兩種政治體制演化交替之下社會結構的複雜多樣性與可能性走向，當然這也必定展現在社會的某些結構性層面之中。正如在日本殖民時期展現為殖民現代性結構的視覺化表徵一樣，戰後臺灣結構的變化在國民政府接管後反映於傳統文化認同建構的視覺化表徵之上。當然這都是一個漸進的過程，在最初之時僅表現為結構符號的更替；臺灣社會於此階段表現為太陽旗與青天白日旗的更替，相應與此其深層社會結構與意識形態的變動則是一個漫長的過程。

　　基於對臺灣光復前後政治、經濟等社會現狀和預期的考量，1944 年 4 月 17 日國民黨中央設計局成立「臺灣調查委員會」〔註 1〕，以調查研究臺灣政治經濟形勢並制定政策。1944 年 4 月至 1945 年 9 月，該會先後討論了臺灣行政體制、財政金融以及教育和工農業等方面的情況，並成立了臺灣行政幹部訓練班以培養臺灣建設管理人才。對此，其主要由後來的臺灣首任行政長官陳儀〔註 2〕所主導。其對於戰後臺灣政治經濟體制的建構，有著極其重要的歷

〔註 1〕　由陳儀擔任委員會主任；委員有沈仲九、王芸生、錢宗起、周一鶴、夏濤聲、黃朝琴、謝南光、謝掙強、連震東和邱念臺等。

〔註 2〕　陳儀，1883 年 5 月出生於浙江紹興。1902 年官費東渡日本留學，1917 年再渡日本入陸軍大學，為中國留日陸軍大學第一期學生。

史地位。基於日據時期臺灣建設的顯著成效，早在 1934 年這位兩度留學日本
的福建省主席，即派遣省建設廳廳長陳體誠帶領「考察臺灣實業團」赴臺展
開政治經濟等方面的大規模全面考察，〔註3〕並撰寫了約 22 萬字的《臺灣考
察報告》；對日本殖民下的臺灣農林水利、土地、製糖、電氣、鐵路、專賣、
財政、警察、文教、衛生等方面進行了全面介紹。對此，陳儀予以高度肯定
並準備「擇其適合於閩省者，次第見諸實行」。〔註4〕對於日據時期的臺灣建
設，這算是陳儀第一次有針對性的認識與瞭解。然而正如其顧問李擇一所言：
「基於治閩兩年，地方雖日見安定，但生產建設尚未達到理想時期，閩臺相隔
一水，地質氣候與民眾生活，完全相同，而農工事業發達程度，幾不可以道里
計，其原因所在，有待於親歷其境，藉資借鏡。」〔註5〕1935 年 10 月日本殖
民政府為紀念臺灣「始政四十週年」而舉辦博覽會，這為陳儀提供了一次身
體力行的考察機會。其希望「本省各實業團體，及文化機關，能有多數人前往
參觀」，瞭解臺灣經濟發展的經驗、方法、技術和途徑。〔註6〕10 月 21 日下午
3 時，應臺灣總督府邀請，陳儀偕顧問李擇一、委員林知淵、秘書沈銘訓等十
餘人，由福州乘「逸仙號」軍艦赴臺參觀博覽會，並考察其地方自治和工商業
等情況〔註7〕。經陳儀動員，福建省政府及縣市政府紛紛派人並選送名優特產
赴臺參加博覽會。在臺期間，陳儀會見了臺灣總督中川健藏及各機關長官。臺
灣總督府的權威、機構完備、施政效率、經濟發展以及農林水利工程等方面的
建設與發展，皆給陳儀留下了深刻的印象。相較於福建的建設，其看到日本人
在臺治理的情況。由此，陳儀認為福建可以借鑒臺灣的政治體制與經濟發展
模式以取得發展。從此陳儀所主導的福建省政府大力推行臺灣總督府所實行
的一元化政治制度，嘗試建立現代省政制度，加強省府權力與省府主席的權
威；經濟上推行統制計劃，以政府權力主導興辦實業，建立公營企業，限制
私人資本；同時，全面推行農業改良技術，發展現代農業。〔註8〕於此，在閩
八年任期之上，陳儀主導了福建政治、經濟、文教等諸多層面的改革與建設。

〔註 3〕　參閱褚靜濤，「陳儀與日據下臺灣研究」，《南京社會科學》，2009 年第 2 期，
　　　　　第 67 頁。
〔註 4〕　陳體誠等，《臺灣考察報告》，福建：福建省建設廳，1935 年，第 18～26、1～
　　　　　2 頁。
〔註 5〕　《福建民報》第六版，《陳主席考察臺灣記》福州，1935 年 11 月 1 日。
〔註 6〕　《福建民報》第七版，福州，1935 年 8 月 18 日。
〔註 7〕　《福建民報》第六版，福州，1935 年 10 月 22 日。
〔註 8〕　參閱陳體誠等，《臺灣考察報告》，福建：福建省建設廳，1935 年。

對省政府體制與經濟進行了大力改造，實行了直接對主席負責的政府集權制，一時間權力超過了其他各省主席。〔註9〕至此，在 50 年的臺灣日本殖民史當中，陳儀成為國民黨政府赴臺考察和屬行現代制度改革的最高等級官員。

圖四十三　1945 年日本簽投降書

圖片來源：《臺灣美術新風貌展（1945～1993）》，黃光男，臺北：臺北市
立美術館，民國 82 年，第 346 頁。

圖四十四　日本殖民時期的臺北市

圖片來源：《殖墾時代臺灣攝影紀事（1895～1945）》，何鋯，臺北：武陵
出版有限公司，1997 年，第 7 頁。

〔註 9〕 參閱褚靜濤，「陳儀與日據下臺灣研究」，《南京社會科學》，2009 年第 2 期，
第 68 頁。

　　1945 年後的臺灣經濟，在經過殖民掠奪與戰爭摧殘後幾近凋敝。資料顯示戰後直到 1947 年，全臺灣工農業生產發展僅僅恢復到戰前最高峰的 30%。〔註10〕對此，1946 年 2 月國民政府資源委員會所撰寫的《臺灣工礦事業考察報告》提供了一個解釋：

> 　　日本控制臺灣工礦業之主要政策，即將臺灣經濟納入其帝國經濟體系之內，使工業發展之關鍵，不能脫離日本而獨立。各銅金之生產，臺灣無精練設備，所生產銅金礦砂須運往日本提煉；農業肥料本地生產極少，大部分仰賴日本供給；機械之製造，臺灣本地只能生產比較次要之機件，主要之製糖機械及水輪發電機，悉由日本製造；煉鋁工業雖有電煉設備，原料必須取給他處，且一部分生產過程尚在黑崎。〔註11〕

　　此外，「臺灣工礦和交通使用的器材，幾全為日本規格」，「往日亦全由日本輸入」，「光復後，添配補充非常困難。用舊料拼湊修理，終難維持長久。這些都是臺灣產業上的嚴重威脅，不是短期所能克服的」。〔註12〕由此，臺灣首任行政官兼警備總司令陳儀於 1946 年 9 月臺灣光復將近一週年之際，仍無可奈何地表示「臺灣工業復員之最大困難，在於無法取得以前日人所建各廠零件工具等之補充」。〔註13〕從而戰後有著相當工農業基礎的臺灣，在機械、建築設備年久失修、棄置，無人管理，百姓盜搶的現實之下，因生產設施與技術人員的嚴重缺乏而使得整個臺灣工礦企業處於停產、半停產狀態。〔註14〕也由此，戰後臺灣工業生產發展對戰前殖民工業基礎的高度依賴性成了戰後臺灣經濟發展遲滯狀態的重要原因。以上經濟狀況除去因對戰前日據時期工業的高度依賴之外，戰後政治與體制的更迭、缺失也是極為重要的原因之一。儘管

〔註10〕　參閱陳小沖，「1943～1945 年臺灣光復前後史事述論」,《臺灣建省與抗日戰爭研究：紀念抗日戰爭勝利 60 週年暨臺灣建省 120 週年學術研討會論文集》（此論文集係 2005 年福建省炎黃文化研究會後期成果，地點：福建廈門），第 484 頁。

〔註11〕　陳鳴鐘、陳興唐，「臺灣工礦事業考察報告」,《臺灣光復和光復後五年省情》（下），南京：南京出版社，1989 年，第 2 頁。

〔註12〕　張澤南，《臺灣經濟提要》，臺灣天眾出版社，1948 年，自序第 1、2 頁。

〔註13〕　李杏邨、孫樹聲合譯，「外國記者眼中看臺灣」,《臺灣月刊》創刊號，1946 年 10 月 25 日版，第 50 頁。

〔註14〕　參閱陳鳴鐘、陳興唐，「臺灣工礦事業考察報告」,《臺灣光復和光復後五年省情》（下），南京：南京出版社，1989 年，第 8 頁。

國民黨政府也早已意識到光復前後政治體制、政策等方面的脫節將會導致社會結構的嚴重混亂，並於 1945 年 3 月頒布了蔣介石簽署的《臺灣接管計劃綱要》以期平穩過渡和維護社會穩定。其規定

> 日本佔領時代之法令，除壓榨、箝制臺民、抵制三民主義及民國法令者應悉予廢止外，其餘暫行有效，視事實之需要，逐漸修訂之。〔註 15〕

然而實際情況是，1945 年後的政權更迭使得國民黨政府取得臺灣法律上的主權和管轄權後，日據政府原有各級行政組織在日本投降和撤離之後基本近乎無人管理。多數的行政管理工作只由當地或赴臺民主人士組織臨時性的組織機構代為維護。由此陳儀感歎：日人撤走之後「這樣多的（二萬人）公務員，接收時如何去補充，那是頗成問題的。」〔註 16〕基於此更遑論行政體系的完備與功能發揮了。從而有著留日和赴臺考察經驗及理想精神的陳儀，主張對待日據時期的政治體制「要詳細考查，要切實研究，不要有成見，以為他是帝國主義的產物，應全盤推翻。也不要有偏見，見了他的一方面的發展，以為他很有成績，過分地稱讚。我們必須檢討好壞，明辨是非。」〔註 17〕

基於以上政治、經濟各自及其之間的迫切狀況，對日本殖民時期臺灣經驗有著充分認識與借鑒的陳儀成為國民黨政府派駐臺灣的首要人選；對此，除去國民黨政府有意沿襲日據時期的行政體制和組織機構外，臺籍人士也主張採用不同於其他各省而類似於日據時期的行政體制和組織機構。1944 年 7月 21 日，臺籍人士黃朝琴於臺灣調查委員會座談會上發言說：

> 臺灣是從前的一省，所以收復必須改省。臺灣離開祖國將五十年，政治、經濟、建設以及風土習慣和國內相差很遠，希臺灣收復以後五六年內，以維持現狀為目的，不以實驗的名義而以實驗的方式來治理。將來臺灣省的制度，必須以單行法制定，不必與各省強同。……行政機構有考慮的必要。日本在臺灣的制度很好，原有的總督府，只須名稱的取消，改為省政府，原來總督府的機構不予更動。內地各省政府的機關太多，於臺灣人不習慣。五十年來臺灣的

〔註 15〕陳鳴鐘、陳興唐，「臺灣工礦事業考察報告」，《臺灣光復和光復後五年省情》（下），南京：南京出版社，1989 年，第 49 頁。

〔註 16〕陳儀，《日本統治臺灣的經過》，臺灣行政幹部訓練班編，1945 年，第 36 頁。

〔註 17〕褚靜濤，「陳儀與日據下臺灣研究」，《南京社會科學》，2009 年第 2 期，第 71頁。

系統都是一元化，如遽加變更，使臺人無所適從。臺灣首長的權限
應擴大。臺灣總督之下，有總務長官，是總督府的幕僚長，代總督
處理例行公事。現在國內各省秘書長的地位太小，似應提高。省長
必須是強有力者，而亦有職權大的幕僚長。〔註18〕

對此，同為臺籍人士的謝南光則說：

　　黃先生所提出的臺灣特別省制一節，可以說是我們臺灣同志一
致的要求，對這點不必重提〔註19〕。

在這樣一種社會氛圍、現實與意識之下，戰後國民黨政府對原日據時期社
會結構與管理體制的沿襲成為一種可能和現實需要。1945 年 9 月，國民黨政
府則正式頒行了《臺灣省行政長官公署組織大綱》和《臺灣行政長官公署組織
條例》；以行政長官為核心的一元化領導體系由此確立，其與日據時期總督府
管理體制有著極大的相似性：「高度集權」是其重要特徵。1945 年 11 月，臺
灣行政長官公署發布《臺灣省適用法令原則通告》。該通告規定：日據時期的
法令

　　「凡未經明令廢止」，「其作用在保護社會一般安寧秩序，確保
民眾權益，及純屬事務性質者，暫仍有效」，「避免驟然全部更張，
妨及社會秩序」。〔註20〕

1946 年 10 月，陳儀簽發《臺灣省行政長官公署布告》：

　　「查本省自光復日起，對於以前日本佔領時代之法令，凡壓榨
箝制臺民，及牴觸三民主義與民國法令者，均經明令廢止，其未經
廢止部分，作用在維護社會一般安寧秩序，確保人民權益及純屬事
務性者，暫仍有效」，「未經廢止之日本佔領時代法令」，「附表所列
各種因事實需要暫准繼續援用，仍候整理修訂」。〔註21〕

據《暫緩廢止日本佔領時代之法令名稱一覽表》可見，其所列總共約有

〔註18〕 中國第二歷史檔案館編，《臺灣二‧二八事件檔案史料》（上），檔案出版社，
1991 年，第 11 頁。
〔註19〕 中國第二歷史檔案館編，《臺灣二‧二八事件檔案史料》（上），檔案出版社，
1991 年，第 11～12 頁。
〔註20〕 臺灣省行政長官公署法制委員會編，《臺灣省單行法令彙編》第一輯，1946 年，
第 11 頁。
〔註21〕 「臺灣省行政長官公署布告」（1946 年 10 月 24 日），《臺灣省行政長官公署公
報》，臺灣省行政長官公署秘書處編輯室編輯發行，1946 年冬字，第 327～329
頁。

300 餘項，其中經濟類法規將近 200 項。直至 1947 年 10 月「暫緩廢止者，現尚有 158 種」。〔註 22〕由此儘管並不符合意識形態與社會結構的對應關係，戰後初期的國民黨政府還是迫於現實情勢對原日據時期的相關政治經濟體制、組織結構予以了沿用，以使得戰後臺灣得以平穩運轉。當然在對原有社會體系及結構的沿襲當中，陳儀政府「為保持繁榮並建設新臺灣起見，對日籍技術人員留用」〔註 23〕也是其政策之中的重要一環。這包括日據時期官吏、警察、教員等，當然對專業技術人員的徵用則更是其重點。這兩方面人員對於戰後臺灣經濟與政治體制的運轉關係重大。對此國民黨政府還專門成立了日僑管理委員會，並於 1945 年 11 月 3 日頒布《臺灣省行政長官公署暨所屬各機關徵用日籍員工暫行辦法》。據該委員會 1946 年 2 月 23 日的一項調查顯示，全臺灣當時共有 388332 名日籍人員在臺，〔註 24〕其中多數從事教育、行政或者專業技術工作。最終，具有相關專業技能和特殊專長而被政府認定應繼續徵用留臺者計 7139 人，連同家屬共計 27227 人。〔註 25〕

　　文化認同和政治認同源於意識形態的確立，而意識形態又基於一定的社會結構而存在。如果說戰後初期對原社會結構的沿用埋下了意識形態下文化認同混亂的隱患，那麼基於社會穩定過渡意圖而來的社會政治、文化等方面現行組織與體制的沿用，卻直接引發了人事政策的衝突。當然其背後根本的問題在於對戰後臺灣經濟、政治利益的派系爭奪。這來自於國民黨政府內部、臺籍人員以及留日和其他人士之間。例如行政長官陳儀所擁有的權力，使得其能夠首先將各級重要機構由其親信故交所擔任，並藉此期望將其所理想的治理藍圖實施於臺灣。然而意識形態與社會結構的脫離，使得這種類似於日本殖民時期的行政方式大受詬病和攻擊。臺籍人士企望政府能夠大量使用臺籍人士，然而國民政府對日據下成長而來的臺籍人士報以謹慎態度，並未重用。總體而言國民政府的政學派、三青團、中央俱樂部、軍統，和在戰後初期臺灣接管中發揮巨大作用的臺灣本土的半山派、地主士紳、阿海派以及民

〔註 22〕《臺灣省政府代電》（1947 年 10 月 1 日），《臺灣省政府公報》，臺灣省政府秘書處編輯發行，1947 年冬字，第 28 頁。

〔註 23〕陳鳴鐘、陳興唐，「臺灣省日僑管理委員會工作概況」，《臺灣光復和光復後五年省情》（上），南京：南京出版社，1989 年，第 249 頁。

〔註 24〕參閱秦孝儀、張瑞成，「臺灣日僑遣送紀實總述」，《光復臺灣之籌劃與受降接收》，臺北：中國國民黨中央委員會黨史委員會，1990 年，第 399 頁。

〔註 25〕參閱陳鳴鐘、陳興唐，「臺灣省日僑管理委員會工作概況」，《臺灣光復和光復後五年省情》（上），南京出版社，1989 年，第 249～250 頁。

間力量構成了戰後初期一段時間內臺灣權利鬥爭的主角〔註 26〕。這潛在並深重的影響到了戰後初期臺灣政治文化的格局。當然以上這種社會氛圍、政治形勢以及人事關係也無可避免的表現在了戰後臺灣的美術活動之中。

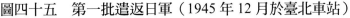

圖四十五　第一批遣返日軍（1945 年 12 月於臺北車站）

圖片來源：《臺灣美術新風貌展（1945～1993）》，黃光男，臺北：臺北市
立美術館，民國 82 年，第 346 頁。

2.2 開放空間下的「臺灣省全省美術展覽會」

2.2.1 戰後初期的文藝環境

　　戰後初期的政治更迭與經濟凋敝，為各種藝術形式和思想不斷湧入這塊充滿希望的自由空間提供了時機。除去三民主義之下去殖民化的文教政策外，國民政府對各種藝術形式和思想尚未有有效的管理政策與思路。這使得在文化管轄和控制體制尚未健全的戰後初期，臺灣文化領域獲得了一次發展機遇，呈現出百花齊放的自由局面。不過，其背後同時展現的是國民政府對臺灣百廢待興下的文化認同建設的緩慢。日據時期作為文化認同建設的「美展」，在戰後有著另一番微妙景象。

〔註26〕關於派系之爭及其對戰後臺灣政治文化局面的影響，以下兩篇論文已有詳細
　　　論述：李躍乾，「日據時期臺灣留日學生與戰後臺灣政治」，廈門大學，2007 年
　　　7 月；蘇玲清，「陳儀主政臺灣之研究」，福建師範大學，2008 年。

圖四十六　朱鳴崗《臺灣生活──朱門外》版畫

圖片來源：《臺灣美術史綱》，劉益昌、蕭瓊瑞等，臺北：藝術家出版社，
　　2007 年，第 299 頁。

圖四十七　李樺《魯迅在創作版畫講習會上》版畫

圖片來源：《臺灣美術史研究論集》，蕭瓊瑞，臺中：伯亞出版事業有限
　　公司，1991 年，第 22 頁。

　　本著去殖民與光復的精神，1945 年國民黨政府接管臺灣後除去大力推行
去殖民化教育政策之外，對文化領域的建設基本秉持著開放化的態度。對此，
國民黨政府的一項「創刊不須許可，言論不受檢查」的政策便使得光復初期報
刊雜誌業的出版迅猛增長。僅戰後一年的時間，於臺灣行政公署登記核准的報
刊雜誌便達到了 70 多種。〔註27〕報業雜誌的興盛一方面帶動一方面也說明了
相關文藝活動及思想的興盛。這一點，大陸文人學者以及畫家的相繼來臺提
供了解釋。例如臺靜農、徐壽裳、李霽野、黎烈文和李何林等赴臺以及對魯迅
思想的傳播等等。此外，1945 年後大陸畫家也開始大量赴臺寫生和創作。其
中，除去一部分人是赴臺觀光寫生外，多數畫家在臺灣從事起報紙編輯或者教
學活動，例如黃榮燦、朱鳴岡、麥非、荒煙等等。需要指出的是，這其中一些
畫家是魯迅思想的忠實追隨者，從而不可避免的表現出強烈的社會批判與關
懷意識。從而他們留下了臺灣美術史上第一批具有人道主義與現實主義精神
的作品，而此也即拉開了戰後初期臺灣左翼思想傳播的序幕。對此，深受五四
新文化精神影響的大陸人士在中華文化傳播與重建的熱情之下，很快將魯迅
及其思想精神推向了臺灣文化界的前沿。這其中有兩個重要人物，其一是應陳
儀力邀赴臺就任臺灣省編譯館館長的許壽裳，另一個是戰後第一個於臺灣全
面系統宣傳魯迅思想的木刻畫家黃榮燦。許壽裳作為國民政府臺灣文化機構
的執行者，其為進行文化重建工作而宣傳魯迅思想，不可避免的將其左翼思想
精神潛在的宣傳發展至戰後的臺灣。從而左翼思想籍版畫、文學等藝術形式在
戰後初期寬鬆的社會政治環境下得以廣泛傳播。而這樣一種氛圍也為日後黃
榮燦等左翼人士由此進入到國民政府的文化機構或訓導學校提供了可能，如
美術研究所，政工幹校等。當然此時左翼思想意識的出發點主要基於社會改革
意識以及去殖民化的目的，其於戰後初期的短暫時間內，並未起到文化認同與
政治認同的根本作用。

　　除去具有左翼思想的藝術家活躍於此時之外，在臺的一些臺籍畫家於戰
後社會主義和左翼思想及文化氛圍彌漫的影響之下，循著戰前「聖戰美術宣
傳」的現實畫風開始進行關於社會題材的寫實性創作，如第一代畫家顏水龍、
李梅樹、李石樵、林玉山、洪瑞麟等；由此臺籍畫家於日據時期經常表現的
鮮花、裸女、靜物開始被農耕、市集、勞作所替代。其中尤以李石樵最為代

〔註27〕參閱謝里法，「五十年來臺灣西洋繪畫回顧──從『沙龍』、『畫會』、『畫廊』
　　　　到『美術館』」，《社會科學戰線》，1984 年第 4 期，第 320 頁。

表，其創作了《市場口》（1945）、《田家樂》（1946）、《建設》（1947）等一系
列表現社會現實景象的作品。對此，1946 年 9 月在「談臺灣文化的前途」座
談會上李石樵說道：

> 只有畫家本人可瞭解，但他人無法瞭解的美術，乃是脫離民
> 眾。這種美術不配稱為民主主義文化。若今後的政治屬民眾時，藝
> 術和文化亦應屬民眾。所以，此後的繪畫取材循著這個方向來考
> 慮。放棄製作徒然外觀美麗的作品，而製作出有主張與意識形態的
> 作品吧。〔註28〕

圖四十八　李石樵《田園樂》　　　圖四十九　顏水龍《水果》

圖片來源：《臺灣美術新風貌展（1945～
1993）》，黃光男，臺北：臺北
市立美術館，民國 82 年，第
95 頁。

圖片來源：《臺灣美術新風貌展（1945
～1993）》，黃光男，臺北：
臺北市立美術館，民國 82
年，第 96 頁。

由此在戰後初期的社會現實之中，臺籍畫家在三民主義的去殖民意識之
下，據其自身本有畫風直接轉向對社會現實表現的寫實性畫風。而藉此「畫
風轉變」到對題材的選擇與關注，使得日據時期的東洋畫、戰後初期的左翼
思想藝術以及傳統國畫，於表現題材之上獲得了相似性乃至重合點。這為之
後東洋畫的國畫身份轉換也提供了一種可能性。至於傳統國畫，戰後初期的
政治更迭使得國畫復生成為現實；然而基於現實的社會情形，文化重建工作

〔註28〕 轉引自梅丁衍，「由光復初期的美術現象環視二・二八風暴」，《歷史月刊》，民
國 95 年第 217 期，第 27 頁。

此時還並未達到對美術傳統的恢復與建設，並且社會結構的沿襲使得一屆省展〔註29〕後由東洋畫而來的「國畫」（膠彩畫）〔註30〕地位並未受到動搖。不過，去殖民的意識形態注定了傳統國畫此刻出現的時機，一屆省展錢硯農水墨畫作的獲選即是表徵。之後更是有吳學讓、羅芳、傅申等獲選入展，直到70年代之後則更是以水墨傳統國畫統領臺灣畫壇，潛在的歷史記憶由此復蘇。

相對自由的政治空間和文化氛圍的活躍，也為戰後初期日籍文藝工作者的活動提供了一定的空間。其主要人物包括立石鐵臣〔註31〕、池田敏雄〔註32〕、

〔註29〕臺灣省全省美術展覽會，簡稱「省展」或「全省美展」。光復之初，由任行政長官公署諮議的楊三郎與郭雪湖主持負責籌組。作品展覽分為三個部門：國畫、西畫部、雕塑部。首次展覽曾於 1946 年 10 月 22 日假臺北市中山堂舉行。1960 年第十五屆起，國畫部分為兩部，第一部為直式卷軸；第二部為裝框，但仍合併評審。1974 年第二十八屆起，取消國畫第二部，本省籍評審委員大量裁減，剩林玉山一人。1979 年第三十四屆起，由地方政府負責承辦巡迴展之首展，並恢復了國畫第二部的展出。1982 年第三十七屆省展，膠彩畫部成立。1984 年第三十八省展，19 縣市之最後巡迴展區系澎湖馬公，因澎湖輪失事，所載運之作品全數沉沒，美術品由此開始投保。——陳嘉翎編撰，《黃歐波：詩書交融》，臺北：國立歷史博物館，2004 年，第 42 頁。

〔註30〕一屆省展中，去殖民化的意識之下，原東洋畫作品被稱為國畫，也即後來的「膠彩畫」；「東洋畫」名稱則對應於日本畫。

〔註31〕立石鐵臣（1905～1980），畫家。「1905 年生於日本，其父時任臺灣總督府財務局事務官；1911 年，父調職日本內地，乃返日本。1921 年，入門川端畫學校，習日本畫；1926 年，轉習西畫。先後師事岸田劉生、梅原龍三郎。1933 年 1 月～3 月，赴臺寫生。1934 年 7 月～1936 年 3 月，再度赴臺，活躍臺灣藝壇。1939 年以後，長居臺灣，在臺北帝國大學理農學部從事標本畫製作。1941 年，參與《民俗臺灣》的創刊、編輯工作。1942 年，擔任東都書籍株式會社臺北支店的出版企劃。1945 年日本敗戰後，初繼續在臺北支店工作。1946 年被臺灣省編譯館臺灣研究組留用，任編輯，再度製作標本畫。1947 年，該編譯館撤廢後，轉任臺灣大學文學院美術講師，1948 年 12 月，被遣返日本。」——黃英哲，「黃榮燦與戰後臺灣的魯迅傳播（1945～1952）」，《魯迅研究月刊》，2001 年第 8 期，第 44～45 頁。

〔註32〕池田敏雄（1916～1981），臺灣民俗學家。「1924 年，一家移住臺北。1935 年，畢業臺北第一師範學校，任教臺北龍山公學校，因對臺灣民俗極感興趣，暇時致力採集記錄臺灣民俗，並參與西川滿創立的臺灣詩人協會、臺灣文藝家協會。1940 年，辭龍山公學校教職，轉任臺灣總督府情報部囑託，擔任編輯事務。1941 年，在戰爭時期雷屬風行的「皇民化運動」期間，參與雜誌《民俗臺灣》的創刊，負起企劃、編輯的重任，為保存記錄臺灣的民俗盡力。1945 年日本戰敗，1946 年 3 月，為臺灣省行政長官公署宣傳委員會留用，10 月，轉任臺灣省編譯館臺灣研究組幹事，1947 年「二二八事件」後，5 月被遣返日本。」——黃英哲，「黃榮燦與戰後臺灣的魯迅傳播（1945～1952）」，《魯迅研究月刊》，2001 年第 8 期，第 44 頁。

西川滿〔註 33〕、濱田隼雄〔註 34〕和金關丈夫等。這些日籍文藝工作者甚至戰犯，在戰前多有過殖民政府工作經歷，並與當時臺灣文藝工作者有過接觸。戰後，基於專業性多被徵用服務於國民政府臺灣行政長官公署及相關文化機構。與此同時，臺灣文藝工作者也積極聯繫這些日籍人士展開文化活動。例如黃榮燦赴臺後即以《人民導報》副刊主編和木刻畫家的身份與留臺日籍文藝界人士廣為結交，並有意創設一個大陸籍、臺籍以及日籍藝術家相互交流的沙龍組織。甚至他還在日籍人士的幫助下，購得了由原「東都書籍株式會社臺北支店」轉變而來的「東寧書局」，並且留用了該店出版企劃及《民俗臺灣》主創立石鐵臣共同經營「新創造出版社」。除此以外，蘇新、王白淵等與西川滿等留臺日籍文藝人士也過往緊密。〔註35〕

相對於以上這些非官方的文藝活動，伴隨著各種藝術思想及文藝活動的紛紛開展，官方去殖民化意識下恢復國民意識的文教宣傳工作也開始啟動。「三民主義」的政治認同之下，行政長官公署提出必須首先剷除日化教育的毒害，「使學生學習國語，使學生瞭解中華民族的歷史，使學生發展國家思想，與民族意識。」〔註36〕這其中，國語及傳統文化教育是重中之重。1945 年 9 月，基於去殖民化目標的「國語」推廣政策制定。然而，社會體制的沿襲及現

〔註33〕 西川滿，(1908～1999)，文學家。「1910 年一家移住臺北，1933 年畢業早稻田大學文學部法文科，同時歸臺。1934 年，進入臺灣日日新報社工作。1939 年創立臺灣詩人協會；翌年，改組臺灣詩人協會為臺灣文藝家協會，發行機關刊物《文藝臺灣》。1942 年，與濱田隼雄、臺灣人作家龍瑛宗、張文環一同出席在東京召開的第一回大東亞文學者大會。戰爭期間，西川滿是臺灣總督府戰時文藝政策的協助者、執行者。1945 年，日本戰敗後，與濱田隼雄被臺灣總督府情報課認定是戰時臺灣文化的最高指導者，列入戰犯名單提交。1946 年 4 月，被遣返日本。」——黃英哲，「黃榮燦與戰後臺灣的魯迅傳播（1945～1952）」，《魯迅研究月刊》，2001 年第 8 期，第 44 頁。

〔註34〕 濱田隼雄（1909～1973），文學家。「1932 年，畢業東北帝國大學法文學部國文學科。1933 年，任臺北私立靜修女學校國語教師。1937 年，轉任臺北州立臺北第一高等女學校教師。1938 年，結識西川滿，成為知音、文學上的盟友。1942 年，出席第一回大東亞文學者大會。1943 年，配合日本戰時國策的創作小說《南方移民村》獲臺灣文學賞，同年轉任臺北師範學校教授。1945 年日本戰敗後，與西川滿同被列為戰犯。1946 年 4 月，被遣返日本。」——黃英哲，「黃榮燦與戰後臺灣的魯迅傳播（1945～1952）」，《魯迅研究月刊》，2001 年第 8 期，第 44 頁。

〔註35〕 參閱黃英哲，「黃榮燦與戰後臺灣的魯迅傳播（1945～1952）」，《魯迅研究月刊》，2001 年第 8 期，第 37～38 頁。

〔註36〕 陳儀，《日本統治臺灣的經過》，臺灣行政幹部訓練班編，1945 年，第 48 頁。

實社會情勢使得此刻文教宣傳之下的文化、政治認同工作，舉步緩慢任重道遠。1947 年 2 月 26 日，「國語推廣運動」方開始全面啟動，不過之後的第二天便遭遇了二・二八事件。動盪的社會情勢之下，「美術」尚未進入到此刻的文化認同視線。這種狀況也更被動的將原本即受日本殖民影響深重的臺灣美術界置於手足無措的境地，只能應勢而動順應時局變化。

附：1947 年 3 月之前於臺灣發行的報紙列表

報刊名稱	發行機關或人	地　點	社　長	主持人	創刊日
民報	吳春霖	臺北	林茂生	陳旺成	1945.10.10
興臺新報	興臺新報社	臺南	沈瑞慶		1945.10.22
臺灣新生報	公署宣傳委員會	臺北	李萬居	阮朝日、吳金鍊	1945.10.25
光復新報	光復新報社	屏東市	曾國雄	黃金殿	1945.11
藝華	黃宗葵	臺北			1945.11
鯤身報三日刊	鯤身報三日刊社	臺南市	高懷清		1945.12.1
人民導報	鄭明祿	臺北	宋斐如	王添燈	1946.1.1
民聲報	民聲報社	臺中	許庚南	徐滄州	1946.1.1
東臺日報	東臺日報社	花蓮	陳篤光	吳萬恭	1946.2.1
工商經濟新報	工商經濟新報社	臺南市	汪文取		1946.2.15
中華日報	國民黨中宣部	臺南	盧冠群		1946.2.21
臺灣經濟日報	臺灣經濟日報社	臺北	謝漢儒		1946.3.1
大明報（晚報）	大明報社、艾璐生	臺北	林子畏	鄧進益等	1946.5
中華民報	卓輝	臺中市			1946.11
國是日報（晚報）	省黨部宣傳處	臺北市	林子貴		1946.5.1
工商日報	工商日報社	臺北市	林夢林	張燊	1946.5.1
和平日報（臺灣版）原「掃蕩報」	國民黨政府國防部宣傳處	臺中	李上根	黃少谷	1946.5.5
臺灣日報	臺灣日報社	臺中	張兆煥		1946.6
大同日報	大同日報社	臺北	任先志		1946.6
國聲報	國聲報社	高雄	王天賞		1946.6
自強報	駐臺中第 70 軍	基隆	周莊伯	顧培根	1946.8.6
自由日報（晚報）	自由日報社	臺中	陳茂林	黃悟塵	1946.12.1

國聲日報		臺北	湯秉衡		1946.9
自由報		臺北			1946.9
新竹新報		新竹市			1946 年底
民力報		臺南縣			1946 年底
雄聲報		高雄市			1946 年底
臺聲報		花蓮市			1946 年底
澎湖民報		澎湖縣			1946 年底
中外日報	中外日報社	臺北	林宗賢	鄭文蔚	1947.2.1
重建日報	重建協會	臺北	柯台山	蘇泰楷	1947.3.1
國民新報		臺中			

資料來源：參閱洪桂己，《臺灣報業史的研究》，臺北市文獻委員會，1968 年，第 108
～109 頁。

2.2.2 體制沿革下的「臺灣省美術展覽會」

　　戰後初期，臺灣社會整體情勢在於恢復經濟和保持社會平穩過渡；具體而
言在於對政府機關及各類組織機構的有效接收、管理和運行。順應於戰後初期
整體的社會政治形勢與文藝環境，活躍於臺灣的美術界人士也不可避免的加
入到了其中。1945 年戰後，林玉山開始服務於嘉義市國民黨黨部，之後轉任
文化宣傳工作。1946 年 1 月藍蔭鼎任國民黨臺灣黨部《臺灣畫報》主編。陳
澄波則先後任臺灣「三青團」嘉義分團成員、嘉義市歡迎國民政府籌備委員會
副主任委員，以及被陳儀聘為臺灣省學產管理委員會委員，負責接收保管與教
育有關的財產機構等等。……

　　伴隨著火熱的文藝氛圍與政治現實，1946 年 6 月 16 日臺灣文化協進會在
國民政府的支持之下於臺北中山堂成立，成為異彩紛呈的臺灣文藝環境下最
為龐大的一個文化社團組織。該會由臺北市市長游彌堅號召並主持，它將活躍
於臺灣的臺籍和大陸文化界精英人士四百多人聚集一堂，代表了當時臺灣社
會文化界的最高水平。臺灣著名社會運動家林獻堂、美術家王白淵〔註37〕等為

〔註37〕王白淵（1902～1965），「出生於彰化二水，1923 年負笈日本入東京美術學校
　　　圖畫師範科，1926 年畢業後任教於岩手縣盛岡市女子師範學校。1931 年出版
　　　日文著作《荊棘之路》，隔年籌組「臺灣人文化社團」，因左傾思想的嫌疑被日
　　　警逮捕入獄，未久釋放；隨即抵東京，1933 年與友人籌組「臺灣藝術研究會」，
　　　出刊《福爾摩沙》日文雜誌。1937 年日本在上海發動「八一三事件」，遭日軍
　　　逮捕送回臺灣，關入臺北監獄，1943 年出獄。戰後，供職於臺灣新生報、人

理事，其中王白淵還兼任教育主任。該會以「聯合熱心文化教育之同志及團體，協助政府宣揚三民主義，傳播民主思想，改造臺灣文化，推行國語國文」為宗旨，致力於戰後臺灣的文化啟蒙與建設工作。在這樣一個半官方組織的推動之下，臺灣文化活動更趨豐富；當然也更顯見其對臺灣文化領域的控制與爭奪，這在後來的「省展」恢復工作中也可見其身影閃現。相對於此，臺籍美術家也很清楚自己的願望與現實，恢復「省展」是其最為核心的意義所在。在「省展」恢復過程中，音樂家蔡繼焜是一個最為關鍵的重要人物。作為行政長官陳儀關係最為親密的人物，其曾官拜國民政府少將參議，並於 1945 年隨陳儀赴臺，組建了非官方的臺灣藝術建設協會以及後來當時臺灣規模最大的臺灣省交響樂團。關於「省展」的恢復，蔡繼焜在一次訪談中提到：赴臺不久「我已經組成一個臺灣藝術建設協會，我是理事長，李超然是副理事長，省展也是協會的工作目標之一。」〔註38〕由此可見，「省展」作為美術領域乃至藝術領域中一項重要的活動，早已在臺籍美術家關注之下成為各方力量的關注焦點。在此之前，臺籍藝術家乃至社會活動家皆未有人正式提出對「省展」的相關建議和工作設想。1946 年 8 月在日本留學時的校友高慈美介紹之下，蔡繼焜結識了楊三郎〔註39〕這位影響後來省展的重要人物。此前，還認識了另一位畫家陳清汾〔註40〕。這當中，蔡繼焜提到因為陳清汾對藍蔭鼎極為反感，從而

民導報、臺灣文化協進會、紅十字會等。1947 年「二二八事件」後，一再受到牽連，坐牢三次。63 歲因尿毒癥病逝。中文論著有《臺灣演劇之過去與現在》、《臺灣美術運動史》等重要文獻史料。」——陳嘉翎，《黃歐波：詩畫交融》，臺北：國立歷史博物館，2004 年，第 28 頁。

〔註38〕謝里法，「臺灣省展的催生者蔡繼焜」，《藝術家》，2003 年 2 月，第 465 頁。

〔註39〕楊三郎（1907～1995），「生於臺北永和。美術生涯經歷了數次的變革。其父在大稻埕經營茶葉生意，並與當時文人時相往來，孕育楊氏喜好美術的緣由。1922 年楊氏為了追求理想學習美術，不惜離家出走，乘船偷渡日本，並進入日本京都美術工藝學校和關西美術院學習。之後，有感於經歷之不足，遂再轉至法國遊學，直接臨摹歐陸美術館中名作，學習西洋油畫。返臺之後，和志同道合之友人共同創辦「臺陽美術協會」，推動美術事業，並促成官方舉辦「臺灣省美術展覽會」。楊氏擁有在臺灣美術發展軌跡上較為特別的東、西方兩種傳統教育經驗，大部分的作品是戶外寫生的城鄉風景。他偏好風景寫生，尤其取材多數以純西方的意象為出發，作品表達方式用色濃豔飽滿、繽紛厚實，源自於早年的美術教學以「固有色」的概念當作是範本印象。楊三郎的寫生作品表現技法上，雖然強調觀察自然，寫生的筆調在他自由自在塗抹動作中，表現了他的天生閒適的個性。」——張芳薇，《臺灣美術發展：1950～2000》，北京：中國美術館，2006 年，第 175 頁。

〔註40〕陳清汾，出生於大稻埕的大家族，父親經營茶行。早年留學法國為數不多的藝

這位他最早認識的有著極強活動能力的油畫家並沒有被邀請到「省展」恢復的
籌劃工作之中。〔註41〕不過，這並不影響之後其被選聘為省展的審查委員。至
於楊三郎，在蔡繼焜來訪時其表示：

> 日據時代，本地臺灣人在文學、音樂方面的表現不及日本人。
> 雖有美術方面的成就，比日本人更為出色，這是臺灣人的光榮，也
> 是漢民族的光榮，這項值得驕傲的傳統應該維持下去。在民間的美
> 術團體——臺陽美協，班底猶在，但居前領導的官辦全省大展——
> 「臺展」、「府展」，已因日本人撤走而告中斷，當急之務，實有必要
> 恢復，以重振臺灣的美術運動……〔註42〕

圖五十　臺北中山堂

圖片來源：《臺灣美術史綱》，劉益昌、蕭瓊瑞等，臺北：藝術家出版社，
　　　2007年，第287頁。

術家之一。但與美術界人士多不和，除去參加省展，很少參與省展事務。晚年
更是與美術界沒有多少聯繫。參閱謝里法，「臺灣省展的催生者蔡繼焜」，《藝
術家》，2003年2月，第465頁。

〔註41〕藍蔭鼎之前已經在蔡繼焜的邀請下擔任由其任社長的臺灣省黨部主辦的《臺
　　　灣畫報》主編。但隨後認識的陳清汾卻對其極為反感。對此蔡繼焜深感臺灣畫
　　　壇也非靜地。參閱謝里法，「臺灣省展的催生者蔡繼焜」，《藝術家》，2003年
　　　2月，第465頁。

〔註42〕林惺岳，「戰後復生——楊三郎與臺灣美術運動」，《雄獅美術》，1985年第176
　　　期，第116頁。

　　從這段話中可見，出身富庶家庭有著極高美術聲名的楊三郎十分清楚「臺展」的重要意義和地位。而身為臺陽美協領導者，這段話也很明晰的表現出以其為代表的臺籍畫家對臺展機構體制接管的深切願望。對此，後來事情結果也證明了這一點。當然，這也同時預示著「省展」將會對日據時期臺府展體制架構的全盤沿襲。在明確楊三郎的想法之後，這位賦閒在家無事可為的畫家籍著蔡繼焜與陳儀極其深厚的私交，終於得到陳儀的接見和賞識。鑒於楊三郎的聲望及其主持臺陽美協的深厚資歷，楊三郎與另一位「臺展三少年」郭雪湖同被陳儀的行政公署教育廳聘為文化諮議，負責「省展」的籌辦。〔註43〕由此臺籍畫家的重要領軍人物開始正式入主戰後臺灣美術界最大和最重要的組織機構。

圖五十一　一屆省展評委合影

圖片來源：《在地情懷——七〇年代臺灣美術之研究》，林明賢主編，臺中：臺灣美術館，民國 98 年 12 月，第 20 頁。

　　接到正式的「省展」籌辦任命之後，楊三郎等人當即著手組織籌備委員會。無論基於何種原因，最終的結果是正如其在對蔡繼焜的談話中所提到的一樣，楊三郎將其「臺陽美術協會」的班底同仁直接召集成立了「『臺灣省全省美術展覽會』籌備委員會」，並且聘用臺陽美協的領導成員為省展的審查委員。對此，楊三郎曾解釋道：

　　　　是以過去美術運動中第一線人物來承當，這些人不但在公認的
　　　　美術大展中有卓越的表現，同時在推展美術運動方面亦有參與的貢
　　　　獻。我覺得以這些條件為優先考慮是合理的。在藝術創作的造詣

〔註43〕對於如何被聘為教育廳諮議以及負責省展籌辦工作的經過，楊三郎、蔡繼焜、郭雪湖的言論並不完全一致；無論是非，可以肯定的是各方對戰後初期臺灣美術界乃至藝術界的重要機構（省展）的謹慎心態。具體分歧參閱謝里法，「臺灣省展的催生者蔡繼焜」，《藝術家》，2003 年 2 月，第 465 頁。

上，我不敢斷然認定這些第一線的畫家絕對比同時代的其他畫家高
超。只是純藝術造詣的評價到底是一種主觀的認定，常有見仁見智
的論爭，很難全然當做客觀的標準。因此，資歷、聲望及榮譽的成
績，仍然有其值得參考與尊重的價值。不過這種欲建立制度所權宜
取擇的原則與標準，當然並非無懈可擊，不能盡如人意的後遺現象
也就無可避免的發生。〔註44〕

由此，這個仿照日據時期「臺府展」體制而來的「臺陽美協」及其成員，
自然而然的會將日據時期的體制再次全盤照搬了過來構成了「省展」。原日據
時期臺府展中所形成的學院派、師承、資歷和聲望的架構體系則被再次確立
了起來，相應的其一系列的美學風格也必將貫穿到其運行體系之中。這甚至
包括了對展品的審查標準、程序以及獎懲等等。其實從後來省展開幕時間上
也可以看出其中蹊蹺：8月籌辦，10月開幕；如此短暫時間之內完成如此繁
複的工作只能說明，一是人員的完全沿用，二是體制的全盤照搬。當然這一
表現所預示的最終結果是，臺籍美術家於戰後初期順利的取得或延續了其在
美術上自日據時期以來所形成的歷史地位、權威以及權利。不過相對於此體
制的沿襲來說，國民政府官方意識形態是在於戰後文化的恢復與重建。從而國
民政府官方支持下所展開的「省展」恢復工作，其是作為戰後官方文化建設的
一個組成部分。由此，1946年9月23日臺灣文化協進會成立美術委員會時，
「省展籌備委員會」的成員又悉數成了文化協進會美術委員會的成員；與此同
時，其甚至還召開會議討論了由教育處頒布的「第一屆臺灣全省美術展覽會
程」。其中值得注意的是，在組織原則中其提到：「省展籌備委員會雖非獨立的
單位，卻是常設性的組織，……」〔註45〕由此可見，原本單獨成立的「省展籌
備委員會」事實上又被納入到了文化協進會的組織和管理之下；〔註46〕當然這
並沒有實際影響到「籌委會」對省展的實際控制和運轉。據史料記載，十三屆
省展之前的委員除去兼任審查評委外，展覽會場的布置工作甚至都由他們親

〔註44〕葉龍彥，「戰後初期的『臺灣省全省美術展覽會』（1946～1955）」，《臺北文獻》
直字126期，民國87年，第120頁。

〔註45〕葉龍彥，「戰後初期的『臺灣省全省美術展覽會』（1946～1955）」，《臺北文獻》
直字126期，民國87年，第118頁。

〔註46〕當然以同為留日學生經歷的游彌堅為首的半山派與這批絕大多數有著留日經
驗的美術家，自然有著另一番親近關係。如美術家王白淵即在游彌堅的文化
協進會任教育主任。

手完成。〔註47〕由此，圍繞著文化領域的控制與爭奪，可見戰後初期體制結構與意識形態之間的關係；表現在美術領域即是「省展」對日據體制的沿襲和意識形態調整下官方去殖民文化建設意識之間的微妙關係。

　　1946 年 10 月 21 日，第一屆全省美術展覽會於臺北中山堂如期舉行。展覽分為國畫、油畫和雕塑三部〔註48〕，其中與臺陽美協關係緊密在臺灣有著深厚淵源和影響的雕塑〔註49〕得以入列展會，而此前有著極大社會影響的左翼思想版畫並未獲得入列資格；由此可見臺陽美協及臺籍美術家再次取得了對省展乃至美術領域的掌控。當然順應於形勢，展會中的展品也於此時開始呈現出濃烈的寫實性風格。一如往常，此次展覽獲得了巨大成功，臺籍美術家們共享盛典，似乎回復到往昔。當然，值得注意的是還有一個細微但極其重要的變化，這就是以往的「東洋畫部」如今悄然更名為「國畫部」。——現實的政治情勢之下，去殖民的國民文化認同使得臺灣美術界其意識形態必然的要遠離殖民思想意識。從而，基於臺府展、臺陽協會而來的一屆省展組織，自然而然的要將東洋畫更名為國畫，以示東洋畫皆屬國畫。對此，郭雪湖於此前 9 月 17 日臺灣文化協進會所舉辦的美術座談會上也明確提到了國畫與東洋畫的同一性關係。這應該是第一位比較有意識地認識並提到政治認同下文化認同問題的臺籍美術家。不過有意思的是，國畫部評選中傳統水墨國畫僅有一人入選，此即大陸籍錢硯農的四幅水墨作品，而其他獲選入展的「國畫」則皆為此前的「東洋畫」，且皆為臺籍畫家。由此可見，去殖民意識形態下原有社會結構沿襲的現實，使得有著深厚師承和淵源的臺籍畫家及其「東洋畫」不可能也無法避免繼續佔據「省展」（臺灣美術領域）優勢的結局和現實，並且仍對傳統水墨保持批評態度。〔註50〕以上美術形態說明，戰後初期的臺地美術從意識形態

〔註47〕參閱葉龍彥，「戰後初期的『臺灣省全省美術展覽會』（1946～1955）」，《臺北文獻》直字 126 期，民國 87 年，第 120 頁。

〔註48〕各部評委分別為，國畫部：林玉山、郭雪湖、陳進、林之助、陳敬輝；洋畫部：陳澄波、楊三郎、廖繼春、陳清汾、李梅樹、李石樵、劉啟祥、藍蔭鼎、顏水龍；雕塑部：陳夏雨、蒲添生；名譽委員：游彌堅、李萬居、王杰宇、周廷壽等。葉龍彥，「戰後初期的『臺灣省全省美術展覽會』（1946～1955）」，《臺北文獻》直字 126 期，民國 87 年，第 119 頁。

〔註49〕1941 年臺陽美協相應於「MOVE 美術運動」協會的活動，將雕塑納入展會之中。這超越了當時的官方展覽，「府展」；相比於日本國內展覽已將雕塑列入展會，此時的臺灣官展（府展）還並未設立雕塑部門。

〔註50〕此外，大陸傳統畫家此時仍未去臺，且本土亦無有影響的傳統畫家存在。

上取向傳統文化認同，但現實的結構體制還處在對殖民體制的沿襲之中。也即：殖民文化認同下原地方色載體的臺展型東洋畫，更名為去殖民性文化認同的國畫，然而其文化認同所依存的結構體制卻並未隨之變革。

圖五十二　林玉山《獻馬圖》

圖片來源：《藝術的張力——臺灣美術與文化政治學》，廖新田，臺北：
典藏藝術家股份有限公司，2010 年，第 109 頁。

「三民主義」去殖民和國民化的政治認同之下，省展東洋畫的「地方色」不再與納入殖民結構的殖民宣傳意識相繫；對寫生技法及現實題材其美術身份和國畫身份的強調，說明地方色美術語言欲從意識上實現對傳統中華文化的認同與過渡。歷史當下則表現為對現實社會的關注，一種去殖民意識下的社會現實宣傳，由此順應於去殖民化的政治認同要求；然而臺府展體制的沿襲，儘管順應了文化建設的現實需要，但卻也使得其與所對應的臺展型東洋畫間的結構性符指關係若隱若現，即東洋畫與原殖民意識間符徵、符指的關聯關係。不過更名為國畫，已意味著文化政治認同下對原符號結構體系的第一步解構，當然其指徵關係的全面調整、完成還要待到 70 年代左右。由此從結構關係而言，戰後初期地方色的美術語言保留了原殖民性美術體制；從意識形態而言，基於去殖民的政治現實其轉向了對中國傳統的文化認同，靠向中國美術範疇。當然這一切表現在美術活動之上，即東洋畫更名為國畫。以上為戰後初期臺籍藝術家有關美術身份在文化認同和政治認同中的表現，具體於美術活動中表現為將東洋畫更名為國畫。然而相應於此，此時的國民政府在政治、文化

認同中卻並未積極將美術納入到其視野之內。省展的恢復更多還是停留於文化建設的意義。對此，從文化協進會美術委員會成立時的宗旨中——「增進藝術研究興趣及提高藝術文化水準」〔註51〕，我們就看不出文化認同在其中所處的地位。此外，在 1946 年 10 月 17 日由臺灣文化協進會所主辦的「美術座談會上」審查委員對戰後臺灣美術狀況的發言中也可見出。例如其指出相關美術展覽、教育、研究以及專業管理機構的恢復和建設工作皆沒有進展，乃至美術圖畫的教育時間還被國語課所擠佔。甚至審查委員藍蔭鼎直接指出「教育當局對藝術教育似無關心」等等。

2.3「二‧二八」革命，結構調整與意識深化

2.3.1 結構矛盾下的「二‧二八」及其意義

　　戰後初期的臺灣社會政治、經濟、文化重建工作，並不能掩飾社會的重重危機。「省展」的恢復及其開幕，則微妙的反應出了這種社會結構矛盾與意識劇變下的危機。社會結構、意識形態的不對稱及其矛盾在戰後初期的現實情勢之下大有愈積愈深愈演愈烈之態，意識形態對社會結構的全面調整勢在必行。「結構沿襲」慣性下的臺灣社會結構，終將遭遇震盪性顛覆以應社會意識形態的整體現實。

　　關於戰後初期結構沿襲下的臺灣社會結構的震盪與變動，其始於 1947 年 2 月 27 日，以「二‧二八事件」的全面爆發為標誌。事件經過是因臺灣專賣局接獲淡水出現煙民走私煙、火活動的一則普通情報後前往處理，並與一窮困煙販發生衝突及導致流血傷亡以至全民反抗的過程。〔註52〕基於事件本身，我們無法將其與社會結構的矛盾和震盪重組相聯繫。不過將其置於戰後初期的社會結構體系及其環境之下，我們將發現與本案件直接相關的「專賣制度」是一條重要線索。「專賣制度」在臺灣始於清朝，於日據時期達到巔峰。戰後基於社會經濟平穩過渡的現實，其成為社會結構體制沿襲政策下的一項重要制度。其對於臺灣戰後經濟的恢復發展有著一定的積極意義，不過與此同時也埋下了與私營小民經濟發生矛盾的可能性，當然這也要取決於戰後國民政府

〔註51〕葉龍彥，「戰後初期的『臺灣省全省美術展覽會』（1946～1955）」，《臺北文獻》
　　　　直字 126 期，民國 87 年，第 118 頁。
〔註52〕參閱中國第二歷史檔案館編，《臺灣二‧二八事件檔案史料》，檔案出版社，
　　　　1991 年。

對臺灣經濟建設的管理和效果如何。顯然，衝突事件的發生印證了國民政府經濟調控的緊張狀況。戰後初期行政公署以專賣制度為主的統治經濟體制的運行不當成為重要原因；在接管並控制了戰後臺灣社會主體經濟命脈之後，其嚴重阻礙了私營經濟，更是斷絕了小民業主的生活來源，使得社會失業問題極為嚴重。與此同時，美援經濟下的工農業經濟和貨幣政策的嚴重失調，又繼續加深了戰後臺灣社會的經濟蕭條與恐慌狀況，這勢必引發社會矛盾衝突。相應於此，與經濟和行政政策制定、執行相關的人事政策，則成為問題引發的另一個重要原因，這直接導致了戰後經濟建設的執行狀況。基於行政長官制對行政、立法、司法乃至人事、監督等方面的一元化集權制，行政公署並沒有將更多能夠代表臺灣的人才選入政府機構。資料顯示截至 1946 年 7 月，臺籍人士任職於政府機構的：行政公署有教育處宋斐如副處長；十七個縣市長中有臺北市長黃朝琴、新竹縣長劉啟光以及高雄縣長謝東閔；行政長官公署直屬機關十六位主官中有省立臺北保健館主任王耀東和天然瓦斯研究所所長陳尚文。其中僅王耀東一直居臺，其餘則是隨陳儀來臺的所謂「半山」。〔註 53〕人事政策的偏頗使得政府機構幾乎全為國民政府派系之下的利益角逐場，缺乏根本有效的監管；由此，戰後國民政府對臺接收管理之中貪腐之風、派系之分甚囂塵上〔註 54〕。基於以上社會政治經濟結構體系的混亂和臃腫低效，其所造成的社會諸方矛盾與積怨終以一起緝煙事件而導致全面震盪，成為戰後臺灣社會政治結構的轉折點。

　　至於這場革命的性質，學界歸納起來主要有以下幾種：一、中國共產黨認為臺灣人民所進行的「二·二八事件」是中國革命的一部分，是反帝愛國的重要革命行動。二、國民黨認為五十年來的日本殖民教育導致了臺灣民眾暴動，而中共成員與政治野心家的參與則推動了暴動升級。三、美國國務院「中國白皮書」分析認為，經濟惡化和國民黨的吏治腐敗是二·二八事件的重要原因，

〔註 53〕參閱蘇玲清，「陳儀主政臺灣之研究」，福建師範大學，2008 年，第 37 頁。
〔註 54〕據陳儀的重要幕僚周一鄂回憶說：「政治上的問題則是通過臺灣內部的鬥爭而表現出來，表面上陳儀集軍政大權於一身，應可以為所欲為，事實上他手上沒有一兵一卒，又加上派系分立，各奉其原來主子之命進行活動，對陳儀則陽奉陰違。而長官公署所屬也人事複雜，良莠不齊，所以他的號令就難以貫徹到底……一旦陳儀權力發生動搖，軍統、中統同流合污，無所顧忌地為所欲為，陳儀便無從控制了」。參閱全國政協文史資料研究委員會、浙江省政協文史資料研究委員會、福建省政協文史資料研究委員會編輯組編，《陳儀生平及被害內幕》，中國文史出版社，1987 年，第 108～109 頁。

為此國民黨軍隊以極高的人命代價平息了暴動。四、1991 年臺灣省文獻委員會認定這是幾個世紀以來，伴隨改朝換代所發生的一次大規模的城市暴動。五、「臺獨」勢力認為這是一次反國民黨壓迫的革命運動；彭明敏甚至認為國民黨屠殺了兩萬多本土精英除去恢復秩序，其根本目的在於消滅國民黨統治的反對者。此外有學者認為「二·二八事件」是一場留日學生所領導的與國民黨爭奪政治權力的運動等等。〔註55〕總體而言，以上諸種情況可以說皆是此次革命事件的構成因素，其皆屬社會政治結構分布中的角色，至於哪一種力量和因素更為重要無從考證。但終歸經濟惡化、吏治腐敗，激起人民反抗和革命是一重要現實。值得注意的在於，其結果實現了社會結構的震盪調整。以臺灣行政長官公署為中心的臺灣社會結構的矛盾，得以調整並暫且緩和。政治機構的力量分布作為意識形態與社會結構間的話語符號得以調適，具體表現在於對政府機構、人事及其相關利益的重新分布。

圖五十三　黃榮燦《恐怖檢查：二二八事件》

圖片來源：《臺灣前衛：60 年代複合藝術》，賴英英，臺北：藝術家出版
社，民國 96 年，第 33 頁。

1947 年 3 月 5 日臺北市「二二八事件處理委員會」（以下簡稱「處委會」）頒布了組織大綱，並首次提出了八項政治改革要求。此即

〔註55〕 參閱李躍乾，「日據時期臺灣留日學生與戰後臺灣政治」，廈門大學，2007 年
7 月，第 59 頁。

　　一、二二八事件責任應歸政府負責；二、公署秘書長、民政、
財政、工礦、農林、教育、警務等處長，及法制委員會委員過半數，
應以本省人充任；三、公營事業歸由本省人負責經營；四、立剋實
施縣市長民選；五、專賣制度撤銷（煙草酒公司依然存在）；六、貿
易局、宣傳委員會廢除；七、人民之言論出版集會自由；八、保證
人民生命財產之安全。〔註56〕

　　自此，事件引發的活動及其活動組織，開始由原本簡單的平息料理性善
後工作和組織，轉向了建立政治組織並提出政治改革要求的運動和政治團
體。〔註57〕諸多考慮之下，基於社會穩定蔣介石政府於激烈的鎮壓行動同
時，於3月8日命令國民黨政府中央組織部長陳立夫和臺灣省黨部主委李翼
中擬定「臺灣二二八事件處理辦法要點」。其內容大致包括如下方面：

　　改制長官公署為省政府、省主席不兼警備司令、省府委員各廳
處長儘量起用臺人、縣市長提前民選、政府機關中之臺人外省人待
遇應一律平等、民生工業之公營範圍儘量減小、現行政經政策與中
央法令牴觸者應修正或廢止等八項改革。〔註58〕

　　3月10日此「處理辦法」即被簽報蔣介石，17日蔣介石即以此對臺灣民
眾予以廣播。同日，國民黨政府國防部長白崇禧奉命抵臺安撫，並發布第一號
布告以示處理原則。其內容主要包括：

　　第一、臺灣地方政治制度之調整：（1）改臺灣省行政長官公署
制度為省政府制度，其組織與各省同，……（2）臺省各縣市長提前民
選。……第二、臺灣地方人事之調整：（1）臺灣警備總司令以不由省
主席兼任為原則。（2）省府委員及各廳處長以盡先選用本省人士為原
則。（3）……凡同一職務或官階者，無論本省和外省人員，其待遇

〔註56〕「臺灣省二‧二八暴動事件紀要‧附錄（二）」，《臺灣省「二‧二八」暴動事
　　　　件日誌》，臺灣省行政長官公署編印，1947年3月30日。
〔註57〕參閱《臺灣民主運動四十年》李筱峰，臺北：自立晚報，民國76年10月，第40
　　　　頁。「二二八事件處理委員會」實際上成了政治領導者，其甚至有了一份以優秀
　　　　臺籍人士接管部分要職的名單，如「林茂生當臺大校長、吳鴻麒當臺灣高等法
　　　　院院長、施江南當臺大醫院院長、林旭屏當專賣局長等」。參閱（臺北）中研院
　　　　近代史研究所，「黃紀男先生訪問紀錄」，《口述歷史》，1993年第4期，第86
　　　　頁。除此以外，處委會內部其實也是派系爭奪極其激烈。參閱李躍乾，「日據時
　　　　期臺灣留日學生與戰後臺灣政治」，廈門大學，2007年7月，第72～75頁。
〔註58〕參閱中央研究院近代史研究所編，《二二八事件資料選輯（二）》，臺北：中央
　　　　研究院近代史研究所，1992年，第386～387頁。

應一律平等。第三、經濟政策：（1）民生工業之公營範圍，應儘量縮
小，公營與民營之劃分辦法，……迅速審擬，呈報行政院核定實行。
（2）……現行之經濟制度及一貫政策，其與國府頒行之法令相牴觸
者，應予分別修正或廢止。……第四、恢復臺灣地方秩序：（1）……
不合法組織，應立即自行宣告結束。（2）參與此次事變或此次事變
有關人員，除煽動暴亂之共產黨外，一律從寬免究。〔註59〕

　　4 月 22 日，國民黨政府以「行政院」會議正式決議撤銷臺灣省行政長官
公署，改制為臺灣省政府，政學系的「立法院」副院長魏道明為首任臺灣省政
府主席。29 日，國民黨政府「行政院」正式核定臺灣省政府委員、廳長、處
長人選，全部 22 名人選之中，臺籍人士佔了 12 名，剛好符合過半數的原則。
5 月 16 日，臺灣省政府正式宣告成立。由此，標誌著以二二八事件為始的戰
後初期臺灣社會結構的震盪調整初步結束；從行政公署改制到省政府的成
立，標示著去殖民意識形態與社會結構的調適。與此同時，也反映出臺籍人士
對政治認同的取向，即中華民國政體。社會力量及其權益的重新整合分布，表
明基於三民主義的政治認同開始向社會全面鋪開。除此之外，強烈的政治格局
調整也為此後不久的國民黨中央政府遷臺預留了政治空間。政治結構體系與
意識形態得以逐漸吻合並置於國民政府的控制之下。由此之後，去殖民的民族
認同意識則逐漸轉向反共目標下的中華認同；臺灣意識、社會主義思想乃至臺
灣歷史成為政治禁忌。當然伴隨著二二八事件對社會結構的震盪調整，其也不
可避免的涉及並反映在了此時期的臺灣文化以及美術活動之上。

2.3.2 政治投射下的文藝環境及其表徵

　　「二二八事件」對於整個戰後臺灣社會來說，其結構調整與意識形態調
適的結果是國民政府對臺灣社會政治體制及意識形態掌控的加強與順暢。不
過這並沒有為戰後的臺灣社會帶去民主自由以及國民待遇。整肅之後的臺灣
社會，言論監督進一步加強，左翼思想不再公開傳播，去殖民的民族認同漸趨
反共政治的大主題。伴隨著國民化認同的展開，省籍矛盾卻愈發凸顯。大陸軍
事活動的逐漸崩潰，深刻影響到臺灣社會的自由氛圍，思想控制漸趨緊張；社
會環境的相對寬鬆，襯出的是新政治禁忌的形成，並由此滲入到社會的各個角

〔註59〕《新聞報》，上海，1947 年 3 月 18 日二版。轉引自李筱峰，《臺灣民主運動四
　　　　十年》，臺北：自立晚報，民國 76 年，第 51 頁。

落。尚未納入政治符號結構的臺灣地域美術，透露著寬鬆狀態下的社會危機與下一波政治深化。

相較於「二二八」之前大批藝術家前往臺灣以及文藝繁榮，「二二八」之後新聞出版業的蕭條零落已反映出文化思想的蕭瑟和政治禁忌。初期蓬勃興盛的報刊雜誌也已幾近全面停刊，文藝領域僅剩報紙副刊。活躍於文化界的陸臺人士則銷聲匿跡。王添燈、宋斐如和林茂生等一大批文化人士遭到殘害，美術家陳澄波〔註60〕、黃榮粲赫然在列。李石樵、王白淵、楊達等也被捕入獄，范倬造、蘇新、王思翔以及大批左翼思想人士則紛紛逃至大陸。1947年7月4日，「二二八事件」後的第四個月，逐漸失勢的國民黨政府發布並實施「全國總動員方案」，隨之「戡亂動員令」頒布實行。整肅後的「臺灣省」也自然納入到了此波全國政治運動之中，省政府主席魏道明開始實行文化封閉政策，加強管制大陸文化思想及其變革運動對臺灣的影響。居民出入境管理政策由此也開始實施。〔註61〕在此境況之下，臺灣文學領域再次發揮了積極的社會作用，其中以歌雷主編的《新生報・橋》副刊為突出代表；其旨在緩和內外省籍矛盾並提供溝通平臺，而關於文學「社會意義」的大討論所引發的廣泛影響加之其寬鬆的辦報氛圍，使得其逐漸成為進步文人較為集中的言論場所。相較於文學領域的社會意識，基於臺灣美術界自日據時期以來即表現出的與社會運動保持距離、遠離政治意識的傳統，此時臺灣美術界再次表現出無聲無息，基本活動方式又再次回到了日據時期的模式，「裝點秋色」〔註62〕。

從作品標題來看，一屆省展中還是出現了一些具有政治意義的作品，如歌頌政府和表現社會狀況等。例如：洋畫部陳清汾《還我河山》、劉啟祥《紀念光復》、鄭安《國慶日》、李石樵《市場口》、陳澄波《慶祝日》；國畫部蔡雪溪《振興民族》、陳進《孔子祭》、許眺川《淡港復興》，雕塑部蒲添生《游市長》、陳英傑《國父遺像》、賴高山《光復花》等。〔註63〕對此，時任《臺灣文

〔註60〕關於陳澄波遇害之因有多種解釋，其中之一認為是遭到派系鬥爭而遇害，具體原因不一而足，無法確定。不過可以知道的是對之後臺灣美術領域的力量格局產生了影響。

〔註61〕參閱呂正惠、趙遐秋，《臺灣新文學思潮史綱》，北京：崑崙出版社，2002年，第145～146頁。

〔註62〕日據時期代表臺灣美術精英的臺籍美術家於秋季成立「臺陽美術協會」，並且其創立宣言中即提出裝點臺灣美術秋色之意。

〔註63〕參閱顏娟英，「戰後初期臺灣美術的反省與幻滅」，《二二八事件研究論文集》，臺北：吳三連基金會，民國87年，第80頁；葉龍彥，「戰後初期的『臺灣省

化》主筆的蘇新曾因作品「躍躍生氣，有聲有色」，而於展場上對李石樵的《合唱》、《市場口》，楊三郎的《失望》，金潤作的《路旁》四幅作品表示讚賞；與此同時王白淵也在《臺灣新生報》上肯定李石樵的《市場口》和楊三郎的《失望》，認為兩幅作品在技巧之外還能對社會現實予以表現，走出了日據時期沙龍藝術為參展而創作的心態。這是臺灣美術史新的里程碑。〔註64〕對此臺灣學者顏娟英也認為：「這類題材絕對不是硬性規定的，大部分畫家可以說是直接反映出因為臺灣擺脫日本殖民統治，回歸中華民族，做自己主人的興奮感。」〔註65〕所以說，無論李石樵在繪製《市場口》時是否有意識地考慮了批判寫實性，其作品中衣著光鮮的外省少女和衣衫襤褸的臺籍民眾形象，都無可置疑的反映了當時部分陸臺民眾生活、審美上普遍存在的差異情形。因而這受到了臺灣文化界的大力評價，甚至一度被評為「面對冷酷的現實」，反映「不幸的臺灣人」〔註66〕的代表。然而時事突轉，陳澄波的遇難成了臺灣美術史上一件具有標誌意義的事件。因為至此，戰後初期臺灣第一代油畫家逐漸脫離了剛剛萌芽的關注社會現實的寫實性風格，純粹形色變化的寫生性藝術風格再踞畫壇。如同日據時期一樣，臺灣美術界由此遠離了政治禁忌，避免了對社會現實與文化反思的關聯。二屆省展為代表的美術活動的繼續展開，其結果僅使得所沿襲的日據時期的體制愈發堅固，以風景、靜物和裸女為題材的作品再次大量出現。日據時期沙龍與學院式的體制和權威繼續延續著臺灣美術界的傳統榮耀，與社會現實漸行漸遠，也無可避免的再次遠離了現實社會運動。對此，臺灣學者林惺岳曾指出：

> 省展仍是光復後，美術運動最高權威的象徵，也是臺灣戰後復
> 元的克難階段中，最大與最具號召力的美術表演舞臺，對創作人才
> 的獎勵及欣賞風氣的提倡，都具有舉足輕重的作用。
>
> 可惜由於受到時代過渡中負面因素的影響，導致保守意識的
> 抬頭。

全省美術展覽會』（1946～1955）」，《臺北文獻》直字 126 期，民國 87 年，第
127 頁。

〔註64〕參閱高明德，「社會寫實與本土美術之銜接性」，中國文化大學美術研究所，民
國 89 年，第 25 頁。

〔註65〕顏娟英，「戰後初期臺灣美術的反省與幻滅」，《二二八事件研究論文集》，臺
北：吳三連基金會，民國 87 年，第 80 頁。

〔註66〕王德育，「高彩度的追求者——李石樵」，《臺灣美術全集 8——李石樵》，臺北：
藝術家出版社，1993 年，第 26 頁。

　　領導西畫部的本省美術家們發現，擺脫異族殖民統治以後，並沒有欣然邁向預期中令人鼓舞的開闊局面。反而面迎一連串意想不到的橫逆與挫折，政治的風暴、語言的隔閡、制度的紊亂與經濟的困頓等等，帶來了一陣陣沉悶的氣壓，使他們不禁有今非昔比的感慨，進而萌生了留戀過去的情懷，並決心固守得來不易的地位。這種逆退與守成的心理，蒙蔽了他們開拓新境界的眼光與雄心，以致無能面對時代的巨變而調整思想視野。〔註67〕（著重號為筆者所加）

圖五十四　李石樵《市場口》

圖片來源：《臺灣美術史綱》，劉益昌、蕭瓊瑞等，臺北：藝術家出版社，2007 年，第 296 頁。

　　現實固然殘酷，但社會整肅還並沒有因為一些美術家的活動而將美術思想納入整肅對象。全面的結構性調整，尚未迅速觸及到美術領域的結構體制之中，從而體制沿襲下所固有的「美學觀」才是「二二八」之後臺灣美術界狀況的必然原因。隨著省展美術體制傳統的不斷沿襲，固有美學體系和展覽體制愈發的僵化和強權。由此，特定社會現實型化特有的（美術）美學體系，美學體系則依附特定的體制架構，而這最終落到了體制沿襲的省展及其主控者身

〔註67〕林惺岳，《臺灣美術風雲四十年》，臺北：自立晚報社文化出版部，民國 76 年，第 70～71 頁。

上。在既有體制勢力的沿襲和時局政治的影響之下，楊三郎等逐漸於「省展」及 1948 年復辦的「臺陽展」中營造出個人勢力，並由此形成左右兩大美展風格的派系。美展逐漸走向單一性，甚至被批評成為學生展。對此，臺灣學者謝里法的一段調查資料以及論述佐證了這一情況。

> （楊三郎）其氣勢凌人常引來同仁的不滿。對於三郎的這種霸道，大家認為只有植棋才能制服得了他。十幾年來發過類似感慨的包括……郭雪湖、藍運登、張義雄、李石樵、顏水龍、張萬傳等，從這裡看出畫壇的派系以及某些人物的性格，進而可推斷日後造成「省展」、「臺陽展」之畫風走向的一些緣由。

> ……戰後初期，「省展」和「臺陽展」加起來幾乎等於整個臺灣畫壇，此時在少數個人的勢力過分膨脹的情形下，左右了入選作品的畫法和題材，甚至色彩的運用也受到一定程度的影響，我們可以說「省展」怎樣臺灣畫壇就是怎樣，該階段的時代風格也就怎樣。因而幾年之內臺灣美術中形成了「三郎派」和「石樵派」，這不是畫派而是畫壇大老帶動的派系性畫風，從會場上掛出來的作品一眼便可看出派系間的消長。〔註68〕

1959 年劉國松在給教育廳長的信中也憤然指出，這種基於體制沿襲而來的省展：

> 「無形中成了某些『大畫伯』的私淑弟子的成績展覽、或師生聯合觀摩會，政府提倡藝術的本意，也便成了他們私人畫室的招生廣告與宣傳。」「……全省美展中那種畫閥的勢力，不但沒有革除，反而大大地增強，連畫閥的學生也都搖身一變而成省展委員。」〔註69〕

關於這種派系之爭的傳統，1948 年第三屆省展提名評審委員時，即發生過因陳慧坤未符合三次特選而升任評委，招致李秋禾及之後嘉義籍畫家聯合抵制而爆發了一次激烈的權利鬥爭。最終在各方的妥協之下達成利益共識，而告緩解。〔註70〕權力鬥爭固然影響重大，然而其所造成的美學風格的僵化卻

〔註68〕謝里法，「從臺灣美術之道聽途說中建立的故事性小檔案探索畫家個別關係所串聯起來的時代脈絡」，《藝術家》，2001 年 1 月，第 322 頁。

〔註69〕劉國松，「談全省美展──敬致劉真廳長」，《筆匯》（革新號）第 1 卷，1959 年第 6 期。轉引自《臨摹・寫生・創造》，臺北：文星，1966 年，第 104 頁。

〔註70〕此外，如黃歐波於 1946 年自大陸返臺後，即加入林玉山 1929 年於日據時期所創辦的以嘉義籍畫家為主的「春萌畫會」；同年（1946 年）8 月即以《白雲

是影響深遠。由此，自 1946 年一屆省展開幕以來直至 1973 年，基本不變的評審委員成了 20 多年來控制和影響臺灣美術界的主力，也因此長期延續著省展傳統的美術體制及其風格〔註71〕。這樣一種情形的出現，雖不表明政治結構中美術語言的全面納入，但通過以上權力形式的變動與深化，基於文化認同而由殖民宣傳角色轉變而來的表現社會現實（地方色）的寫實性東洋畫，在現實政治情勢與體制之下遠離了政治意識形態之後，不再以社會現實為表現題材，而是轉向並固守日據時期所形成的花鳥人物等傳統美學形式。

「二·二八」革命震盪了社會結構，斬斷了日據時期的文化經驗，中原文化重新開始興起。伴隨著日籍人士的全面離開，陸籍人士的逐漸赴臺，臺灣美術界日本殖民性結構逐漸發生變化，各種新的藝術（包括政戰藝術）、展覽等逐漸展開。當然，省展此時及以後一段時間內仍舊是臺灣美術領域的主要陣地，重要機構。現時政治結構與美術尚未有直接衝突，社會整肅沒有美術，美術語言也尚未納入政治語言結構，符號結構關係並未形成。當然地方色轉向傳統文化認同之後，其維持者及省展體制對省展機構、體制的把持與日後官方政治意識、傳統國畫力量以及其他美術力量的爭奪，成為社會主流思潮反映於美術領域的表現；這種思潮下的臺灣美術界逐漸融入紛紜複雜的社會環境。

悠悠》、《吟秋》作品參加春萌畫會展出。並於 10 月份參加了一屆省展。對此黃歐波提到自己花了 30 個小時趕製出來的「秋色」作品入選了省展；這其中是否有著師承關聯之故，以及為何在其晚年主要作品目錄中隻字不提這幅作品的原因不得而知。翻閱這些美術資料，顯示出諸多美術家之間皆有著各種關聯，而 40 年代末逐漸興起的美術畫會更是加深了這種傳統。參閱《黃鷗波：詩畫交融》陳嘉翎主訪、編撰，（臺北）國立歷史博物館編輯委員會編輯，臺北：國立歷史博物館，2004 年 12 月。再如雕塑部評委陳夏雨與蒲添生，也因意見不合而發生間隙並導致陳夏雨退出臺陽美協(1948 年)，及省展評委(1949 年)；對此臺灣學者蕭瓊瑞認為，這可能與蒲添生二屆省展時身位評委，卻自送作品並獲「學產會賞」引發陳夏雨不滿有關。參見江如海，「陳夏雨、楊英風與戰後臺灣現代雕塑的起源」，《現代美術學報》，2004 年第 7 期，第 104 頁，注釋 13。

〔註71〕如省展的審查委員及入選者多為「臺陽美術協會「成員。參閱葉龍彥，「戰後初期的『臺灣省全省美術展覽會』(1946〜1955)」，《臺北文獻》直字 126 期，民國 87 年。

第3章 政治文化認同與「正統中國」意識下的中華色（1949～1960年代）

　　無論從何種角度而言，「二二八事件」對於戰後臺灣社會結構來說，都是繼1945年代後又一次重大調整與深化的開始；在與之而來的這場新社會結構變動之中，政治權力必須重新（或深化）建立起一個新的可見的「開放式」社會結構，以此在視覺經驗符號的集體與個人記憶之下將其自身的各種要求、利益毫無保留和不受干擾的在這個社會結構之中重新樹立起來。當然這其中極為重要的是，在於對其自身政治權利合法性的最終確立，而這樣一個過程也即新國家本質一系列建構過程的呈現。即在知識話語（文化傳統等）與權力系統的全面整合之下，關於國家、國民的政治和文化認同高度集中了戰後臺灣這樣一個高度集權的社會結構之中；而在此結構之下，基於視覺化經驗的全面改造，符指符徵全面調整，一種關於文化正統乃至權力正統的精確而持久的知識話語形態由此形成。也即在新的社會結構之中，知識符碼將政治、文化認同與社會結構緊密聯繫了起來，一種新的國家本質及其形象由此成型。此外，社會結構與政治意識形態調和當中的裂縫，則為各種可能的意識形態留下了逃逸空間。這將會阻礙某種集中的政治意識形態的形成，乃至社會結構的不平衡。從而，政治暴力成為知識話語之外政治和文化認同的另一個必要途徑。五六十年代的臺灣社會在國民政府反共復國政治綱領之下，秉承文化正統身份全面展開了基於文化認同之下的政治認同及其合法性營造。具體於臺灣地域美術，則細緻的反映出這種認同作用下的美術思潮變化；身處於社會結構變動

之中的大陸傳統美術與臺灣本土美術〔註1〕，只是此時期整個社會及其文化結構變動之中的一個節點，然而在此之中我們發現的卻是整個五六十年代臺灣社會、政治、文化語言環境的流轉以及話語關係的變化。當然，在此複雜的深層結構關係變化之下，一定程度上其表現出來的是國民政府所宣揚的文化正統與政治合法性的視覺化全面表現。國畫正統論爭當中，地方色載體東洋畫的逐漸退縮，正反襯著以文化正統自居的傳統水墨國畫的逐漸取勝；基於進一步的反共文藝與正統文化傳統的建設二者之間的內在關聯，美術語言的符指與符徵得以重新組合；東洋畫 1977 年以材質更名為膠彩畫，更是標示著殖民色彩下的語言符號由此更改，一種新的指徵關係由此建立，並順應了新的社會結構。戰後初期的美術領域結構問題至此結束，中華色彩（意識）得以確立。當然，國民政府的合法性地位及其正統的主體性國家形象也由此建立。

3.1 戒嚴前期的社會結構：國民黨及其政府與正統性、合法性

伴隨著國民政府在大陸軍事行動的全面失敗，1945 年由日本殖民者手中接管過來的臺灣成為以蔣介石為首的國民黨反共復國基地。而基於光復初期及「二二八事件」展開的一系列政治社會結構調整，為國民政府的遷臺及其之後的相關活動奠定了政治和社會基礎。1949 年 5 月 20 日臺灣省政府第二任主席陳誠簽發「戒嚴令」。由此，國民政府及其退守下的臺灣同時進入到了一個新的社會階段。而伴隨著國民政府的政治目標與現實社會政治經濟形勢的糅合，一場全面的社會結構深化與調整由此展開。

在這場政治經濟社會結構的全面調整大運動之中，〔註2〕權力中心的確

〔註1〕 此處不特指大陸臺灣所特有的美術形態，而是泛指戰後活躍於臺灣的各類美術形態，包括大陸、臺灣以及西方美術形態等。

〔註2〕 本章此節將只簡述臺灣政治、經濟建設與發展情況，所例舉與美國勢力相關的土地、經濟、政治等問題，皆與下文論述材料相關。戰後五六十年代國民政府於臺灣所進行的政治經濟改革詳情，請參閱趙寶煦，《彼岸的起飛——臺灣戰後四十年發展歷程》，黑龍江：黑龍江人民出版社，1992 年，第 1～198 頁；彭懷恩，《臺灣政治變遷四十年》，臺北：自立晚報，民國 76 年 10 月，第 23～51、69～85 頁；林鍾雄，《臺灣經濟發展四十年》，臺北：自立晚報，民國 76 年 10 月，第 25～79 頁；李宏碩，《臺灣經濟四十年》，山西：山西經濟出版社，1993 年，第 1～174 頁；許介鱗，《戰後臺灣史記》，臺北：文英堂出版社，民國 85 年 9 月，第 95～268 頁；陳孔立，《臺灣歷史綱要》，九州出版社，

立與鞏固，是國民政府遷臺之後的重中之重。由此 1949 年 12 月 10 日，蔣介石飛抵臺北後即著手展開國民黨體制的全面改造〔註3〕。1950 年 7 月，國民黨中央常委會召開臨時會議通過《中國國民黨改造案》；8 月，國民政府「中央改造委員會」於臺灣成立；此後第二年的 2 月到 4 月期間，國民黨便先後發布了《中國國民黨黨政關係大綱》以及《中國國民黨從政黨員管理辦法》兩部條例，以此確立起國民黨「以黨領政」的黨政關係。而 1952 年 10 月 10 日召開的國民黨第七次全國代表大會則進一步通過對黨綱、黨章的修訂，完成了國民黨體制的全面改造工作。在此微觀體制的完成之後，國民黨借助於其對行政機關的影響與掌控，依據所謂相關臨時法例實現了對軍警政以及社會團體機構的全面一元化領導與掌控。〔註4〕這當中以《中華民國憲法》和多次修改增訂的《動員勘亂時期臨時條款》為主要法律構成依據。1950 年 3 月蔣介石於臺北的總統復職標示著這項工作的全面完成；由此，國民黨臺灣行政（政治）機構的恢復、構建，於此奠立。當然國民黨及其政府法統地位的確立，並不能保證和代表其在現實社會結構中的合法性與地位。由此，全面圍繞著國民黨及其首腦在臺灣法統權利的確立，國民黨領導下的國民政府對臺灣戰後社會展開了深入全面的管控。對此，圍繞著「戒嚴法」和延續抗日時期以來的《國家總動員法》及相關法令，國民政府頒發了一系列相關法規條例。〔註5〕當然，基於深層的社會政治結構調整，其社會化的政治表現在於國民黨及其政府的政治目標，不過現實之中這一切皆微妙的集中展現在了國民政府「反共復國」的政治口號及其行動之下。

　　籍此反共復國的政治口號，1950 年 1 月起國民政府相繼頒布了《反共保民總體戰動員綱要》《防中共共同防禦組織》，以及《戡亂時期匪諜檢舉條

　　　　1996 年 4 月第 1 版，第 431～458 頁。

〔註3〕　對此蔣介石對大陸時期以及臺灣的派系進行了全面整治。例如在中央層面蔣
　　　　介石分別拔除了大陸時代五大舊派系的勢力，與此同時培植了一批新的實力
　　　　派。詳情參閱陳明通，「派系政治與陳儀治臺論」，賴澤涵，《臺灣光復初期歷
　　　　史》，臺北：中央研究院中山人文社會科學研究所，1993 年，第 280、281～
　　　　283 頁；陳孔立，《臺灣歷史綱要》，北京：九州出版社，1996 年 4 月第 1 版，
　　　　第 437～438 頁。

〔註4〕　參閱田弘茂著，李晴暉、丁連才譯，《大轉型——中華民國的政治和社會變遷》，
　　　　臺北：時報文化，1989 年，第 91 頁。

〔註5〕　關於此處所涉及到的相關國民黨及其政府法律、法規及條例的內容和問題，
　　　　參閱林果顯，「戰後臺灣的戰時體制（1947～1991）」，《臺灣風物》，2008 年 9
　　　　月，第 135～165 頁。

例》，並修正了《懲治叛亂條例》。1951 年頒布了《共匪及追隨附匪份子者之自首辦法》和《檢舉匪諜獎勵辦法》。1952 年則展開了「推動反共抗俄總動員運動」，並成立「中國青年反共救國團」。1953 年開始全臺宣傳，並通過《戡亂時期檢肅匪諜聯保辦法》。1954 年成立「光復大陸設計研究委員會」。1966 年則為反襯大陸的文化大革命運動，在蔣介石倡導下成立了「中華文化復興運動推行委員會」等等。除此之外，國民黨政府還相繼於軍警、文教系統成立相關組織機構加強社會控制。如 1950 年有「國民黨政府國防部總政治部」成立、省教育廳頒布《臺灣省非常時期教育綱領》，以及國民黨政府教育部頒布《戡亂建國實施綱要》。1952 年則頒布《中國國民黨以黨領軍實施大綱》等等〔註6〕。

　　相應於政治層面的一系列措施，此時期臺灣的經濟活動也納入到了政治意識形態範圍之內。1951 年國民政府鑒於大陸中國共產黨實行土地改革政策所帶來的經濟與政治成效，國民黨政府也決定於臺灣展開「反共防共」性的農村「土地改革」運動。而這對於地位未牢的國民政府來說，起到了相當的政權穩定作用。當然相應於戰前，在遷臺後的臺灣政治經濟中已然更是少不了美國的身影。此項土地改革方面的措施就和國民政府在遷臺之前與美國所成立的「農復會」有著極大關聯。1948 年 10 月 1 日，美國政府考慮到「由解決不安定之農村問題入手，有效阻止共產主義之蔓延」，而與國民政府聯手成立了「中國農村復興聯合委員會」，並且經費由美援總額的百分之十予以補助。當然，其五位委員中的兩位就由美國總統杜魯門特任美國人擔任了。〔註7〕其實在日本投降後不久，美國即以「幫助臺灣復興」名義進入了戰後臺灣。1946 年其獲得在臺「自由經營各種企業」和「恢復建設」水力發電站，以及「開發基隆、高雄為國際自由港」的諸項權利。與此同時「美國經濟援華局」、「中美農村復興委員會」也在臺灣展開了各項經濟、政治活動。而 1948 年「中美共同開發臺灣」協定，以及同年 6 月「美援技術調查團」的入臺，使得戰後臺灣經濟納入到了美國新殖民經濟控制體系之下。〔註8〕而 1950 年的朝鮮戰爭又使

〔註 6〕參閱謝東山，《臺灣美術史》，（臺南）國立臺南藝術學院藝術史與藝術評論研究所，1999 年 10 月，第 110～111 頁。

〔註 7〕以上參閱許介鱗，《戰後臺灣史記》，臺北：文英堂出版社，民國 85 年 9 月，第 136、144 頁。

〔註 8〕參閱歷史系美帝侵臺簡史編輯小組，「戰後美帝對臺灣的侵略 1945～1958」，《四川大學學報》，1958 年第 2 期，第 5～6 頁。

得美國在軍事援臺的形勢之下，進一步將臺灣納入到新一輪的政治經濟政策之下。基於以上各類活動和美國在臺經濟特權，美國取代了二戰時期的日本地位。臺灣由此成為資本主義新世界格局下的新興殖民地。當然除去以上美援經濟之外，國民政府也積極展開了工業化培植建設。如 1953 年國民政府「行政院」經濟安定委員會制定了「四年經建計劃」。五十年代末又相繼頒布了各項經濟鼓勵政策。如《獎勵投資條例》《外國人投資條例》等法規。基於以上這一切，臺灣經濟自戰後初期以來獲得了一定程度發展，直至七十年代之後更是達到一個歷史性高度。

圖五十五　蒸汽火車

圖片來源：《臺灣前衛：60 年代複合藝術》，賴英英，臺北：藝術家出版
社，民國 96 年，第 34 頁。

50 年代以來的政治經濟改革，使得國民黨及其政府完成了對派系的全面調整以及一元化領導體制的建構。在美國等資本主義陣營的國際支持之下，以黨領政、以黨領軍、「黨政合一」的「國家體制」由此建立，「黨國體制」形成。〔註9〕當然相應於大陸共產黨時，國民黨政府的政治合法性又成為其首要

〔註9〕參閱若林正丈，《臺灣──分裂國家與民主化》，臺北：月旦出版社，1994 年，
第 29～56 頁。

任務。由此，構成其所謂國家體制的相關法統及其部門法規，時刻在宣示著國民黨政府的政治合法性及其權威。而這當中國民黨政府合法性的宣示，即在明示一種政治主體性。由此政治認同之下，「一個中國」的國家認同成為臺灣民眾基於國民黨政府合法性宣示而來的新國家認同。黨國一體之下，國民黨政府成為對應於共產黨而言的合法性中國形象。相應於（臺灣）國民黨政府的政治意識性中國，大陸中國共產黨領導下的地理中國則成為國民黨政府「中國主體」之外的異己性他者，而這個他者的異己正在「非法」的佔有主體中國的地理空間。基於此政治（文化）認同邏輯之下，「二二八事件」後的臺灣民眾開始由日據時期的日本殖民領地意識，轉向反攻大陸奪回合法政府所屬領地的大中國認同。國民黨的政治邏輯之下，民眾主體性的大中國國家意識於焉產生。當然，美援干涉之下一切又愈加顯得複雜。光復初期的去日本殖民化問題，此刻因中國傳統及其現代化與美國資本化及現代化的進入，而被新的殖民現代化所延續。這使得殖民現代性問題，繼續存在於戰後臺灣。這一切，對於身處社會結構變動與調整之中的臺灣美術來說，其展現的恰恰正是結構與意識形態指徵關係的變化過程。

圖五十六　國語推廣

圖片來源：《藝術的張力——臺灣美術與文化政治學》，廖新田，臺北：
典藏藝術家股份有限公司，2010 年，第 107 頁。

3.2 中華正統意識下的東洋畫危機：國畫正統論

3.2.1「國畫正統論」下的身份危機

　　1949 年 11 月，由於美國政府阻撓，大陸未能獲得取代國民黨在聯合國大會的常任代表席位，這使得國民黨的中國代表權得以延續到 70 年代。而 1952 年，國民黨政府在美國幫助之下又與日本簽訂了《中日和平條約》，並影響到一系列親美國家的對臺政策；由此在美國的全力幫襯之下，遷臺之後的國民黨政權在法理上仍舊「合法」代表著正統中國，並獲得了相當的國際認可。藉此國際政治形勢，遷臺之後的國民黨政府在基於上文所談到的政治結構合法性改造同時，展開了對共產黨的全面反擊。對於遷臺後的國民黨來說，其最大的政治目標與任務莫過於反共與復國。然而，僅此我們似乎看不出其與「東洋畫」〔註 10〕危機之間有什麼關聯。「二二八事件」後的臺籍美術家及其團體已經遠離了政治話題，重回到日據時期的美術風格，除去政治緊張形勢之下對既有利益和勢力的固守之外，別無他圖。然而，就在臺籍美術家及其團體以為遠離政治敏感，而可以繼續延續日據時代以來的權力政治之時，這場反共復國的運動聲浪已經悄然逼近。

　　基於孫中山一脈承傳而來的「三民主義」〔註 11〕，是國民黨政府所秉持的施政精神，然而國內戰爭的失敗使得其難以實施，反共復國成為當務之急，但這並不意味著放棄三民主義。誠如蔣介石於 1952 年的「元旦文告」中所言：

> 在（民國）四十一年度之中我們必須以全力來推行反共抗俄總
> 動員運動，使臺灣省確實成為三民主義政治設施的模範，和雪恥圖
> 強反攻復國的基業……〔註 12〕

　　由此可見，「三民主義」作為國民黨政府的執政旨歸是一直延續的，而且在此非常時期更是作為其反共復國的根本性指導。但是，這並不代表三民主義即具備先驗的社會合法性。不過基於國民黨政府的政治結構合法性改造，

〔註 10〕一屆省展中已更名為「國畫」，詳見前文所述。

〔註 11〕關於「三民主義」更多內容參閱孫中山，《三民主義（增錄民生主義育樂兩篇補述）》，臺北：中央文物供應社，1969 年 5 月。

〔註 12〕轉引自鄭怡世，「臺灣社會工作發展的歷史分析：1949～1963 年『社會部所從事的工作』與『美式專業社會工作』雙元化的社會工作認識」，《社會政策與社會工作學刊》，2007 年第 11 卷第 1 期，第 160 頁。

其必將轉向意識形態合法性的確立。兩項相合，三民主義成為其合法性來源最好的建構基礎。也即必須將三民主義思想貫穿至黨政軍及其社會和大眾意識之中，轉化成為意識形態，進而構建合法性意識形態。〔註13〕由此政治意識形態合法性，則可以確立其背後所展現的邏輯是建立「三民主義」的正統中國及其國民黨的政治合法性。這將確立起它相對於共產黨非法性異己的正統性主體地位。由此，基於反共復國現實的三民主義思想背景，決定了謀求正統及合法性是國民黨政府於此段時期內穩定政權並實現反共復國的根本所在，而這也成為50年代以來政治社會的官方意識形態。從而正統性問題，在50年代以來的臺灣社會是相較於反共復國現實層面來說意識形態層面的重大問題。

基於以上「中華正統」意識及其想像共同體，臺地美術語言必將存在嚴重危機。不過這一點，至少臺籍畫家沒有意識到嚴重性，甚至原因所在。這恐怕不是簡單的因為不善言辭或日據之後中文不好以及對於國畫美學理解等方面的表層因果了。

1949年伴隨著國民黨政府的遷臺，一批大陸水墨畫家也隨之赴臺。這一年的「省展」（第四屆）也因政局的變動而推遲至11月19日才開幕。不過這也使得大陸籍傳統水墨名家得以一睹代表著臺灣最高等級的美展，藉此也第一次見到了「臺版國畫」〔註14〕的真容。18日舉行預展，省政府主席陳誠夫婦以及相關官員前往，可見官辦美展的主流身份。當日，畫家溥心畬、卓君庸和黃君璧等人相繼前往參觀。對於省展國畫部作品，溥心畬〔註15〕表示：

對於國畫（膠彩畫）方面大部作品都已融匯西畫筆法，雖似脫

〔註13〕作為國民黨政府的立黨之基，其關於三民主義合法性的論述，本書不再展開。
〔註14〕以下皆指更名為「國畫」的「東洋畫」。
〔註15〕溥心畬（1896～1963），「生於北京。清宗室恭親王奕訢之孫，姓愛新覺羅，名儒，字心畬，號羲皇上人，又號西山逸士。1909年，父親（群王載瀅）去世，母項太夫人對其教育特別注重。1910年入貴冑法政學堂，學習英文、法律、政治、數學等西學。1914年進入德國柏林大學讀書。1922年獲天文、生物博士學位。同年返回故鄉，定居北京西山戒臺寺，對詩、書、畫，潛心創作。曾任日本京都帝大、北平國立藝專教授。1949年赴臺，任教於臺灣省立師範學院及東海大學。1956年受贈韓國漢城大學榮譽博士。溥氏自幼受傳統文化及末代王孫貴族氣質的影響，博學多才，詩、文、書、畫，皆有擅長。其由自學臨摹入手，以兩宋諸大家為師，尤其對馬遠、夏圭別有心得。溥氏無師自通，直接取諸古人作品，博採各家之長，畫風獨具，自成一家。」——張芳薇，《臺灣美術發展：1950～2000》，北京：中國美術館，2006年，第174頁。

逸正宗，但多命意新穎，別成格調，對古奧的國畫或能添注生機，
別闢蹊徑。〔註16〕（著重號為筆者所加）

圖五十七　溥心畬《山水》

圖片來源：《臺灣美術發展：1950～2000》，張芳薇編輯，北京：中國美術
　　　　　館，2006 年，第 64 頁。

對此，王白淵認為：

溥氏的見解與我們相同，本省畫家的國畫，係出自北宗即院體
派者，當然其中有多少日本畫的風味，或是本省獨自的鄉土色，但
由寫生即象形而出發，而達到氣韻生動者，為中國古典美術的最高
秘訣，是故強辯以本省國畫為日本畫不是國畫者，係對藝術一知半
解之言，不必置論。〔註17〕（著重號為筆者所加）

〔註16〕葉龍彥，「戰後初期的『臺灣省全省美術展覽會』（1946～1955）」，《臺北文獻》
　　　　直字 126 期，民國 87 年，第 139 頁。
〔註17〕葉龍彥，「戰後初期的『臺灣省全省美術展覽會』（1946～1955）」，《臺北文獻》
　　　　直字 126 期，民國 87 年，第 139 頁。

　　從這兩段引文中我們可以發現：一，溥儒認為臺版國畫有脫逸正宗之嫌，儘管可謂另闢蹊徑；二，王白淵的發言表明已存在國畫身份之爭，但還未正面涉及正統之爭。當然，在前文中我們已提到早在一屆省展開幕前的座談會上，郭雪湖即提到國畫與東洋畫（日本畫）的身份關係問題〔註18〕。之後 1946 年11 月 25 日的「談臺灣文化前途」座談會上，林玉山、郭雪湖也對此做過討論。〔註19〕不過就國民黨政府遷臺後的此番交流來看，「國畫正統」問題似乎並未上升到焦點，省展國畫部也入選了大陸籍新人 11 名，展會安然舉行。時間進入到 1950 年，朝鮮戰爭的爆發使得臺海形勢突轉，反共復國的政治形勢風起雲湧。11 月 25 日第五屆省展又如期於臺北中山堂舉行。這一年，溥心畬、黃君璧作為師範學院的美術系教授開始入列省展國畫部評委。早前第二屆省展時馬壽華即已加入。不過根據省展評委的晉升選舉規則，這些大陸籍畫家是無法進入評審機構的〔註20〕。不過無論出於何種原因，現實的既得利益之下一切安好，和諧似乎掩飾了雜音。權利共謀之下，陸籍畫家開始取得主流話語身份，臺籍畫家則謀得了政治合法性。由此對於國畫問題的再次評論

〔註18〕參見第二章第二節。

〔註19〕參閱謝東山，《臺灣美術史》，（臺南）國立臺南藝術學院藝術史與藝術評論研究所，1999 年，第 84 頁。

〔註20〕「依據省展不成文規定，亦即模仿日本帝展及一般花會之做法，參展者在連續三年獲得『特選』之後，即可取得『免審查』（亦稱『無鑒查』）資格出品展覽，持續若干年，如表現優異，即可晉升為審查員，亦即評審委員。（此套做法，一般常謂係延續臺府展制度，事實上，臺府展並沒有評審是由參賽者產生之常例，陳進、廖繼春、顏水龍等人曾經一度擔任評審，係就其他因素考量，而非參賽獲獎之結果。）這項不成文的規定，提供了參賽者一個可能的晉升管道，並藉此鞏固畫壇的倫理；不過在實際運作中，其實仍有諸多不確定的因素，使得這個制度始終無法真正落實。首先是『特選』的頒給；得獎者不必然代表擁有『特選』資格，從日後的檢驗中，可以理解：某些即使獲得各部第一名的參賽者，仍可能被評審認為水準不夠，而不給於『特選』的榮譽，如雕塑部首界『學產會獎』的張錫卿，與『文協獎』的陳毓卿即是。此外，隨著評審年齡的加大、權威感的日重，一種『一代不如一代』的心理影響下，甚至最後完全不再給於『特選』的榮譽。事實證明：第十九屆之後，『特選』已成為歷史名詞，……然而真正讓這套省展晉升制度瓦解的，還有一項歷史性的因素，即一九四九年大批大陸藝術家的來臺；由於這些藝術家或多或少已在社會擁有一定名聲，要他們從頭參賽來進入省展體系，是不可能之事，因此一批批自空而降的評審，也就完全打亂了省展原先的規劃，終致使得評審委員的架構，成為行政考量大於學術競爭的狀況。」更多細節參見劉益昌等著，《臺灣美術史綱》，臺北：藝術家出版社，2009 年，第 306～307 頁。

時，臺籍畫家並沒有任何觀點上的變化。在正統中華美術身份的範疇之下，資
深臺籍畫家郭雪湖認為：

> 歐洲的美術與國畫，製作上只有繪畫材料的差異，根本的精神
> 並無二致，……臺灣美術界曾受日人的殖民地政策，經過歧視與壓
> 迫，可是我們的精神依然不滅！日本的美術根本沒有歷史，究其根
> 源，實由我國所傳，可是它很肯去研究西洋的筆法，吸收她的特長，
> 發現新的筆法，創作了今日的表現，藝術本來無國界之分，手法不
> 應該有任何的拘束。蓋美術之作，應注意時代性、地方性、個性之
> 三因素。臺灣的美術應該要充分地表現著臺灣的鄉土色、與二十世
> 紀的現代性、和作家獨特的風格出來，才有藝術的生命，才有新的
> 創作表現和新時代美術的意義。〔註21〕（著重號為筆者所加）

圖五十八　黃君璧《竹溪垂釣》

圖片來源：《臺灣美術新風貌展（1945～1993）》，黃光男，臺北：臺北市
立美術館，民國 82 年，第 85 頁。

〔註21〕葉龍彥，「戰後初期的『臺灣省全省美術展覽會』（1946～1955）」，《臺北文獻》
直字 126 期，民國 87 年，第 141 頁。

對此，作為此屆國畫部評委的溥心畬認為：

> 日本畫學自中國南宋，其變者，風俗事類使然，難以分是非，
> 定優劣也。〔註22〕

由此可見，在臺灣美術界繼續堅持臺版國畫的合法性身份之下，國畫正統之爭尚未激化且大有調和之勢。順應時勢變化之下，更名為國畫的東洋畫安然無事。然而，從臺籍畫家言論之中對鄉土色美術語言身份的關注與堅持，可以看出其根本的原則仍是：遠離政治意識形態，更換引來政治危險的殖民符碼，並由此依託文化合法性認同過程中重新置換在中華美術身份下的「地方色」美術語言身份，來支持其國畫的合法性身份。50 年代初的臺灣東洋畫界，其思維仍舊延續了去殖民以及「二二八」後對政治意識形態的考慮層面。固然光復初期去殖民復中華是主流意識，順應著國語、國劇、國樂等名稱的運用思維，臺灣美術界自然運用了「國畫」之名以應時局形勢；然而這在正統性謀求的五六十年代中，卻為臺灣美術界埋下了重大隱患。

1951 年，反共復國思潮盛行。藝術家何鐵華藉「廿世紀社」主辦了一場「一九五〇年臺灣藝壇的回顧與展望」座談會。座談會上，大陸籍畫家對臺版國畫的嚴厲批判，使得漸似平靜的美術界局面開始動盪。身為國民黨政工幹校美術系主任的大陸籍人士劉獅首發批駁。其認為：

> 「現在還有許多人以日本畫誤認為國畫，也有人明明所畫的都
> 日本畫，偏偏自稱為中國畫家，實在可憐復可笑！例如第五屆美展
> 時在中山堂展覽者多屬日本畫，但都以國畫姿態展覽，而第一名以
> 國畫得獎者，其實績即為日本畫。」「日本畫是描，國畫才是真正的
> 畫，國畫所具備的氣韻生動，在日本畫裏是看不見的。我的結論是
> 絕不能將日本畫誤作國畫。……」「拿人家的祖宗自己來供，這總是
> 個笑話。」〔註23〕

對此，五屆省展國畫部評委大陸傳統水墨名家黃君璧認為：

> 有許多臺灣朋友是很虛心的，但是在從前沒有真正的國畫來到
> 臺灣，是造成今天這種錯誤的最大原因。所以我以為有舉行一次大

〔註22〕葉龍彥，「戰後初期的『臺灣省全省美術展覽會』（1946～1955）」，《臺北文獻》
　　　　直字 126 期，民國 87 年，第 141 頁。

〔註23〕廿世紀社，「一九五〇年臺灣藝壇的回顧與展望」（座談記錄），《新藝術》第 1
　　　　卷，1951 年第 3 期，第 54、55 頁。

規模的展覽的必要。〔註24〕

然而，面對著大陸國畫界的首波質疑與批判，這沒有使擁有既得勢力的臺籍資深名家有所反應和顧忌。為此六屆省展舉辦前的 4 月 22 日，廿世紀社再度舉辦名為「中國畫與日本畫問題」的專題座談會。不過此次雙方資深名家皆未出席。臺籍國畫新秀、被劉獅點名批評的盧雲生出席會議，然繼續以「南北宗說」辯護著臺版國畫的合法性地位。東洋畫家黃歐波則發言認為：

> 日本畫傳到臺灣後，便稱為東洋畫。但本省的國畫，仍沒有脫離中國畫風，而日本畫的好處，也有值得我們去研究的。不過所謂純粹的國畫法，是否求不改革呢？……故此亦應配合時代的需要為宜。〔註25〕

由此可見，去殖民意識形態下的臺籍畫家仍在堅守中華美術身份範疇之下的國畫傳統地位及其合法性，並且提示臺版國畫的傳統性與創新性。經過此次交鋒之後，國畫論爭在大陸美術界的追壓之下逐漸升溫，期間論爭互為來往；兩方藝術家時在報刊、座談會上撰文發言展開闡釋辯護。如施翠峰的《本省國畫的向路》〔註26〕、孫旗《「臺省七屆美展」透視》〔註27〕等。循此直至 1954 年底，由大陸赴臺並就讀於臺師大美術系的劉國松〔註28〕突發系列長

〔註24〕廿世紀社，「一九五〇年臺灣藝壇的回顧與展望」（座談記錄），《新藝術》第 1 卷，1951 年第 3 期，第 54 頁。

〔註25〕廿世紀社，「一九五〇年臺灣藝壇的回顧與展望」（座談記錄），《新藝術》第 1 卷，1951 年第 3 期，第 54、55 頁。

〔註26〕施翠峰，「本省國畫的向路」，《新藝術》第 1 卷，1951 年第 4、5 合期，第 77 頁。

〔註27〕孫旗，「『臺省七屆美展』透視」（座談記錄），《新藝術》第 2 卷，1952 年第 4 期，第 86 頁。

〔註28〕劉國松（1932～），「生於山東益都縣。1955 年畢業於臺灣師大藝術系，1956 年劉氏結合師大的同學在校內舉辦四人聯展，來證明畢業學生的創作能力，並組成年輕人的現代畫會活動，取名「五月畫會」。1958 年劉氏畫風轉變，利用西洋的繪畫材料，將東方水墨的空靈感加入油畫之中，此類作品在巴黎「青年畫展」與巴西「聖保羅雙年展」很受重視。1961 年劉國松撰文反駁徐復觀在《現代藝術的歸趨》一文中，從政治角度曲解抽象化的觀點，引發「現代繪畫論戰」，為現代畫在臺灣爭取發展的空間。劉國松在思索如何創作屬「中國的」現代繪畫之餘，1961 年後完全放棄西畫材料，並主張水墨畫的全面革新，包含：工具、材料、技巧、境界等各方面。他主張繪畫品質先求「異」，強調個人獨特風格的表現。1963 年劉氏發明粗筋綿紙，使用自創「抽筋剝皮皴」創作「抽象水墨畫」。1968 年他發起成立「中國水墨畫學會」，鼓吹現代水墨畫。1969 年美國太空人登陸月球後，劉國松開始以人類最進步的科學成就——太空探險，作為創作的主題，讓中國山水畫與 20 世紀科學的世界文明接軌，擴

文，將這場討論推向了極致。其《日本畫不是國畫》、《為什麼把日本畫往國畫
裏擠？》等文章措辭強力，直指要害。劉國松認為：

> 「國畫是專指我國固有的繪畫而言，就形式上看，可以很明顯
> 的辨別出來，國畫是以線條為主，能以極簡單的水墨線條，表現出
> 更抽象更複雜的內容；西畫是以色彩為主，注意色彩的關係和面與
> 面的結構；日本畫則是利用中國繪畫的材料及技法，更攙和西畫之
> 色彩及構圖，創造一種新的形式，⋯⋯」「如果有人認為日本畫是國
> 畫的改進的話，實是一大錯誤。」〔註29〕

在劉國松的一系列奮戰之下，國畫正統論爭進入到了白熱化階段。在前後
不到一個月的時間之內，也即其首發批駁之後的 12 月 15 日，臺北市文獻委員
會即舉辦了一次「美術運動座談會」。這次座談上，臺籍資深美術家多有參與。
而緊接著一個月不到，1955 年的 1 月 17 日「聯合報（藝文天地）」也以「現
代國畫應走的路向」為主題再次邀請雙方畫家展開座談。期間（美術運動座談
會中）林玉山發言認為：

> 臺灣的國畫本來就是祖國的延長，只是因為地方的環境和西洋
> 文化交融已發生了變化，日人早在臺灣畫之中發現臺灣的特色，熱
> 代的情調，當時日人謂臺灣藝術畫為「灣制繪畫」。光復後內地的畫
> 人動不動就說臺灣藝術為日本畫，這個問題到了現在還未能獲得解
> 決，我想是不是國畫的問題，絕不是只將畫譜所有的東西搬去寫成
> 的，或是只學某家的筆法仿某家的畫風，就以為方是真正的國畫。
> 美術的表現，各以方殊，自古以來每一個時代，每一個地方都有它
> 獨特的繪畫。雖然本身的繪畫歷史尚淺，尤且幼稚，但說來，亦是
> 臺灣所產生的富有地方性的獨創美術。⋯⋯〔註30〕

大了傳統畫的眼界與意境，此主題持續創作至 1973 年，為其具有代表性的「太
空時期」。1972 年後劉氏以其自創的「水拓法」創作水墨，表現出奇幻、如世
外桃源般的新意象。1971～1992 年他任教香港中文大學藝術系，首創現代水
墨畫課程，影響香港及水墨畫的發展。1993 年在臺灣創立「21 世紀現代水墨
畫會」，強調水墨畫的本土化與國際化。」——張芳薇，《臺灣美術發展：1950
～2000》，北京：中國美術館，2006 年，第 180 頁。

〔註29〕轉引自蕭瓊瑞，《五月與東方：中國美術現代化運動在戰後臺灣之發展：1945
～1970》，臺北：東大圖書股份有限公司，1951 年 4 月，第 153 頁。

〔註30〕臺北市文獻委員會，「美術運動座談會」（會談記錄），《臺北文物》第 3 卷，
1954 年第 4 期，第 13 頁。

　　林玉山的辯論，應該是臺灣東洋畫界自 50 年代論爭正式引發以來，代表
東洋畫界最資深人士的第一次正面回應。由此以後，國畫論爭達至頂峰；然而
從論爭以來的對話我們可以看出，從萌芽期至 50 年代中期的將近十年間，雙
方對論爭闡述的立腳點主要集中於技法、史論（南北宗）、美學、民族性、社
會史等方面展開。〔註31〕從其論爭的實際效果來看，堅守著中華美術身份的雙
方各執一詞，未見高下，即使直至 1959 年臺籍文化人士王白淵在半官方的
《美術》月刊上發表了一篇號稱臺籍美術界最有理論框架體系的論文，《對國
畫派系之爭有感》。從而最終誠如臺籍資深「國畫家」林玉山在憶文中所言：

　　　　每次展覽（指省展）都有因畫風的不同，表現的差異，而生出
　　各方面的興論，不是討論畫的好壞，也不是帶有領導性的教言，只
　　是如從前日人動不動就罵本省人為清國奴一樣，對看不合眼的畫，
　　即隨便掛一個日本畫的頭銜對待。如此淺見的評論，只有使感情的
　　離間，對於作家毫無益處。〔註32〕

　　然而無論爭論高低與否，現實的政治情勢之下代表著臺灣美術界權威的
「省展」終逐漸加入大陸籍評委〔註33〕，且越來越多的傳統水墨國畫也開始
入選；當然這都不涉及身份合法性問題的解決。總體性的結構調整之下，臺
灣美術界固有的地位漸趨動搖。最終劉國松 1959 年寫給教育廳長劉真的一份
公開信〔註34〕，使得 1960 年後的省展在各方壓力之下終以國畫部分開成兩部
展出而告緩解。1963 年更是分立兩部，單獨評審和展覽。當然這更多是出於
現實政治性而來的結果，問題當然也遠沒有解決，伴隨現實情勢的發展這一
切要等到 70 年代。也即「東洋畫」由改稱「國畫」爾無形中獲取正統性，到
無形中以「膠彩畫」更名而再次放棄「正統性」以告最終完成；當然，這一切

〔註31〕　關於具體的材料，美術史中有大量相關介紹。參閱蕭瓊瑞，《五月與東方：中
　　　　國美術現代化運動在戰後臺灣之發展：1945～1970》，臺北：東大圖書股份有
　　　　限公司，1951 年 4 月，第 144～177 頁。
〔註32〕　轉引自蕭瓊瑞，《五月與東方：中國美術現代化運動在戰後臺灣之發展：1945
　　　　～1970》，臺北：東大圖書股份有限公司，1951 年 4 月，第 152 頁。
〔註33〕　如 1957 年金勤伯，1959 年梁中銘、吳詠香、傅狷夫、張谷年，1960 年高逸
　　　　鴻等。
〔註34〕　「所以我們建議：將日本畫由國畫中踢出去，保持國畫的純粹性。孟子說：『不
　　　　全，不粹，不能謂之美。』目前每個國家的電影藝術都走向表現純粹的民族
　　　　性，我們的『國粹』怎能失掉其民族性，純粹性呢？」劉國松，「談全省美展
　　　　──敬致劉真廳長」，《筆匯》（革新號）第 1 卷，1959 年第 6 期。轉引自《臨
　　　　摹‧寫生‧創造》，臺北：文星書店，1966 年，第 95～105 頁。

仍是基於「合法性」的基礎性問題而慢慢演化。由此可見，基於「國畫」身份認同從不同角度進行討論的「國畫正統」論爭事件，其沒有涉及（也不可能涉及）對政治結構及其意識形態調整的討論；這使得其沒有認識到根本原因正在於五六十年代國民黨政治文化結構調整下，基於「反共復國」現實的三民主義思想背景而表現於政治文化層面的正統性問題。

3.2.2 危機內涵及其論爭邏輯

　　基於社會時代性的官方主流意識形態及其所建構的社會環境，國民黨政府對於正統性的謀求與中國文化傳統的正統是合而為一的。其反共復國所要實現的正是地理中國、政治中國以及文化中國的正統性合法地位。從而，基於此正統性問題而來的政治結構、意識形態及其指徵關係的構建形成了國畫論爭產生的結構性原因。然而光復初期，延續日據體制以來至「二二八」後仍舊保持優勢的臺灣東洋畫界，在擁有最高美術地位以及地理空間上代表臺灣美術最高等級的「省展」權力機構後，具有了領導性權力結構及其主流形象；與此同時去殖民社會情勢下的「國」字化運動，也使得臺灣東洋畫界順應國語、國劇、國樂等名稱的命名邏輯，自然運用了「國畫」之名以應時局形勢；這使得「東洋畫」在政治與傳統文化認同過程中，無疑以「國畫」更名而無形中獲取了合法性之下的中華美術身份，文化層面的合法性得以重塑〔註35〕。東洋畫界從此藉權力、地位及其主流形象下的國畫身份，實現了地理空間上從權力體制結構到意識形態層面的合法性；也即在政治結構與意識形態兩方面皆塑造起了合法性形象。然而，藉此去殖民意識形態及社會（文化）結構以謀求政治文化層面合法性的臺灣東洋畫界，將其合法性謀求的定勢思維如同其延續日據結構體制一樣延續到了五六十年代國民黨政府全面遷臺的時代。這種延續自然使得東洋畫在以謀求正統性為主流意識形態的社會中，藉其去殖民「國畫」符碼下的中華文化身份而向正統性形象過渡，儘管其謀求的本只是國畫身份認同下的文化合法性。從史料中我們可見，光復初期的臺灣觀眾多以更名「國畫」後的東洋畫為國畫形式，直到三屆省展馬壽華的國畫入展後，臺籍觀眾才意識到國畫不僅僅有以前所看到的那樣。這表明代表著正統中華美術的傳統國畫，其「國畫」等於「正統」的文化邏輯也投射（或被移植）到了臺灣美術東洋畫所認同的國畫身份上。從而，東洋畫與國畫及其正統性的邏輯關係

〔註35〕當然其殖民性的指徵結構關係由此撤除，同時這在正面未涉正統性問題。

由此構建。然而，1950 年代國民黨政府遷臺以來，臺灣的政治社會結構在「二
二八」及國民黨政治結構正統性合法性改造之後，已發生了巨大變化。其已由
去殖民階段轉向三民主義建國意識形態下的「反共復國」時期。其主流意識形
態已從去殖民轉向謀求正統性政治文化結構的社會階段。從而東洋畫藉日據結
構體制與去殖民意識形態所建立起來的國畫及其正統性指徵關係必然危機重
重；在謀求正統性的五六十年代，東洋畫對傳統水墨的國畫正統性身份的佔據
構成極大問題。這甚至引發了東洋畫由國畫身份危機而來的合法性危機。也即
一下涉及到了東洋畫生存與否的合法性與正統性兩個根本性問題。從而東洋畫
（臺灣美術界）藉去殖民的文化合法性重塑而建立起來的體制結構與意識形態
之間的邏輯關係，必不符合反共復國下的政治及其意識形態邏輯。但臺灣美術
界的現實是，延續日據體制的臺版國畫儼然代表了此時社會的主流地位及其
正統性地位。由此基於三民主義基礎的傳統國畫以其自然的文化正統邏輯身
份，必然與之矛盾重重；也必將使得傳統國畫界攻擊臺灣美術界的權利保守，
及其臺版國畫不合法的正統地位；無疑在五六十年代的臺灣社會中，大陸水墨
國畫是極其符合形勢的，當然對延續日據體制的臺灣美術界來說則危機重重
且無路可尋。從而，「正統性官方社會意識形態」是國畫正統論爭產生的根本
性背景原因，而「身份合法性問題」則是論爭長久持續而無實際分曉的次層原
因，當然這又表現在政治結構、意識形態及其之間的結構關係之上。以下我們
將從這幾方面略加分析，並由此指明其與正統性社會意識形態背景的關係。

　　首先，從劉國松以「反共復國」的角度對東洋畫展開批判，說明意識形態
差異的問題。1959 年劉國松在給教育廳長劉真的公開信中指出：

　　　　我們沒有特別做到提倡發揚「國粹」已經違反了當前的教育宗
　　旨，如果還反過來一味提倡日本畫，實在是有點忘本了。同時，我
　　們也要特別提醒大家的，共匪在大陸焚燒古籍，篡改歷史，文字要
　　拉丁拼音，一心欲滅絕我固有文化，一面倒向蘇俄的政策，使民族
　　精神喪失無遺，能保全中國文化的只有臺灣這一點點，如果我們再
　　把祖先留給我們的這點兒寶貴遺產，不好好地擇善固執，真可說是
　　黃帝不肖的子孫，民族的罪人。〔註36〕

〔註36〕劉國松，「談全省美展──敬致劉真廳長」，《筆匯》（革新號）第 1 卷，1959
　　年第 6 期。轉引自《臨摹‧寫生‧創造》，臺北：文星書店，1966 年，第 104
　　～105 頁。

　　從中我們看出劉國松借著反共復國恢復傳統文化的大旗，實攻東洋畫
（日本畫）的合法性基礎。當然在其實際情勢下是沒有人敢反駁這樣的文化
邏輯。從而，東洋畫界在回應之時總是從美術史或者技法角度予以闡釋自身的
合法性來源。這是第一層意識形態偏離，兩者根本沒有基於同一意識層面討
論。當然從延續去殖民意識與遠離政治的東洋畫來說，其自身也缺乏反共文
藝的論說基礎。所以劉國松沒有從去殖民的意識層面或角度討論「保護國粹」，
而是從反共復國的角度展開；這一符合時代語境，二可攻擊東洋畫的殖民缺
陷。使得東洋畫無法從去殖民意識層面回應劉國松的國粹保護問題。如此一
來，東洋畫的合法性及其正統性動搖了。當然，這就要放棄國畫之名，也即放
棄「正名」之統。這一點，劉國松 1955 年的一篇文章中提到過相關問題。由
此，這就涉及到第二點「去殖民與臺獨」的政治意識形態角度。〔註37〕

> 當前國畫很不幸的，也是在我國其他各地所沒有過的，是將日
> 本畫雜入國畫中以偽亂真的現象。那些「日本畫」家們自己也知道
> 所畫的與國畫有別，所以曾經想另定一個名稱，提名者有「東洋
> 畫」、「現代國畫」即代表地方性的「臺灣畫」，均未被通過，最後還
> 是只好往國畫裏一擠了事，卻始終不肯承認是日本畫，真是使人大
> 惑不解，既然日本畫有其長處，我們可以畫西洋畫，當然也可以畫
> 日本畫，畫日本畫有什麼丟人的？並不比其他畫家低賤！〔註38〕

　　從中可見，劉國松力求東洋畫放棄國畫的正統名分，以此將正統身份還給
傳統水墨國畫。但是東洋畫如果放棄此傳統國畫身份，而（轉向）延續對「臺
灣畫」和「日本畫」身份的認可，即會直接影響到東洋畫合法性問題，而毋論
美學和正統性問題。具體而言在歷史情勢之下，臺灣的獨立會使得堅守三民主
義的國民黨政府從地理上、文化上、政治上失去代表一個中國的正統性。從而
「臺灣畫」的提法會使得中華美術體系下的臺灣地域美術納入到臺獨範疇，而
這是國民黨政府當局政治體制所不允許的情況〔註39〕。從而在中華正統文化
之下的臺灣文化子系統，以「臺灣美術」的身份就意味放棄了文化合法性及

〔註37〕 從劉國松的言論可以看出當時政治對於去殖民已不是重點，這與戰後政治形
　　　　 勢中臺灣與日本關係的問題有關；從而也說明反共復國是重點。

〔註38〕 劉國松，「目前國畫的幾個重要問題」，《文藝月報》第 2 卷，1955 年第 6 期，
　　　　 第 7～8 頁。

〔註39〕 戰後初期以來國民黨政府一直反對獨立。參閱博士論文李躍乾，「日據時期臺
　　　　 灣留日學生與戰後臺灣政治」，廈門大學，2007 年 7 月。

其政治合法性。此外，反共復國下的「復國」邏輯包含著去殖民與反共兩個方面，從而以「國家民族」為認同邏輯的論述，便排除了在國畫論述體系內對殖民色彩日本畫的討論，以及以「南北宗」或「六法」論作為中日繪畫同源的論述邏輯。從而延續日據體制及遠離政治意識形態的東洋畫界當然不願重蹈覆轍，日本畫的名稱更是不用考慮。這當然也是東洋畫界無法回應的問題，除去從美術史或美學角度做無意義回應之外別無他路。

　　第三，從政治結構的角度來分析。國畫正統之爭，也是基於省展體制之爭；因東洋畫界對省展體制權力的掌握，使得其國畫「正名」背後的命名邏輯，美術話語與權力譜系的政治結構得以構建。打破省展體制，也就打破命名邏輯所擁有的結構體系，合法性正統地位自然消失殆盡。從而，延續日據體制的省展飽受劉國松批判。〔註40〕大陸傳統國畫評委也以退出相脅。當然，在現有情勢下的政治結構調整當中，結構體制的合法性與正統性建構，也將使得這種延續日據體制的省展必遭動搖乃至沒落。也因此會出現被臺籍美術界所詬病的大陸籍官員畫家空降省展評委的情形，乃至省展國畫部最終分兩部評審展出的結果；這是以暫時分享正統名分而告緩和，當然這持續不了多久。

　　第四，從政治體制與意識形態的結構性對應關係來看。一屆省展之時，臺灣東洋畫家對傳統水墨國畫是持批評借鑒的態度。當然這種美學觀與日據時期形成以來的寫生美學觀有著極大地承傳。從而延續日據體制的省展仍舊以此美學標準檢審參展作品，其體制結構與美學意識是合一的。然而 1949 年隨國民黨政府遷臺而來的傳統國畫，其美學標準則是與大陸時代的政治結構體制相合。在國民黨政府政治文化合法性重塑過程中，這種大陸的傳統美學標準也是與其合法性正統政治體制改造是一致的。可謂將大陸全套政治文化體制的正統性地位移植到臺灣。這使得陸臺美學標準及其體制結構矛盾重重。對此，從一屆省展國畫部審查感想我們可以看出，這已經為之後的矛盾產生做出了注腳。

　　　　關於這次的審查，……我們感到大有傾向舊式國畫的趨勢，盲從不自然的南畫，或是模仿不健全的古作，忘卻自己珍貴的生命，這一點我們頗感惋惜！我們深切知道，臺灣現有的國畫究竟是什麼？雖然遠隔我國文化五十年，但是從我們正確的評論上，乃是傳授祖國美術文化，而加以革新的日本美術教育，再在臺灣爐冶中，數

〔註40〕被批判成為學生展和私塾學校的宣傳廣告，當然這也可能是其策略。

> 十年來經過熱血作家同志，不屈不撓的熱心鍛鍊而成的一種藝術，
> 所謂刷新的新作風吧！希望我們的同志，不要走歧徑，不要忘卻個
> 性，注意創造的精神，團結起來，協助我國文化之建設。〔註41〕

　　從此以後，國畫論爭常常集中在對美學、技法、史論之上的討論。但這對於問題的廓清與解決只能是轉圈。畢竟，傳統國畫所依據的背景是國民黨政治結構與反共復國意識形態的正統性謀求，而臺版國畫所依據的是日據體制結構與去殖民意識形態的合法性謀求；兩者有重合性，但本質不同。合法性問題的重合，是實際論爭中的表象問題；而正統性問題才是合法性之後的根本原因；當然這些問題都是基於政治結構與意識形態的結構性對應關係而形成。

　　發生在 50 年代中的這場東洋畫危機，它是一場基於正統性社會意識形態而展開對國畫諸層面合法性問題的討論。然而圍繞國畫身份及其引發而來的合法性之間展開爭論，這必定使得現實恐怖社會情勢下的國畫身份爭論不會有結果。因為誰也不會冒投日、通共、賣國的政治風險。從而再循此圍繞技法、美學等問題展開論爭，則是糾纏不清於旁枝末節而無濟於事。究其根本原因，即結構性的社會調整與意識形態變動是其原因所在。當然，表現在美術領域中就是國畫身份的合法性問題，表現於具體「國畫」之中就是技法、美學等一系列的相關學理、史論等問題，而表現於五六十年代的社會現實中那就歸結於正統性問題。不過現實情勢之中基於意識形態深層結構的複雜性，具體論爭對於正統性問題的討論是無法涉及的。這也不是當時情境中的美術學人能從美術層面所能認識與解決的問題。說寬泛一點，這至少是一個思想史的命題。不過，回顧問題另一個主旨，「地方色」問題。這場危機所關涉的合法性與正統性問題，對於延續「東洋畫」極為重要的「地方色」問題而言，並沒有本質影響。臺展型東洋畫所據以成型的地方色美術語言身份，得以延續。只不過，其在經歷了光復初期傳統文化認同過程而更名為納入中國美術範疇的「國畫」之名後，在此五六十年代正統復興時期，以「國畫二部」而得以保留。這為其在 70 年代的復現留下了契機。由此時期同樣作為地方色表現的西洋畫而言，其自日據時期由日本傳入以來，也並未受到正統性與合法性打壓。

〔註41〕臺灣省文獻會，《臺灣省通志（卷6）·學藝志藝術篇》（第二冊第四章·美術），民國 60 年，第 101 頁。轉引自葉龍彥，「戰後初期的『臺灣省全省美術展覽會』（1946～1955）」，《臺北文獻》直字第 126 期，民國 87 年，第 128 頁。

可見「正統性」問題，才是東洋畫與傳統國畫間的矛盾焦點。地方色的「美術
語言身份」及其技法，安之若素。當然，「地方色」美術語言與政治語言及其
結構間的指徵關係由此發生了深入變化。其逐步轉向了「純粹」美術語言身份
的存在，這在東洋畫的現代性危機之後表現的更為深刻。

附：「正統國畫論爭」事件年表

年代	日期	國畫論爭（及相關言論）	文藝環境〔註42〕	政治環境
1944	4/17			國民黨政府國防委員會中央設計局設「臺灣調查委員會」，負責調查臺灣實況及準備收復工作。
1945	3/23			臺灣接管計劃綱要公布，第一通則（4）「增強民族意識，廓清奴化思想，普及教育機會，提高文化水準」，第八教育文化。
	8/15			日本戰敗，殖民政府撤離臺灣。
	10/25			行政長官陳儀抵臺接收臺灣。行政長官公署時期開始。
	11/15		臺灣藝文界以日文發行《新新》雙月刊，共八期。1946 年 5 月改版中文。	
	12/31		陳儀「民國三十五年度工作要領」：發揚民族精神的心理建設，注重文史教育。	

〔註42〕根據原引文所示：關於臺人奴化論戰相關文章，根據陳翠蓮（2002 年，第 191
～198 頁）的整理計 226 篇，本表僅摘其要。

1946	1/18	王白淵於《臺灣新生報》讀者投書《所謂「奴化」問題》反對統治當局隨意以奴化標籤加在臺灣人身上，提議以日本化代替。	
	1/25	王白淵於《政經報》發表《告外省人諸公》反對以奴化用語負面評價臺灣人，尤其是以語言問題責罵。不孝的大陸人及沒有效率的政府讓「臺胞」開始不信任外省人。	
	2/10	李萬居《政經報》發表《臺灣民眾並沒有日本化》。	
	2/		「臺灣行政長官公署訓令」：查禁日本文化遺毒書刊。
	2/20		陳儀「本省中學校長會議」開幕致詞：實施中國化運動。
	4/2		臺灣省國語推行委員會成立，國語運動於焉展開。
	5/		國民黨政府教育部長范壽康奴化失言，省議會議員質詢。《民報》5月1日「本省人完全奴化了『哲學』處長如是『認識』團員憤慨決議嚴重抗議」，5月2日「矯正錯誤的認識對范教育處長暴言團員召開糾正大會」。
	6/16		臺灣文化協進會成立，理事長游彌堅，會刊《臺灣文化》。
	9/11	《聯合報》社論《中國化真精神》學習日本統治下臺灣社會的優點。	

	9/12	《新新》月刊第 7 號記錄「談臺灣文化的前途」座談會，戰後臺灣美術亦為討論要目之一。美術界有李石樵、王白淵出席。李認為今後的美術必須考量社會民眾與時代的因素；王剖析文化發展納入政治的條件。		
	9/17	臺灣文化協進會舉行美術座談會，臺籍藝術家十六人與會，東洋畫家有林玉山、陳進、林之助、郭雪湖（均為臺籍東洋畫家）。座談會內容刊於《臺灣文化》第 1 卷第 3 期，郭雪湖認為第一屆省展的東洋畫都是中國畫，而不是末流的日本畫、大和畫或浮世畫。		
	10/22	第一屆臺灣省全省美術展覽會(省展)於臺北市中山堂舉行，分國畫、西畫、雕塑三部（至第十四屆）。林玉山、郭雪湖、陳進、林之助、陳敬輝任國畫評審。評審意見中開始出現「正統國畫」說明。		
	11/21			陳儀臺北賓館記者招待會聲明臺胞不懂國語是為恥辱。(《和平日報》)
	12/			《臺灣省參議會第一屆第二次大會臺灣省行政長官公署施政報告》:加強文化宣傳，去除日本遺毒。
1947	1/1		甦甡（蘇新）《也漫談臺灣藝文壇》回應多瑙《漫談臺灣藝文壇》挑撥外省與本省的感	

		情。後者批評「本地人」（臺灣人）鄙視「國內文物」。	
	2/28		二二八事件爆發。廢除臺灣省行政長官公署，改設臺灣省政府，魏道明為首任省主席。
	7/1	游彌堅《臺灣新文化運動的意義》（《臺灣文化》2 卷 4 期）以接枝比喻將臺灣與中國「文化樹」互相移植。	「動員戡亂臨時條款」公布。
	10/24	第二屆省展，國畫評審同第一屆一樣。	
1948	10/25	第三屆省展，國畫評審加入陳慧坤（本省東洋畫家），馬壽華（外省水墨畫家），林之助退出。	《國語日報》創刊
1949	7/16	多位大陸畫家隨軍來臺，如胡克敏、梁又銘等。	1946 年 7 月國共內戰全面爆發。12 月 7 日蔣介石宣告大陸淪陷，國民黨軍隊開始從大陸撤退至臺灣。
	11/	《民族報》副刊號召士兵文學、反共文學。	《自由中國》雜誌發刊，1960 年《自由中國》遭指控配合中共統戰政策、造成臺灣混亂、企圖顛覆政府陰謀，雷震主編以包庇匪諜罪名遭到逮捕而停刊。
	11/19	第四屆省展，原國畫評審林之助回任。溥心畬評本省國畫「雖脫逸正宗，但命意新穎，別成格調」。	

	11/26	趙白木於《新生報》《獻給美術崗哨位的人——全省美展觀後感》中讚揚本屆省展「接近祖國立意」，也證實首屆省展有「不能親熱」的「日本作風」。		
	11/28	王逸民於《新生報》發表《第四屆全省美展觀後》（上），認為本省國畫的日本風味不能表現民族精神，但主張日本畫是院體派的延伸，也肯定本省國畫的寫生精神。		
	12/		《新生報》以「戰鬥性第一」為編輯方針。	
		張我軍以筆名老童生於《新生報》發表《從全省美展說起》指出外省本省畫家甚少溝通的狀況。		
1950	3/			蔣介石復任國民黨政府總統，中華民國政府遷移臺灣。
	3/25	張力耕《中央日報》《一年來的美術界》表示臺灣因淪陷五十年而在文物與美術方面落後，大陸畫家陸續來臺展出漸突破此絕緣狀態。砥礪畫家為國家人民服務。		
	5/4		張道藩成立中國文藝協會（1942 年 7 月張於大陸《文化先鋒》發表《我們所需要的文藝政策》，為首篇倡導文藝政策為政治服務。1954 年 11 月發表《三民主義文藝論》。張同時為 3 月成立的中國文藝獎金委員會主任委員）。	5 月 19 日陳儀因起義而被捕槍決。
	8/		蔣介石開始思考反共文化戰爭與以三民主義為基礎的戰鬥文藝。	

	11/25	溥心畬於《新生報》發表省展〈所感〉，認為國畫正規出於書法，日本畫派乃南宋雜入日本風俗。郭雪湖發表臺灣美術雖經殖民，仍為維持民族精神，並批評傳統國畫模仿守舊。	
	11/25	第五屆省展，原國畫評審加入黃君璧、溥心畬（均為外省水墨畫家）。	
	12/	廿世紀社復社（1938年設於香港），何鐵華主編《新藝術》月刊，揭櫫反共抗俄的自由中國新藝術運動。李仲生於創刊號發表《國畫的前途》，探討題材守舊與改良的問題，提出寫生及中西一體的新國畫。	
			蔣經國任國民黨政府國防部總政治部主任，隔年發表《敬告文藝界人士》，號召文藝進入軍中。
1951	1/28	舉行「1950年臺灣藝壇的回顧與展望」座談會，《新藝術》第1卷第3期刊出內容。參加者包括何鐵華、劉獅、張我軍、羅家倫、黃君璧、王紹清、雷亨利、郎靜山、戴粹倫、李仲生等，討論中國畫和日本畫的區別問題。劉獅的發言：「拿人家的祖宗來供奉」引起當場熱烈的討論。此次座談會象徵東洋畫在省展中被排斥的高點。	
	3/25		「自由中國反共抗俄美術展覽會」假臺北市中山堂舉行。胡偉克（7月擔任中國美術協會理事長）於《中央日報》發表《創造三民主義的新美術》。

3/27		文藝界發表《抗議共匪暴行宣言》	
4/20	廿世紀社假臺北市陸軍聯誼社再度針對「中國畫與日本畫問題」舉行座談會，刊於《新藝術》第 1 卷第 4、5 期（合刊）。出席者計有何鐵華、張有為、何勇仁、李鳴雕、盧雲生、蒲添生、孫多慈、黃歐波、李仲生、郎靜山、李天民、呂基正、施翠峰等，會中主要共識為：臺灣的「中國畫」特色為中西調和。同卷施翠峰以畫面發表《本省國畫的路》，強調國畫線條與韻味高於日本畫，但國畫應接近現實與時代潮流。		
7/8		原屬中國文藝協會下之美術委員會，擴大改組為中國美術協會。理事長：胡偉克（國民黨政府總政治部副主任兼政工幹校校長），常務理事：郎靜山、梁又銘、馬壽華、楊三郎、蒲添生、黃榮燦，理事：黃君璧、梁中銘、許君武、王王孫、何志浩、楊隆生，總幹事：劉獅。	
10/31		中國美術協會在臺北市中山堂舉行「祝壽美展」，慶祝蔣介石誕辰。	
		政工幹校（政戰學校前身）成立美術組（二年制），胡偉克委託劉獅擔任該組主任。	
11/3	第六屆省展，國畫評審團同第五屆。（此後七、八、九屆同）。		

	11/5	記者王理璜《中央日報》第4版《全省美展的成就》認為臺胞國畫受日本畫影響缺少「雄偉的魄力與渾厚的氣勢」，但樂見結合地方和時代以創造新風格，「重新投入祖國文化的懷抱」。		
	11/30	《新藝術》座談會「中國繪畫的新路向」，刊於第2卷第1期。會中陳慧坤提出日本畫與中國畫調和論，何勇仁發言：「以日本畫法當做中國畫之新派者，都完全走錯了路」，會中討論國畫改革的問題。陳慧坤同期發表《對自由中國美術界的期望》，期勉本省畫家在寫生的基礎上加入中國美術的意境，而外省畫家應勇於開拓，勿墨守陳規。		
1951	1/			蔣介石發起「反共抗俄」總動員運動。
	2/26～3/5	孫旗《自由中國美術界回顧與前瞻》（《新藝術》第2卷第1期）總結《新藝術》三次座談會：第一次檢討與重新認識，第二次日本畫與國畫優劣比較與融合，第三次新國畫的建立。	廿世紀社舉辦「自由中國美術展覽會」於臺北市中山堂，並出版《自由中國美術選集》。何鐵華於《新藝術》第1卷第3期發表《自由中國美展的意義和任務》，呼籲重建革命的新藝術理論。謝冰瑩、吳敬恒發表類似看法。	
	3/25	慶祝第九屆美術節，《新藝術》第四次座談會「新國畫的研究」，刊於第2卷第2期。會中發表對新國畫的界定：融合古今（何勇仁），運用現代工具表現民族意識（何鐵華），解放摹古教條（施驊），合乎未來理想（李大木）。		

	8/4		中國文藝協會發表《為揭發共匪文藝整風運動暴行陰謀並支持大陸被迫害的文藝界人士宣言》。	
	9/1	何鐵華出版《論國畫創作的新路》。		中國青年反共救國團成立，蔣介石兼任團長，蔣經國任主任。
		《新藝術》第 2 卷第 4 期孫旗《「臺省七屆美展」透視》批評奴性未除的日本畫風仍然存在。		
			「新藝術研究所」成立，以提倡廿世紀新興藝術、促進自由中國文化精神。此研究所為臺灣現代藝術理論教學研習。1959 年何鐵華赴美後停辦。	
1953	3/25		第一屆「現代中國美展」，展出于右任、馬壽華、郎靜山、梁中銘等人作品。	
	5/21	趙聲於《聯合報》發表《當前藝壇的苦力——介臺陽美協及十六屆美展》指出「被認為」帶有東洋味的本省國畫已見改善。		
	9/1		馬壽華、藍蔭鼎、廖繼春、李石樵、林玉山、施翠峰、何鐵華等籌組中國藝術學會（自由中國美術作家協進會改名）。此會導因於何鐵華、何勇仁與梁鼎銘、梁又銘兄弟反共美展及組織美協時的不合。	
	9/		蔣介石發表《民生主義育樂兩篇補述》作	

			為國民黨政權文化施政綱領，將美術視為「社會建設和文化建設」的議題。	
	11/20		中國美術協會響應蔣介石總統文化改造號召，於臺北市中山堂舉行「動員美展」。	
			中國文藝協會公布《中國文藝協會動員公約》。12 月發表《中國文藝協會全體會員研讀總統手著〈民生主義育樂兩篇補述〉的心得與建議》。	
			《新藝術》第 2 卷第 4、5 期社論《美術如何配合反共大業》，主張培植藝術戰鬥成員。	
1954			《軍中文藝》（1 月）、《幼獅文藝》（3 月）、《中華文藝》（5 月）創刊。	
	2/		《新藝術》停刊，共發行九期。	
	5/4		響應《補述》鏟赤掃黃號召，中國文藝協會成立「文化清潔運動專門研究小組」，美術界王藍、馬壽華、梁又銘、梁中銘為成員。	
	7/26		中國文藝協會常務理事，「文化清潔運動專門研究小組」成員陳紀瀅（筆名「某文化人士」）於《中央日報》、《新生報》提出「文化清潔運動」（亦名「除文化三害運動」，三害即「赤色的毒」、	

			「黃色的害」、「黑色的罪」）。成立「文化清潔運動促進會」。《中國新聞》等十份刊物因此遭檢舉而停刊。	
	8/9		《自由中國各界為推行文化清潔運動厲行除三害宣言》，兩百萬人簽名支持。	
	11/23	劉國松以筆名魯亭發表《為什麼把日本畫往國畫裏擠？九屆全省美展國畫部觀後》於《聯合報》副刊，建議省展設日本畫部，以免混淆國畫的本質。	《民族晚報》發刊，以戰鬥文藝為使命。	
	12/15	臺北市文獻委員會去年 12 月 15 日主辦「美術運動座談會」，邀請臺籍畫家出席討論臺灣美術的由來及發展等，席間並談及國畫與東洋畫的問題，刊於《臺北文物》第 3 卷第 4 期。王白淵發表《臺灣美術運動史》。		
	12/	劉國松發表《日本畫不是國畫》於《新生報》，指出民族性是日本畫與國畫差異之所在。		
1955	1/17 ～ 1/22	本日起連續六天，聯合報藝文天地以「現代國畫應走的路向」為題舉行筆談會，邀請內臺兩地畫家發表意見，參與者包括馬壽華、梁又銘、黃君璧、孫多慈、陳永森、藍蔭鼎、林玉山及施翠峰等。		
	1/		蔣介石提倡「戰鬥文藝」。	
	2/		國民黨中常會通過《展開戰鬥文藝要點》。	

	6/	劉國松發表《目前國畫的幾個重要問題》於《文藝月報》第 2 卷第 6 期。不同意日本畫雜入國畫，或將日本畫視為北宗畫派，提議回復東洋畫之名。		
	11/25	第十屆省展，國畫評審團除溥心畬，其餘同前屆。		
	12/1	王白淵於《臺灣新生報》發表《省展觀感（一）》，提出國畫南北宗看法，於 1959 年將此觀點用於《對「國畫」派系之爭有感》一文中，以調解「正統國畫論爭」之爭議。		
1956	10/31		中國美術協會創辦《美術》月刊，胡偉克任發行人。	
	11/		東方畫會籌備成立，但向官方提出申請時未獲通過，會員們因此決定以畫展形式進行活動。	
	12/！	第十一屆省展，國畫評審團同前屆，加入許深州（臺籍東洋畫家）。		
1957	5/10		首屆五月畫會展於臺北市中山堂舉行，參展者有郭予倫、郭東榮、李芳枝、劉國松、鄭瓊娟、陳景榮。	
	12/7	第十二屆省展，國畫評審團同前屆，加入金勤伯（外省水墨畫家）。十三屆同此。		
1959	4/	王白淵於《美術》月刊發表《對「國畫」派系之爭有感》，以南北宗調解「正統國畫論爭」。		
	6/	馮鍾睿於《筆匯》「革新號」第 1 卷第 2 期發表《不可魚目混珠——書「臺陽美展」		

		後》：應以畫日本畫為恥，重述對「日本畫往國畫裏擠」的質疑。該文之言論與筆調近似劉國松。		
	10/20	劉國松於《筆匯》「革新號」第 1 卷第 6 期發表《談全省美展──敬致劉真廳長》，抨擊省展評審為文化與國粹的扼殺者，呼籲將日本畫踢出國畫以為純粹性。提議省展另闢東洋畫部，其主張同 1955 年《目前國畫的幾個重要問題》。		
	12/25	第十四屆省展，金勤伯退出，梁中銘、吳詠香、傅狷夫、張谷年加入（皆為外省水墨畫家）。		
1960	12/	第十五屆全省美展，國畫分一、二部，第二部實為東洋畫。國畫評審團同前屆，溥心畬回任，加入高逸鴻（外省水墨畫家）、盧雲生、蔡草如（臺籍東洋畫家）。		
1961	1/1	劉國松發表《繪畫的峽谷──從十五屆全省美展國畫部說起》（《文星》第 39 期），批評國畫第二部實為日本畫，添加西畫元素，非真正的國畫改革。		
	8/14		徐復觀於香港《華僑日報》發表《現代藝術的歸趨》，抨擊現代藝術的反理性與破壞性摧毀了自然主義與感性，最後將為共產黨開路。此文引發他與劉國松的現代藝術論戰。	
1963	2/25	陳錫勳於《聯合報》發表《東洋畫充不得國畫──兼評第十七屆臺灣省美展》。		

	9/1	劉國松發表《看偽傳統的傳統知識》（《筆匯》第 2 卷第 10 期），反對日本畫為中國畫北宗嫡系的看法，是為「偽傳統派」。		
	12/30	楚戈於《聯合報》發表《評第十八屆省美展》表示不能將東洋畫和國畫混在一起。		
1965	2/		文藝社團響應「毋忘在莒運動」。	
	4/8 ～9		第一屆國軍文藝大會。	
1966	3/		國民黨第九屆四中全會通過《加強戰鬥文藝之領導，以為三民主義思想作戰之前鋒案》。	
	11/12		蔣介石令此日為「中華文化復興節」。12 月 25 日推行中華文化復興運動，對抗 1966 年 5 月 16 日毛澤東發動的文化大革命。	
	12/		國民黨第九屆四中全會通過《中華文化復興運動推行綱要》，繼續倡導戰鬥文藝，推行新生活運動。	
1967	7/28		中華文化復興運動推行委員會成立。	
	11/		國民黨第九屆五中全會通過《當前文藝政策》。成立教育部文化局以執行戰鬥文藝。	
1968			國民黨政府舉行（臺北）第一屆全國文藝座談會。	
1971	2/		國民黨召開中央文藝工作會，決議貫徹三民主義文藝運動。	

1974	1/1	第二十八屆全省美展，取消第二部（東洋畫也即膠彩畫），保留國畫第一部。		
1979		第三十四屆省展恢復國畫第二部作品之徵收但與第一部合併評審。		
1980	1/1	第三十五屆省展國畫再分成一、二兩部分別評審。		
1982	1/1	林之助提議將國畫第二部定名為膠彩畫；從第三十七屆起全省美展分國畫與膠彩畫二部展出。		

資料來源：參閱《藝術的張力——臺灣美術與文化政治學》，廖新田，臺北：典藏藝術家股份有限公司，2010 年 6 月，第 95～106 頁。

3.3「五月」、「東方」：文化正統與東洋畫的現代性危機

3.3.1 反共文藝政策與現代藝術思潮

　　如果說「國畫論爭」是政治形態於視覺領域投射的具體化表徵。那麼，進入五六十年代以來的國民黨政府也基於「三民主義」的反共復國綱領，在文化藝術的知識話語與視覺領域直接展開了全面的意識形態構建，以此配合政治層面的正統性及其合法性確立。基於正統性官方意識形態下反共復國的國策，國民黨政府制定頒發了各類反共文藝政策，與此同時建立起了各類官方非官方的文藝組織和機構。然而，現實的正統文化異地重植過程中，國民黨政府的文藝運動在近代新文化與西方現代思潮影響之下出現了新的轉向。一場正統性與現代性之間的矛盾漸趨呈現。在這場現代性的矛盾之中，作為國畫二部而得以保身的東洋畫因其「正統性」而來的保守性而再次受到（現代思潮）挑戰，儘管這在當時情勢下仍是基於對傳統文化的保存、發揚和傳承而來。

　　對於文化領域的建設及其重視，始自 1949 年國民政府遷臺之後對於大陸失敗的檢討。時蔣廷黻即指出：

　　　　二十年來，國民黨握到的是軍權和政權，共產黨握到的是筆權，

　　而結果是筆權打垮了軍權和政權。〔註43〕

〔註43〕 李牧，「新文學運動歷程中的關鍵年代——試探 50 年代自由中國文學創作的思路及其所產生的影響」，《文訊》，1984 年第 9 期，第 147 頁。

圖五十九　臺北故宮博物院（1960 年擴建）

圖片來源：《臺灣美術新風貌展（1945～1993）》，黃光男，臺北：臺北市
立美術館，1993 年，第 349 頁。

對此，陳紀瀅也指出：

> 我們穩操對外戰爭之勝算，卻招致對內宣傳的失敗。宣傳失敗
> 中文藝工作最失敗。……我們任憑毛共分子以文藝工作瓦解人心，
> 以電影戲劇散佈毒素。〔註44〕

王積叢則乾脆於《中國文藝發展的方向問題》中指出：

> 北伐之後，國民革命對反革命的舊勢力贏得了決定的軍事和政
> 治的勝利，國民政府於是統一全國。當此之時……這一大漏洞，就
> 在可以左右青年思想感情，因而影響社會心理的文藝方面。〔註45〕

基於此，時國民黨政府主席蔣介石也公開認定：「在大陸上與匪爭鬥的失
敗，實在可以在文藝的領域中找到原因。」〔註46〕其認為大陸時期與共產黨的
鬥爭當中，由於

> 「宣傳不夠主動而理論不夠充實」，「不但不能勝過」、「趕上」
> 共產黨，反而被共產黨佔了上風，諸如廣播、電影和書刊，「不是國

〔註44〕陳紀瀅，《文藝運動二十五年》，臺北：重光文藝，1978 年，第 3 頁。
〔註45〕王積叢，「中國文藝發展的方向問題」，《文藝創作》，1953 年第 25 期，第 66 頁。
〔註46〕吳東權，「國軍文藝運動三十年」，《當代中國新文學大系：史料與索引》，劉心
　　　皇編，臺北：天視，1979～1981 年，第 444 頁。

際主義的文學，便是赤色組織的宣傳」，以至於共產黨爭取了青年和
民眾。因此，……及時地「健全宣傳機構」，確定反共宣傳政策，開
展「肅共宣傳」和「三民主義文化運動」，以「爭取人心」，「配合軍
事反共進展」，是國民黨維持自己在臺統治的當務之急。〔註47〕

　　由此，從文藝領域對共產黨展開反攻成為國民黨政府遷臺之後一項極為
重要的政治工作。一場由官方所主導的文化改造運動由此正式拉開帷幕。

　　如前所述，國民黨政府基於正統性與合法性而對國民黨黨政組織結構體
系進行了一系列的改造。同樣，五十年代初期國民黨政府所開展的這場聲勢浩
大的反共文化運動，也正是基於同樣的正統性與合法性而來；因其關涉到政治
合法性以及正統性的宣示與構建，從而具體於國民黨政府對內戰失敗的檢討
而展開的正統性、合法性文化構建成為其文化反共成敗的標示。也因此，「三
民主義」之下的國民黨政府文藝政策將代表著中國正統意識形態的傳統文化，
納入到其政治文化正統性建構的體系之內，以最終實現文化正統所宣示的政
治合法性與正統性目標。從而，其先後將各類傳統節日納入到國家法定層面予
以彰顯，並逐漸將各類傳統文化（如名人孔子等）納入到正統性文化建設體系
之內，於臺灣各地樹立名人雕像等等〔註48〕。由此，在這樣一種由上而下的
「復興中華文化」運動之中，國民黨政府逐漸塑造起一種基於正統性傳統文化
的反共文化與政治正當性基礎。當然也由此，一種中國文化認同下的大中國意
識彌漫於臺灣社會。而在這樣一種政治文化邏輯之下，傳統文化在五六十年代
獲得了極大的發展空間與政治勢力。相應於此文藝意識（政策），1950 年 3 月
時任國民黨中宣部長的張道藩成立了「中華文藝獎金委員會」，這是國民黨遷
臺之後第一個官方的文藝組織。不久之後圍繞著反共復國的政治綱領與文藝
精神，「中華文藝協會」、「中國美術協會」以及國民黨政府國防部政治部和非
官方的「廿世紀社」〔註49〕等一系列的文藝組織與機構相繼成立。藉此，以構
建文化正統性為旨的三民主義反共文藝政策及其精神被進一步全面推向民眾

〔註47〕　中國國民黨中央黨史委員會編，《革命文獻》第 77 輯，臺北，中央文物供應
　　　　　社，1978 年版，第 51、85～87 頁。轉引自呂正惠、趙遐秋，《臺灣新文學思
　　　　　潮史綱》，北京：崑崙出版社，2002 年，第 175 頁。
〔註48〕　關於此情況的論述詳情，參閱李王涵，「以生命譜寫的道德神話──戰後臺灣
　　　　　藝人塑像初探」，《雕塑研究》，2008 年 9 月；周俊宇，「戒嚴、解嚴與集體記
　　　　　憶──以戰後臺灣的法定節日為中心」，《臺灣文獻》，2007 年 12 月。
〔註49〕　其創立者何鐵華具有軍方的身份和背景。

社會。具體於臺灣美術領域，國民黨政府則先後成立了政工幹校美術組、美術研究班、中國美術協會等組織機構；並先後舉辦除「省展」以外的「全省學生美展」、「全省教員美展」，以及「反共漫畫展」、「反共書畫展」、「反共抗俄展覽會」和「國軍反共抗俄書畫展」等等。在此期間，有著官方背景的何鐵華也於 1950 年赴臺成立了「廿世紀社」，創辦《新藝術》雜誌和「新美術研究所」等。1950 年的文化反共復國氛圍之下，臺灣美術領域在政治推動力之下呈現出豐富的景象；民間的畫會團體也逐漸興盛而如日據時期。〔註50〕總體而言，國民黨政府初期的文化運動基本圍繞著反共復國思想，以三民主義為指導構建國民黨政府的官方文化權威及其正統的合法性地位。

然而，基於三民主義思想背景的反共文藝運動在漸行展開之時，逐漸表現出新的文藝傾向與精神取向，此即自由民主思想背景下的新（現代）藝術思潮。對此，以張道藩「中華文藝獎金委員會」與《自由中國》雜誌分別於 1957 年和 1960 年停辦，而「五月」與「東方」兩個民間畫會的開辦為標誌。當然事件至此之時，這場現代主義的思潮已然成熟並由官方轉向民間，不過其源頭仍需追溯至 50 年代反共文藝實施的初期階段。

50 年代初，基於對共產黨文藝政策和運動的反擊，以張道藩為首的「中華文藝協會」系統全力以三民主義的思想精神作為反共文藝運動的核心指導。然而除去「反共復國」之外，這批秉持著三民主義思想的知識分子，還寄希望於此實現「自由、民主」的新社會。也由此，作為三民主義思想代表的《自由中國》雜誌於 1949 年在臺北開辦。初期的國民黨政府核心權力層對此基於三民主義的反共復國文藝政策和思想寄予厚望，在極大展開反共文藝活動現實的情況下，國民黨政府也希望順應時勢以創造出自由民主的政黨形象與國家形象。從而初期基於自由思想的新（現代）藝術理念，在國民黨的資助和反共復國基本政策的推行之下得以潛行深蘊。厲行三民主義自由中國思想的

〔註50〕除去代表性的「五月畫會」與「東方畫會」之外，還有現代版畫會、中國現代藝術中心、青雲畫會、臺美術研究會、臺中美術研究會、今日畫會、青辰美術會、長風畫會、集象畫會、四海畫會、純粹美術會、荒涼畫會、散砂畫會、綠舍美術研究會、藝友畫會、世紀美術協會、二月畫會、中國水彩畫會、畫外畫會、圖圖畫會、大臺北畫派等等。除此以外還有一批傳統水墨畫家所組成的畫會，其中以中國藝苑、七友畫會、六儷畫會、八朋畫會、壬寅畫會等為代表。參閱劉益昌、蕭瓊瑞等，《臺灣美術史綱》，臺北：藝術家出版社，2007 年，第 382～383、343 頁。

張道藩，更是以其為首的「文協」系統成為國民黨政府文化政策的實施主體之
一〔註51〕。由此一大批的文藝人士集聚到國民黨政府的文藝活動之中，以期藉
新藝術形式推動反共復國運動，並由此實現自由民主的新社會、新國家。

　　1950 年，身為國民黨陸軍總司令部上校專員的何鐵華，於臺北創立了國民
黨政府遷臺之後第一個以私人身份創立的文藝機構，「廿世紀社」，並藉此創辦
了《新藝術》雜誌。在其創刊號卷首創刊詞《我們的路》中，其明確提出：

> 　　我們今天欲想打敗我們的敵人，奪回人類的自由，保障歷史的
> 光榮記錄，以無愧於祖先，我們最急切要做的事，就是加強精神的
> 武裝。而加強精神的武裝的第一步工作，便是樹立自由中國新藝術
> 的大纛——在自由中國新藝術的旗幟下，統一文化思想的精神戰鬥
> 步伐，才可以完成我們反共抗俄拯救人類的神聖任務。〔註52〕

　　從中可見三民主義的自由中國思想，是臺灣文藝界力求開創新興藝術以
求反共復國並實現自由民主的根本所在。從而，在以何鐵華這個有著軍方背
景〔註53〕支持的《新藝術》雜誌周圍，集聚了像李仲生、劉獅、郎靜山、陸昌
壽、施翠峰以及陳慧坤等一批有著同樣思想背景的新派藝術家。在 1950 年至
1954 年的短短九期出版物中，其先後發表了大量有關新藝術介紹與討論的文
章，例如對畢加索、康定斯基，達達、野獸主義的介紹等等。1952 年籍社會
形勢何鐵華於臺北再行創立了「新藝術研究所」，成為第一個明確標明現代
藝術理論研究與學習的教學機構。新派畫家黃榮燦、李仲生等人先後於此教
學，之後則有劉奇偉、李奇茂與莊世和等求學於此。1952 年何鐵華舉辦「自
由中國美展」，其力圖藉此彰明：「藝術是代表一國的文化思想，而一國之破
產即代表一國之滅亡；今日身處『中華民國』與『中華人民共和國』的政治

〔註51〕 另一主體為蔣經國所主導的國民黨政府國防部總政治部。在 1957 年以張道藩
　　　　為首的「文協」系統失勢之後，其佔據主導地位，大力推行軍中戰鬥文藝，以
　　　　抵制自由主義思想對國民黨統治的影響。
〔註52〕 《我們的路》，《新藝術》創刊號，臺北：廿世紀社，1950 年 12 月，第 2 頁。
　　　　另署名魯鐵的《掀起自由中國的新興藝術運動》一文也於同期創刊號上明確
　　　　指出藝術家的國家責任，要「像其他的為國家民族奮鬥者一樣，把我們的身
　　　　心，整個地貢獻出來，應付這大時代的激變，而共同寫下一篇自由中國的歷史
　　　　新頁。」魯鐵，《掀起自由中國的新興藝術運動》，《新藝術》創刊號，臺北：
　　　　廿世紀社，1950 年 12 月，第 3 頁。
〔註53〕 何鐵華曾任孫立人將軍部屬，並於 1955 年受黃榮燦案牽連之時甚得何應欽、
　　　　于右任、梁寒操等人的作保庇護而得以赴美避難。

對立當中，為求『反奴役爭自由』、對抗『今天我們所受到的暴力威脅』，代表
自由的中華民國藝術家們，必須『出自真誠至善，孜孜兀兀，日以繼夜，做其
學術上的鑽研、探討、創造、發明；雖然用餐不濟，飢寒堪虞，卻也甘之如
飴。』〔註54〕……相應於何鐵華所創立的具有現代精神的各文藝機構，直接
由官方所主持的「美術研究班」〔註55〕也於 1950 年由國民黨政府國防部總政
治部創設。該研究班由國防部總政治作戰部副主任胡偉克交由劉獅負責。因
由與黃榮燦的熟識，劉獅遂將美術研究班工作委託深受魯迅思想影響的黃榮
燦主持。在此之下，與黃榮燦有著工作關係的師大同仁朱德群、林聖揚和趙春
翔等一批新派思想藝術家加入到教學團隊之中。日後對「東方畫會」有著極大
影響的李仲生〔註56〕也在其日本大學藝術系同學劉獅的邀請之下前往授課
〔註57〕。由此基於三民主義的自由民主思想背景，憑籍著反共文藝政策與活
動，現代藝術逐漸被引入到討論與實踐層面，新的藝術思想藉此深入到臺灣美

〔註54〕 轉引自廖瑾瑗，《背離的視線——臺灣美術史的展望》，臺北：雄獅美術，2005
年，第 228～229 頁。
〔註55〕 該研究班教師除去下文所說的現代思想藝術家之外，還包括傳統畫家傅狷夫、
馬白水、梁鼎銘等，由此也反映出官方對傳統文化在正統性謀求當中的重視。
〔註56〕 在一屆研究班結束之後，李仲生開設了影響日後東方畫會的私人畫室，安東
街畫室。日後東方畫會多數成員皆出自於此。李仲生（1911～1984），「生於廣
東韶關縣。受父母親開明教育的影響，養成他異於同時代新穎的思考模式。他
曾受教於廣州美專與上海美專繪畫研究所。雖受學院式教育，吸引他的卻是
當時未成氣候的現代前衛藝術畫風，因此他東渡日本，輾轉進入東京前衛美
術研究所，師承東鄉青兒、巴黎派的藤田嗣治等人，習得現代藝術教育中「以
精神傳精神」的精髓。他在東京求學期間所得到的最大殊榮，便是受邀參加前
衛美術團體東京「黑色洋畫會」和日本前衛藝術最具代表性的「二科會第九
室」展出，二次大戰後來臺發展。李氏的畫風是屬抽象的超現實主義畫派，融
合弗洛伊德的思想。他的作品風格多變，時而氣勢磅礴，時而平靜無波；線條
時而粗獷，時而細膩；顏料時而厚迭，時而輕薄，時而多彩，時而單純。李氏
的繪畫表現超現實主義的個人內心世界，運用抽象的技法，並融合中國傳統
水墨畫精神進行創作。雖夾帶日本前衛藝術思潮，但戰後在臺灣 1950 年代嚴
肅的政治氣氛下，李氏成為隱於世的教育家，並培育出「東方畫會」的八大響
馬。」——張芳薇，《臺灣美術發展：1950～2000》，北京：中國美術館，2006
年，第 176 頁。此外，李仲生本人還是「決瀾社」成員；關於李仲生的現代藝
術思想及其他詳情，請參閱蕭瓊瑞，《臺灣美術史研究論集》，臺中：伯亞出版
事業有限公司，1991 年，第 87～170 頁。
〔註57〕 關於黃榮燦與劉獅的關係，以及美術研究班與以後「東方」畫會的關係參閱梅
丁衍，「黃榮燦疑雲——臺灣美術運動的禁區」（上），《現代美術》民國 85 年
8 月，第 53～54 頁。

術領域，現代藝術逐漸成型。1951 年，由朱德群、趙春翔、李仲生、黃榮燦、
劉獅以及林聖揚等六人舉辦的「現代畫聯展」於臺北中山堂開幕。

圖六十　　黃榮燦《修築》

圖片來源：《臺灣美術史綱》，劉益昌、蕭
　　瓊瑞等，臺北：藝術家出版社，
　　2007 年，第 360 頁。

圖六十一　　劉獅《國父遺像》

圖片來源：《臺灣美術史綱》，劉益
　　昌、蕭瓊瑞等，臺北：藝
　　術家出版社，2007 年，
　　第 330 頁。

　　以上為現代藝術思潮所產生的思想背景與現實政治情勢。除此之外，關於
50 年代以來現代美術思潮的形成還涉及以下兩方面原因。首先是基於清末民
初以來的「中國美術現代化運動」和大陸時期的五四新文化精神影響，一批主
張美術現代化運動的藝術家在赴臺之後所極力倡導的傳統美術現代改革起到
了推進作用。50 年代臺灣社會的正統性政治意識形態，使得傳統文化的現代
改革在不影響傳統文化正統性地位的前提下得以安然發展，從而基於自由民
主精神的臺灣美術界在傳承傳統的基礎之上展開了傳統美術的現代化改革，
並以此實現傳統藝術的現代生機。除此之外，伴隨著 1951 年至 1965 年美國對
臺灣的經濟援助，以及臺灣經濟的逐漸繁榮，美式文化等西方現代思想及其宣
傳機構的傳入，也推進了臺灣現代藝術的產生。反共復國的白色政治社會形勢
之下，美援經濟相關的文化及其西方思想並未影響或觸及到政治紅線，這為主

張美術現代改革和遠離母體文化而思想空乏的臺灣社會提供了一個自然而然的路徑。並且，這種現代藝術精神的追求符合對自由、民主的呼應。由此，現代藝術思潮在微妙的政治話語裂縫之間形成、發展。

圖六十二　莊世和《衝刺》　　　　圖六十三　五月畫會首展成員

圖片來源：《臺灣美術新風貌展（1945～　　圖片來源：《觀看與思維——臺灣美術
　　　　　1993）》，黃光男，臺北：臺北　　　　　　　史研究論集》，蕭瓊瑞，臺
　　　　　市立美術館，1993 年，第 138　　　　　　　中：臺灣省立美術館，民國
　　　　　頁。　　　　　　　　　　　　　　　　　　84 年，第 190 頁。

3.3.2　東洋畫的現代性危機與話語政治

　　基於現實情勢，整個 50 年代尤其末年之時，臺灣現代藝術思潮仍是處於白色恐怖的威懾之下以反共復國的「復興中華文化」理念為根本指針。從而表現於美術領域時，其始終基於對傳統的保護、弘揚來展開現代性考慮。也因此，現代藝術思潮的形成基本憑藉著與官方文藝政策及其文化機構的關聯而得以存留、發展。例如何鐵華與黃榮燦先後舉辦的標以「反共、反極權」等口號的「反共美展（1951 年）」、「自由中國美展（1952 年）」以及「全國動員美展（1952 年）」等等。〔註58〕當然也因此在 50 年代末，當以張道藩為核

────────────────

〔註58〕由日據時期而來一直以反主流形象出現的「MOVE 美協」，在 50 年代改為「紀元美術展覽會」後，也以標榜提高美術水準，復興固有文化為口號。

心的文協系統籍自由民主思想轉向對國民黨政治體制展開批判以期實現民主
政治之時，現代藝術思潮所可以憑藉的官方背景即逐漸失勢。〔註 59〕1957 年
以張道藩為首的「中華文藝獎金委員會」以經費斷絕而告撤銷終止，此實為
自由民主的現代思想及其文藝精神、政策失勢。表現於政治之上是張道藩與
蔣經國的不合而終致官場失勢〔註 60〕。當然相應於文藝運動之上，以蔣經國
所主導的「軍中文藝」至此走上了獨掌全局的時代。國民黨政府所主導的反
共復國文藝政策由此更進一步增進與加強，──從社會層面推廣至軍隊，並
嚴格限定在官方意識形態下進一步構建其政治文化正統性的國家與政黨形
象；這一點在 1966 年的「中華文化復興運動」中表現的更為突出。這一切之
中唯一有所變化的在於，我們所論述的現代藝術思潮由此走向了民間發展。
相應於前期官方背景的《自由中國》〔註 61〕雜誌，1957 年代表自由思想宣傳

〔註 59〕張道藩曾於《三民主義文藝論》中指出文藝的價值理念核心在於：「我們三民
　　　　主義的民族主義……是反侵略反極權的……。我們要喚醒世人追求世界和平
　　　　的熱忱……消滅人民與民族間一切矛盾與糾紛，闡明的一切分際與權限，而
　　　　趨於合理的平衡……我們的民權主義，實行全民政治，……表現各階級在政
　　　　治上的平衡，表現人民與政府間的平衡，表現自由與組織兩種力量的平衡，表
　　　　現政治力量與道德力量的平衡……我們的民生主義，基於仁愛……重在發揚
　　　　人性，發揮人力，鼓勵生產，培養人格，始能『己立立人，己達達人』，而達
　　　　互助合作的實踐。以民生史觀，來觀照人類的演變進化，表現個人經濟生活與
　　　　國家經濟活動的平衡，表現各階層經濟生活的平衡，表現勞動者與勞心者的
　　　　生活的平衡，表現心與物的平衡，表現人與自然的平衡……肯定民生主義社
　　　　會的一切平衡，而予以讚美、歌頌；否定一切畸輕畸重的病態發展，及導致民
　　　　生凋敝的人為因素，而予以諷刺。……」與此同時，同樣主張三民主義文藝觀
　　　　點的王積叢也於《三民主義文學論》中有過相關闡述。參閱張道藩，《三民主
　　　　義文藝論》，臺北：文藝創作出版社，1954 年。《張道藩先生文集》，臺北：九
　　　　歌出版社，1999 年 10 月。以上轉引自陳康芬，「戰後臺灣五〇年代反共文藝
　　　　論述的政治觀」，《中國文化月刊》，2006 年 2 月，第 95、96 頁。
〔註 60〕相應於此，何鐵華也因 1955 年孫立人將軍「匪諜案」失去官方依靠，而於 1959
　　　　年離臺赴美；李仲生也受到來自梁中銘的暗中打擊等等。由此這些依靠官方
　　　　背景的新思想藝術家紛紛逃散，第一期的現代藝術思潮就此轉向民間。詳情
　　　　參閱梅丁衍，「黃榮燦疑雲──臺灣美術運動的禁區」（下），《現代美術》，民
　　　　國 85 年，第 62～65 頁。
〔註 61〕「《自由中國》半月刊創刊於 1949 年 11 月到 1960 年 9 月結束，成員以大陸來
　　　　臺的自由主義者和少數的官員為主幹，在思想上以自由為人類文明的終極價值，
　　　　個體的自由則為實現其他價值的條件。關於《自由中國》的宗旨：第一，我們
　　　　要向全國國民宣傳自由與民主的真實價值，並且要督促政府（各級的政府），切
　　　　實改革政治經濟，努力建立自由民主的社會。第二，我們要支持並督促政府用
　　　　種種力量抵抗共產黨鐵幕之下剝奪一切自由的極權政治，不讓他擴張他的勢

的《文星》〔註62〕雜誌也以民間身份出版發行。而基於國民黨政府對自由民主
思潮壓制而來的進一步文化控制，這股民間現代藝術思潮表現出在政治限定
範圍之內活動。1957 年 5 月以臺灣師範大學美術系畢業的劉國松、郭東榮、
郭豫倫等為主導的「五月畫會」正式成立。起初只是藉此作為一個研習西畫
的校友組織，但在三屆之後隨著劉國松的活動逐漸發展成為一個以抽象繪畫
為目標的現代美術團體。對戰後臺灣美術抽象思潮及現代水墨產生了極大影
響。相應於此，同年 11 月成立的「東方畫會」由此前推進現代藝術的李仲生
門徒所組成。承繼李仲生思想，現代藝術傾向是其明確的方向。其藝術主張及
其對歐洲現代藝術作品的引進使得戰後沉默壓抑的臺灣美術界產生了極大震
撼。其成員包括號稱八大響馬的李元佳、吳昊、夏陽、陳道明、歐陽文苑、霍
剛、蕭勤、肖明賢等八人〔註63〕。

力範圍。第三，我們要盡我們的努力，援助淪陷區域的同胞，幫助他們早日恢
復自由。第四，我們的最後目標是要使整個中華民國成為自由的中國。」胡
適，「『自由中國』的宗旨」，「『自由中國』雜誌三週年紀念會上致詞」，收錄於
《胡適語粹》，臺北：大西洋圖書公司，1970 年，第 291～293 頁。轉引自李
筱峰，《臺灣民主運動四十年》，臺北：自立晚報，民國 76 年 10 月，第 57～
58 頁。60 年代後其對國民黨政府的政治體制展開大規模的直接批判，最終招
致蔣介石的直接壓制，並最終停刊。詳情參閱李筱峰，「臺灣民主運動四十年」，
臺北：自立晚報，民國 76 年 10 月，第 55～83 頁。呂正惠、趙遐秋主編，《臺
灣新文學思潮史綱》，北京：崑崙出版社，2002 年，第 206～207 頁。

〔註62〕 其甚至引發了 60 年代的中西化大論戰，直至 1965 年被恐慌的國民黨當局關
閉。「《文星雜誌》月刊創刊於 1957 年 11 月，歷時八年，最初的願望是想藉
著它來嚮導一代的文運，主要的性質是『生活的、文學的、藝術的』，由於同
時強調『啟發智慧並供給知識』，第三年調整為『思想的、生活的、藝術的』，
並非從事政治的思想改造，而是標榜：自由、民主、法治、反對教條、反對共
產主義。特色在於每期介紹一位封面人物，多半還配合一篇專論。八年間引起
不少的筆戰，帶動討論高潮的議題如《青年與老年的問題》及《中西化問題》
等等。對介紹新思潮、批判舊傳統、打倒權威爭取理性的自由等方面在那個年
代有相當的貢獻，即使反對的人，也會承認『它使青年的一筆，真正的有機會
享有在知識上表現能力的權利，也讓青年由鄉應成習的頹墮學風中，站起來
認識自己和自己所處的環境。』」韋政通，《歷史轉捩點上的反思》，臺北：東
大圖書股份有限公司，1989 年，第 233～245 頁。轉引自林伯欣等，《戰後臺
灣美術中的東方優越論》，臺南縣：國立臺南藝術學院發行，1999 年，第 130
頁，注釋 247。

〔註63〕 其中身處西班牙藝術圈的蕭勤對西方現代藝術的引進與展覽有著絕對重要的
地位和作用。在其活動之下，西方現代藝術作品才赴臺展覽。詳情參閱蕭瓊
瑞，《島嶼色彩──臺灣美術史論》，臺北：東大圖書股份有限公司，2007 年，
第 391～423 頁。

圖六十四　李仲生《無題》

圖片來源：《臺灣美術發展：1950～2000》，張芳薇編輯，北京：中國美術
　　　　　館，2006 年 9 月，第 70 頁。

　　「五月」、「東方」的成立雖表現出現代藝術思潮的民間轉向，但對處於謀
求正統性的官方社會意識形態下的東洋畫來說，卻是挑戰的深化。之前我們已
經討論到，基於正統性、合法性的政治文化體系建構，臺灣東洋畫遭受到嚴重
挑戰〔註64〕，終以「國畫二部」而得以保留合法性國畫身份。但是取得了國畫
正統身份的傳統國畫與取得國畫合法身份的臺灣東洋畫，卻愈加深守頑固保
守的省展體制與風格，成為戰後臺灣美術領域以正統形象標識的兩大保守勢
力。從而基於美術現代改革思想和西化思潮的影響，現代美術思潮對臺灣美術
界保守僵化的體製表現出強烈的批判精神；當然，這一切表現於對傳統國畫的
現代思考而展開，也即在對傳統國畫展開現代批判（改造）的同時，卻轉向了
愈加保守的臺灣東洋畫界。現代藝術思潮之下，基於正統性構建的傳統文化愈
發顯得保守和權威，一場現代性和基於正統性而來的（傳統）保守性之間的矛
盾由此產生。這首先表現在了對省展體制的進一步抨擊之上。1959 年劉國松
在致教育廳長劉真的公開信中說道：

〔註64〕1950 年代末期左右，是國畫正統論爭與現代藝術思潮批判相重疊的時期。可
　　　　以說在逐漸成型的微觀政治權力話語體系之中，這並不矛盾。只是隨著形式
　　　　的發展，現代藝術思潮的批判更加彰顯。

在臺灣由政府主辦的美術展覽會，僅全省美展與全省教員美展兩個，而教員美展又只限於教員。但是，就這兩個美展的本質上來講，是沒有絲毫差異的，因為這兩個展覽會的大部評審委員都是出自一個私人畫會──臺陽美術協會──的手裏，也可以說是操縱在一兩個人的手裏，實際上是三位一體的。所以這三個畫展的「出品」，雖然不是出自一個畫家之手，但一年年地接近於一個「模子」，這個「模子」是二三十年前由日本翻過來的。就因為如此，一些不適合這模子的作品就被排斥，於是一些有創意，有理想的新進作家，紛紛退出。這龐大的全省美術展覽會，無形中竟變成了某些「大畫伯」的私淑弟子的成績展覽，或師生聯合觀摩會，政府提倡藝術的本意，也便成了他們私人畫室的招生廣告與宣傳。〔註65〕

對此在前期論爭之時，即有人評論劉國松創立「五月畫會」目的即在於打破省展體制，以進入省展和主流美術圈。對此，劉國松也承認1957年所成立的「五月畫會」即是對畫閥權威和陳舊省展體制的鬥爭，且這是現實情勢之下唯一的路徑。〔註66〕這一點在第三屆五月畫展開幕前，劉國松發表於《筆匯》上《不是宣言──寫在「五月畫展」之前》一文中也有明確說明。〔註67〕不過經過前期的國畫論爭之後，此時的劉國松已開始基於現代藝術的角度來考慮僵化保守的美術領域。據臺灣學者蕭瓊瑞的分析，劉國松於1958年6月針對李石樵作品評論時即提出了「抽象」藝術觀念，並且由此於第三屆（1960年）「五月畫展」之時即將畫會傳統的西畫表現形式轉入現代繪畫的抽象領域。〔註68〕

〔註65〕劉國松，「談全省美展──敬致劉真廳長」，《筆匯》（革新號）第1卷，1959年10月第6期。轉引自《臨摹・寫生・創造》，臺北：文星，1966年，第95～105頁。

〔註66〕參閱蕭瓊瑞，「五月與東方：中國美術現代化運動在戰後臺灣之發展：1945～1970」，臺北：東大圖書股份有限公司，1951年4月，第181頁。

〔註67〕「平時除了政府主辦的全省美展，教員美展與私人舉辦的臺陽美展規模較大外（全國美展只是為了點綴），幾個小的可憐的藝術團體和畫會，亦未能支持長久而夭折，至於這僅存的三個──實質上是一個──展覽會，卻又是依附落魄不自振，污塵滿身無朝氣，其中先輩畫家們，既已失當日的光彩，復對新銳作家存嫉妒之念，不擇手段加以排斥，使青年人永無出頭之日，以求本人的地位鞏固，獨霸稱雄了。」參閱劉國松，「不是宣言──寫在『五月畫展』之前」，《筆匯》革新號1卷，1959年5月第1期，第27～28頁。

〔註68〕參閱蕭瓊瑞，「五月與東方：中國美術現代化運動在戰後臺灣之發展：1945～1970」，臺北：東大圖書股份有限公司，1951年4月，第179～180頁。

對於（東洋畫）僵化的省展體制及其美學風格的抨擊，劉國松表現出了對傳統藝術的現代思考。1961 年劉國松於《文星》雜誌針對十五屆省展國畫部發表評論認為：

> ……十二月十八日當我隨著許多觀眾走進國畫展覽室時，猶如走入一個「繪畫的峽谷」，這並非說展覽室的兩旁高櫃矗立，而是自明清以還，那些決定命運的大師們所造成的。七百年來，畫家們的保守與平庸，不僅使這「繪畫的峽谷」一天天趨於狹窄、毀滅，同時也毀滅了後世的畫家，毀滅了中國燦爛的文化。……
>
> ……七百年來我國繪畫被美術界的惰性與懦弱窒息了，被千萬次重複與翻版腐蝕了，他就像釘在板子上的標本，早已僵化了。我們要拯救中國美術文化於死亡，必須以蓬勃的、人性的、實在存在的源泉，才能達到真正的空靈超脫；大膽的接受西洋近代藝術的人本思想，用真正生命之火，來燃燒東方傳統固有的空靈飄逸吧！……〔註69〕

基於以上對傳統美術的批判，劉國松繼續論述到現代藝術與傳統美術的關係。由此，為進一步的傳統美術現代改革及對固有僵化體制、風格的批判奠下學理基礎。同樣源於 1961 年劉國松所發表的那篇文章，《繪畫的峽谷》，劉國松認為：

> 抽象繪畫的觀念與技法也是我國古已有之，所以我國畫家以抽象繪畫來融合東西繪畫於一爐，是最合適不過的，不論是用油畫表現抑或我國水墨畫表現，均不失其價值，只要處理得宜，一個統一的世界性的新文化信仰將產生在中古，我們應該以中華以往的寬容與超越的精神，張開雙臂，迎接這新時代的來臨。
>
> ……這只是技術問題，而非理論問題了。西洋的樹根已「接」上了不少東方的樹枝，正要開花結實了，而中國的樹根，還沒成功地「接」上西方的樹幹，這就是今後我國畫家急需從事的實驗。〔註70〕

〔註69〕劉國松，「繪畫的峽谷——從十五屆全省美展國畫部說起」，《文星》第 7 卷，1961 年 1 月第 3 期。轉引自劉國松，《中國現代畫的路》，臺北：文星書店，1965 年，第 112 頁。

〔註70〕劉國松，《繪畫的峽谷——從十五屆全省美展國畫部說起》，《文星》第 7 卷第 3 期，1961 年 1 月。轉引自劉國松，《中國現代畫的路》，臺北：文星書店，1965 年，第 113、114 頁。在這本出版自 1965 年的《中國現代畫的路》序言

圖六十五　劉國松《韻律之流（壓眉之三）》

圖片來源：《臺灣美術發展：1950～2000》，張芳薇編，中國美術館，2006
年 9 月，第 78 頁。

　　從中可見，以劉國松為代表的五月畫會，其現代藝術理念是直指保守的省
展體制及其美學風格。〔註71〕相應於五月畫會的現代藝術理念與主張，東方畫
會在其成立之時的第一屆畫展上也明確表明了其成立主旨在於：

> 　　我國傳統的繪畫觀，與現代世界性的繪畫觀在根本上完全一
> 致，惟於表現的形式上稍有差異，如能使現代繪畫在我國普遍發展，
> 則中國的無限藝術寶藏，必將在今日世界潮流中，以嶄新的姿態出
> 現，而走向了日新不已之偉大坦途。〔註72〕

中，劉國松曾再次說明了這一問題，「西洋畫系呈現了浩浩蕩蕩地浪潮向前奔
流，可是東方畫系呢？顯示得非常微弱而猶如一潭死水，……在我們的前面
只有一途，那就是將東方畫系向前推展，並將其發揚光大，這就是當前中國青
年畫家的責任，也是唯一的出路。」從而劉國松之目的在於「尋找具有世界性
的永恆東方，建立中國藝術的新傳統。」參閱劉國松，《中國現代畫的路・自
序》，臺北：文星書店，1965 年，第 8、26 頁。

〔註71〕當然這包括了頂在國畫身份之下的傳統水墨畫與東洋畫。

〔註72〕第一屆東方畫展於臺北展出時的「宣言」——《我們的話》，1957 年 11 月。
轉引自謝東山，《臺灣美術批評史》，臺北：洪葉文華，2005 年，第 172 頁。

圖六十六　余承堯《風竹搖青》

圖片來源：《臺灣美術發展：1950～2000》，張芳薇編，中國美術館，2006
年，第 95 頁。

　　循此，五月、東方的藝術主張在基於對傳統美術的現代改造中，實現了
對僵化保守的（東洋畫）美學風格及其體制的批判。當然，這一藝術理念在
五六十年代的文化戒嚴時期，沒有違背政治意識形態；在以保存和發揚傳統
文化的口號之下，其實現了藝術理念與實踐的推進。具體於臺灣美術，其促
進了抽象藝術、傳統水墨等現代藝術實驗。現代水墨由此產生，並入選展覽
等等〔註73〕。從中可見，在白色恐怖的政治文化（軍中戰鬥文藝）情勢之下，
現代藝術理念所進行的活動呼應了傳統國畫的正統地位，而非徹底否定。其
發揚、創新的現代藝術觀念納入到了復興中華文化的政治意識形態範疇。這
在 1961 年現代藝術思潮至高潮之時，徐復觀與劉國松的論戰中也體現了出
來。時東海大學教授徐復觀指責現代藝術是在為共黨世界開路。對此劉國松

〔註73〕1965 年劉國松甚至入選為省展評委。

進行了一系列犀利反擊，使得現代藝術思想在白色時期得以穩固其在政治權力話語體系中的既定位置，並繼續在文化戒嚴的範圍之內活動〔註74〕；使得基於傳統改造口號而來的現代藝術與「復興中華文化」的意識達至契合。最終，力圖創建國畫新傳統的現代藝術在 1962 年達至巔峰；——在社會各界支持之下於歷史博物館國家畫廊舉行了第一次展覽，與保守的傳統省展體制第一次形成了對局。——基於同官方意識及話語體系的共謀性，現代藝術的美術話語在對傳統國畫及美展體制的保守性與僵化性展開抨擊之時，也就尚無大礙了。但這對於頂著「國畫正統」身份而與官方意識形態及話語權力未達共謀關係的東洋畫來說，其固有的省展體制與美學風格傳統自然排斥在了官方話語體系之外〔註75〕，成為美術界保守與僵化的代表。現代藝術思潮對傳統水墨國畫的思考及其批判，由此轉向到了頂著國畫身份且更顯僵化保守的東洋畫美學風格及其體制（省展）。傳統國畫逃之夭夭，並坐收漁利。藉此情勢，傳統水墨得以更進一步的深入到了省展體系，東洋畫則漸失省展權威。1966年對應於大陸文化大革命而展開的中華文化復興運動，使得官方意識形態下傳統水墨的國畫正統地位再一次得以鞏固，並推向了極致。從而基於政治意識形態而活動的現代藝術思潮，其對傳統美術風格及其體制批判的直接效果是：以「國畫二部」身份存留的東洋畫退出了歷史舞臺；——70 年代初東洋畫在評鑒方式調整，而無法符合展覽裝幀要求的情況下退出省展。由此，傳統水墨的國畫正統地位卻得以確立；反映出國民黨政府三大正統（政治、地理、文化）之一的文化正統也得以進一步確立與鞏固。

〔註74〕 參閱蕭瓊瑞，《五月與東方：中國美術現代化運動在戰後臺灣之發展：1945～1970》，臺北：東大圖書股份有限公司，1951 年 4 月，第 313～338 頁。不過在關於現代藝術的批判上，也有學者指出「表面上徐復觀於 1961 年 8 月 10日發表的《現代藝術的歸趨》強力批判了現代抽象藝術，實際上逼使創作者與擁護者起而為自己的觀念辯解，從事更深層的建構論述，把抽象水墨的美學敘述架構和中國藝術思想連線起來，因而取得了正統文化的繼承權與革新者的寶座，並引來更多人的注目與支持，包括官方與民間的力量。」參閱廖新田，《臺灣美術四論》，臺北：典藏藝術家庭股份有限公司，2008 年，第 136頁。

〔註75〕 這在上一節中已有所涉及。首先東洋畫自身並未有反共文藝的論述邏輯，其次合法性意識形態的固守，使得其與五六十年代的正統性官方意識形態無法達成共謀，再者其自始而來遠離政治運動的傳統意識也是宿命。此外，國畫論爭之中與傳統水墨國畫的正統爭鬥，即已表現出未被納入官方政治權力話語體系之內。只是暫時達成妥協，以「國畫二部」並存。

　　總體而言，五六十年代以來反共復國的中華文化復興形勢之下，傳統文化與反共八股文藝、現代藝術以及自由民主精神之間最終建立起了一種內在的邏輯關聯，一種符合官方意識形態的新知識（藝術）、社會及其話語體系大體成型。任何對這種以復興中華文化而實現政治合法性與正統性話語體系的打破，都將遭受政治排斥與壓制。從而先前藉政治權力話語批判八股文藝政策及政治保守性的自由民主精神遭受了官方壓制，其表現於藝術領域的政府性文藝實踐也由此轉向了以「五月」、「東方」等民間身份的畫會來繼續。而基於自由民主以及西方思潮的影響，這些民間現代藝術組織仍延續著前期精神，目標直指傳統保守、僵化的美術體制及其美學風格。不過現實政治情勢之下，失去政治背景的民間畫會將其活動也自覺限定在了反共復國恢復中華傳統的範疇之內。而這種限定，實際上即已將其自身重新納入進了微觀政治權力話語體系之中；所以從政治與藝術兩方面意義來說，民間畫會的活動是對前期政府性現代文藝實踐的轉移或承接、校正；以此將現代藝術話語重新納入並緩和與官方意識形態及其權力話語體系的衝突。這樣一個直接的效果即是：白色恐怖之下憑藉著復興中華傳統以構建正統性的意識形態，現代藝術思潮（五月、東方）通過官方話語體系及其機構對以臺灣東洋畫為代表的美學風格及其省展體制構成了嚴峻衝擊。——東洋畫從據有「正統國畫身份地位」退守到「國畫二部」之後，於 70 年代初再次退守至退出省展。失去正統性與體制的東洋畫，由此以地方色的美術身份保留了其非主流形式的現實存在。對於代表著現代藝術思潮的五月和東方來說，這似已完成了現實目標。不過，現實情勢之下這一結果所最終釋放出的意義卻在於：中華文化的正統性傳統地位在臺灣進一步確立，國民黨政府的政治文化正統性由此建構。對於東洋畫來說似乎更重要的則在於：其沒有主動或被動的納入進新的政治權力話語體系。正統論爭之下，東洋畫既沒有反共文藝論述基礎，也無現代藝術理念訴求，與政治的遠離更使得其危機重重，惟有後退之徑。從而現代性及其在藝術領域的思考，使得以保守、僵化形象出現的傳統文化處於不斷革新的歷史位置，而基於特殊的政治形勢與文化傳承，傳統水墨國畫得以政治保留，並被納入政治文化的正統性象徵體系。而延續日據體制的東洋畫則並無此政治優勢，儘管臺籍畫家（如楊三郎）積極加入各類代表官方的藝術組織或機構；如中國美術協會等。最終，三民主義的正統性形象構建之下，自由民主思想、反共文藝理論話語以及現實政治權利所形塑的「自由中國」語境，使得在政治話語裂縫之間所形成發展的現代

藝術游離在政治與藝術的話語結構之中。現代藝術由此獲得了一定的發展空間、話語資本與政治勢力。現實情勢之下，這場源於 50 年代初至 70 年代初結束的現代藝術思潮對東洋畫風格、體制的僵化和保守產生了不可阻擋的衝擊性；正如臺灣學者林惺岳所說：五月、東方最大的貢獻在於「打破省展的獨斷權威所封閉的局面，開創獨立展覽的自由風氣，使整個繪畫創作朝向多向性與個人化的方向發展。」〔註76〕當然，這也正體現了現代藝術思潮所產生的根本原因。只不過問題是：這一切本是源於對傳統國畫的恢復、弘揚及其現代思考而來，然而卻演化成對東洋畫及其所固守的省展體制的衝擊；而這對於異地重植且漸掌文化正統身份的傳統水墨國畫來說，並無太大影響。

　　五六十年代的這場現代思潮及其所引發的中西論爭，為前期自由民主思想氛圍影響的延續；其強烈的批判精神使得現代藝術思潮自由與反傳統的思想，必將與官方的正統性專制意識矛盾重重；然而在戰鬥文藝提倡，文化戒嚴進一步加強的 60 年代，現代與傳統（中西化）論爭的結果只能是限定在反共復國、維護傳統以構建正統的範圍之內。1966 年的中華文化復興運動更是將官方所極力推行的傳統文化弘揚、保護推向了極端。藉此傳統文化復興而來的政治正統性構建，其反過來決定並影響到了傳統文化在臺灣的正統地位。最終，現代藝術思潮逐漸納入到官方權力話語體系，達成一定的共謀關係存在；並由此進一步轉變成為傳統保護與固守的新形象。在經過 60 年代中期左右活動巔峰之後，這場現代藝術的思潮漸趨銷聲，並最終煙消雲散。——五月、東方〔註77〕在現實政治氛圍之下，基於組織自身以及成員的現實情況，在七十年代初終告解體。政治的干涉之下，傳統水墨確立了臺灣地理上的正統地位。而身處復興中華文化、承傳傳統氛圍之下的現代藝術思潮則漸趨新的保守性，並受到了來自 60 年代後期基於全盤西方化思潮的普普藝術、歐普藝術以及反藝術等觀念的強烈批判與攻擊。當然相比之下，東洋畫的省展體制及其美學風格則更是每況愈下，捨去「國畫」之名並在廿八屆（1973 年）省展改制時退出省展體制，成為其最終無路可尋之下的必然路徑。現實的結果：社會情勢之下，政治權利的話語體系中傳統文化（水墨國畫）成為最終的勝利者。

〔註76〕轉引自蕭瓊瑞，《觀看與思維——臺灣美術史研究論集》，臺中：臺灣省立美術館，民國 84 年，第 189 頁。
〔註77〕其他各類現代藝術團體也基本如此。

附一：五十年代主要美術力量關係圖（箭頭方向表示對象角力關係）

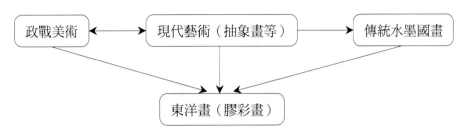

50 年代主流美術風格：反共政戰宣傳美術、象徵正統中國的傳統水墨、
象徵自由的現代繪畫，以及代表日本的東洋畫。

附二：戰後臺灣現代繪畫運動大事年表（1945～1970）〔註78〕

年代	重要畫展	畫壇紀事	一般紀事
1945	・「現代繪畫聯展」於重慶（1.18） 參展者：丁衍鏞、方干民、李仲生、林風眠、林鏞、汪日章、周多、郁風、倪貽德、龐薰琴、趙無極、關良等12 人（多數為杭州藝專教師）	・廖繼春任臺南一中代理校長。（10）	・日本投降（8.15）； ・臺灣光復，「臺灣行政長官公署成立」（10.25）； ・「臺灣新生報」創刊號發行（10.25）； ・「臺灣文化協進會」成立（11.18）； ・《新新》雜誌創刊，黃金穗主編；
1946	・「獨立美展」於重慶。 參展者：李仲生、朱德群、李可染、翁元春、胡善題、李太谷、汪日章。 ・首屆「全省美展」於臺北中山堂舉辦。（10.22～31）	・王白淵任「臺灣文化協進會」理事。（6） ・李仲生任杭州藝專教授（校長潘天壽）至1947 年。 ・廖繼春任教省立臺中師範。（8） ・「臺灣文化協進會」舉辦「美術座談會」。（9.11）	・「中華日報」發刊，發行人：梁寒操。（2.20） ・「臺灣民眾協會」成立。（1.6） ・《新新》停刊，共出八期。（11）
1947		・陳澄波遇害（2） ・立石鐵臣自臺北師範離職返日。（年中）	・「二二八事件」（2.28） ・臺灣省政府成立。（5.16）

〔註78〕參閱蕭瓊瑞，《臺灣美術史研究論集》，臺中：伯亞出版事業有限公司，1991
年，第 197～210 頁。

		・臺北、新竹、臺南各師範學校同時成立「藝術師範科」。(7) ・朱鳴崗、楊起煙任教臺北師範藝術師範科。(7) ・「臺灣省立師範學院圖畫勞作專修科」成立於臺北，莫大元任科主任。(9) ・廖繼春任教省立師院。(9)	・「自立晚報」創刊。發行人：吳三連。(10.10)
1948	・第十一屆「臺陽美展」暨「光復紀念展」於臺北中山堂舉辦。(6) ・「青雲美展」於臺北。(10)會員：許深州、黃歐波、呂基正、金潤作。	・李仲生任國民黨政府國防部政工局專員，後又任廣州藝專教授（校長高劍父）至1949年。 ・朱鳴崗離臺返回大陸。(8) ・豐子愷應臺北師範校長唐守謙邀訪臺。(10)	
1949		・李仲生赴臺，任北二女中美術教師，至1951年。 ・楊起煙離臺返回大陸。 ・師範學院「圖畫勞作科」改「藝術系」，黃君璧任系主任。(7)	・陳誠任臺灣省主席。(1.5) ・公布實施三七五減租。(2.4) ・「中央日報」在臺發行。(3.12) ・臺大、師院發生「四六學生運動」。(4.6) ・警備司令部發布全省戒嚴令。(5.20) ・新生副刊展開「戰鬥文藝」討論。(10) ・《自由中國》半月刊創刊。(11) ・國民黨中央政府遷至臺北。(12.7)
1950		・黃榮燦、李仲生、劉獅、朱德群、林聖揚等設「美術研究班」於	・蔣介石復行視事。(3.1) ・中國國民黨中央改造

		漢口街，夏陽、吳昊為學員。 ・「中央日報」（星期雜誌）創刊，黃榮燦主編「西畫苑」。（10.1） ・國民黨政府教育部辦（臺北）「西洋名畫欣賞展覽會」。（11.12） ・「中央日報」（星期雜誌）因「戰時紙張節約」政策停刊。（11.30） ・《新藝術》雜誌創刊，何鐵華任主編。「新藝術運動」展開。成員：李仲生、何鐵華、施翠峰、陳慧坤、莊世和。	委員會將「文藝工作」列入政綱。（3） ・「中國文藝協會」成立，張道藩任理事長。（5.4） ・「中國時報」創刊（5） ・公布「戡亂時期匪諜檢舉條例」（6.13） ・《野風》半月刊創刊。（11.1） ・文協推展「文藝到軍中去」。 ・朝鮮戰爭爆發。
1951	・《新藝術》雜誌社辦「青年作家畫展」於臺北。 ・「現代畫聯展」於臺北中山堂舉辦，並發表宣言。參展者：李仲生、朱德群、趙春翔、林聖揚、劉獅、黃榮燦（作品以後期印象派以後作風之油畫為主）（3月中旬） ・「反共美展」揭幕。（3.25）	・《新藝術》雜誌社（即廿世紀社）舉辦「美術座談會」。主題：1950年臺灣藝壇的回顧與展望。參加者：何鐵華、劉獅、張我軍、羅家倫、黃君璧、王紹清、雷亨利、郎靜山、戴粹倫、李仲生。（1.28） ・李仲生於臺北安東街設立私人畫室。歐陽文苑、霍剛從李氏習畫。（春） ・政工幹校創校，成立美術組（二年制），劉獅任組主任。 ・「中國美術協會」由「中國文藝協會美術委員會」擴大改組成立。理事長：胡偉克（國民黨政府國防部總政治部副主任）；常務理事：郎靜山、梁又銘、馬壽華、楊三郎、蒲添生、黃榮燦。理	

		事：黃君璧、梁中銘、許君武、王王孫、何志浩、楊隆生。總幹事：劉獅。（7） ・李仲生任國民黨政工幹校美術組教授（校長胡偉克—王永樹）至 1955 年。（7）	
1952	・《新藝術》雜誌社辦「自由中國美展」。 ・「全國動員美展」。（3）	・《新藝術》雜誌社設「新藝術研究所」於建國北路。 ・郭柏川等成立「臺南美術研究所」於臺南。 ・劉啟祥、張啟華等成立「高雄美術協會」於高雄。（以上二者合稱「南美展」） ・蕭勤、陳道明、李元佳、夏陽、吳昊入李仲生畫室習畫。	
1953	・「紀元美展」成立。會員：廖德政、陳德旺、張萬傳、洪瑞麟。 ・「第一屆現代中國美展」揭幕。（3.24） ・「廖繼春個展」於臺北中山堂舉辦。（4） ・「第十六屆臺陽美展」。（5.21） ・「第八屆全省美展」（9） ・「青年作協木刻展」（11）	・李仲生任國民黨政府教育部美育委員會委員。（部長張其昀） ・李仲生開始畫室外教學方式。 ・趙無極轉入抽象繪畫創作。	・「現代詩社」成立。（2.1） ・朝鮮戰爭結束。
1954	・「師院師生畫展」（1.15） ・「世界名畫複製品展覽」（4） ・「曾景文畫展」（5） ・「第一屆紀元美展」（7） ・「第十七屆臺陽美展」（7） ・「九屆全省美展」（10.3）	・何鐵華作品赴法展出。（1） ・蕭明賢、劉芙美入李仲生畫室習畫。 ・廖繼春畫室成立於雲和街。郭東榮任管理人。（春） ・蕭勤自北師畢業。（7） ・臺北市文獻委員會舉辦「美術運動座談會」。（12.15）	・國民黨政府「中美協防條約」訂定。 ・《文藝月報》創刊，主編：虞君質。（1.15） ・「藍星詩社」成立（3） ・《幼獅文藝》創刊，主編：瘂弦。 ・文協推動「文化清潔運動」。（8） ・「創世紀」詩社成立。（10.10）

		・蕭勤分發景美國小，與霍剛同事，假日與畫友聚集大禮堂觀摩作品，劉國松亦偶而參與。（12）	
1955	・「美國歷代名畫展」（2.5） ・「法國現代名畫代表展」（2.16） ・「第二屆紀元美展」。（3） ・「日本勞動工人藝術作品展」（7.6） ・「第十八屆臺陽美展」（8） ・師大藝術系「阿里山旅行畫展」（10.10） ・「第十屆全省美展」（11） ・「聯合美展」（12）	・「聯合報」（藝文天地）舉辦第二次筆談會「現代國畫應走的路向」（1.17） ・劉國松、郭予倫借住廖繼春雲和畫室。（春） ・（臺灣）師院改制師大（7） ・東海大學創立，徐復觀應聘為教授（校長曾約農） ・李仲生任員林家職教師，至 1957 年。 ・劉國松自師大畢業，分發基隆中學。（7）	・「戰鬥文藝運動」展開。（1） ・中美協防條約生效（3.3） ・「檢肅匪諜給獎辦法」公布。（4.23）
1956	・「胡奇中個展」於高雄。 ・第三屆「自由中國美展」於臺北新聞大樓。（3） ・「聯合西畫展」於師大藝術系舉辦。參展者：劉國松、李芳枝、郭東榮、郭予倫四人。（6） ・「第十九屆臺陽美展」（8） ・「林聖揚畫展」（10） ・「亞洲藝術展」（10.4） ・國民黨政府教育部舉辦「全國書畫展」於辦公場所及臺北中山堂。（10.14～20）（吳昊、夏陽、霍剛、李元佳、歐陽文苑、陳道明等人均以非形象作品入選） ・「東方畫會」成立。（11）會員：李元佳、吳昊、夏陽、陳道明、蕭勤、霍剛、蕭明賢、歐陽文苑。	・蕭勤前往西班牙留學（7） ・林聖揚自法返臺並辦畫展。（10.3） ・蕭勤開始為「聯合報」撰寫「歐洲通訊」專欄。（12.1） ・朱德群獲「學術文藝獎」（12.23）	・（臺北）歷史博物館開館（3.12）

| 1957 | ・「美國版畫展」(1.10)
・美術協會舉辦「第二屆中國現代美展」於臺北中山堂。(3月下旬)
・「第三屆自由中國美展」(3.8)
・「席德進畫展」(5.6)
・首屆「五月畫展」於臺北中山堂舉辦(5.10)參展者：郭予倫、郭東榮、李芳枝、劉國松、鄭瓊娟、陳景容。
・「第四屆全國美展」於臺北。(9.28)(李仲生畫室學生多人入選)
・首屆「東方畫展」於臺北新聞大樓舉辦，同時展出十四位西班牙現代畫家作品。(11.9～12)參展者：蕭勤、蕭明賢、吳世祿(吳昊)、李元佳、夏陽、霍學剛、歐陽文苑、陳道明、金藩、黃博鏞。(另：趙春翔贊助展出) | ・朱德群獲法國「五月沙龍」銀牌獎。(6.7)
・國民黨政工幹校美術組改美術科。(7)
・李仲生任彰化女中教師。
・劉國松等人參加日本「亞洲青年畫展」。 | ・《筆匯》半月刊創刊。(3)
・(臺北)國立藝術館開幕(4.16)
・「聯合版」改名「聯合報」(6.20)
・《文星》創刊──生活的、文學的、藝術的。(11.5) |
| 1958 | ・「聯合畫展」於國民黨政府海軍總部及臺北新聞大樓舉辦。(5月中旬)參展者：胡奇中、馮鍾睿、孫瑛、曲本樂。
・中美文化協會舉辦「現代中美版畫展」於臺北新聞大樓。(5)(後被追認為「第一屆現代版畫展」)參展者：十位美國現代版畫家及江漢東、秦松等二位臺灣畫家。
・第二屆「五月畫展」(5.30～6.1)參展者：郭東榮、劉國松、郭予倫、陳景容、黃顯輝(新)、顧福生(新)。
・「李石樵個展」於臺北中山堂舉辦。(6.13～17)
・第二屆「東方畫展」於臺北 | ・蕭明賢作品榮登西班牙《拾錦》雜誌「一周中的傑作」。(1)
・蕭明賢獲第四屆「巴西聖保羅雙年展」榮譽獎。
・蕭勤獲選西班牙十一位最優秀青年畫家之一。
・李元佳作品為西班牙收藏家利巴司，及花園畫廊(Galeria Jardin)主人拉札洛夫人收藏。(1)
・霍學剛作品「鳥」為西班牙巴塞羅那省文教處長馬的奈司・代・拉・瓜而地亞收藏。(1) | ・《藍星》月刊創刊。(1)
・盧奧逝世。(2.27)
・《美術》雜誌復刊(3.25)
・八二三炮戰。(8.23) |

	新聞大樓舉辦。（新增會員：朱為白、蔡遐齡），同時展出西班牙畫家作品。（11.9～12）	・「東方畫展」於西班牙舉辦。（2.15） ・鄭瓊娟赴日。 ・趙春翔赴美畫展。（2.15） ・趙無極經遠東赴美。（3.8） ・朱德群在法個展。（3.8） ・孫多慈組「女畫會」（4.5） ・趙無極留港任教（新亞藝術系）（5.10） ・蕭勤開始撰「西班牙航訊」於聯合報。（6.11） ・新亞書院成立藝術系。（10.31） ・顧獻樑回國，介紹美國抽象表現主義風格及世界藝壇動態。（11）	
1959	・東方畫會舉辦「意大利現代畫家小品展」於臺北美而廉畫廊。（3） ・「海軍四人聯合畫展」於高雄開幕。（5.1） ・第三屆「五月畫展」於臺北新聞大樓舉辦。（5.29～31）參展者：郭東榮、劉國松、郭予倫、陳景容、顧福生、黃顯輝、莊喆（新）、馬浩（新）。 ・「林聖揚畫展」（5.10） ・蕭明賢、夏陽、劉國松、陳道明、施驊、胡奇中、李錫奇等作品代表參展第一屆「巴黎國際青年藝展」。（6.8） ・第二屆「現代版畫展」於（臺北）國立藝術館舉辦。（10.28～11.3）參展者：秦	・李芳枝赴法。 ・「教員美展」審查會發生國畫之爭，省籍國畫家醞釀退出。 ・梁鼎銘卒（3.1） ・劉國松發表《不是宣言——寫在「五月畫展」之前》於《筆匯》。（5.4） ・朱德群應邀參展法國「新現實沙龍展」（7.26） ・楊英風、顧獻樑等籌組「中國現代藝術中心」，首次籌備會於臺北美而廉畫廊。（9.27） ・陳庭詩、江漢東、秦松、施驊、李錫奇，作品代表參展第五屆巴	・新詩論戰達於高潮。 ・《筆匯》月刊創刊。（5.4） ・八七水災。（8.7）

	・松、江漢東、李錫奇、施驊、陳庭詩、楊英風。 ・張義雄等倡組「純粹畫會」，舉行首展於臺北新聞大樓。(11.7～9) ・第二屆「現代版畫展」於臺北新聞大樓舉辦。(亦稱「第二屆現代版畫會巡迴展」)。(11.10～12)參展者：秦松、江漢東、李錫奇、施驊、陳庭詩、楊英風。 ・「杭州、北平藝專聯合美展」(12.14) ・第三屆「東方畫展」於(臺北)國立臺灣藝術館舉辦。(12)	西聖保羅「國際藝展」。(10) ・顧獻樑回臺灣定居。(9) ・秦松「太陽節」獲巴西聖保羅「國際藝展」榮譽獎。(10)	
1960	・「今日畫會」成立，並舉行首展。(1)會員：簡錫圭、廖修平、張祥銘、張國雄、王鍊登、張錦樹、歐方焋(北師、師大藝術科系畢業生十人組成，反絕對書法化抽象主義) ・「長風畫會」成立，並舉行首展。(1)會員：趙淑敏、蕭仁徽、鄭世鈺、祝頌康、吳兆賢、蔡崇武、張熾昌、吳鼎藩。 ・「現代油畫特展」於歷史博物館。(1)參展者：莊喆、顧福生、劉國松、胡奇中、席德進。 ・「中國現代藝術中心」發起成立，旋即中斷。(3) ・「中國現代藝術中心」籌備會舉辦。「現代藝術展」於歷史博物館舉辦。(3.25)秦松版畫作品「春燈」、「遠航」被疑與「反蔣」有關而遭沒收。	・馮鍾睿獲香港首屆「國際繪畫沙龍」銀牌獎。 ・陳景容赴日。(5) ・政工幹校改制為政戰學校，美術科改四年制藝術系。(7) ・全省各師範學校停招藝師科，另設美勞組，僅余新竹美勞師資科。(7) ・郭軔西班牙畫展，並發表「新視覺主義」(11) ・秦松加入「東方畫會」(11) ・楊英風、施驊退出「現代版畫會」(12) ・張弘、鄧允洋、陳寶琦等留法三學生，獲「國際畫展」優秀獎。(12.6)	・《現代文學》創刊。(3.5) ・《自由中國》停刊(主編雷震被捕)(9.4)

	・「集象畫會」成立，並舉行首展。（3.25）會員：龐曾瀛、劉煜、李立德、張道林、劉子迪。 ・「聯合畫展」參展者：沈哲哉、胡奇中、許耀智、謝茂樹、龐曾瀛。 ・第四屆「五月畫展」於臺北新聞大樓舉辦。（5.12～15）參展者：郭東榮、劉國松、郭予倫、顧福生、黃顯輝、莊喆、馬浩、謝里法（新）、李元亨（新）。 ・第四屆「東方畫展」，同時舉行「地中海美展」、「國際抽象畫展」於臺北新聞大樓。（新增會員：秦松）（11） ・第三屆「現代版畫展」於臺北舉辦，並辦巡迴展於馬尼拉。（12.31～1.3）參展者：江漢東、秦松、李錫奇、陳庭詩。 ・「四海畫會」成立（即原「聯合畫展」）。會員：胡奇中、馮鍾睿、孫瑛、曲本樂。 ・「聯友畫展」（12.10）參展者：沈哲哉、胡奇中、曾培堯、許耀智、謝茂樹、龐曾瀛。 ・「十五屆全省美展」（12.25） ・「韓國現代美展」（12.28）		
1961	・「顧福生個展」（4） ・第五屆「五月畫展」於臺北新聞大樓。（5）參展者：郭東榮、劉國松、顧福生、莊喆、胡奇中（新）、馮鍾睿（新）、韓湘寧（新） ・「四海畫展」（6） ・中國文藝協會辦系列「現	・蕭勤、李元佳與卡爾代拉拉（意大利人）、吾妻兼治郎（日本人）創 Pounto 國際藝術運動於意大利。 ・郭東榮赴日 ・莊喆、席德進參加送展「聖保羅國際美展」	

	代藝術研究座談會」（12. 19〜3月底） ・第五屆「東方畫展」於國立 臺灣藝術館舉辦。（12.22 〜25） ・第四屆「現代版畫展」於 國立臺灣藝術館。（12.29 〜元.6）參展者：江漢東、 李錫奇、吳昊、秦松、陳庭 詩、歐陽文苑。 ・「現代畫家具象展」於臺 北中山堂舉辦。（12.30）	評選。（4） ・楊英風為教師會館設 製浮雕（4） ・顧福生赴法（7） ・徐復觀發表《現代藝 術的歸趨》引發「現代 畫論戰」（8.14） ・顧福生獲「巴西聖保 羅雙年展」榮譽獎。 （12.14）	
1962	・「郭軔畫展」於歷史博物 館舉辦（1.9） ・「聚寶盆畫廊」開幕展於 臺北中山北路三段。（2） 參展者：楊英風、劉國松、 何肇衢、胡奇中、韓湘寧、 陳道明。 ・「長風畫展」（3.1） ・（臺北）國立藝術館舉辦 「聯合版畫展」（3.24） ・「席德進、廖繼春聯合畫 展」於臺北美新處。（5.5） ・第六屆「五月畫展」（「現 代繪畫赴美展覽預展」） 於歷史博物館。（5.22〜 27）參展者：劉國松、謝 里法、莊喆、胡奇中、馮 鍾睿、韓湘寧、彭萬墀 （新）、楊英風（新）、王無 邪（新）、廖繼春（新）、孫 多慈（新）、虞君質（新）、 張隆延(新)、吳璞輝（新）。 ・「Pounto 國際藝術運動」 展出作品於臺北。（7） ・「曾培堯首次個展」（7. 12） ・「第二屆今日美展」（7. 22） ・「黑白展」（7） ・二十位臺灣畫家作品運越	・郭軔回臺提倡「新視 覺主義」 ・莊喆、楊英風分獲第 二屆「香港國際繪畫 沙龍」金、銀牌獎。 ・陳景容作品入選日本 陽春繪畫展（5.15） ・廖繼春、孫多慈、張隆 延、虞君質、彭萬墀等 人加入「五月」為會 員。（5） ・（臺北）國立藝術專 科學校設美術科（7） ・私立中國文化研究所 設藝術學一門。（7） ・中國畫學學會舉辦美 術座談會。（12.10）	・胡適逝世（2.24） ・紐約畫派畫家克蘭因 （Kline）逝世。（6.4） ・臺灣電視公司開播 （10.10）

	參加「國際美展」，莊喆獲獎。（9.10） ・第六屆「東方畫展」、第五屆「現代版畫展」聯合展出於臺灣藝術館。（12）參展者：東方畫會——夏陽、霍剛、吳昊、朱為白、秦松、黃潤色（新）、陳昭宏（新）、蕭明賢、歐陽文苑。版畫會——秦松、李錫奇、江漢東、陳庭詩。 ・「第二屆集象畫展」（12.24）		
1963	・「全國水彩畫展」（2.16） ・「臺灣近代書畫展」於香港雅苑畫廊舉辦。（5.1）參展者：張傑、陳錫勳、陳庭詩、楊英風、韓湘寧、胡奇中、劉其偉、劉國松、歐陽文苑、吳廷標、莊喆等十一人。 ・「當代書畫展」（5.19） ・「福山進畫展」（5.19） ・第七屆「五月畫展」於（臺北）國立臺灣藝術館舉辦（5.25～6.3）參展者：劉國松、李芳枝、莊喆、胡奇中、馮鍾睿、韓湘寧、彭萬墀、楊英風、廖繼春、張隆延。 ・「第二屆黑白展」（6.28） ・「第四屆長風畫展」（7.22） ・「Pounto 藝展」於國立藝術館舉辦（7.28） ・第七屆「東方畫展」、第六屆「現代版畫展」聯合展出於國立臺灣藝術館。（12.20）參展者：東方畫會——霍剛、蕭明賢、朱為白、陳道明、歐陽文苑、夏陽、李元佳、吳昊、秦松、陳昭宏、黃潤色、蕭勤。版	・李元佳赴意大利 ・夏陽赴巴黎 ・廖繼春訪歐美歸國。（2） ・「巴黎國際青年藝展」「巴西聖保羅雙年展」徵件。（2.12） ・「五月畫會」作品運往悉尼展出（3.12） ・「國際藝術教育學會」邀臺藝術家參加。（3.16） ・美術界頒獎黃君璧、郭明橋、林克恭（3.24） ・席德進在華府舉行抽象畫展。（4.1） ・「五月」作品赴澳展出。（4） ・（臺北）國立中央圖書館「西方藝術圖書館」成立（4.21） ・「巴黎國際青年藝展」第六屆「巴西聖保羅雙年展」應徵作品評定。（4.24）參展巴黎：莊喆、夏陽、劉國松、胡奇中、蕭仁徵、李錫奇、蕭明賢、楊英	・法國立體主義運動創始者布拉克（Braque）逝世（9.3）

	畫會──陳庭詩、李錫奇、江漢東、秦松。 ・「第三屆集象畫展」（12） ・「十八屆全省美展」（12.27）	風（雕塑）。參展巴西：馮鍾睿、江漢東、蕭明賢、胡奇中、秦松、劉國松、黃歌川、吳昊、夏陽、曲本樂、陳道明、李元佳、張傑、席德進、施驊、李錫奇、尚文彬、陳庭詩、歐陽文苑、莊喆、何瑞雄、楊啟東、傅順溪、溫學儒、張熾昌。 ・香港藝術館收藏劉國松作品「坐看雲起時」。（5） ・文化學院設美術系（7） ・徐復觀開始撰寫《中國藝術精神》一書。 ・秦松出版版畫集。（12）	
1964	・（臺北）國立藝術館舉辦「臺北當代美展」（1.4） ・「胡奇中個展」於臺北舉辦 ・「彭萬墀個展」於省立博物館舉辦（2.5） ・「青雲畫展」（3.25） ・第八「五月畫展」於省立博物館。（6.13～17）參展者：劉國松、李芳枝、莊喆、胡奇中、馮鍾睿、韓湘寧、張隆延。 ・第一屆「自由美展」（8.1）參展者：易宏翰、莊世和、許武勇、曾培堯、黃朝湖、彭漫、劉生榮等七人。 ・「長風畫展」（8.16） ・第七屆「現代版畫展」於（臺北）國立臺灣藝術館舉行（10.25） ・「現代水墨畫展」（10.23） ・第八屆「東方畫展」於國	・霍剛赴意大利 ・蕭明賢、謝里法赴法 ・顧重光獲第三屆「香港國際繪畫沙龍」銅牌獎（1） ・「自由美術協會」成立（1.23）會員：劉生容、黃朝湖、曾培堯、許武勇、莊世和、易宏翰、柯錫傑、彭漫。 ・劉國松、於還素等倡組「中國現代水墨畫會」（1） ・何鐵華在美個展（2） ・「中國現代繪畫雕塑展」在巴黎舉行（4） ・陳景容在東京個展舉辦（7） ・「自由美協」召開「十畫會聯誼會」於臺北省立博物館。參展畫會：五月畫會、東方畫	・日文電影停止放映（1.20）

	立臺灣藝術館舉辦（新增會員：鍾俊雄）（11.12～18）	會、現代版畫會、長風畫會、今日畫會、南聯畫會、年代畫會、心象畫會、自由美協、集象畫會（8） ・楊英風在意大利舉行雕塑個展（11） ・李錫奇、韓湘寧代表臺灣出席第四屆東京「國際版畫展」（11.14）	
	・國立藝術館舉辦「五月畫會作品赴意展覽預展」（11.27） ・第一屆「心象畫展」（12.10）參展者：蔡蔭棠、陳銀輝、吳隆榮、陳正雄、李薦宏、楊炎傑等。 ・「席德進、張傑聯展」（12.14） ・「十九屆全省美展」（12.25）		
1965	・「劉國松個展」 ・中國「現代版畫巡迴展」於臺南社教館、臺中救國團舉辦（2.12～21） ・」莊喆個展」在（臺北）國立藝術館舉行（5.2） ・第九屆「五月畫展」於臺北統一飯店舉辦（5） ・「馮鍾睿個展」於（臺北）國立藝術館舉行（6.2） ・「藝專美術科第一屆畢業展」（6.27） ・「莊世和畫展」（7.30） ・「中國當代畫家作品赴美前預展」（9.14） ・第八屆「現代版畫展」於國立臺灣藝術館舉行，並赴美巡展。（11.26～29）參展者：陳庭詩、李錫奇、秦松、鍾俊雄、吳昊、江漢東、歐陽文苑、曾培堯。 ・第九屆「東方畫展」於國立臺灣藝術館，並邀十九位意大利現代畫家聯展（12.24～27）（新增會員：李錫奇、李文漢、席德進、及意大利人瑪佐拉（A. Mozzola）	・巴黎市政府收購李文謙、張弘、葉大偉、李明明、陳錫勳等五人作品（1.2） ・李芳枝在瑞士個展（1.5） ・「老爺畫會」成立（1.14） ・「中國現代畫展」於羅馬舉行。（1.20） ・霍剛在意大利、澳大利亞巡展（2） ・劉國松應聘第五屆全國美展評審委員。 ・臺南美術研究會舉辦「現代版畫展」作品欣賞會，及邀請秦松、李錫奇演講於民生路醫師公會禮堂（2.13） ・劉國松出版「中國現代畫的路」（4.25） ・「中國畫巡迴展」於荷蘭（4.30） ・美國普林斯頓大學舉辦「中國現代畫展」，劉國松、莊喆、馮鍾睿等受邀參展。（5.4） ・劉國松等十七人參加	・《劇場》(季刊)創刊，黃華成主編。 ・國民黨政府「國軍文藝金像獎」設立（10） ・《這一代》創刊，社員：黃朝湖、莊喆、洪醒夫、陳恒嘉、陌上桑（10） ・《文星》停刊，共98期。（12）

		・「亞洲現代藝術巡迴展」（5.20） ・郭軔獲西班牙藝術學院院士（5.31） ・黃朝湖出版《為中國現代畫壇辯護》（7.25） ・楊英風與蕭勤夫婦在威尼斯聯展（8.10） ・彭萬墀出國（8.16） ・莊喆獲亞洲當代美展預展臺灣最優獎（8.25）	
1966	・「李元亨個展」 ・「胡奇中個展」 ・「現代畫廊」成立，展「五月」、「東方」作品（3.20） ・「集象畫展」（3.23） ・「五月畫會十週年畫展」於臺北海天畫廊（5） ・「大臺北畫派一九六六年秋展」（8.28） ・「畫外畫會」成立於臺北（9）參展者：王南雄、李長俊、吳炫三、林瑞明、洪俊河、馬凱照、曾仕猷、許懷賜、顧炳星、蘇新田等師大藝術系校友。 ・「當代畫展」（10.9）參展者：吳學讓、李文漢、李川、徐術修、祝祥、任國強。 ・「彭萬墀個展」（10.18） ・「世紀美術協會」成立（4.10）並舉行首展（12）。會員：蔡蔭棠、陳銀輝、吳隆榮、李薦宏、孫明煌。	・黃華成發表「大臺北畫派宣言」於《劇場》第五集（1.1） ・「中國山水畫的新傳統」在美巡展（1966～1968）五月成員劉國松、莊喆、馮鍾睿及資深畫家王季遷、陳其寬、余承堯參展。 ・徐復觀出版《中國藝術精神》（2） ・劉國松應邀訪美（2.12） ・國民黨政府教育部贈獎趙無極（2.12） ・李元亨赴法 ・胡奇中出版畫集	・大陸「文化大革命」開始（3） ・《現代文學》、《創世紀》、《劇場》合辦「現代詩展」。參展者：黃華成、黃永松、張朝堂等人。（3.29）
1967	・第十屆「東方畫展」於國立臺灣藝術館及海天畫廊舉辦。（1） ・「彭萬墀個展」 ・「天才畫展」（2.6）參展	・韓湘寧赴美 ・劉國松在紐約個展（1.30） ・師大藝術系改美術系（7）	

者：鄭瑜、謝以文、劉鐵心、管執中、舒曾祉、焦士太、唐圖、馬煊、王智平。 ・「胡奇中少女畫像展」（3.16） ・第十一屆「五月展」於臺北英文時報畫廊（5） ・「李錫奇個展」（6.10） ・「Up 展」於（臺北）國立藝術館（6.23～25）參展者：黃永松、汪英德、梁正居、王滿義、姚孟嘉、奚松、黃金鐘、陳驌等藝專應屆畢業生。 ・「不定型畫展」於臺北文星畫廊（11.12）參展者：李錫奇、胡永、席德進、秦松、莊喆、陳庭詩、劉國松、郭永豐、黃永松、張照堂等十位。 ・「第二屆世紀美展」（12.3） ・第十屆「現代版畫展」（12）參展者：江漢東、李錫奇、吳昊、林燕、秦松、陳庭詩、曾培堯、鍾俊雄。 ・第十一屆「東方畫展」於臺北文星藝廊。（新增會員：林燕）（12.31～1.6） ・「廿二屆全省美展」（12.24）	・郭大維自美返臺（7.18） ・秦松、吳昊、江漢東、李錫奇、陳庭詩、鍾俊雄、林燕等七人，參加菲律賓「亞洲版畫展」（8.4） ・華登夫人舉辦「現代畫家作品欣賞會」（9.3） ・劉國松自美返臺（10.1） ・「南部現代美術會」成立（冬）會員：曾培堯、劉文三、莊世和、李朝進。 ・陳正雄、楊英風赴日畫展（12.30）	
1968	・「劉國松作品赴美前預展」（1.14） ・「畫外美展」（3.24） ・「七人展」（3.30）參展者：秦松、姚慶章、顧重光等人。 ・第十二屆「五月畫展」於臺北耕莘文教院舉辦（5.28～6.2）參展者：劉國松、郭豫倫、胡奇中、馮鍾睿、韓湘寧、陳庭詩（新）	・陳昭宏赴法（1.6） ・謝里法自法赴美。 ・劉國松獲十大傑出青年獎 ・「東方畫會之夜」（1.8） ・劉國松獲美「國際美展」「傑出畫家獎」（6） ・楚戈出版《視覺生活》（7）	・「聯合報」（新藝）版停刊（4.15）

	・「無限畫會」聯展（6.8） ・「江漢東版畫展」（7.17～21） ・「黃郭蘇展」於精工畫廊（10.25～31）參展者：黃華成、郭承豐、蘇新田。 ・「李錫奇畫展」（10.27） ・「世紀美展」（12.12） ・「廿三屆全省美展」（12.25） ・第十一屆「東方畫展」於臺北耕莘文教院（12.31～1.5）	・江漢東因青光眼告別畫壇（7.21） ・曾景文返國（9.25） ・「中國水墨學會」成立。（11.12）	
1969	・第十二屆「東方畫展」（1.1） ・「中西名畫展」（1.7～8） ・「姚慶章油畫展」（1.25） ・「秦松出國前展覽」（2.20～23） ・「中國現代畫家聯展」（3.29） ・第十三屆「五月畫展」於臺北耕莘文教院（12.31～1.5） ・「大專教授美術展」（劉國松參加國畫部，莊喆為西畫部。）（6.17） ・「現代畫作家聯展」（9.28） ・「畫外畫會」第三次年展（10.10）參展者：雷仕猷、蔡良飛、蘇新田、馬凱照、林瑞明、洪俊河、王南雄、許懷賜、李宏隆、姜仁治。 ・第十三屆「東方畫展」於臺北耕莘文教院。（邀展：吳石柱、馬凱照、姚慶章、賴炳升）（12.29～1.4）	・劉國松作品在美展出（1.11） ・「圖騰畫會」成立（1.1） ・秦松赴美，出國前應邀在臺大講「傳統美術與現代美術」（3） ・東京「國際青年美術家展」，李錫奇、姚慶章獲獎。 ・劉國松「地球何許？」獲美「國際美展」首獎。（5.26） ・李文漢自日返臺（7.23） ・李錫奇獲菲「國際版畫展」二獎（8.16） ・「水墨畫座談」（10.25） ・莊喆等參展「第二屆國際現代畫展」（12）	・中國電視公司開播（11.1） ・《創世紀》停刊
1970	・「年代畫展」（1.12） ・「吳昊畫展」於藝術家畫廊舉辦（1.23）	・歐陽文苑赴巴西 ・楊英風設計日本大阪博覽會中國室外裝飾	

· 「黃博鏞結構藝術展」（2.1）	——鳳凰與草書。
· 「黃博鏞畫展」（3.24）	· 「中華民國版畫學會」成立（2.26）
· 「韓湘寧畫展」（3.24）	· 「北市美術教師聯誼會」成立（2.26）
· 第十四屆「五月畫展」於臺北國立歷史博物館舉辦（5）	· 「上上畫會」成立（3.22）
· 「七〇超級大展」於臺北耕莘文教院舉辦（5.6）	· 「版畫協會」成立（3.23）
· 中國水墨畫學會舉辦「第二屆水墨畫展」（6.19）	· 劉國松自美返臺（6.22）
· 「七友畫會」、「壬寅畫會」、「八朋畫會」、「六儷畫會」首次聯展（6.22）	· 中國現代水墨畫運歐洲巡展（6.22）
· 「李錫奇畫展」（11）	· 馮鍾睿擔任夏威夷大學研究員（9.23）
· 第十四屆「東方畫展」於臺北凌雲畫廊舉辦。（邀展：賴炳升）（12.31～1.7）	· 《美術月刊》創刊（11）
· 「現代藝術季」於臺北展開。（11.19）	· 陳庭詩獲韓「國際版畫展」獎（12）
· 第四屆「畫外畫會」展。（12.17）	
· 第十三屆「現代版畫展」於臺北凌雲畫廊（12.22）	

資料來源：參閱《臺灣美術史研究論集》，蕭瓊瑞，臺中：伯亞出版事業有限公司，
　　　　　1991 年，第 197～210 頁。

第4章 文化中國與鄉土美學：臺灣時空下的中華臺灣色（1970年代）

　　至七十年代前期，國民黨政府所極力構建的政治文化正統性符號體系，在反共復國復興中華的口號之下大體成型。其在大中華的想像共同體形象之下，建立起了黨國與中華的符指關聯。也由此，基於地理、政治以及文化三重空間上的正統性及其合法性話語空間體系、臺灣民眾的中華主體性意識由殖民屬地的陰影之下漸趨形成。而藉此主體性的正統中華意識，傳統文化獲取了完全的政治權力及其話語力量。意識形態與主體性的正統文化及其政治體系結成了新時空形勢下的攻守聯盟。這種結構聯盟表現在文化領域，即是對非正統文化的排斥和壓制，以保持其意識形態與政治體系的正統性形象以及結構的穩定性。這表現在美術領域即是，代表了臺灣美術主流話語的地方色東洋畫在持續五十多年的權力傳統之後，以非主流的美術語言身份保留「存在」。而傳統水墨國畫則以正統身份再次獲取了其日據時期所失去的正統性話語地位。在此過程之中，經過多次身份轉換後的地方色美術語言，則已漂淨了其歷史身份，與政治權力話語撇清了關係；這也使其結束了自戰後以來的文化與政治危機。純然的美術身份之下，其獲得一份新的話語資格和形象——「膠彩畫」。〔註1〕

─────────────

〔註1〕 此處主要將臺灣地區美術納入中國美術範疇相比較，從而主要基於陸臺關係討論，而不是置於世界美術史之中。

藝術與政治權力是否有本源的共謀關係無法得知。不過70年代初期國民黨政府所建立起來的話語聯盟體系，並不是那麼的鐵板一塊。聯盟體系之中力量的不均衡發展，使得這個森嚴外表下的體系聯盟裂縫頻現。而這其中最重要的表現即來自於70年代以來的臺灣國際政治經濟形勢的發展與變化。屢次的國際關係與政治力量失守，引發了內在政治力量的變動。這直接導致了聯盟體系結構的不穩定性，並最終引發動盪。這種不穩定性首先來自於政治的弱化表徵，並且非常容易並快速的反應到了與其所聯盟的主流（主體性）文化之上，最終導致意識形態不可避免的信仰危機。也即政治、文化、地理三維空間之上中華意識的主體性危機〔註2〕。這種危機使得與之結盟的文化、政治應激性的考慮危機處理，由此新的或調整過的意識形態開始表現。相應於此，這種危機所造成的話語權力失守及其體系裂縫，為在野意識及其話語謀得了發聲機遇。漂淨歷史後的地方色美術語言，重新出現在權力話語體系外圍與裂縫之際。一場圍繞著主體性、中華正統、本土關注、鄉土情緒以及反殖民現代性的微觀權力譜系逐漸展開。

4.1 土地改革與城市化：中產階層興起下的民主運動及本土關注

4.1.1 城市化進程下的民主運動與本土轉向

1940年代末以來，國民黨政府出於防共性的政治穩定以及穩固統治基礎並恢復農業經濟而展開了一場農村土地改革運動，其結果的確是達到了取締地主階級而代之以官僚資產階級，實現農村政治穩定以及農業生產恢復的目的。然而，土地改革所帶來的農業生產恢復與發展的同時，也使得農民自身從地主經濟體系解放出來，脫離土地成為自由的勞動力資本。〔註3〕這一情形無

〔註2〕對應於大陸政府的主體新形象。

〔註3〕「國民黨統治者在大陸完全失敗退到臺灣後，為求生存與發展，總結失敗之經驗，乃於40年代末到50年代初推動了自上而下的農村土地改革，對臺灣經濟及社會階級結構產生了重大影響。這次改革的核心是對土地所有權的變革，即將地主階級的土地通過有償方式轉讓給廣大農民，沒有土地或只有少量土地的農民獲得土地變為自耕農，他們成為農村社會的基本力量，半自耕農與佃農大大減少。許多大地主則進入工商界，成為產業資本家或商業資本家，也即臺灣大資產階級的一部分。」參閱王建民，「試論戰後臺灣社會階級結構的演變」，《臺灣研究》，1995年第4期，第53頁。

疑使得 50 年代國民政府「以農業培養工業，以工業發展農業」〔註4〕政策中
的工業發展獲得勞動力資本支撐。顯然這一期的工業發展形式，是以手工業勞
動力密集型為主導的工業產業形式。進入 60 年代以來臺灣工業基礎建設獲得
了長足發展，其經濟發展遠遠超過了農業經濟發展速度。這使得一大批可以
脫離土地的農業勞動力開始被工業生產部門所吸引和轉化。農村勞動力外移
人口數自 1968 年以來開始超過了農村自然人口增長數，農業人口大量流失；
——大規模湧入了新興工業化城市。伴隨著經濟結構、產業結構以及由生產關
係改變而帶來的階級關係轉變，原農業生產結構下的地主與農民關係轉化為
工業生產結構下的資本家與產業工人關係。而這當中，產業工人素質以及產
業管理（資本擁有者）水平成為工業化發展的重要因素；這就與國民教育的發
展水平緊密相關。資料顯示國民黨政府教育部門 1987 年發布的「學齡兒童就
學率」標明，1975 年以來學齡兒童入學率達到了 99.29%。另外，為提升國民
識字率以及文化水平，境內各國民學校所廣泛設立的成人班和婦女班，使得
1980 年來臺灣地區人口中十五歲以上人口識字率達到了 86.3%。至於高等教
育發展，1970 年臺灣擁有大學與獨立學院二十二所，專科性質的高等教育學
校更是達到了七十所。甚至一些大學還開設了碩士與博士研究生班。〔註5〕國
民序列教育的擴展與迅速發展，穩固的為產業發展提供了接受良好教育水平
與專業水平的產業工人與管理者。伴隨工業化發展，城市化進度逐漸加強。在
城市的興起與擴張之中，大量新進勞動力人口被廣為容納。與此同時，新興資
本家和中產階級群體也被催生。一大批包括產業大軍在內的社會各行業知識
分子與人才迅速壯大起來，成為中產階級最活躍的代表。當然這其中也包括了
由剝奪土地的大地主轉化而來的大資本家與大商人。除此之外，大批海外留學
返臺且深受西方中產階級思想文化影響的知識分子，也對臺灣新生代中產階
級的思想產生了深遠影響。受良好教育水平以及經濟發展下的現代思潮影響，
此時期的產業工人與管理者已大大不同與往日的地主性知識分子。對於從土
地上脫離出來的現代產業化工人以及知識分子、專業人才來說，勞資矛盾已經
替代了之前的土地矛盾。產業經濟與商品性市場思維使得勞資雙方的資產階
級思想，及其所表現出來的運動精神噴薄欲發。從相當大程度上來說，由農業

〔註4〕趙寶煦，《彼岸的起飛——臺灣戰後四十年發展歷程》，黑龍江：黑龍江人民出
　　　　版社，1992 年，第 233 頁。
〔註5〕林玉體，「臺灣教育面貌四十年」，臺北：自立晚報，民國 76 年 10 月，第 71、
　　　　76、77、94 頁。

化社會轉化為工業化社會的臺灣，其社會思潮、民主化發展以及社會運動的興起都由此與中產階層緊密的聯繫在了一起。急劇的社會變遷使得這個社會的行為模式與文化認知方式發生了深刻改變。工業化臺灣社會的形成，使得城市化進程加速下，教育水平不斷提高的工業社會階層開始重組；中產階級的興起與壯大，使得政治、經濟、文化等資源必然重新分配；城市化進程下地方政治勢力的衰微，使得新興階層更加投身於政治運動的狂熱。

圖六十七　《這一代》創刊號封面

圖片來源：《臺灣前衛：60 年代複合藝術》，賴英英，臺北：藝術家出版社，2007 年，第 47 頁。

伴隨著五六十年代以來的《自由中國》、組黨運動、《文星》雜誌等一系列民主活動，70 年代初，為了反映這批新興中產階級的政治願望及其要求，基於政治革新的理念，民主運動的狂瀾被再次掀起。《大學》雜誌的創立即是其首要標誌；此後，以新興中產階級知識分子所代表的黨外勢力迅速蔓延開來，成為臺灣新時期的政治力量及其代表。《夏潮》、《這一代》、《臺灣政壇》、《美麗島》、《八十年代》、《新生代》等一大批思想激進、政論強力的刊物，在民主、自由、平等的口號之下遍地開花。國民黨政府以國家資本主義所推行的威權體

制，極大地遭受著衝擊；與此同時，臺灣國際政治形勢的劇烈變化更使得同時期的島內民主運動，給國民黨政府帶來了更加強烈和放大化的政治衝擊。相應於《大學》雜誌的首波政治活動，「保釣運動」，其所應對的正是 1970 年 5 月所爆發的「釣魚島事件」。緊接其後，1971 年第 26 屆聯合國大會召開，國民黨政府失去了在聯合國代表「中國」的唯一資格，被取消一切聯合國及其所屬機構的合法權，取代以大陸的中共政府。這直接導致了國際上一系列國家政府與國民黨當局解除外交關係。美國政府更是於 1972 年派遣尼克松總統訪問中國，並聯合發表了《上海公報》，開啟了中美關係正常化的進程。同年 9 月，日本政府宣布與中國大陸建立外交關係，並與國民黨當局斷交。至 1974 年 10 月為止，與臺灣地區建立所謂外交關係的國家由 1969 年的 65 個驟減到 32 個，並不斷擴大。一系列如此沉重而巨大的國際關係失敗，使得國民黨政府當局遭受了戰後政治文化構建以來最為沉重的內外打擊，危機重重。

圖六十八　美臺解除外交關係

圖片來源：《臺灣美術新風貌展（1945～1993）》，黃光男，臺北：臺北市立美術館，1993 年，第 351 頁。

政治改革，成了 70 年代繼任權力核心的蔣經國所著重思考的問題。而面對著嚴酷的國際形勢，使得向內尋求島內社會支持成為唯一可選之徑。早在蔣經國上臺就任「行政院」院長之前，其就與島內青年團體組織保持了良好的關係。「救國團」就是其中最大並由其所控制的團體之一。除此之外，日後掀起島內新一波民主運動的《大學》雜誌團體〔註6〕，也受到了蔣經國的支持。其

〔註6〕參閱李筱峰，《臺灣民主運動四十年》，臺北：自立晚報，民國 76 年 10 月，第 89～108 頁。

曾對《大學》雜誌青年成員說道：

> 青年的建言，以及青年對他的期望與好感，對蔣在政治上的聲
> 望及政治權力的提升，有相當積極的作用。〔註7〕

　　由此，當蔣經國展開內外政治調整以應困局之時，這批本土的青年精英進入到了他的視野。籠絡本土政治經濟精英成為其「革新保臺」、「新人新政」的重要內容。由此以「動員戡亂時期臨時條款」的修訂為標誌，一大批地方派系與政治精英人士開始進入到政治體系。至 1978 年止，入選「行政院」的臺灣籍人士占到了 32%。入選國民黨中央和地方黨部的臺籍人士占到了全體黨員的一半以上，成為國民黨的主體。臺籍人士謝東閔則被選為副總統。到 1987 年，臺籍人士更是占到了國民黨中常委人數的 48%。這一舉措使得國民黨當局一方面化解了與新興中產階級的權力矛盾，另一方面也更使得國民黨當局的政治合法性得以穩固。「本土化」的政策〔註8〕由此在國民黨的政治框架之中全面展開。相應於政治危機之後所展開的「本土化」政治調整，70 年代臺灣社會所遭遇的兩次石油危機，也使得臺灣經濟發展模式開始由依賴國際市場的外向性進口經濟，大力轉向出口型的島內經濟建設與發展。經濟自主成為重要議題。為解決日益嚴重的原料危機和落後的基礎建設以及經濟結構，1973 年11 月與 1977 年 9 月國民黨政府先後開展了「十大建設計劃」和「十二項建設」兩次全島性的基礎經濟建設；此外自 1974 年以來，國民黨政府還相繼啟動了「穩定當前經濟措施方案」、「十四項財經措施」、「十項財經措施」以及「改善投資環境實施要點」等一系列具有本土化思維模式的經濟政策。〔註9〕「本土化」思維在經濟領域開始全面推行。政治與經濟兩個主要層面的政府性主導思維模式之下，臺灣社會由此進入到一個新的轉型時期。

〔註7〕 李筱峰，《臺灣民主運動四十年》，臺北：自立晚報，1987 年版，第 92 頁。轉引自陳孔立，《臺灣歷史綱要》，北京：九州出版社，1996 年第 1 版，第 496 頁。

〔註8〕 「由於長期深入民間，接觸臺籍地方政治精英，使蔣經國深刻瞭解倘若國民黨政權要在臺灣生存發展，必須立即改變其人才甄補政策，也就是放棄過去二十年所採行的『中央—大陸人』與『地方—臺灣人』的兩元化甄補政策，改採『本土化』政策，加速精英整合，以強化『國權』（state）的正當性。當時執行蔣經國『本土化』政策的甄補管道就是救國團系統。……」詳情參閱彭懷恩，《臺灣政治變遷四十年》，臺北：自立晚報，民國 76 年 10 月，第 103～107 頁。

〔註9〕 詳情參閱林鍾雄，《臺灣經濟發展四十年》，臺北：自立晚報，民國 76 年 10 月，第 79～100 頁。李宏碩，《臺灣經濟四十年》，山西：山西經濟出版社，1993 年，第 174～247 頁。

　　基於民間社會與政府在政治經濟等領域所形成的意識氛圍，臺灣社會於 70 年代整體性的轉向島內地理性空間。對於地理本土的關注成為當時政治經濟形勢之下的現實考量。這種意識形態所營造的思想氛圍，必然在 70 年代中期全面引發了關於本土性的思考。而這種關於本土的思潮除去反映在一系列的政論性刊物之上，也直接反映在了當時的文學、美術等文化領域。由此，「鄉土文學」表現出濃鬱的本土關注，並由此引發了一場全面的「鄉土論爭」。

4.1.2 意識形態與話語權力：「鄉土文學論爭」下的鄉土、本土

　　內外動盪的政治經濟局面下，國民黨當局為扭轉嚴峻局勢而在政治經濟層面展開推行本土化思維和政策，以求緩解困局並維持既定的防共反共思想體系，乃至實現最終的復國大業。相應於此，深受戒嚴體制與西化思潮洗禮的臺灣民眾，則開始在新的歷史處境之中思考自身的命運和前途。這使得包括青年知識分子在內的社會上下，開始關注社會，回歸自身，趨向民族傳統與本土追求。一場社會思潮與文化思潮影響下的「鄉土文學論爭」，就發生在了 70 年代（1977 年～1978 年）這樣一個本土化思潮急劇勃發的時期，成為臺灣戰後以來最大一次規模的文化論戰。其反應了社會文化思潮，同時也左右和影響到了這股社會文化思潮的影響範圍及其深度。

　　關於這場「鄉土文學論爭」〔註10〕，早在 60 年代中後期現代性思潮巔峰之後，臺灣文學界就已流露出鄉土思考。彼時（1964 年）臺灣文學家吳濁流即創辦了一份具有本土意識的《臺灣文藝》雜誌，以此思考臺灣文學中的西化影響。至 1966 年後，尉天聰更是集結陳映真、黃春明、王禎和、七等生、劉大任、施叔青以及子於等人，創辦了《文學季刊》雜誌。由此臺灣文學界展開了對現代主義問題的分析、討論。不過由於討論範圍以及傳媒的非主流，使得討論並未形成較有影響的效應。真正意義上的鄉土文學論爭還要等到 1972 年至 1973 年間爆發的臺灣現代詩論爭，其才是文學論爭的強力先聲。為戮力反對臺灣現代詩對西方思潮的橫向移植，由《中國時報》高信疆任主編的《龍族》詩刊指出要「敲我們自己的鑼，打我們自己的鼓，舞我們自己的龍。」在此呼籲之下，1972 年 2 月身在新加坡大學的劍橋博士關傑明首發呼應。其在《中

〔註10〕本節有關「鄉土文學論爭」史實資料參閱了呂正惠、趙遐秋，《臺灣新文學思潮史綱》，北京：崑崙出版社，2002 年 1 月，第 256～294 頁。更多詳情請參閱該書。

國時報》（人間副刊‧海外專欄）〔註11〕上相繼猛發了《中國現代詩的幻境》《中國現代詩的困境》以及《再談中國現代詩：一個身份與焦距共同喪失的例證》三篇駁文。指出葉維廉、張默和洛夫所主編的三部詩選除去矯揉造作，玩弄語言技巧之外，更是失去了對中國文學傳統及其歸屬感的凝聚。表現出的僅是對歐美文學及其思想牙慧的挪用。相應於關傑明的首番批駁，1973 年由美返臺入臺大數學系客座教授的唐文標也先後發表了《先檢討我們自己吧》《什麼時代什麼地方什麼人》《詩的沒落》以及《僵斃的現代詩》，對《文學雜誌》《藍星》和《創世紀》等社團刊物以及洛夫、余光中、周夢蝶等詩人進行了點名批評。由此一場關於現代詩的論爭正式引爆。從中可見，關於中華傳統及其現實當下的關注是針對現代詩西方思維批判的重要落點。唐文標嚴屬指責「生於斯，長於斯而所表現的文學竟全沒有社會的意識、歷史的方向，沒有表現出人的絕望和希望。每篇作品都只會用存在主義的掩飾，在永恆的人性，雪呀夜呀，死啦血啦，幾個無意義的詞中自瀆。」〔註12〕在此之後，龍族詩社於 1973 年 8 月出版了《龍族評論專號》，舉辦了一次大規模的針對現代詩的全面討論。討論主要還是圍繞著西化思潮影響下所喪失的傳統，以及對社會現實與大眾的脫離兩個層面展開。高信疆以高上泰的筆名於《龍族評論專號》前言寫到：

> 現代詩不可能長久停留在閉關自守、孤芳自賞的階段。它必須跨出自己的門檻……接受我們作為一個中國詩人的歷史背景與現實意義……在社會的、生活的、鄉土的諸般層面裏，用自己的筆，傳達出我們這個時代的悲歡愛恨。〔註13〕

經過此番強力批判與討論之後，臺灣文學界（詩歌界）促成了有關現代主義及其所對應的本土、民族的整體性社會關注。包括現代主義詩人在內，現代主義擁護者本身開始在激烈的社會環境之下反思。同年 8 月，由尉天聰主持，包括唐文標、黃春明、王禎和以及王拓等人的《文季》雜誌發行。其發刊詞《我們的努力和方向》中，明確表明對現代主義的批判，以及對現實和現實教育意義的關注。10月《中外文學》發刊。正如何欣所言：

〔註11〕由高信疆主持，其曾任改組後的《大學》雜誌社務委員。
〔註12〕唐文標，《天國不是我們的》，臺北：聯經出版公司，1976 年，第 190 頁。
〔註13〕高上泰，「探索與回顧——寫在『龍族評論專號』前面」，《龍族詩刊》，1973 年第 9 期。轉引自趙知悌，《現代文學的考察》，臺北：遠景出版事業公司，1976 年，第 166 頁。

　　唐文標的幾篇文章衝擊和影響力相當大，逼得詩人們不得不做一些反省，而逐漸地擺脫病態的現代主義的束縛，另闢蹊徑，重返傳統——不是形式，而是一種自覺的認知。於是討論文學裏的時代社會意識的文章便多起來了，不染人間煙火的作品開始受到嚴厲批判。詩人們也喊出：「惟有真正屬民族的，才能真正成為國際的了。」〔註14〕

圖六十九　《創世紀》封面

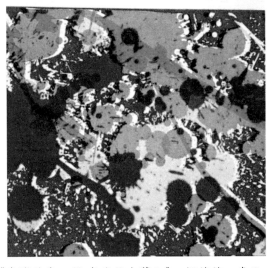

圖片來源：《臺灣前衛：60 年代複合藝術》，賴英英，臺北：藝術家出版
社，2007 年，第 81 頁。

　　由此至 1977 年 4 月《仙人掌》雜誌第 1 卷第 2 期開出「鄉土與現實」的專號〔註 15〕，標誌著高漲的本土思潮之下臺灣文學界正式拉開了有關鄉土論爭的序幕。而緊接著 8 月 12 日下午《中國論壇》所舉辦的「當前的中國文學問題」座談會則引爆了 70 年代鄉土文學論爭的大戰。這其中對於傳統、現

〔註14〕何欣，「三十年來臺灣的文學論戰」，《現代文學》復刊第 9 期。轉引自呂正惠、趙遐秋，《臺灣新文學思潮史綱》，北京：崑崙出版社，2002 年 1 月，第 266 頁。

〔註15〕其「鄉土文學往何處去」的專論，收錄了王拓、銀正雄、尉天聰、朱西寧和江漢等人的多篇有關鄉土文學的文章，並且這些文章代表了之後有關論爭的各種相關立場。從而此期《仙人掌》雜誌被視為鄉土文學論爭的起點。參閱呂正惠、趙遐秋，《臺灣新文學思潮史綱》，北京：崑崙出版社，2002 年，第 269～270 頁。

實、反共以及土地認同的關注和討論，仍舊是核心主題。由此，在繼承前期《大學》雜誌的開拓之下，70 年代後對於民族、社會及其現實的關注與宣傳使得以「鄉土文學」為旗幟的文學思潮蔚然興起；至於何謂「鄉土文學」，鍾肇政認為：

> 作家寫東西必須有一個立腳點，這個立腳點就是他的鄉土。或者，我不如說，那是一種風土。……你在都市裏頭也可以有一種風土。〔註16〕

對於這種包括都市鄉土的鄉土文學，王拓認為：

> 真正的「鄉土文學」是關心自己所賴以生長的土地，關係大多數與我們共同生活在同一環境下的人的文學，這種文學我主張用「現實主義文學」，而不用「鄉土文學」。〔註17〕

由此「鄉土」與「當下現實」具有了同一性；對此楊青矗認為：

> 凡寫的是以中國的某一土地為背景，以當地社會發生的現實，都是中國的鄉土文學，何必過敏說有地域觀念。〔註18〕

基於和現實土地的關聯，尉天聰進一步提出鄉土還應該與土地相關的民族性緊密相連。其認為：

> 鄉土文學也就不是專指寫農村或工廠生活的作品了，只要是愛國家、關心民族前途的作品，都是鄉土文學。〔註19〕

在這樣一種鄉土文學的內在邏輯內涵之上，陳映真則指出了與這個民族相關的歷史與現實成分。其認為：

> 相對於過去「鄉土文學」有強烈的反日帝國主義的政治意義，今天的作家，也在抵抗西化影響在臺灣社會、經濟和文化上的支配，具有反對西方和東方經濟帝國主義和文化帝國主義的意義。〔註20〕

〔註16〕轉引自呂正惠、趙遐秋，《臺灣新文學思潮史綱》，北京：崑崙出版社，2002年，第 278 頁。

〔註17〕轉引自呂正惠、趙遐秋，《臺灣新文學思潮史綱》，北京：崑崙出版社，2002年，第 278 頁。

〔註18〕轉引自呂正惠、趙遐秋，《臺灣新文學思潮史綱》，北京：崑崙出版社，2002年，第 278～279 頁。

〔註19〕轉引自呂正惠、趙遐秋，《臺灣新文學思潮史綱》，北京：崑崙出版社，2002年，第 279 頁。

〔註20〕轉引自呂正惠、趙遐秋，《臺灣新文學思潮史綱》，北京：崑崙出版社，2002年，第 279 頁。

　　從中可見鄉土文學思潮包囊了對民族、歷史、土地、社會現實性乃至反殖民的思考。由此也表明基於「現代性反思」而來的詩歌（文學）運動，開始轉向「鄉土文學」基於反殖民帝國主義現代性而來的民族性、本土性以及歷史傳統性的自我反思與關注。然而也許基於現實社會的白色恐怖，鄉土文學思潮之中並未見對和現實相關的政治體制有直接表現。這不同於之前《大學》雜誌等一系列政論性刊物所具有的政治改革批判精神。不過現實之下，現代主義（西化思潮）利益擁有者也不會輕易主動放棄既有權力；與此同時，國民黨政府的文化戒嚴以及軍中戰鬥文藝政策仍在持續，反共復國的思想主旨並未改變。潛在的政治利益（話語權）博弈中，使得鄉土派與官方主流意識形態之間還是產生了超越純文學的論爭。政治的勢力範圍之下，話語權的爭奪成為必然，而這無論是官方、非官方，乃至在野的非主流話語發出者。這也說明，文學鄉土與官方意識形態下的「本土化」政策並非完全一回事〔註21〕。鄉土思潮與官方尚未達成共謀關係。不過在此之間，兩者皆基於國際形勢而對西化（現代主義）思潮的反思，也透露出某種異乎尋常的關係。總體而言，時事局勢之下兩者之間還僅僅只是藉此「鄉土（本土）」的平臺展開對話語權力的交涉。1977 年 10 月徐復觀於《中華雜誌》發言指出：

　　　　自 1970 年以來，臺灣在經濟上有了畸形的發展，在文化上也出現了轉形的蛻化。所謂「畸形」是指對外國資本家，尤其是對日本資本家的開門揖盜而言。所謂「轉形」是指在中華文化復興的虛偽口號下瘋狂地將中國人的心靈徹底出賣為外國人的心靈而言。對此一趨向的反抗表現為若干年輕人所提倡的「鄉土文學」，要使文學在自己土生土長，血肉相連的鄉土生根，由此以充實民族文學國民文學的內容，不准自己的靈魂被人出賣。……於是鄉土文學，必然也會成為反映這些生活不斷下降的父兄子弟的寫實文學。他們把有時可望見顯要富豪們的顏色，幻成水中月、鏡中花的文學，斥之為買辦文學，洋奴文學。這種話一經說穿，文學的市場可能發生變化，已成名或已掛名的作家們，心理上可能發生「門前冷落車馬稀」的恐懼……勢必要借政治力量來保持自己的市場。〔註22〕（著重號為筆者所加）

〔註21〕這種「本土」與之後的臺灣意識也並非等同，這一點後文論述。
〔註22〕徐復觀，「評臺北有關『鄉土文學』之爭」，《中華雜誌》第 171 期，1977 年 10月。轉引自呂正惠、趙遐秋，《臺灣新文學思潮史綱》，北京：崑崙出版社，第267～268 頁，2002 年 1 月。

　　最終堅持反對立場的國民黨軍政系統及其新聞媒體和學界人士，以官方的反共意識形態對鄉土文學展開激烈批判〔註 23〕。其代表性言論主要集中於由彭品光主編、青溪新文藝學會編印的《當前文學問題總批判》一書之中。其主要內容包括「慎防文學統戰陰謀」、「鄉土文學如何鄉土」、「邪惡的工農兵文學」、「認清 30 年代文學」、「文學歪風不容滋長」，以及「堅持正確方向努力」六個方面。相對於此，鄉土文學立場的論述主要收錄於尉天驄所主編的《鄉土文學討論集》之中。其主要內容包括「當前臺灣的處境與文化課題」、「當前的臺灣社會與文學」、「從鄉土文學到民族文學」、「對媚外意識的批判」，以及「對鄉土文學的批評」、「鄉土文學的座談和訪問」等。〔註 24〕一定程度上來說，官方主流話語及其媒體對鄉土文學（思潮）在野話語產生了極大的壓制。然而與此同時，這種官方的批判也使得鄉土文學（思潮）更以其鮮明的亞主流話語形象出現，並由此藉官方更加集中和權威性的方式而傳播、解讀了這一非主流的話語形象〔註 25〕。至於這些論爭文章和書籍性質的資料，則成為其形象解讀乃至權力談判的標準型會議記錄和文件。中產階級的知識分子至此取得了與官方的對話資格，並直接觸及到官方的權威基礎，而這一切是由協議性的「文件」或「記錄」來作為支持和憑證。一定程度下，在這些協議的基礎之上，最終使得官方開始調整其政策並改革政治機構，促進本土化政策的進一步實施〔註 26〕，並調和不同的思想意識；當然，這有的時候還要配合以一定形式的社會運動，及其相對應的鎮壓運動。最終，官方的權力話語版圖得以分裂並開始規劃新的分配。1978 年 1 月，國民黨召開「國軍文藝大會」。此前已經爆發了藉地方選舉活動而爭取民主的「中壢事件」。嚴峻的政治形勢之下，國民黨政府「國防部總作戰部」主任王昇在會議上說道：

　　　　純正的「鄉土文學」沒有什麼不對，我們基本上應該「團結鄉

〔註 23〕1977 年 8 月 20 日余光中首先於《聯合報》副刊發表《狼來了》一文，直接將毛澤東《在延安文藝座談會上的講話》一文大篇幅引用，以此指責鄉土文學家的共產黨工農兵文藝性質。詳情參閱呂正惠、趙遐秋，《臺灣新文學思潮史綱》，北京：崑崙出版社，2002 年，第 273～274 頁。

〔註 24〕參閱呂正惠、趙遐秋，《臺灣新文學思潮史綱》，北京：崑崙出版社，2002 年，第 268 頁。

〔註 25〕這種批判使得鄉土思潮的非主流話語得以出現在官方的主流媒體，並通過其強大的報刊、電臺、座談會等宣傳網絡遍及全境。使得原本沒有或宣傳途徑微弱的鄉土思潮得以通過主流媒體和官方形式傳播出去，甚至得到更深一步的研究和解讀。

〔註 26〕這一點在前面的相關章節已經提到，表現於政治、經濟方面。

土」。……不要把他們都打成左派，統統給戴上紅帽子。不過，我也要
鄭重地勸告寫「鄉土文學」的這些年輕朋友們，你們千萬要當心，不
僅不要有意的替共產黨宣傳，也不要在無意中被共產黨利用。〔註27〕

　　相應於官方的聲明式言論，在野的鄉土派也有著積極的回應。1978 年 4
月，胡秋原為《鄉土文學討論集》撰寫了長篇序言《中國人立場之復歸》，以
此達成「和議」結束了這場論戰。正如著名文學家陳映真對於這場「鄉土論爭」
所說〔註28〕：

　　　　從中外古今的文學史看，向來沒有一個或一派作家，可以借著
政治的權威，毀滅、監禁別個或別一派的作家及他們的作品，而得
以肯定或提高自己在文學上的地位；從來沒有一種有價值的文學，
可以因殺害或監禁了那個文學的作者，禁止那個文學作品，而剷除
他在文學上的價值的。〔註29〕

　　兩份宣言式的文字，成為國民黨官方與在野鄉土派雙方於此階段妥協或
者「共謀」的最終協議性「文件」。相比於此前不久的 1977 年 8 月 29 日由國
民黨「中央文化工作會」所主辦的「全國第二次文藝座談會」，國民黨當局的
黨政軍要員還親臨會場報告，強調堅持反共文藝的立場，期間甚至有 56 人針
對鄉土文學論戰做出共同提案〔註30〕，儘管這份提案後來因故未能通過。無論
如何，最終一場由文學領域所引發並升級到意識形態層面的論爭，在雙方最終
協議之下宣告達成和解。鄉土思潮及其話語，由此踏進到官方政治話語（本土
化）的權力框架和體系之中。

4.2 文化中國與地理臺灣：鄉土主義迷霧下的地方色

　　1971 年國民黨政府失去在聯合國代表中國的合法席位，成為國民黨政府
當局自 1970 年保釣事件以來最為嚴重的一次政治危機事件。自此接連不斷的

〔註27〕轉引自呂正惠、趙遐秋，《臺灣新文學思潮史綱》，北京：崑崙出版社，2002
　　　年，第 276 頁。
〔註28〕以陳映真所論參考，可見雙方的調和。
〔註29〕陳映真，「建立民族文學的風格」，《中華雜誌》，1977 年第 171 期。轉引自呂
　　　正惠、趙遐秋，《臺灣新文學思潮史綱》，北京：崑崙出版社，2002 年，第 276
　　　～277 頁。
〔註30〕參閱呂正惠、趙遐秋，《臺灣新文學思潮史綱》，北京：崑崙出版社，2002 年，
　　　第 274～275 頁。

斷交危機頻襲國民黨政府當局，使得嚴峻的「國內」政治形勢更為艱巨。窘困之下，蔣介石號召民眾以「莊敬自強，處變不驚」的態度應對時事之變。不過儘管如此，卻並不能抑制民眾於複雜政治文化氛圍下對主體性中華意識的疑惑與反思。由此，本土性地理空間成為困境思索下的棲息之地。

4.2.1 本土：主體性危機下的鄉土契機

對於 70 年代初的國民黨政府當局來說，基於三民主義的正統性構建仍舊是其核心主旨，並且在自 50 年代以來所著手進行的一系列視聽二維層面上政治文化空間的正統性、合法性構建，使得國民黨政府初步勾勒出中華正統下的黨國形象。期間儘管各民主力量不斷對這種形象進行瓦解，但總體而言在一系列的威脅與收編之下相安無事。國民黨政府甚至在經濟領域取得了良好形勢和發展勢頭。黨國與中華正統符指形象的疊合之下，中華正統的主體性意識於民眾社會視聽二維層面之上的心理層面完成社會化確認。當然，這種確認是基於中華地理、政治和文化三維空間形象的全面體認和統一性認同。國民黨政府領導下的臺灣，就像一架高速運轉的戰車傲然前行。然而，進入到七十年代之後，一場外在的政治危機襲擊了國際政治形勢劇變下的國民黨政府，其三足鼎勢所構建起的中華正統性形象，被這場危機幾乎摧毀殆盡。

1970 年的「保釣事件」是這場政治危機的先聲，藉此在《大學》雜誌團體的引領之下社會民主運動再次高漲。當然這場運動，其首先是針對領土主權而來。從而作為正統中華形象的國民黨政府也對此以默認支持的態度對待，表現出一定的主體性政治形象和危機處理方式。然而 1971 年在美國的態度之下喪失聯合國合法席位，使「非法」的異己性中共政權取代國民黨的政治合法性，卻成為國民黨政府所意想不到的一場致命危機。並且，這一危機並不僅僅停留在政權的政治合法性之上，它會很快波及到與之相關的文化與地理層面，及其三維層面之上的意識形態。失去政治合法性，自然無法表明與其相連的文化正統性。而基於地理時空的中華文化正統性喪失，則使得國民黨政府無法繼續中華想像共同體所具有的相應地理屬權。大陸中共政府「中國」合法性身份的取得，更是使得國民黨政府這一想像共同體下的地理屬權成為泡影；而直接對這一龐大地理空間政治合法性及其實體的失去，使得國民黨政府所構建的地理認同就此垮塌。簡言之，政治認同與地理認同在國民黨政府危機之始即已垮塌，並隨之波及至文化認同層面。這一切使得不能代表「中國」的國民黨政府，在政治、地理、文化上的主體性形象隨之喪失，與之相關的話語權也

被隨之剝奪。

　　危機的產生在於民眾信仰，也即民眾對政府所構建在三維層面之上的意識形態認同垮塌。認同動搖（信仰危機）會反過來加速政治、文化以及地理認同的動搖〔註31〕。威權體制下主導意識形態的危機及其話語體系裂縫，也使得各類思想及其話語逃逸出來，並導致社會民眾運動加劇島內全面危機。由此，圍繞著政治、文化以及地理三維層面的穩固，官方極力思考向內的本土化政策，以與民眾社會達成緩解。〔註32〕民眾社會的中產知識階層，則思考如何理解和突破在此既定框架下的處境，以與官方達成協議。這其中，因為（現實）地理空間是政治、文化空間重要的現實載體以及認同基礎，從而大中華地理空間的法理性與現實性失守，使得與之相關的（腳下的）現實「本土」成為重建政治、文化認同的一切基點。由此基於前文所述島內外政治經濟形勢，國民黨政府所領導的中國（臺灣），開始從中華想像共同體下的政治文化中國，轉向臺灣時空下的（地理）本土中國，及其政治文化構建。

　　轉向「本土中國」（地理臺灣），在於從現實本土之上穩固和維護政治與文化的正統性與合法性，並以此繼續構建國民黨政府的政治合法性及其正統性中華主體性形象。這是延續其 50 年代以來所沒有改變的既定政策。具體的本土化政策前文中我們已有提及。下文筆者將從文藝活動的角度，來探討 70 年代危機之下這種合法性正統性構建中本土和鄉土的關聯。

　　70 年代初，軍中戰鬥文藝繼續推行下的國民黨政府，仍舊以反共復國的正統性文化構建為主要任務。從而 70 年代初那場針對現代詩所進行的文學（詩歌）批判活動，其最初仍舊是基於白色恐怖的政治文化氛圍，以 50 年代以來的復興中華文化為指針；其意義和實質與 60 年代傳統美術的現代思考沒有太大差別；所以我們看到 70 年代初的現代詩批評主要是基於西潮影響下的中華「傳統喪失」與「現實關注」的兩個角度來展開。這應該是對前期文藝政策、氛圍及精神的延續，並且符合了官方的文化正統性構建意識。在這當中一個需要重視的問題即是，中華傳統與現實。顯然，基於國民黨政府正統性中華形象的構建，這其中對於中華「傳統」與「現實」內涵的理解，自然涵納了臺灣地理時空之下的所有傳統與現實元素。由此，在現代詩論爭與鄉土文學論爭

〔註31〕　其中就國民黨政府所構建的大中華性地理認同而言，其更多是建立在政治、
　　　　　文化基礎之上的想像體。當然，其又會反過來影響政治與文化認同的深入。
〔註32〕　外在的國際形勢已經惡化。

所包含的所有有關民族、歷史、土地、社會現實性乃至反殖民的多種內涵中，自然包含了對於臺灣地理、政治以及文化方面傳統與現實的關注和反思。從而在論爭過程之中，一系列有關臺灣傳統與現實的元素被自然而然的援引，且符合官方意識。具體於臺地美術領域來說，70 年代初期的現代性論爭之中即開始有大量關於臺灣地域傳統與現實的美術元素，被援引用於現代詩大討論；並且這種現象在隨著政治危機不斷加劇，國民黨政府「本土化」政策逐漸推行，以致在從中華想像共同體下的政治文化中國逐漸過渡到臺灣時空下的本土中國（地理臺灣）過程中，愈加明顯。這一點在鄉土文學論戰時期的美術領域表現的極為普遍〔註33〕，甚至開始表現為一定的美術鄉土思潮；也即地理臺灣之上的傳統與現實元素開始被作為正統性中華文化認同而挖掘出來。當然可以肯定的是：70 年代最初之時正統性文化構建所討論的傳統與現實的範圍，應該還是限定為「中華文化傳統」以及中華想像共同體之下的「中國現實」；對於侷限在「臺灣島內」的本土傳統與現實的集中關注，這要等到嚴峻危機逼迫之下本土化政策推行乃至向本土中國（地理臺灣）的轉變之後；這在危機發生之前並不符合官方恢復中華和反共復國的文藝政策與意識形態。〔註34〕

　　早在 70 年代初期的 1971 年，臺灣本土企業雄獅文具公司創辦了一份日後影響巨大的美術雜誌，《雄獅美術》；不過這在國民黨政府反共復國以構建正統性文化形象的 70 年代初，其並未顯現出與 60 年代《藝術家》《文星》《筆匯》等雜誌相同的藝術影響力，與此後的「鄉土思潮」也尚無瓜葛。作為一份由本土企業所創辦的美術雜誌，其主要目的還僅在於附帶介紹美術以代為廣告推銷文具；至於 1971 年 3 月從美國返臺五年的藝術家席德進〔註35〕，其在

〔註33〕參閱下一節內容。

〔註34〕這種前後變化，使得日後「鄉土」與「本土」在內涵和外延上產生糾纏。

〔註35〕席德進（1923～1981），「生於四川。1945 年受教於林風眠，1948 年畢業於杭州藝專。1960 年代臺灣掀起現代繪畫風潮，並對傳統及學院派風格提出質疑，席德進置身其中，在西化潮流中，扮演著重要的角色。1962 年他應美國國務院之邀，赴美考察藝術，1963 年起旅居法國巴黎，吸收西方前衛藝術精神與內涵，直至 1966 年返臺。在旅居國外期間，他時常撰文介紹國外藝壇發展實況，刊登於報章雜誌上，作品亦曾參加 1959 年第五屆與 1967 年第九屆巴西「聖保羅國際雙年展」。席德進旅居歐美期間，普普、歐普、硬邊藝術風行於國際藝壇。對其創作也有十分重要的影響。一方面讓他感受到「風格」在畫壇上遞變的迅速與無常，重新思考藝術應從現實生活出發，潛心鑽研本土傳統藝術與精神，並從中尋求藝術生命。在研究民間藝術和傳統建築後，他以臺灣鄉土民俗作為創作的題材，開創了繪畫表現的新頁。另一方面他的創作也融

這份雜誌上所發表的一篇題為《我的藝術與臺灣》的文章，也無法直接與「鄉土美術思潮」畫上等號。作為極其關注臺灣島內本土風俗的藝術家，此時其對島內風俗傳統的保護與宣傳並沒有脫離出時代的意識形態與環境。——反思現代主義思潮，以保護並恢復傳統中華文化。正如其在文章中所言：

> 臺灣的一切，在這幾年迅速地在變化，古老而美好的廟宇被拆掉而重建，雕刻的極好的神像被重新磨修。美麗的郊區，置滿了毫無美感的公寓和水泥樓房，街道拓寬之後新起的那些大樓，已對我們畫家毫無誘惑力。我眼看著新的文化（世界性的）襲來，而把幾千年來中國優美文化的遺產替代了。所以我趕快把那些即將消失的一座古老的農家院落畫下來，因為第二天，它將被推曳機除掉了！我像在洪水氾來之前，搶救人命一般，把那些未被洋化的中國人的面貌保存下來。〔註36〕（著重號為筆者所加）

圖七十　席德進《蹲在長凳上的老人》

圖片來源：《臺灣美術四論》，廖新田，臺北：典藏藝術家庭股份有限公司，2008 年 11 月，第 153 頁。

合了歐普和硬邊藝術的形、色表現，並使用重色直線條描繪物象的輪廓。1970 年代以後，席德進運用傳統中國水墨暈染效果，以水彩描繪臺灣山水與農村景致，畫面充滿詩意的情趣。」——張芳薇，《臺灣美術發展：1950～2000》，北京：中國美術館，2006 年，第 178 頁。

〔註36〕席德進，「我的藝術與臺灣」，《雄獅美術》，1971 年第 2 期，第 17～18 頁。轉引自劉益昌等著，《臺灣美術史綱》，臺北：藝術家出版社，2009 年 3 月，第 432 頁。

圖七十一　素人畫家　吳李玉哥

圖片來源：《臺灣美術新風貌展（1945～1993）》，黃光男，臺北：臺北市
　　立美術館，1993 年，第 350 頁。

圖七十二　袁金塔《蓑衣》

圖片來源：《新藝術家》，何政廣，河北教育出版社，2004 年，第 83 頁。

　　在 70 年代的這場現代性反思運動之中，畢業於中國文化大學的高信疆也
許是個重要人物。自 1970 年進入《中國時報》主持「海外專欄」以來，針對

現代詩（現代思潮）的反思，其直接主持和發表了引起現代詩論戰的關傑明與唐文標的系列文章。與此同時，基於身為編輯的便利條件，高信疆還在此時期（1972 年 7 月 5 日）的《中國時報》（海外專欄）上發表了《洪通的世界》一文，對素人藝術家和風土進行了介紹。當然，這與此前席德進的文章應該是出於同樣的現代性反思目的，「鄉土思想」應尚未明確。正如高信疆文中所言：

　　　洪通〔註37〕的畫，就這麼帶領我們回到生命最原本質樸、最燦爛新奇的感動。那不是任何「深度」或「意境」的事，而是一種超脫、一種還原、一種最孩子氣的真實。他的人也和他的畫一樣，走在塵世外面了，也可以說是走回生命本身了。〔註38〕（著重號為筆者所加）

　　在此之後，由於《人間副刊》的版面有限，高信疆遂將洪通介紹給了身在《雄獅美術》任編輯的何政廣。半年後的 1973 年 4 月，《雄獅美術》推出《洪通專輯》，一時興起洪通熱潮。5 月高信疆接任了《人間副刊》主編，這為其進一步的現代性論爭提供了條件。6 月其便邀請現代詩論戰的大旗性人物唐文標撰文支持。由此《人間副刊》版面頭條連續兩天刊載了唐文標所撰寫的《誰來烹魚——因洪通而想到的》一文。通過對現代詩論爭時間及其內涵的瞭解，我們知道 1973 年的五六月份正是現代詩論戰的巔峰時期；——此間，除去 1973 年唐文標的系列現代詩論爭文章，8 月間高信疆任主編的《龍族》詩刊更是舉辦了一場最大規模的現代詩討論，《龍族評論專號》；而且高信疆也親自發文聲援。由此以上可見，此時期美術領域有關「鄉土性」內容的活動，應基本上涵

〔註37〕洪通，「1920 出生於臺灣臺南縣北門鄉一個小漁村。3 歲時成為孤兒，從未接受過學校教育，靠打雜工為生；1969 年 11 月 4 日忽然開始瘋狂投身於繪畫創作。1972 年因一次廟前攝影比賽而攜帶作品展出，竟意外獲得《漢聲》雜誌記者報導，受到社會關注；1973 年《雄獅美術》雜誌四月號刊出「洪通特輯」，開始了藝術界對洪通的討論與研究。1976 年，其在臺北美國新聞處林肯中心舉辦首次個人畫展，從此轟動臺灣。1987 年，在他成名之後的第 10 年，窮困潦倒而黯然病逝於家中，享年 68 歲。作者多以人物、花鳥、樹木、船舶、飛機為主題，畫面中流露出靈性、童趣以及強烈的精神力量；簽詩、民間諺語及日常生活表現是他繪畫結構組成的來源，筆觸濃密、紋理纖細，技巧用色多變且鮮明，風格超脫現實且均衡自由，極具想像力。」參閱《洪通》，「非池中藝術網（*ART EMPEROR*）——藝術家資料庫」，互聯網，http://artemperor.tw/artists/944-Hung-Tung-%E6%B4%AA%E9%80%9A，2010 年 10 月 16 日。

〔註38〕高信疆，「洪通世界」，《中國時報》「人間副刊」，1972 年 7 月 5 日。轉引自劉益昌等著，《臺灣美術史綱》，臺北：藝術家出版社，2009 年，第 434 頁，注釋 3。

納在了高信疆等人所引領的現代詩論戰之下的現代思潮反思之中。這也就是
說，基於政治環境與官方文藝政策及意識形態，70 年代初的美術活動仍舊是
屬中華正統性文化構建的討論範圍，一定程度上是 60 年代五月、東方思想的
繼續〔註39〕。與鄉土美術思潮或鄉土運動尚未有直接關係。

　　不過，儘管此期的文學、美術運動與鄉土思潮尚無直接關聯，但是這些
具有鄉土特徵的地理性、風俗性元素卻在本土化形勢日趨興起之下成為日後
「鄉土思潮」的重要內容。70 年代前期基於持續的中華正統性文化構建，在
中華想像共同體之下的島內風土民俗等文學、美術領域的元素都被打上了「中
華」印記。然而隨著危機加劇中華想像共同體的基礎（地理認同）垮塌，官方
開始考慮並著手在中華正統形象構建之下，將中華想像共同體轉為臺灣本土
地理空間，以此作為新的政治文化認同載體。這使得基於中華正統性文化構建
的地理性及其風俗性元素，在中華印記之下開始全面轉向以「本土」性地理臺
灣為承載。由此，「本土」具有了正統「中華」的同一性。中華想像共同體的
傳統、現實和本土（臺灣地理）的傳統、現實具有了共同的核心。〔註40〕政治
危機不斷加劇下，官方本土化政策逐步推行，社會整體性的「現代反思」開始
逐漸轉向關注本土的「鄉土思潮」。在此之下，前期基於現代性反思所做的相
關地理性、風俗性等工作成為這股漸趨成型的「鄉土思潮」的支撐與推動力。
現代性反思成果，成為本土化形勢下「鄉土思潮」的理論基礎。不過中華正統
構建下的「本土」是基於官方意識而形成，其代表著正統中華的地理認同基
礎；相應於此的「鄉土」則具有民眾社會意識，其涵納有鄉土文學論爭之時所
理解的民族、歷史、土地、社會現實性乃至反殖民的多種內涵。從而，這其中
並不一定都屬官方認定的合法性正統性中華傳統下的本土範圍。不過隨著危
機加劇、鄉土文學大戰以及「鄉土」美術活動，正如上文所論「本土」與「鄉
土」最終達成了妥協，──以維護和構建國民黨政府基於臺灣地理「本土」的
合法正統性中華形象為限定。這使得中華印記下的地理性、風俗性元素正式取

〔註39〕60 年代之時，現代的抽象藝術就受到反對之聲；最終在復興中華構建正統性
　　　　文化的意識之下，傳統美術的現代傳承、改造和發揚符合了傳統文化正統構
　　　　建的官方意識。這其中已包含回歸傳統文化故土的內涵。70 年代對詩歌的現
　　　　代性反思、批判並以回歸傳統、現實為基，表明了一種連續性。當然隨著 70
　　　　年代初五月、東方的解散，這股現代性的思潮已近尾聲，也許正預示著傳統與
　　　　本土、現實的回歸。
〔註40〕在國民政府的正統性意識之下，中華故土（中國鄉土）與臺灣本土（中國鄉
　　　　土）有了同一屬性。

得納入「本土」的合法性鄉土身份。而此也即「中華正統」的主體性危機意識
之下，官方政治話語體系裂縫所留給民眾社會的鄉土契機。具體於美術、文學
領域來說，這種合法性「鄉土身份」的謀求，使得「本土」之上地理性、風俗
性鄉土美術與文學的話語身份得以確立。

4.2.2　鄉土運動下的「地方色」

　　1973 年「廿八界省展」中作為國畫二部的東洋畫因裝幀標準更改而退出
省展，標誌著東洋畫徹底結束了自日據時期以來所構建起的權力話語體系，
〔註 41〕並由此結束了自戰後以來的文化與政治危機；代表中華文化正統的傳
統水墨國畫至此取得了臺地美術領域的核心話語權力。持續五十多年的權力
傳統之後，「地方色」開始以在野美術語言身份保留「存在」。1971 年由林玉
山、黃歐波等人所成立的「長流畫會」即是以非官方的民間畫會形式保留東洋
畫。正統性中華文化構建氛圍之下，東洋畫以此獲取了與官方正統性意識形態
的妥協與緩和，並取得了民間美術的接納和身份。不過，這種「緩和」與「接
納」並不表明地方色的東洋畫就此結束了話語權力的爭取。畢竟相對於官方正
統性的美術話語來說，「地方色語言」一直扮演著重要的角色。自日據時期以
來，其基本謀取了從政治到美術領域的全部身份，已然成為重要的話語力量；
70 年代官方身份的放棄，僅使得經過多次身份轉換後的地方色美術語言至此漂
淨了歷史瓜葛，撇清了政治、權力干係，表現出純然的美術身份〔註 42〕，——
一種早前即已謀取到的作為純粹美術語言的合法性身份〔註 43〕；當然這種美
術語言是相應於純學理性美術語言或題材，並基於地理性、風俗性等地域特徵
所構建起來。正如日據時期「地方色」概念所言，這些特徵：

> 它不僅包括南國炎熱的特有色彩，亦包含臺灣特有的自然景色
> 與動植物、臺灣街景等。甚至包括了風俗民情，宗教節慶以及高山
> 同胞的習俗與生活等「鄉土藝術」。〔註 44〕（著重號為筆者所加）

〔註 41〕 國畫部（東洋畫）評審僅剩臺籍畫家林玉山一人。
〔註 42〕 1979 年復出時即以純粹的美術語言身份「膠彩畫」出現，此前仍以「國畫」
　　　　 自稱。期間一些東洋畫家也紛紛轉型傳統水墨國畫。
〔註 43〕 作為單一畫種出現。
〔註 44〕 「地方色彩」（Local Color。日人以片假名音譯，ローカルカラ）亦可解譯成
　　　　 「地方特色」。參見臺灣創價學會藝文中心執行委員會企劃，《日治時期臺灣
　　　　 官辦美展（1927～1943）圖錄與論文集》，臺北：勤宣文教基金會，2010 年，
　　　　 第 41 頁。

　　基於 70 年代的「現代詩論爭」與「鄉土文學運動」，我們瞭解到「鄉土」
理論涵納了傳統與現實之下的民族、歷史、土地、社會現實性乃至反殖民的
多種內涵。並且，在具體詩歌與文學的鄉土論爭之中，這些基本理論支撐並
深遠影響到了臺灣美術領域的「鄉土」思考。一定程度上來說，鄉土文學論戰
直接引領了美術的鄉土運動。其各類地方性、風俗性美術元素的挖掘與宣傳，
即為響應鄉土文學運動而起；由此，在這場文學、美術等文藝領域的鄉土運動
之中出現一項需要注意的問題，這就是鄉土理論之下的「鄉土元素」。比較日
據時期「地方色」的特定概念，我們發現其中「南國炎熱」、「自然景色」、「動
植物」、「街景」、「風俗民情」、「宗教節慶」以及「高山族習俗與生活」等，涵
括了 70 年代「鄉土理論」中除去反殖民現代性問題之外的幾乎所有內容。
〔註45〕從意識形態（包括日據時期殖民意識形態）構建的角度來說，這些內容
基本構成了地理認同之上政治文化認同所需要的全部元素。從而，基於這樣一
種內在的邏輯性，70 年代中期以後的「鄉土運動」在取得與官方本土意識的
共識性之後，其為「地方色語言」謀得了政治危機之下的巨大話語權力機遇。
70 年代初退出權力話語體系而源自於「地方色」的臺展型東洋畫，終以洗去
鉛華之後的「鄉土面貌」出現在了美術話語陣營之內。

4.2.2.1 積蓄期：1971 年～1974 年

　　1971 年現代性反思之時，基於對現代性（思潮）的批評與抵制，返臺五
年的藝術家席德進於《雄獅美術》雜誌上發表了一篇有關臺灣地理風俗的文
章，《我的藝術與臺灣》。為了抵制「新的文化（世界性的）襲來，而把幾千年
來中國優美文化的遺產替代了。」〔註46〕其大力呼籲全社會關注屬中華文化傳
統的臺灣風物、古建築等珍貴遺跡，並將此思想與藝術理念在具體藝術實踐之
中予以表現。〔註47〕與此同時的是，《雄獅美術》主編何政廣也在其創刊號上

〔註45〕地方色「東洋畫的取材，常以鄉土景物為對象，事實上以傳統的自然主義屬性
　　　　居多，如農村、郊野、花鳥、純樸的鄉間人物，追求寧靜、優美之趣。」參閱
　　　　林柏亭，《臺灣東洋畫的興起與臺、府展》，郭繼生，《當代臺灣繪畫文選：1945
　　　　～1990》，臺北：雄獅圖書股份有限公司，1991 年，第 73 頁。
〔註46〕席德進，「我的藝術與臺灣」，《雄獅美術》，1971 年第 2 期，第 17～18 頁。轉
　　　　引自劉益昌等，《臺灣美術史綱》，臺北：藝術家出版社，2009 年，第 432 頁。
〔註47〕其實在此之前的 60 年代末，席德進在國外寫給朋友的信件以及 66 年回國後
　　　　的實踐之中，即已開始表現出對民間藝術及遺跡的關注與保護。不過由於 60
　　　　年代正處於傳統現代革新的巔峰時期，從而這些符合中華正統意識的呼籲並
　　　　未引起太大反應。

撰寫了一篇有關美國懷鄉寫實主義畫家的文章，《美國懷鄉寫實主義大師——維斯》。不過皆由於時局形勢和文藝氛圍此時尚未形成，從而並沒有引起如後來所發生的那些社會性關注。直到 1972 年現代詩論爭行將揭幕之時，高信疆在 2 月份的《中國時報》（海外專欄）主持了針對現代詩批判的系列筆戰之後，藉此論爭熱潮其發表在 5 月份《海外專欄》上有關素人藝術家的《洪通的世界》一文，才將美術領域正式引入基於現代性反思的「鄉土性」關注。隨之 1973年在高信疆的推薦之下〔註 48〕，由何政廣任主編的《雄獅美術》雜誌推出了《洪通專輯》，引起了極大的社會性熱潮。緊接著，這一年的 5 月份由於高信疆接任《人間副刊》主編，進而圍繞著現代性反思在美術領域推動進一步工作。唐文標遂被邀請撰寫有關洪通的《誰來烹魚——因洪通而想到的》一文，並被《人間副刊》連載兩天。這一系列活動成為 70 年代現代性反思以來表現於美術領域，針對「現代性」西潮的最大一次反應。在此同時，此一階段文學領域（詩歌）內現代性論爭所引發的巨大社會性反應，和國民黨政府嚴重的國際政治危機共同效應下，使得此期美術領域的現代性反思產生了另外一項巨大效應：這就是引發了對「鄉土性」藝術及元素的社會性關注。也就是說基於「傳統、現實」的關注，鄉土性美術、文學的傳統和現實被廣為宣傳。這以1973 年 8 月《龍族評論專號》的「現代詩大討論」為此階段的標誌。

然而，除去引發社會對「鄉土性」藝術和元素關注的熱潮之外，還需要著重指出的是：基於這樣一種美術社會氛圍，昔日代表著日據時期臺灣美術界的先輩藝術家也被重新翻出。1973 年 2 月，也就是《洪通專輯》出版前的兩個月，《雄獅美術》刊載了由可人（何耀宗）撰寫的《臺灣藝壇的麒麟兒——黃土水的「水牛群像」》。雖然篇幅不長，但是符合「現代性反思」時代氛圍的那些作品圖片，「水牛群像」，無不閃現著日據時期「地方色」美術語言的身影。黃土水當初入選「帝展」即是以此類美術語言獲准進入日本美術體系，——「殖民性的地方色美術語言體系」。1973 年除去此篇文章之外，這一年的 4 月份，也就是「洪通專輯」發行的同一期，《雄獅美術》上還同期刊載了由可人撰寫的介紹日據時期日籍美術家的專題文章，《臺灣水彩畫壇先師石川欽一郎

〔註48〕劉益昌等所著的《臺灣美術史綱》解釋是因《人間副刊》版面有限才推薦於何
　　　　政廣。不過筆者認為 1973 年正是高信疆所積極參與和主持的「現代詩論爭」
　　　　的重要時刻而無暇於美術領域；7 月份開始，8 月份出刊的《龍族評論專號》
　　　　即由其所主持，並由此成為「現代詩論爭」標誌性事件。

——兼介其「山紫水明集」》。當然基於官方意識，文章中大肆解說著這位日籍畫家是如何的熱愛正統中華文化。〔註49〕不過，無論怎樣掩飾這恐怕都不能改變這位畫家與「地方色」之間的關聯。並且其《山紫水明集》更是早已成為「地方色」美術語言的標誌性讀本，石川欽一郎關於臺灣地方色美術語言的理解可謂盡在其中。除此之外，自這一年的 7 月起，藝術家雷驤開始以「畫室訪問」專欄介紹臺籍前輩畫家，如廖繼春〔註50〕、林玉山等人。而這其中的廖繼春即是第一批（與陳進兩人）入選「臺展」評委的西洋畫家；林玉山則是第一屆「臺展」東洋畫三名臺籍入選者之一，並且是日後臺展型東洋畫的重要形成者。諸如以上這些畫家及其作品在此時期的集中介紹，無不與「地方色」的彰顯錯綜交雜。當然自 1973 年始，由日據時期發展以來的地方色東洋畫已近趨尾聲並於當年退出「省展」。從而這一系列的對日籍畫家和臺籍前輩畫家的介紹，一方面有為以民間身份的東洋畫宣傳的意義；一方面有為提升《雄獅美術》雜誌知名度的作用；但是同時，這也使得處在現代性反思而關注鄉土性元素的時代氛圍下，脫去歷史身份的「地方色」得以純然「鄉土性」的美術語言身份，在「洪通」以及「現代反思」的巨大身影之下悄然現身於這股運動潮流之中。當然，這也使得在現代性的反思之中，卻重新將「殖民現代性」植入進

〔註49〕 因 1972 年日本與大陸建立外交，而與國民政府斷絕外交關係，從而國民政府重新開始對日本殖民色彩和意識加以去除。1974 年 2 月 25 日國民黨內政部更是發布《清除臺灣日據時代表現日本帝國主義優越感之殖民統治紀念遺跡要點》。

〔註50〕 廖繼春（1902～1976），「生於臺灣豐原縣。1922 年畢業於臺灣總督府國語學校，1924 年就讀於東京美術學校圖畫師範科。1927 年返臺後，他投身中學和大學美術教育三十餘年，作品曾連續在「臺展」、「府展」及日本「帝展」中獲獎，並擔任三屆「臺展」的洋畫審查員。他曾與何德來、范洪甲、張舜卿、陳澄波、顏水龍等創「赤陽畫會」，也是「臺灣美術協會」的創始會員，戰後持續從事藝術創作與教學，1950 年代曾擔任「省展」、「教員美展」等評審委員。廖氏是臺灣早期美術運動的開創者之一，深受藝壇人士敬重，是臺灣前輩畫家中極富眾望與親和力的一位。他曾是師範大學藝術系的老師，日據時期畫風偏於表現主義色彩的野獸派，具有濃重的彩度及明快的節奏，他擅於掌控色彩，並多次榮獲「臺展」、「帝展」等重要獎項。在受西方藝術思潮影響的 1960 年代，他對由師大藝術系學生發起、推動新藝術表現的「五月畫會」採取鼓勵的態度，並於 1962 年受美國國務院的邀請，赴美參訪各大都市的美術館。透過此次國際性的觀察，調整了他的繪畫觀，並創作出由表現主義出發、抽象而充滿綺麗色彩的「粉紅色」時期的作品，以彩筆揮灑一片令人嚮往的抒情世界。」——張芳薇，《臺灣美術發展：1950～2000》，北京：中國美術館，2006 年，第 174 頁。

轉型期的美術語言體系之中。〔註51〕綜上，此期活動一方面積蓄了鄉土美術運動的元素與理論基礎，一方面使得「地方色」開始與「鄉土」悄悄糅合，以便謀取鄉土性的民間美術身份，並由此出現在權力分配的運動之中。

圖七十三　黃土水《水牛群像（南國）》

圖片來源：《島嶼色彩——臺灣美術史論》，蕭瓊瑞，臺北：東大圖書股份有限公司，2007 年，第 4 頁。

圖七十四　廖繼春《有芭蕉樹的庭院》

圖片來源：《臺灣美術史綱》，劉益昌、蕭瓊瑞等，臺北：藝術家出版社，2007 年，第 245 頁。

〔註51〕在此階段除去美術領域有相關日據時期內容的介紹，文學領域也出現了此現象，臺灣學者蕭阿勤認為這是在時局之下反殖民強權侵略以謀求獨立自主的表現。不過筆者認為，因臺灣日據時期美術與文學領域對待殖民統治截然不同的兩種態度情形決定了其表現內容的不同性，這使得 70 年代的美術領域又涉及殖民現代性再現問題。關於殖民現代性形成，第一章中已有所涉及；至於此處如何被重新植入轉型期的美術語言體系，留待他文專論。

4.2.2.2 推動期：1974 年～1977 年

隨著七十年代初國民黨政府退出聯合國席位直至 1974 年，國民黨政府遭受了愈來愈嚴重的政治危機，其所謂外交成員國已從 1969 年的 65 個驟減到 32 個國家；這種多米諾骨牌性的斷交危機，使得 70 年代中期的國民黨政府愈加感受到來自「國內」的主體性迷失。而這種主體性迷失又多源自於對國民黨政府基於中華想像共同體下地理、政治、文化三維認同的垮塌。這種垮塌所造成的危機效應遠大於保釣事件以來的意識形態影響。這使得 50 年代以來國民黨政府基於三民主義的正統性合法性形象構建愈加表現的更為重要，而不是削弱。面對著地理認同、政治認同及其隨之而來的文化認同危機，國民黨政府開始思考如何基於地理認同，構建文化、政治認同。由此自 70 年代前期始，國民政府開始轉向臺灣「本土」進行政治和經濟改革。至 1975 年蔣介石去世之前，以蔣經國為代表的國民黨政府終以政治經濟層面展開了「本土」化思維模式改造。

伴隨著危機加劇以及官方層面的向內「本土」化意識調整，在 1973 年 8 月《龍族評論專號》為標誌的現代詩大討論之後，關於現代性反思及其相應的本土、民族的整體性社會關注，開始趨向對民族、歷史等鄉土性內容的關注；並且這股潮流逐漸強化，直至 1977 年的「鄉土文學論爭」標誌著這股「鄉土思潮」的真正興起。表現於美術領域，繼前期的附屬性相關美術元素介紹，此一階段針對美術「鄉土」的關注開始轉向更加方向性的發展和推動。各類「鄉土性」美術元素、歷史及其相關事物被紛紛展現和再現。

圖七十五　李澤藩《青草湖暮色》

圖片來源：《臺灣美術新風貌展（1945～1993）》，黃光男，臺北：臺北市立美術館，1993 年，第 98 頁。

圖七十六　懷斯《克里斯蒂娜的世界》

圖片來源：《臺灣美術史綱》，劉益昌、蕭瓊瑞等，臺北：藝術家出版社，
　　　　　2007 年，第 438 頁。

圖七十七　卓有瑞《蕉作組畫之二》

圖片來源：《臺灣美術發展：1950～2000》，張芳薇編，中國美術館，2006
　　　　　年 9 月，第 115 頁。

　　在 1973 年底的這場現代詩大討論影響之下，「鄉土」關注逐漸升溫。一年
後（1974 年）的 3 月，李澤藩這位專事鄉村風光與人文表現的臺籍元老級水
彩畫家，終獲官方認可得頒全國畫學會水彩金爵獎；11 月《雄獅美術》開辦
《臺灣民藝研究》專題等等。不過這些都未引起太大影響。直至這一年的 5 月
前，何政廣對「懷斯」的再次介紹方使「鄉土」關注推向前進。基於原有資料，
何政廣廣泛搜集整理出了美國鄉土寫實主義大師懷斯的作品及其資料，出版

了《美國懷鄉寫實主義大師——維斯》一書，引起社會極大關注與熱潮；值得
一提的是，同樣是關於懷斯，何政廣分別在十年前和三年前做過專門介紹，但
都全無影響；可見時代氛圍下「鄉土」關注的漸趨上升。同年5月，美國新聞
處文化中心〔註52〕甚至在臺北舉辦了關於懷斯的複製作品展和紀錄片觀摩，
影響進一步擴大。12月底，何政廣更是被邀請作為專家以《魏斯與美國寫實
繪畫》做專題演講，同時舉辦電影觀摩會。隔年的1975年何政廣《藝術家》
創刊，藉此之前影響何政廣於第二期《藝術家》設立「懷斯專輯」，展開全面
介紹；由此，懷斯及其鄉土寫實的表現風格風靡一時〔註53〕。在此第一波前奏
性熱潮之下，1976年已經去職《雄獅美術》而自創《藝術家》的何政廣，出於
提升雜誌知名度的作用，而與帶著三百幅作品前來聯繫辦畫展的洪通合作辦
展。1976年3月12日，展覽開幕前一天，《藝術家》推出「洪通畫展專輯」；
《中國時報》（人間副刊）則以三分之二版面大篇幅推出關於洪通評介的文章，
並連載六天之久。在提升了媒體知名度的同時，這次美新處的「洪通畫展」倒
確確實實使得「鄉土關注」達到了70年代以來的巔峰。不過，就在此波熱潮
剛剛開始的第二天，國立歷史博物館所舉辦的另一場展覽，則將這波熱潮推到
了無以復加的境地。這就是1976年3月14日的「朱銘木雕藝術特展」，對此
《中國時報》（人間副刊）同樣予以了長達六天的連續報導〔註54〕。無論是洪
通那種原生態的藝術表現形式，還是朱銘〔註55〕那種淳樸粗獷的刀法，皆對民

〔註52〕以下簡稱「美新處」。

〔註53〕這一年底，剛從臺灣師大美術系畢業的女畫家卓有瑞，以極端寫實的風格創
作了《香蕉連作之一》，並入選中華民國油畫學會主辦的第一屆「全國油畫展」，
轟動一時。參閱劉益昌等，《臺灣美術史綱》，臺北：藝術家出版社，2009年，
第438頁。

〔註54〕「展覽前三天，由楊英風所主持的『藝鄉』與雄獅美術社共同邀請藝文各界與
朱銘會面，……朱銘已漸為藝文界所熟知：『他的作品已經深深打動了所有關心
我們藝術發展的文化工作者；包括了戲劇界俞大綱先生，文學界的陳映真及舞
蹈家林懷民……等。』……1975年11月《漢聲》英文雜誌（ECHO）刊出三十
一頁朱銘特集，詳載他的創作生活與作品分析，分別由黃永松主編，俞大綱、
楚戈、奚淞及朱銘的現代藝術啟蒙者楊英風執筆。《漢聲》雜誌一向具有鮮明的
民族與民俗風格，在刊登朱銘專輯之前亦曾刊載洪通專輯。……」參閱廖新田，
《臺灣美術四論》，臺北：典藏藝術家庭股份有限公司，2008年，第94頁。

〔註55〕朱銘（1938～），「本名朱川泰，1938年生於苗栗通宵。幼時家境窮困，15歲
時，拜雕刻師李金川為師，開始他數十年的雕刻生涯。直至二十多歲時朱氏在
家鄉開設了「海洋工作室」，工作之餘他開始研究寫實風格的雕刻。31歲時，
因緣際會進入雕塑家楊英風門下學習雕塑，楊英風引領他在觀念上轉變，使

間鄉土題材美學起到了極大的擴張性影響效應；而積極有效的強大媒體宣傳
（包括展覽）〔註56〕，則使得這一切在視覺層面形象化的同時，集合標準式的
藝術話語形式使之成為一種知識性的美學觀。與此同時，基於前文所述 70 年
代中期源於官方正統性合法性政治文化認同構建所產生的地理認同「本土化
傾向」，使得這樣一種「鄉土性」審美思潮在空間（地理）、文化、政治的三維
層面之上漸趨成型。〔註57〕當然，這同時也是新的意識形態認同趨向在藝術領
域中的折射。不過反之，通過意識形態的變動反饋，我們則可以發現此時「鄉
土思潮」的逐漸成型。

　　對於 70 年代中期危機日益嚴峻的國民黨政府來說，政治文化認同構建是
並且更加是其重要任務。從而民間性的鄉土熱潮（思潮），必須符合此官方意
識。具體表現在中華正統的文化認同與政治認同之下，社會文化運動必須符合
現實文藝政策及其意識形態。1976 年發表於《中國時報》署名林馨琴的一篇
文章在評論朱銘、洪通時說道：

　　　　朱銘和洪通的展覽同時在臺北舉行。他們一個來自南鯤鯓的草
　　地畫家，一個來自苗栗通霄的木雕匠，卻創造了意想不到的成就。
　　他們的受到重視，一方面也告訴了大家：只是要從內心深處關心自
　　己的同胞，熱愛自己的國土，即使是最樸實，最簡單的技巧，也同

朱銘從一個雕刻匠蛻變成為藝術家。他在這段期間的創作雖然出自鄉土題材，
卻逐漸朝向現代雕塑發展。由於楊英風建議朱氏學習太極，最初是為了強健
體魄，然而他專注執著的性格，從學習的過程中領悟到太極的精神，自然而然
地，也就成為他創作的題材。《太極》雕塑系列，經由 1970 年代開展，為他在
亞洲藝壇奠下基礎。朱氏復於 1981 年遠赴紐約尋求發展，在陌生的城市裏孕
育出另一個系列《人間》。這個系列的彩繪木雕發展演變成媒材實驗的展覽。
自 1980 年代中期開始，朱銘的創作遍及拼貼、水墨、陶塑、石雕、以及不銹
鋼作品；由於其創作環繞探索「人」的主題上，從太極雕刻之後的創作，皆是
《人間》系列的延伸。藝術對朱銘而言是種修行，其思維一旦醞釀成形，就付
諸創作行動，在臺灣的雕塑藝術中表現十分卓越。」——張芳薇，《臺灣美術
發展：1950～2000》，北京：中國美術館，2006 年，第 181 頁。

〔註56〕1976 年 3 月底至 4 月，由奚淞接替何政廣任編輯的《雄獅美術》開始發起「朱
　　　銘‧洪通個展徵稿」，由此進一步延續了此波影響。這同時也使得三大重要媒
　　　體皆參與到了此次活動。

〔註57〕當然，這並不否認美術領域的這一現象仍是裹挾在鄉土文學運動的思潮之中，
　　　但這種表現於美術領域的鄉土思潮效應，美術的鄉土思潮，也應該是同樣存
　　　在的。由此繼洪通、朱銘之後，出現了吳李玉哥、林淵、李永沱、張李富、林
　　　智信等一批民間藝術家。

樣可以樹立自己的尊嚴來。〔註58〕（著重號為筆者所加）

圖七十八　洪通《飛躍》

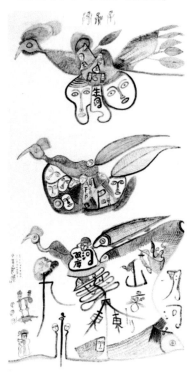

圖片來源：《臺灣美術發展：1950～2000》，張芳薇編，中國美術館，2006
　　　　年9月，第100頁。

圖七十九　朱銘《同心協力》

圖片來源：《臺灣美術四論》，廖新田，臺北：典藏藝術家庭股份有限公
　　　　司，2008年11月，第120頁。

〔註58〕轉引自廖新田，《臺灣美術四論》，臺北：典藏藝術家庭股份有限公司，2008
　　　年，第90頁，注釋1。

　　對此，同樣是 1976 年發表於《中國時報》署名北斗的一篇文章也認為：

中國經歷一百多年的歐風美雨，正當文化界人士、藝術界人士
已經對自己的文化失去信心，對自己的創作失去線索時，我們卻欣
慶兩棵鄉土的奇葩在毫無學院和外來技術的依援下凡，開出燦爛的
花朵。他們一個是目不識丁的鄉巴佬，一個是累代相承的雕刻
匠。……洪通和朱銘是真正本土、真正親切的；說清楚點，是真正
「中國人的驕傲」的。〔註59〕（著重號為筆者所加）

　　「失去文化信心與創作線索」指的正是文化認同的現實危機。而「鄉土
奇葩」卻給予了化解文化認同危機的出路，或者說構建認同的基礎；但指明
這是基於「本土」而來，則在預示著鄉土與本土（中國鄉土）的關係，也即民
間與官方文藝政策及意識形態的默契〔註60〕。70 年代國民黨政府反共復國、
復興中華的文藝政策及其意識形態沒有變化，而且在危機之下愈加強化。這
從《大學》團體的解體、《文季》等刊物的停刊可見一斑。然而具體的政治社
會環境之下圍繞著「文化認同」，官方與民間的意識形態「交涉」有著些微變
化和過程。——如基於政治文化的正統性構建，從五六十年代的「傳統的現代
改造」轉向七十年代初期的「現代性反思」，及至轉向 70 年代中期及之後的
「鄉土思潮」。這種轉變說明兩個問題，一是民間思潮運動並非順理成章可與
官方達成默契。二是 70 年代中後期官方基於構建正統性合法性主體形象，而
以反共文藝政策所展開的鄉土文學論爭說明：此前官方意識統攝下的民間
「現代性反思」已正式轉向「鄉土思潮」。1977 年 4 月開始的基於官方文藝政

〔註59〕轉引自廖新田，《臺灣美術四論》，臺北：典藏藝術家庭股份有限公司，2008
　　　　年，第 90～91 頁，注釋 1。
〔註60〕其實早在 1975 年 3 月朱銘以關公雕像參加「五行小集雕塑展」後，即有署名
　　　　史遠的評論對作品與意識形態之間的關聯做出了某種闡釋：「五行展的會場中
　　　　令人百思不解的事是陳列了一件朱銘的《關公》。不少人嘖嘖稱羨，認為是一
　　　　件刀鋒銳利的雕刻好作品，這也許是我們社會對藝術認識的『正氣』。我不反
　　　　對一位雕塑家從事寫實或是抽象，但關公無論在會場的整體上，或朱銘自己
　　　　的作品堆裏，都是格格不入的。……希望不要陳列商業性的孔子像或其他先
　　　　哲先聖和民族英雄等雕像，因為現代雕塑的材料與造型五花八門，有些甚至
　　　　怪形怪狀，聖像與『怪物』雜處一室，反而會貶低民族意識的尊嚴，也會錯估
　　　　現代雕塑的價值。將來，我們可以在忠烈祠立很多先賢烈士巨像，或是覓地興
　　　　建一處民族英雄紀念廣場，立很多紀念像，以紀念先賢烈士。」（著重號為筆
　　　　者所加）轉引自廖新田，《臺灣美術四論》，臺北：典藏藝術家庭股份有限公
　　　　司，2008 年，第 94 頁，注釋 6。

策而展開的針對「鄉土」內涵的鄉土文學論戰〔註61〕，即已表明現代性的反思已不再是關注重點。1977 年 7 月鄉土文學論爭高潮的到來，則更是標誌著「鄉土思潮」作為一種力量已被推到前沿。由此基於此氛圍，也同時表明裹挾在鄉土文學思潮下的美術領域，走向「鄉土思潮」的成熟。當然，「洪通、朱銘」本身不一定能夠說明美術的鄉土自覺〔註62〕，但至少是時代氛圍下鄉土思潮在美術領域的折射，並藉此折射（洪通、朱銘）將美術鄉土意識擴展、傳遞出去。

在官方正統性政治文化認同的構建意識下，伴隨著鄉土性美術思潮的漸趨成型，此一階段「地方色」美術語言的聲勢相較於前一階段來說也表現的更趨深化。1974 年 4 月《雄獅美術》開始了日據時期畫家專輯的發行。郭柏川成為第一位日據時期前輩畫家中被深入的以專輯形式加以介紹（研究性）的畫家。同年 6 月，也就是何政廣籍「懷斯」引發鄉土寫實熱潮之時，臺北歌雅畫廊甚至展出了自戰後以來首次有關日籍畫家石川欽一郎的作品。這似乎透露出要將臺灣新美術開拓期（日據時期）的殖民畫家置換成為拓荒本土（鄉土）的先驅者傾向。這種邏輯轉換之下，石川的美術也即成為時代氛圍下的「鄉土性」呼應。隨後與石川有關的日據時期畫家也紛紛以專輯形式被介紹出來。對此，這種連續性的專輯介紹具備了系統性的整理工作性質。「地方色」美術語言藉此由之前的再現，開始轉向集中的整理性研究。1976 年 5 月也即洪通、朱銘大展熱潮之時，繼上一期（3 月底至 4 月）「洪通、朱銘個展徵稿專輯」之後，《雄獅美術》再次推出《廖繼春紀念輯》。同年 10 月、12 月石川弟子李澤藩個展分別於新竹社教館和臺北國立歷史博物館舉辦。鄉土性的熱潮之下，1976 年 6 月《藝術家》雜誌開始刊載謝里法《日據時代臺灣美術運動史》系列文章。這對於「地方色」的推動來說在此時期具有標誌性的意義。鄉土思潮的視域之下，對於日據時期畫家等情況的系列性整理研究，使得一種基於「鄉土呼應」邏輯下的地方色逐漸謀得「鄉土身份」。當然，這種史記性質的文章也同時表明了基於自覺意識的鄉土思潮已成型。1977 年 6 月，鄉土論戰熱潮之時，石川弟子藍英鼎被《中國時報》以「畫我故鄉」專欄加以圖文並茂的詳

〔註61〕參見呂正惠、趙遐秋，《臺灣新文學思潮史綱》，北京：崑崙出版社，2002 年，第 269～271 頁。

〔註62〕因在隨後的朱銘作品中，表現出對抽象性和西方的走向，如朱銘的「太極」系列。

細介紹。由此專題名稱可見鄉土（本土）思潮已成型，而在此之下則透露著地方色對鄉土（故鄉）身份的謀取。綜上，此一時期內鄉土美術運動的思潮以「鄉土文學論爭」的開始標誌逐漸成型，並成為鄉土運動的力量組成；謝里法《日據時代臺灣美術運動史》系列文章的刊出則標誌著「地方色」開始謀得鄉土性的民間美術身份。

4.2.2.3　成熟期：1977 年～1980 年

進入到 70 年代後期，國民黨政府對於正統性合法性政治文化認同構建進一步深化，這表現在 1977 年逐漸激烈的鄉土文學論戰之上。這一年的 8 月 12 日臺灣《中國論壇》所舉辦的「當前中國文學問題」座談會，標誌著國民黨政府文藝政策及其意識對以「鄉土思潮」為核心的臺灣文學界的正式交鋒。〔註63〕「鄉土思潮」的民眾性、社會性、寫實性思想內涵成為國民黨政府反共文藝思想的重點防範對象。而這種官方文藝思想與政策的集中表現，也正式標明「鄉土思潮」的成熟。分別於 1977 年 11 月 16 日出版的《當前文學問題總批判》，和 1978 年 4 月 1 日出版的《鄉土文學討論集》，則以「文件」的形式正式標明了這場運動的「鄉土思潮」身份。而 1978 年 1 月國民黨「國軍文藝大會」上其國防部總作戰部主任王昇的講話，以及 4 月胡秋原的長篇序言，則標示著「鄉土意識」的合法性及其與官方意識形態的「妥協」。

從很大程度上來說，「洪通、朱銘」的興起代表著鄉土文學運動對美術領域鄉土運動的理論支持及其所表現出來的水平和程度。70 年代後期，鄉土思潮正式成熟並以一種主要力量形象表現出來。不過，此時的美術領域卻並沒有表現出更為活躍的鄉土創作和理論發展。——洪通熱潮逐漸衰落，朱銘也表現出抽象傾向並多赴國際展出。鄉土文學所表現出的對民族土地的關注，正是對應於官方交鋒所表現出的「鄉土精神」標誌，美術領域卻在逐漸脫離。〔註64〕這從一個方面也指出了美術鄉土運動的時代從屬性（相較於鄉土文學）。也因此 1977 年陳映真批評臺灣美術：

> 三十年來，臺灣的畫家心中從來沒有過這些民眾，卻一直引頸

〔註63〕其實早在 1974 年唐文標就已受到來自「赤色先鋒隊」的抨擊威脅。這一年 7 月出版的《創世紀》詩刊發表了《請為中國詩壇保留一份純淨》的社論，攻擊唐文標是散播「唯物史觀」和「普羅文學的毒粉」。參閱呂正惠、趙遐秋，《臺灣新文學思潮史綱》，北京：崑崙出版社，2002 年，第 264、272 頁。

〔註64〕再次表現出對政治運動局勢的遠離傳統。

西望，……在他們充數的畫布上，沒有活生生的，「為生活勞動著的」
人；沒有社會；沒有具體的現實生活；沒有臺灣；沒有中國；沒有
為民族的解放、國家的獨立而艱苦奮鬥的弱小貧困國家的精神面貌；
沒有激盪人心的激變中的世界……。三十年來，臺灣無數的畫家，
甘為他人做最卑賤的俳優臣妾，卻對芸芸的、勞動的、從無美術生
活的安慰的同胞，不屑稍加辭色。〔註65〕

图八十　朱銘《太極系列》

圖片來源：《臺灣美術發展：1950～2000》，張芳薇編，中國美術館，2006
年9月，第98頁。

　　由此以上表明，70 年代後期的鄉土美術運動與理論並未有更進一步發
展；不過，基於鄉土文學的熱潮及其理論支持，成熟的「鄉土思潮」使得「鄉
土美術」在此時期仍舊以明晰的鄉土性身份，標明一個不夠成熟豐富的「鄉土
美術」語言形式和思考正式出現在美術領域及社會意識之中。從而對應於陳
映真的批評，藝術評論家蔣勳（1977 年）也認為：

　　　習慣於玩賞藝術品的知識分子讀者，往往不喜歡王禎和、黃春
　　明這種轉變，然而，歷史必然的發展已經刻不容緩地把新的時代使

〔註65〕轉引自廖新田，《臺灣美術四論》，臺北：典藏藝術家庭股份有限公司，2008
　　　年，第104頁。

命推到文學工作者的面前，不正視這新的使命的，就被淘汰，……
〔註66〕（著重號為筆者所加）

　　由此，70 年代後期美術領域提出了「文化造型運動」理論。這是美術界
（蔣勳等藝術家）對文學鄉土理論在美術領域一定限度的延伸與自發提升。接
續 1976 年 7 月王淳義發表於《雄獅美術》的《談文化造型工作》，以及之後 9
月份《雄獅美術》的「文化造型專欄」，蔣勳在梳理源脈後的 1979 年正式提出
「文化造型運動」理論。其認為：

　　　　我們在臺灣近三十年來最優秀的文學工作者……的某些作品中
　　都看到了臺灣社會的某一種面貌被用藝術造型提示了出來。文學的
　　寫實主義在我們文藝工作上打了前鋒，現在是造型美術如何跟進，
　　不但跟進，而且要超過六十年代小說的寫實主義，要把由小說帶起
　　的寫實精神更確定、更豐富地在造型美術上發展起來。〔註67〕（著
　　重號為筆者所加）

　　文學鄉土思潮的裹挾之下，鄉土美術得以形成。進而在經歷「鄉土文學論
戰」之後，伴隨著官方對鄉土思潮的認可，以及（本土化政策）地理認同調整
的逐步深化，70 年代後期美術鄉土意識的這種發展也順利納入進官方正統性
合法性文化構建意識之下。鄉土美術也與官方意識表現出自覺的默契〔註68〕。
正如王淳義所言：

　　　　文化造型工作的感動對象，在求能及於更多的同胞，他的目的
　　不能僅止於「唯官能美」，而是通過各種官能感動，潛移默化，重塑
　　自己民族的尊嚴。

　　　　並且「文化造型的完成形式，就是使有益於我們大家的『美學』
　　貫穿所有生活環境中的文化形式體系。」〔註69〕（著重號為筆者所
　　加）

　　相應於美術鄉土運動的發展及其與官方意識的默契，此一階段「地方色」

〔註66〕蔣勳，《藝術手記》，臺北：雄獅圖書公司，民國 68 年，第 233 頁。
〔註67〕蔣勳，《藝術手記》，臺北：雄獅圖書公司，民國 68 年，第 100 頁。
〔註68〕1978 年 11 月蔣勳於《雄獅美術》發起「華裔藝術家專輯」，以「本土」與「中
　　　華傳統文化」為基對熱衷海外藝術發展的現象予以批駁。
〔註69〕王淳義，「文化造型工作方向的探討」，《中國論壇》第 3 卷，1977 年第 12 期，
　　　第 40～41 頁。

也獲得了極大發展空間，其開始由官方話語權力體系之外轉向重新納入。
1977 年底謝里法《日據時期臺灣美術運動史》由《藝術家》全部刊載完畢，並
於 1978 年 1 月由《藝術家》結集出版成書。與此同時，就在《藝術家》出版
《日據時期臺灣美術運動史》的同時，《雄獅美術》也於同期推出「臺展五十
年回顧」的特集。由此標誌著自 70 年代中期以來鄉土美術思潮的漸趨興盛之
下，「地方色」第一次得到了全面集中而深入的理論研究和展示〔註70〕。基於
地理認同空間的調整以及鄉土思潮的興盛，此時鄉土性（本土）「地理臺灣」
成為合法認同。以地理性「臺灣」為主題的各類中華正統性政治文化認同（具
體於各類名稱、活動）不再違背官方意識。在此邏輯結構之下，地理（臺灣）
之上的土地及其各類元素獲取了文化中國下中華鄉土的主體性合法身份。由
此基於日據時期臺地美術活動而形成的「地方色」美術語言，因其開拓性與地
理性身份邏輯而置換了其原本基於地理空間之上的殖民性政治文化認同；在
漂淨歷史身份之後，其轉向基於（新的）地理認同之上的政治文化認同，謀取
了中華正統性文化構建下的正統性合法性中華文化身份。殖民意識形態的指
瘢結構轉換之下，地理性的地方色元素及其美術語言成了中華性鄉土元素及
其美術語言。鄉土身份之下，地方色重新踏入權力話語體系。1979 年 1 月所
舉辦的「省展」，成為這一時刻的標誌性事件；這一年退出省展 6 年之久的
「地方色」東洋畫終以「國畫二部」身份重新入展。1979 年 6 月林玉山回顧
展舉辦、11 月陳澄波遺作展舉辦、12 月楊三郎回顧展及陳夏雨雕塑展舉辦；
這一年《雄獅美術》也開始對日據時期畫家進行長達四年計劃的完整性專輯介
紹。而《藝術家》雜誌社與太極藝廊更是合辦「光復前臺灣美術回顧展」，成
為戰後以來第一次以極為明晰集中的視覺化形式將「地方色」美術語言再次推
向了美術領域前沿。1980 年謝里法《出土人物志》發行，對日據期畫家進行
更加詳細的研究介紹。1982 年林之助〔註71〕於臺中成立「臺灣膠彩畫協會」。

〔註70〕相較於此，1955 年王白淵於《臺北文物》上發表的系列文章《臺灣美術運動
史》則較為簡略。此外，綜觀 70 年代自東洋畫退出省展之後，鄉土思潮之下
針對臺灣地理時空下的美術回顧與研究，主要集中在日據時期及其畫家；對
於戰後的研究則非常之少，對於戰後出生畫家的介紹相對也較為少見。一定
程度上來說，一種傳統的中華鄉土懷念與地理臺灣下的日據時期鄉土記憶產
生了疊加或置換，日本殖民性元素隱匿其間。
〔註71〕林之助（1917～2008），「生於臺中縣大雅鄉富紳之家。少年時期前往日本求
學，中學畢業後考進帝國美術學校（現今的武藏野美術大學）東洋畫科，曾隨
奧村土牛、山口蓬春、川崎小虎、小林巢居等日本畫名家學習。畢業後進入兒

同年，「省展」地方色東洋畫正式更名為「膠彩畫」；相較與此，傳統水墨國畫
則更名為「水墨畫」，代表官方話語意識的省展及其權力體系被再次劃分並達
成共識。〔註72〕由此，鄉土身份下的「地方色（膠彩畫）」獲取了新的美術語
言身份，並再次正式確立其話語權力體系中的位置。1985 年，由林之助主持
的膠彩畫課程於東海大學開設。

圖八十一　謝里法《日據時代臺灣美術運動史》
（左為初版，右為新版）

圖片來源：《臺灣美術史綱》，劉益昌、蕭瓊瑞等，臺北：藝術家出版社，
2007 年，第 445 頁。

玉希望畫塾，表現優異，並以《朝涼》一作入選「帝展」。1941 年返臺，卻因
太平洋戰事爆發而無法重回東京，大批膠彩畫作因此留在日本成為憾事。林
氏在臺定居後亦積極參與美術活動，多次入選「府展」並獲殊榮。戰後應聘至
臺中師範學校，任教三十餘年並長期擔任「省展」評審委員。1954 年組成「中
部美術協會」，以其報復與熱誠，領導中部畫壇並致力膠彩畫人才的培育與傳
承。1977 年為常年被議論不休的「東洋畫」一詞更名為「膠彩畫」。1985 年，
東海大學美術系力邀林氏開設膠彩畫課程，使中斷多年的膠彩畫教育得以延
續。」——張芳薇，《臺灣美術發展：1950～2000》，北京：中國美術館，2006
年，第 177 頁。

〔註72〕東洋畫退出省展之後，也即省展改制的 1974 年，雄獅論壇舉辦座談，席間臺籍
畫家對改制後的省展凋敝狀況大加撻伐，多認為應該重新復回原樣或者相似規
則；由此可見地方色的東洋畫對權力體制的聲音。此外 70 年代私人畫廊興起
也對省展產生極大影響，其幾乎包攬此間一半以上的展覽活動。再者 1975 年
《雄獅美術》還創立了「青年繪畫比賽」（1978 年改為「雄獅美術新人獎」）。

圖八十二　林之助《冬日》

圖片來源：《日治時期臺灣官辦美展（1927～1943）圖錄與論文集》，臺灣
　　　　　創價學會藝文中心執行委員會企劃，臺北：勤宣文教基金會，
　　　　　2010 年，第 178 頁。

第5章 「主體性」與「本土性」：
臺灣意識下的臺灣本土色
（1980 年代）

　　1970 年代以來，國民黨政府為構建和維繫合法性正統中華形象，從而展開了一系列的「本土化」政策；這使得國民黨政府一定程度地實現了國內政治危機緩和與經濟發展。然而，這種本土化政策的實施，同時也產生了一項國民黨政府所沒有意識到的發展方向。即本土化政策實施之下，構成意識形態基礎之一的地理認同，開始由「中華鄉土」轉向地理性臺灣時空，進而基於此認同基礎的變化，國民黨政府的政治與文化認同開始發生由微而顯的變化。——伴隨著臺灣島內社會運動的發展，一種原本出於維繫和構建中華正統性意識形態的認同目標，逐漸偏離方向。——在基於地理時空的本土化認同轉變過程中，圍繞著「主體性」和「本土性」內涵及其外延的交錯，80 年代的臺灣社會開始萌發出一種明顯的「臺灣意識」。而此即表明，一種基於政治、地理和文化認同基礎之上的新意識形態認同漸趨形成。[註1]這表現於臺灣美術領域，即作為文化認同的中華傳統文化漸失正統性、合法性的「認同」身份，而這也使得「國畫」無法繼續作為地理性臺灣之上的文化認同而存在。「傳統水墨」與「膠彩畫」失去作為國畫的身份，代之而起的是「臺灣美術」的登場。

〔註 1〕 在這種意識形態漸趨形成的過程之中，同時夾雜著「臺獨勢力」所極力渲染的「臺灣意識」。

5.1 黨外運動力量與政治文化認同轉向

　　在激烈的島內外政治危機逼迫之下，國民黨政府大力推行「本土化政策」。然而，這在之後看來卻有著權宜之計的性質。在看似緩和的政治危機之下，國民黨政府埋下了更大的危機。一方面其緩和危機在於進一步鞏固政治文化認同之下的黨國威權體制，一方面其採取的措施是不斷吸收反對這種威權體制的精英中產階級知識分子。由此，在國民黨不斷放開的政治壓制之下，社會「反對運動」與「本土化」熱潮興極一時。對於這種反極權運動，其傳統與火種甚可以從日據時期發現。從資產階級改良運動到抗日民族運動，其甚至一直影響到了戰後 80 年代之前的整個社會運動。當然，這種運動在戰後 50年代「自由中國」運動以來，其開始轉向以反威權性的政治文化運動為主。而藉此政治文化運動的展開，其不可避免的使得原有政治文化認同產生由微漸顯的變化。本土化的政策，以及 70 年代鄉土思潮的擴展，使得這一基於地理（本土）認同之上的政治文化認同轉向逐漸成為現實。對此，「黨外運動」的迅猛發展是這一轉變的重要推動力。

圖八十三　高雄美麗島事件

圖片來源：《臺灣美術新風貌展（1945～1993）》，黃光男，臺北：臺北
市立美術館，1993 年，第 351 頁。

　　當然，黨外力量的發展由來已久，不過對於戰後臺灣社會政治文化認同產生極大影響或者說直接影響的還是來自於 70 年代末以來的黨外力量運動。對此，1977 年「中壢事件」的爆發是其首波表現。在這場運動之中，「黨外」一詞逐漸成為聯合無國民黨籍力量的號召性標誌，進而成為一股強大的在野政治性運動力量，並開始掌握一定的地方行政權力。而相較於在野力量的形成，其中一批臺籍人士也開始進入政治力量中心。如在引起此次「中壢事件」的五項地方公職選舉中，黨外力量「獲得四席縣市長、二十一席省議員、八席臺北市議員、一百四十六席縣市議員、二十一席鎮市長，可謂空前未有的佳績。」〔註2〕此後 1978 年 3 月，臺灣彰化二水籍的謝東閔甚至在蔣經國的提攜之下當選了副總統。不久林洋港和李登輝兩位臺籍人士分別當選臺灣省政府主席和臺北市長。藉由此次運動所取得的勝利與經驗，黨外力量由此開始逐漸走向有組織的運動形式。《美麗島》雜誌所形成的力量集團即為此政治組織形式的代表。1979 年，「美麗島事件」爆發，其使得黨外運動力量被再次推動並深化發展。藉由此次運動事件的推動，儘管使得 70 年代末以來圍繞著「美麗島」所形成的黨外力量集團遭受了幾乎毀滅性的打擊，但這卻使得臺灣民眾社會開始對政治認同產生了一個新的變化；基於草根性的本土化意識認同，使得民眾社會對於這些標稱反極權的在野力量報以同情與認同心態。與此同時本土化的政策之下，迫於社會民眾的政治權益要求，國民黨政府自 1980 年代初開始逐漸放開中央民意代表名額。這對於此時的國民黨政府來說也許只是其政治力量的微小代價，然而這卻使得在野的反對勢力由此進一步的打破堅冰，開始全面進入到政治力量中心，一大批反對勢力人物由此邁進國民黨所把持的國會等一系列政權體系之中。相對於這批在野力量進入國民黨政權體系，一批在野力量也開始繼續前期的組黨運動；1986 年 7 月一個在臺灣史上有著標誌性意義的事件發生，這就是臺灣「民主進步黨」的成立。這一年的 10 月 7 日，蔣經國接受美國《華盛頓郵報》和《新聞週刊》專訪時表示：

　　　　我們向來都是理解人民有集會及組織政治團體的權利。不過他
　　們必須承認憲法，並且認同根據憲法所制定的國家體制，新政黨必
　　須是反共的，他們不得從事任何分離運動——我所指的是「臺獨」
　　運動。如果他們符合這些要求，我們將允許成立新的政黨。〔註3〕

〔註2〕 許介鱗，《戰後臺灣史記》，臺北：文英堂出版社，民國 85 年，第 462 頁。
〔註3〕 許介鱗，《戰後臺灣史記》，臺北：文英堂出版社，民國 85 年，第 526 頁。

由此標誌著國民黨開始放棄「黨禁」政策，同時預示著政治體系的分解。本土化的政策之下，國民黨失去了一統天下的政治局面，黨國一體的威權體制不再穩固。同年，蔣經國向媒體表明即將正式解除黨禁和戒嚴令。這一年，剛剛宣布成立的民進黨即在當年的立法委員選舉中，史無前例的獲得了 12 席的位置。藉此，反對勢力開始進入到政治體系內部鬥爭的層面。1987 年 7 月 15 日，國民黨政府正式宣布解除戒嚴令，1988 年 1 月宣布解除報禁，同年開始實施與東歐國家的貿易活動，靈活開放的島內外治理政策開始實施，一個新的時代由此開啟。不過伴隨著這種新時代的開始，其所表現的是意識形態認同的變化。總體而言 80 年代正處於各種意識形態的交錯形成時期，這其中較為激進的臺灣民族主義觀點，逐漸發展成為日後對整個臺灣社會產生極大影響的意識形態。而此也即日後「民進黨」作為意識形態挑戰和政治策略的重要政治方針。1987 年民進黨 12 位立法委員進入政權體制之後，開始圍繞著「省籍」、「二二八」以及「省籍歧視政策」等問題展開對國民黨政府政治體制的挑戰。這種政治挑戰的同時，一套「臺灣主體」的言論及其理念開始漸行漸長。1987 年 3 月 24 日，民進黨籍立法委員黃煌雄在向時任「行政院長」俞國華質詢之時，即提出《解開「中國結」與「臺灣結」六大問題》的言論。其認為：

> 政府既不能、也不能以「叛亂分子」處置中共政權之「官員」與
> 「人民」則中華民國顯然已以臺澎金馬為主權與法律形式範圍。[註4]

由此，「本土化」思潮之下最初屬反抗威權體制的民主化運動，在 80 年代以後隨著「本土化」進程的不斷發展，而轉變成為爭奪政治權力體系內話語權的運動。與此同時，這種「本土化」的意識也逐漸倒向「臺灣化意識」。而在此認同並未定型的多元化意識之中，一種有別於中華意識範疇的「臺灣意識」也同時在臺灣社會內部開始高漲起來。一股與「中國意識」、「中華民國國族論述」，乃至中華性「臺灣意識」迥異的政治認同悄然萌發。

綜觀 70 年代以來至 80 年代的政治變遷，可見 70 年代的政治危機之下國民黨政府中華正統性主體危機意識，使得其所展開的本土化政策導致地理認同發生深刻變動，從中華想像共同體下的中華故土轉向地理性臺灣時空。而欲籍此地理認同的轉變以緩解和重新構建正統性中華認同的目標，卻在社會民

[註4] 《立法院公報》，院會記錄，1987 年，第 20 頁。轉引自王甫昌，《由「中國省籍」到「臺灣族群」：戶口普查籍別類屬轉變之分析》，《臺灣社會學》第 9 期，2005 年 6 月，第 105 頁。在此之前的 1986 年至 1987 年，《中國論壇》即舉辦過有關「中國結」與「臺灣結」的研討會。

主運動的不斷加劇之下發生扭變。新的地理認同之上，民眾社會的政治認同在各類反政府在野力量的衝擊之下偏離既定軌道。一系列的政治認同突變，使得國民黨政府在本土化地理認同的道路之上漸漸失去威權體制下的中華正統性身份。反對的在野勢力不斷取得其所推動的新政治認同之下的勝利成果，大踏步進入政治權利核心，成為本土化地理認同之下「合法」政治力量的一種表述。這種政治認同的不斷確立，也進一步使得原中華想像共同體下的中華故土成為泡影，一種新的基於臺灣時空地理認同的政治與文化認同逐步構建。中國意識（中華傳統）被稀釋並逐漸轉向內涵與外延廣泛的臺灣意識。鄉土性的民間藝術、文化乃至人文物產開始風靡於臺灣社會。相應於此本土性鄉土內容的文化認同及其地理認同，基於國民政府中華主體性危機以及反對勢力運動，一種基於臺灣時空地理認同而來的主體性臺灣意識（政治認同）漸行塵上。當然，基於不同的政治意識形態及其認同，臺灣時空下的地理認同與文化認同仍尚未定型。本土化的政治意識形態之下，臺灣社會的政治文化認同呈現出多極化表現。具體於此時的美術領域，其表現為多樣化的美術趨向。當然，與此同時一種基於地理性臺灣認同的本土化「臺灣美術」意識也開始萌生。

5.2「主體性」構建與多元化藝術思潮下的「臺灣美術」意識

　　1979 年的「美麗島」事件，對於國民黨政府所極力維護和修補的意識形態認同來說，也許就是一場危機的前兆。這一年之後，民主化呼聲之下的國民黨政府威權體制開始鬆弛，一批黨外的在野反對勢力由此進入到政治權利體系之內。與此同時，伴隨著本土化政策的不斷推進，也即地理認同的不斷調適與轉換，國民黨政府基於中華正統性構建的意識形態認同逐漸偏離方向。具體而言，這一切表現在由地理認同轉化而衍生出來的政治和文化認同變化以及之間的互動之上。

　　1978 年 2 月蔣經國指出：

　　　　建立一個現代化的國家，不單要使國民有富足的物質生活，同時也要使國民能有健康的精神生活。因此，我們十二項建設之中，列入文化建設一項。計劃在五年之內，分區完成每一縣市的文化中心。隨後再推動長期性的、綜合性的文化建設計劃，使我們國民在精神生活上，都有良好的舒展，使中華文化在這復興基地日益發揚

光大。〔註5〕（著重號為筆者所加）

　　由此隨著70年代末鄉土運動的興盛，基於本土化政策的國民黨政府開始了新一輪的主體性（中華正統文化）認同意識的建設。1981年11月12日，考慮到全面統籌文化政策以及文化建設活動的制定和實施，國民黨政府首次成立了專門的政府性文化機構，「文化建設委員會」。第一任主委由人類學家陳奇祿擔任。成立後的「文建會」，其第一項重要工作便是針對正在快速消失和即將消失的人文景觀和各民族工藝展開保護工作，並由此開始對《古物保存法》進行修訂。1982年5月26日，在國民黨政府文建會的推動之下《文化資產保存法》正式頒布實施。其中明文規定對於具有歷史、文化和藝術價值的文物、古蹟、民族藝術、民俗以及景觀等必須嚴格加以保護。這一法令的通過和實施，一方面使得臺灣地域古蹟文化有了法律保障，並得以凸顯。另一方面相較於70年代中後期對日據時期以及當時鄉土元素的挖掘來說，這從官方法律的角度標示了地理性鄉土元素開始正式成為文化認同的來源，具有了中華文化的法理身份。與此同時這也一定程度以普泛式原則推及至70年代以來所整理出的日據時期的「鄉土性」元素。可謂以追認的方式完成了對日據以來活動元素的認可。當然這之中也裹挾了前文所討論到的鄉土性的「地方色」元素。地理（臺灣本土）認同與文化認同的二維層面認同由此在官方主導下於臺灣本土社會展開。隨之在這種本土化的文化認同之下，鄉土性本土元素被愈加視為文化認同對象而加以保護。1984年2月22日，《文化資產保存法施行細則》公布實施。這一年，臺北「淡水紅毛城保護計劃」出臺。緊接著，「板橋林家花園保護計劃」（1984年）、「澎湖天后宮保護計劃（1985年）」、「林安泰古厝保護計劃」等古蹟保護計劃相繼制定並實施。相應於政府性傳統文化認同的發掘與保存，一系列有關傳統文化的展覽展示也作為文化認同宣傳而逐步展開。正如臺灣學者蕭瓊瑞所指出：

> 1983年國民黨政府「文建會『中華民國國際版畫雙年展』的舉辦，是有意將這類在中國具有悠久而傑出的傳統藝種，提升到國際的層次；當然，另一方面，這也是臺灣七〇年代的外交挫折之後，重新走入國際社會的一個可能作為。」〔註6〕（著重號為筆者所加）

〔註5〕蔣經國，《蔣總統經國先生言論著述彙編》第十一冊，臺北：黎明出版，1984年，第511頁。轉引自蘇昭英，《文化論述與文化政策：戰後臺灣文化政策轉型的邏輯》，臺北：國立藝術學院傳統藝術研究所碩士論文，2001年，第52頁。
〔註6〕劉益昌等，《臺灣美術史綱》，臺北：藝術家出版社，2009年，第477頁。

圖八十四　淡水紅毛城

圖片來源：《臺灣美術史綱》，劉益昌、肖瓊瑞等，臺北：藝術家出版社，
2007 年，第 131 頁。

圖八十五　板橋林家花園

圖片來源：《臺灣美術史綱》，劉益昌、肖瓊瑞等，臺北：藝術家出版社，
2007 年，第 196 頁。

　　其傳統文化的國際化提升與展現，正表明一種文化認同的考慮。由此，
1985 年的 12 月國民黨政府文建會又主辦了規模龐大的「臺灣地區美術發展回
顧展」，欲藉此將三百年來臺灣地區的美術活動狀況予以系統整理與展示。從
展覽內容來看，對於文化傳統整理保存以及文化認同的宣示意義十分明顯。
其主題單元包含了「薪傳續火書畫藝術」、「新美術運動的發軔」、「團體畫會的
興起」，以及「近代美術之發展」四個單元。此次展覽的舉辦，可謂代表了官
方對於繼 70 年代以來民間性臺灣美術史料搜集整理工作的官方性表態乃至推
動。地理臺灣之上的鄉土性元素得到了官方在具體藝術實踐中的再一次認可。

鄉土性傳統元素（尤其地方色以及日據時期元素）正式納入官方意識形態認同體系，並愈加與官方本土化「地理臺灣」意識的地理認同、政治認同相融合。對應於此，同年5月國民黨政府文建會又首度主辦了以「臺灣攝影百年」為主題的大型史料搜集工作。其主要目的即在於：

　　　　將臺灣本土出現過的攝影家和他們的攝影思想、攝影成就；或者是臺灣攝影史上曾經有過的浪潮、運動，盡全力的去發掘、探索而整理、記錄出來。〔註7〕（著重號為筆者所加）

　　正如學者黃明川所言，這「使得歷史的道路豁然開朗起來，舊時代的脈絡與前輩的足痕，跟著連貫到今天的時空。……」〔註8〕換句話也即標明：「歷史」（這當然包括日據時期）的文化認同與現時的文化認同取得了內在連續性與一致性，並由此獲得了根本性的認同來源與穩定性。在此官方意識之下，「臺灣傳統版畫源流展」（1985年）、「中華民國傳統版畫藝術展」（1986年）等一系列相關展覽隨之相繼舉辦。

圖八十六　洪根深《三個人》

圖片來源：《臺灣美術新風貌展（1945～1993）》，黃光男，臺北：臺北市立美術館，1993年，第230頁。

〔註7〕雄獅美術社，「臺灣本土攝影專輯」，《雄獅美術》，1986年第183期，第84～85頁。轉引自謝東山，《臺灣美術史》，臺南：國立臺南藝術學院藝術史與藝術評論研究所，1999年，第146頁。

〔註8〕黃明川，「攝影視覺與臺灣現象」，《雄獅美術》，1986年第183期，第86頁。轉引自謝東山，《臺灣美術史》，臺南：國立臺南藝術學院藝術史與藝術評論研究所，1999年，第146頁。

圖八十七　陳幸婉《作品 8411》（部分）

圖片來源：《臺灣美術新風貌展（1945～1993）》，黃光男，臺北：臺北市
　　　　　立美術館，1993 年，第 240 頁。

　　相應於以上官方文化管理性領導機構（「文建會」）的成立，以及相關文化
活動的展開，其中一項極為重要的環節就是美術館的興建。80 年代初美術館
的構建對於此時期官方意識形態認同的建設來說，顯得更為重要而明顯。關於
美術館的興起，70 年代中期以來私人畫廊的興盛起到了較為重要的推動作用。
佔據臺灣畫展半壁江山的私人畫廊，在推動 70 年代以來展覽興盛的同時，也
使得鄉土性文化元素得到了第一波的發掘與宣傳；這使得「鄉土元素」作為本
土化政策之下的文化認同角色得以初步奠定。進入 80 年代以來，基於危機下
的意識形態重建，官方開始重視文化建設中這種「美術展覽」的效用。從而美
術館的建設成為文化認同工作中的一項重要組成。1983 年臺北市立美術館（以
下簡稱「北美館」）的正式成立，標誌著文化認同下美術館時代的到來。〔註9〕
這一年的 12 月 25 日北美館舉行了盛大的開館展覽，同時展出了國畫、水彩、
雕塑、版畫乃至表演藝術等等。從根本上來說，文化管理性領導機構（文建會）
與文化執行機構（美術館）的成立，其主要作用即在於引導民眾社會文化認同
的取向和方向。也即此時期美術館與各地文化中心的成立，標示著國民黨政府
正在逐步構建新的文化認同機制與方式，並最終謀求文化認同與政治認同獲
得根本的統一性。這在前面本土性鄉土元素的保存與展示之中已充分體現。然

〔註 9〕 1988 年，臺灣省立美術館成立；同年，高雄市立美術館籌備處成立。

而 70 年代以來的政治危機以及黨外反對勢力的迅猛發展，使得正統性中華主體形象垮塌的國民黨政府在主體迷失與確認之中愈加混亂。新文化認同機制還未來得及全面構建起的國民黨政府，在缺乏強而有效的認同體制下卻使得此時期的本土化與鄉土性的政治認同和文化認同漸行漸遠。這表現於美術領域，即是現代美術思潮的多樣化趨向。表現於官方意識形態，即是文藝政策的靈活化取向。

　　為了重新宣示並構建起國際社會當中的主體性國際形象，國民黨政府開始允許西方現代藝術思潮於 80 年代再次湧入臺灣，並且主動通過官方美術館予以展示。從而 80 年代初期的臺灣美術社會除去抽象表現主義的藝術形式之外，超現實主義、新表現主義、新抽象主義、新構成、新材質乃至表演藝術、觀念藝術等藝術形式活躍異常。1978 年 6 月 28 日，臺灣國泰美術館舉辦了第一次由私人企業所主辦的國際性畫展，「西班牙廿世紀名家畫展」。畢加索、達利以及米羅等一大批畫壇巨匠作品被展出，整個展覽包裹了印象派、立體、超現實、抽象以及超寫實等諸多畫風。此後的 1980 年 2 月，臺北明生畫廊則舉辦了「畢加索三四七展」。隨後，臺灣新象藝術公司主辦了大規模的「國外藝術聯展」，藝術家蕭勤、夏陽、韓湘寧以及柯錫傑等人參展。1981 年旅美藝術家趙無極大展於版畫家畫廊開幕。……相對於民間性的現代畫展，官方機構也於同期推出了一系列展覽；如 1981 年由中華交流協會主辦、國立（臺北）歷史博物館協辦的「中日現代陶藝展」於臺北開展。同年 8 月，國立（臺北）歷史博物館推出法國畫家雷諾瓦原作展，「雷諾瓦畫展」。當然在此時期，正式標誌著官方對現代藝術標舉的還是 1983 年北美館成立之後的系列展覽。其所主導的各項國際性展覽以及國內展覽、比賽對於此時期的藝術思潮起到了極其巨大的影響力。不過這種不再極力宣揚「傳統現代改造」精神的現代藝術展，卻也無形中使得此後的臺灣藝術思潮愈發的走向多元化；也即使得其文化認同走向了多元乃至導致正統性的解構。1983 年，由（臺北）國民黨政府文化建設委員會籌劃的「中華民國國際版畫展」於此具有標誌性意義的北美館正式開幕。相對而言，這場包含了傳統中國版畫藝術的國際版畫展，還能說是秉承了傳統文化認同的意識。不過此後，這座標舉著現代藝術精神的北美館就正式走上了現代藝術的「宣揚」之道。1984 年，「韓國現代美術展」正式開展。同年「法國錄影視覺藝術展」、「美國現代紙藝展」、「當代抽象畫展」、「鐳射藝術特展」等多項國際大展隨之開幕。1985 年「前衛、裝置、空間展」、「國際陶藝

展」、「德國現代美展」，1986 年「日本現代美術展」、「日本現代織物造型展」、
「瑞士現代美術展」等展覽也相繼於北美館開幕。相對於現代藝術形式的宣
揚，北美館開館之後其中一系列所謂國家級國際性美術展事的開啟，更是凸顯
了國民黨政府官方文化機構對於國際社會中主體性黨國形象的宣示；然而這
種國際性與現代性藝術展在促進所謂國家主體性形象構建的同時，也使得民
眾社會意識逐漸多元化，進而使得傳統文化正統性認同遭受進一步的質疑與
瓦解。由此，正如作為自 1984 年以來島內現代藝術創作最主要的競賽性美展
「中國現代繪畫新展望展」一樣，一批現代性國際性美展在活躍藝術氛圍、標
舉國家形象的同時是否也因此「比賽性」的普及宣傳，而促使了傳統文化正統
性認同的逐漸消解。以致 1988 年的「新展望展」結束後，蔣勳感言「傳統性
的繪畫和雕塑都不多見了」。〔註 10〕

圖八十八　楊熾宏《有羊頭的山水》

圖片來源：《臺灣美術發展：1950～2000》，張芳薇編，中國美術館，2006
年，第 143 頁。

　　綜觀 80 年代中期之前的臺灣美術社會，其自由開放的藝術氛圍與空間給
予了藝壇極大的生命力，然而這同時也使得官方正統性中華文化認同困境重
重。在這些反傳統的藝術形式之中，傳統藝術與文化被進一步解構。而隨著國

〔註10〕蔣勳，「新展望——評審感言」，收錄於臺北市立美術館，《1988 中華民國現代
　　　繪畫新展望》，臺北：臺北市立美術館，1988 年，第 11 頁。轉引自謝東山，
　　　《臺灣美術史》，臺南：國立臺南藝術學院藝術史與藝術評論研究所，1999 年，
　　　第 140 頁。

民黨政府的政治改革與反對勢力的發展乃至民進黨的成立，又進一步使得這種文化認同的政治基礎漸趨喪失。主體迷失的臺灣社會，作為其文化認同、地理認同來源的本土性鄉土元素〔註11〕逐漸偏離傳統的政治、文化認同方向，並被剝離掉中華性傳統身份。甚至傳統的水墨畫也已不再稱之為「國畫」，其成為只是強調媒材本身特色的眾多媒材之一。儘管在 80 年代中期的 1985 年，因李再鈐於北美館前「低限的無限」的雕塑作品而引來政治風波〔註12〕，凸顯出國民黨政府對於（傳統型）意識形態認同的監控存在。但是政治體制的鬆動之下，這種政治認同與文化認同已然出現了巨大裂縫。1983 年黨外雜誌中所出現的有關「臺灣意識」的討論，更是預示了新的意識形態認同正蓄勢而來。這一點從 1982 年以來臺灣所出現的大約 16 部有關臺灣主題的出版物即可看出形勢的變化〔註13〕，當然其真正形成還要待到 90 年代。簡言之，80 年代中期之前的臺灣社會在政治體制漸趨開放之下，其社會性整體意識形態認同表現出對官方認同的解構，並由此趨向於更進一步的多元化。具體於美術領域則表現為大量新興美術社團的興起。〔註14〕而在此之下，本土性鄉土元素卻逐漸納

〔註11〕 各種勢力均以不同的意識認同為方向。

〔註12〕 1985 年臺灣雕塑藝術家李再鈐的雕塑作品「低限的無限」，「因造型在某個角度看來呈一紅色五角星形，遭人檢舉，引發了臺北市立美術館的『改色風波』。8 月 16 日，臺北市立美術館以噴漆方式將『低限的無限』換漆為銀白色，直至 1986 年 9 月 4 日才將作品漆回紅色。」謝東山，《臺灣美術史》，臺南：國立臺南藝術學院藝術史與藝術評論研究所，1999 年，第 147 頁。

〔註13〕 鍾孝上，《臺灣先民奮鬥史》，臺灣文藝，1982 年。喜安幸夫者、周憲文譯，《日本統治臺灣秘史》，武陵出版社，1984 年。連雅堂，《臺灣通史》，國立編譯館，1985 年。矢內原忠雄，《日本帝國主義下的臺灣》，帕米爾出版社，1985 年。戚嘉林，《臺灣史》，自立晚報，1985 年。林衡道，《臺灣小史》，南投臺灣訓練團，1985 年。馮作民，《臺灣歷史百講》，臺北青文出版社，1985 年。尹章義，《臺灣近代史論》，自立晚報，1986 年。王曉波，《臺灣史與近代中國民族運動》，帕米爾，1986 年。中華民國臺灣史蹟研究中心，《臺灣史研究暨史料發掘研討會論文集》。王同璠，《臺灣抗日史》，臺北市文獻會，1986 年。程大學，《臺灣開發史》，臺灣省政府新聞處，1986 年。翁佳音，《臺灣漢人武裝抗日研究》，臺大出版委員會，1986 年。史明，《臺灣人四百年史》，自由時代，1988 年。連溫卿，《臺灣政治運動史》，稻鄉出版社，1988 年。警察沿革志出版委員會策劃，《臺灣社會運動史》，創造出版社，1989 年。等等。參閱林惺岳，《渡越驚濤駭浪的臺灣美術》，臺北：藝術家出版社，民國 86 年，第 182 頁。

〔註14〕 如「中華民國現代畫學會、高雄現代畫學會、南臺灣新風格畫會、二號公寓、嘉仁畫廊、異度空間、超度空門、現代藝術工作室（SOCA）、新象畫會、息壤、現代眼畫會、自由畫會、當代畫會第三波畫會（原當代畫會）、午馬畫會、

入進「臺灣意識」的認同體系，1987 年的政治解嚴為其最終標誌。

圖八十九　李再鈐《低限的無限》

圖片來源：《臺灣美術發展：1950～2000》，張芳薇編，中國美術館，2006
年，第 135 頁。

圖九十　臺灣當局宣布解嚴

圖片來源：《臺灣美術新風貌展（1945～1993）》，黃光男，臺北：臺北市
立美術館，1993 年，第 352 頁。

變藝術聯盟、饕餮現代畫會、新思潮藝術聯盟、3.3.3 GROUP、臺北新藝術聯
盟、互動畫會、畫外畫會、笨鳥藝術群、新粒子現代藝術群、臺北前進者畫會、
一○一現代藝術群、新繪畫、藝術聯盟、臺北畫派等」。謝東山，《臺灣美術史》，
臺南：國立臺南藝術學院藝術史與藝術評論研究所，1999 年，第 137 頁。

圖九十一　吳天章《四個時代：蔣介石的五個時期》

圖片來源：《藝術的張力：臺灣美術與文化政治學》，廖新田，臺北：典藏
藝術家股份有限公司，2010 年，第 34 頁。

再來看下 1986 年 10 月 7 日蔣經國接受美國《華盛頓郵報》和《新聞週刊》專訪時的表述：

> 我們向來都是理解人民有集會及組織政治團體的權利。不過他們必須承認憲法，並且認同根據憲法所制定的國家體制，新政黨必須是反共的，他們不得從事任何分離運動——我所指的是「臺獨」運動。如果他們符合這些要求，我們將允許成立新的政黨。〔註15〕
> （著重號為筆者所加）

從這段話之中我們不難看出，80 年代中期之前的國民黨政府在嚴峻的島內外政治危機之下，基於正統性合法性中華認同的前提而展開民主化的政治體制革新，從而開放「黨禁」，其基本意識形態認同仍舊是秉持著反共復國的正統性中華形象構建。由此這一年的 2 月 28 日當藝術家李銘盛以「二二八事件」為主題進行表演藝術時，即被治安部門予以阻止而未成行。其基本理由即在於「二二八是政治大禁忌，不能拿來做藝術的創作主題。」〔註16〕不過此後一年不到的 1987 年 7 月 15 日情況卻有了根本性的變化。國民黨政府的「解嚴」宣告，標誌著這種官方政治文化認同構建的衰退，並由此走向瓦解。——1989 年針對「五二〇事件」，一批藝術家於臺灣北投廢棄火車站舉辦了「五二〇藝展」，但這次並沒有遭到官方的壓制。1987 年後的臺灣社會，在伴隨著反

〔註15〕許介鱗，《戰後臺灣史記》，臺北：文英堂出版社，民國 85 年，第 526 頁。
〔註16〕郭少宗，《八十年代——臺灣美術現象的橫剖與縱切》，郭繼生，《當代臺灣繪畫文選：1945～1990》，臺北：雄獅圖書股份有限公司，1991 年，第 306 頁。

對勢力的發展以及「民進黨」的成立及其在政治上所逐漸獲得的優勢，使得形勢變化之下的國民黨政府逐漸無力於（或轉型）原有的政治和文化認同結構的構建。而現代藝術思潮的衝擊，則從另一個角度加劇了民眾社會對於這種「無力」（或轉型）的衝擊。具體於美術領域則表現為政治批判性藝術作品開始大量湧現，並一直延續和興盛於 90 年代。

　　1989 年，青年藝術家吳天章開始於代表官方意識形態的北美館舉辦「史學圖像」的系列個展，如「蔣經國的五個時代」等；其內容包括蔣介石、蔣經國等重要歷史人物畫像的組合型呈現等。同年陳來興以「五二〇」為主題，通過油畫激烈的形色語言突出對政治衝突事件的思考。這些對於官方政治意識形態的解構性表現，以及出現於官方文化執行機構，顯然表明此時的官方政治文化認同已經衰退。〔註17〕而隨著這種官方政治認同體系的衰退，傳統文化認同失去政治認同的歷史關聯；與此同時，新興的反對政治力量則開始表現出基於本土化地理認同，對社會整體性政治認同與文化認同進行重新組合；這使得處於意識形態認同斷裂狀態的原有「文化認同」將被重新收編進「認同體系」之內。一種新的政治、文化認同結構在國民黨政府的政治體系崩潰之下走向前沿。此即伴隨著「三民主義」官方認同意識的解構，意識形態認同的符碼體系逐漸在崩潰中轉向「臺灣意識」的認同趨向。這當中值得注意的是，由此也使得早前鄉土運動所做出的積澱（包括對日據時期元素的整理）在本土化（臺灣意識）之下被更進一步挖掘出來加以整理研究，並以此被不斷催生為新的文化政治認同元素，以協同主體性臺灣意識而更加滋生橫溢。其所包含的殖民現代性已同時被置換成了本土性，地方色逐漸由此之中脫形為主體性的「臺灣色」。再次轉換身份的「臺地美術語言」，逐漸在本土化的臺灣意識之下構建並開始轉向剝離了中華意識的「臺灣美術」範疇，由此脫離中華美術範疇，並漂清身世歷史。具體於美術形式而言，曾經作為國畫的水墨與膠彩畫淹沒在諸多新興的美術形式之中，成為「臺灣美術」範疇之內表現「臺灣色」的諸多媒材之一。與此同時，各類展覽的興起也打破了代表其美術傳統權威的「省展」局面，官方文化認同及其機制崩裂，傳統權威隨之解構。當然這在進入到 90 年代的臺灣社會後，愈加表現在「主體性」臺灣意識的討論之上，並趨向於白熱化。

〔註17〕在官方文化機構進行此主題的展覽，其本身即是一種對官方意識形態認同的
　　　　解構。

餘論　政治統攝與美術史知識構成

6.1「臺灣美術」的文化認同邏輯

　　文化表述、文化認同的構成不是一種封閉性的知識體系構成，它是一種開放的和不斷變化的動態體系。支撐這種表述或認同體系逐漸構建與形成的是一種多維信息、歷史、文化等語義交替的集體意識，並且這種集體意識通過一種日益複雜和擴展、擴張的方式不斷發展起來，以致於最終滲透入政治文化社會的各個層面，並在民眾社會以歷史、地理、民俗、藝術等各類繁複的知識形式表現出去。

　　本書所討論到的臺灣社會「文化認同」（表述）基本處於三個大的階段，即清末日本殖民時期、國民政府戒嚴時期以及解嚴時期。圍繞著「地方色」這一表現於美術領域的文化認同在不同時期處境的表現，可以發現文化認同之下「地方色」被安放進一種美術話語之中，並隨之將此美術話語逐漸或者有意識的納入到一種特定的美術範疇之內，如日本（東洋）美術範疇、中國美術範疇和臺灣美術範疇。而通過這種由原初至體系化（範疇）建構的模式，臺灣時空之下一些隨機性相關元素被重合構成了一個新的體系，並且在這種體系化的範疇之中暗示了與其相近元素的美術關聯。從而基於此種美術活動的文化認同，其不是取決於畫家與題材元素所發生的關係，而是源於這種宏大體系範疇由誰構建。也即意識形態在政治文化認同與社會元素之間起著十分重要甚至決定性的作用。其在構建之初，即已提供了一套表現於「地方色」的文化認同初步理論，並且這種理論限定了政治文化認同的領域和範圍，同

時在不同時期會有不同的表現。由此，地方色的美術話語具備了雙重性角色
和身份。其一是直接性的美術元素身份，其屬基源性的美術題材或元素範疇。
另一方面，認同體系的構建又使得這種美術性元素上升或納入到一個新的體
系之中。在此體系之內「地方色」可以變身為「臺展型的東洋畫」等，並開
始反身指導和宣示與其本質統一的其他基源性元素。也即「地方色」本身開
始成為一種美術標準及其隨之而來的認同標準。它的存在本身開始關係到並
決定到所有社會、文化等方面的元素性質和形式。地方色所擁有的無論東洋
畫、「國畫」還是「膠彩畫」的身份，已不再由社會共識也即之前的意識形態
（認同）所決定。「地方色」開始變得政治化和集權化，並逐漸表現在傳統美
術領域及其隨之相關的一系列文化認同之中。藉此，政治認同與文化認同之
間的新關聯，開始在臺灣原有傳統文化認同基礎之上得以構建並逐漸擴展開
來。不同意識形態之下文化認同與政治認同之間的鴻溝得以跨越，並逐漸被
取代和消除。

　　相應於美術領域這種認同體系和邏輯的構建，一系列「美展」的成立，如
臺展、府展以及省展等，則為這種認同體系的構建提供了原則、標準乃至「法
律性」的監督，並以此為新興體系的成熟提供系列性跟蹤維護和保修。當然在
這樣一種結構之中，其一系列原則、標準的提供與維護又是基於「展覽」所具
有的一種視、聽二維的過程來實現；而此「視、聽」本身即是一個對活動場域
及其之中各類元素加以重新編碼的過程，並由此形成一個新的知識文化認同
場域。從而，圍繞「地方色」的美展也不過是把一種價值意識強加於既有社會
意識之上。不過相應於「美展」的政治文化認同型構作用，其也同時會成為政
治認同與文化認同之間的障礙，因為它也會阻礙其他新的政治意識的形成和
傳播，使之不能影響既有意識形態並成為普遍性的意識認同基礎。由此，對於
美展乃至美術學校的控制成為各時期政府所關注的重點。也從而，基於不同時
期意識形態的變化之下，「展覽」總是有著其突出的主導意識。具體於美術領
域則表現為逐漸開始指導和調整美術活動之中畫家和觀眾的創作方向與審美
方向，並同時給予官方的榮譽和獎勵加以確認。通過這一系列轉換，由地方色
而來的「美術領域」開始成為向文化認同領域宣示或傳遞指導性知識、經驗的
中心之一。新的美術體系（領域）與意識形態認同開始具有了知識性關聯。民
眾社會開始從這種美術活動之中感受到來自官方其他方面意識形態認同同樣
的管制，一種社會性的知識調整將與之而來。這種感受與反饋互動使得民眾社

會開始意識到對歷史、地理等領域知識的重新認識或認同。一種存在於文化實踐與意識形態認同之間的默契由此悄然形成於社會之中。

6.2「臺灣美術」與本土化、主體性

　　伴隨著政治轉型及其隨之而來的意識形態變動，臺灣社會經歷了逐漸由 70 年代鄉土思潮過渡到 80 年代本土化乃至 90 年代的主體性思潮幾個階段。這當中由「本土化」到「主體性」的論爭是當代臺灣美術史研究的重點問題。

　　對傳統與現實的關注及其由此對西方思潮的反批，是臺灣美術領域 70 年代對現代性與殖民性進行反思批判的策略。在此策略之下，鄉土思潮與這種社會性意識漸趨糅合，使得鄉土思潮進而轉向下一階段的本土化意識。在這一系列的看似平淡的轉化過程之中，隱藏了一個來自七十年代的危機，這就是臺灣社會所遭遇到的政治危機及其所直接導致的主體性迷失問題。〔註1〕這使得國民黨政府原本基於傳統文化、政治意識認同而來的國家主體性形象及其意識體系倒塌；正統性與合法性由此缺失的國民黨政府從而成為主體性迷失的「影像主體」。鄉土想像之下的大中華開始轉向本土化現實之下的小中華。伴隨著政治文化認同及其社會的變化發展，這種主體性危機與大陸政權之間逐漸形成兩個主體之間的主體間性意識，當然這仍舊基於中華意識之下；不過，這種中華意識之下潛在的主體性「分裂」使得如何定位中華意識之下的「主體性意識」成為極大的困境，同時這也為日後臺灣時空下的中國化意識以及臺灣時空下的臺灣意識留下了空隙。當然，這一點在 80 年代之後臺灣社會基本轉型至地理時空下的臺灣本土之後，表現的愈加明晰。

　　「本土」與「主體性」的問題，是一體兩面的問題。正如前文所言，主體性的意識形態認同是基於政治、地理以及文化三維空間認同而確立，且地理認同是政治認同與文化認同的載體。從而「本土」是主體性意識形成的最基礎層。具體於臺灣社會，這表現在 70 年代主體危急之下對地理性臺灣本土的逐漸關注和深化，——從鄉土到本土。不過此時這還是基於地理臺灣認同為載體，實現中華性政治認同與文化認同。但 80 年代乃至 90 年代臺灣意識的興起，則使得這種基於臺灣地理認同之上的政治文化認同發生了劇烈轉化，中

―――――――――――――――

〔註1〕　相應於大陸政權的正統性合法性確認，臺灣社會也同時逐漸萌生一種「主體間性」的認識。

華意識被逐漸剝去。中華意識構建之下，中華地理認同向本土性地理認同的
轉變卻使得之上的政治文化認同也發生了改變。臺灣意識的滲入使得這種政
治文化認同逐漸由臺灣下的中華意識朝向臺灣下的臺灣意識轉變。由此地理
認同、政治認同和文化認同三維認同空間的變化，臺灣意識之下的意識形態
認同漸行漸長；中華主體性意識潛移默化之中被置換為臺灣主體性意識，並由
此引發 90 年代的大論戰和社會性討論。這種主體性的臺灣意識討論表現於美
術領域即是，地方色的東洋畫在變身膠彩畫之後，其「地方色」（臺灣意識）
開始全面推廣至美術領域，並以此標舉美術的臺灣意識，——臺灣美術意識
出現。當然從文化認同的角度來說，這也是本土化文化認同的必然表現，且此
本土化的文化認同最終將促使主體性的臺灣美術意識（臺灣意識）形成。在這
樣一種邏輯之中，我們將發現一個問題，這就是本土的概念凝聚了認同，認同
的內涵（文化認同）與本土（地理認同）促使主體性意識認同產生。而文化認
同與政治認同處於流動和變化的過程，從而本土認同（地理認同）並不是一個
封閉性的概念性認同，它有一個伴隨政治文化認同不斷選擇、涵納和排斥的
過程。也即在一系列的認同、排斥和爭論中沉澱出主體性範疇所需的政治、地
理、文化三維層面的內容符號。而這當中主體性臺灣美術意識的產生，正在於
八九十年代以來各類勢力對臺灣傳統文化、政治認同的重新選擇、排斥和涵
納的結果。

參考文獻

一、美術史類

1. 吳步乃、沈暉，《臺灣美術簡史》，北京：時事出版社，1989 年。

2. 陳履生，《臺灣現代美術運動》，北京：人民美術出版社，1989 年 8 月。

3. 林惺岳，《臺灣美術風雲 40 年》，自立晚報社文化出版部，民國 76 年 10 月。

4. 蕭瓊瑞，《五月與東方：中國美術現代化運動在戰後臺灣之發展：1945～1970》，臺北：東大圖書股份有限公司，民國 80 年。

5. 《當代臺灣繪畫文選：1945～1990》，郭繼生，臺北：雄獅圖書股份有限公司，1991 年。

6. （臺北）國立臺灣省美術館編，《臺灣美術地方發展史全集》，臺北：日創社文化事業有限公司，1992～2008 年。

7. 李欽賢，《臺灣美術歷程》，自立晚報社文化出版部，1992 年。

8. 藝術家出版社編，《臺灣美術全集》，臺北：藝術家出版社，1992 年 12 月。

9. 王秀雄，《臺灣美術發展史論》，臺北：（臺北）國立歷史博物館，民國 84 年。

10. 謝里法，《臺灣新藝術測候部隊點名錄》，臺北：藝術家出版社，1995 年 9 月。

11. 李欽賢，《臺灣美術閱覽》，玉山社，1996 年。

12. 李俊賢，《臺灣美術的南方觀點》，臺北：臺北市立美術館，民國 85 年。

13. 謝里法，《探索臺灣美術的歷史視野》，臺北市立美術館，民國 86 年。

14. 謝東山，《臺灣美術史》，（臺南）國立臺南藝術學院藝術史與藝術評論研究所，1999 年 10 月。

15. 藝術家出版社編，《臺灣當代美術大系》，臺北：藝術家出版社，2003 年。

16. （臺北）國立歷史博物館編輯，《口述歷史叢書：前輩書畫家系列》，臺北：國立歷史博物館，2003 年至今。

17. 藝術家出版社編，《臺灣現代美術大系》，臺北：藝術家出版社，2004 年。

18. 蕭瓊瑞，《島嶼測量：臺灣美術定向》，臺北：三民書局股份有限公司，2004 年。

19. （臺北）文建會編，《臺灣美術中的五十座山嶽》，臺北：雄獅美術圖書股份有限公司，2005 年。

20. 蕭瓊瑞，《戰後臺灣現代藝術的發展（1945～1987）》，臺中：臺灣省美術館，民國 93 年。

21. 廖瑾瑗，《背離的視線──臺灣美術史展望》，臺北：雄獅圖書股份有限公司，民國 94 年。

22. 朱佩儀、謝東山，《臺灣寫實主義美術（1895～2005）》，臺北：典藏藝術家庭股份有限公司，2006 年 12 月。

23. 顏娟英、廖新田等，《臺灣的美術》，財團法人群策會，民國 95 年。

24. 李欽賢，《臺灣美術之旅》，臺北：雄獅圖書股份有限公司，2007 年 11 月。

25. 謝東山，《臺灣當代藝術》，臺北：洪葉文化事業有限公司，2007 年。

26. 徐文琴，《臺灣美術史》，臺北：南天書局出版有限公司，2007 年。

27. 劉益昌、蕭瓊瑞等，《臺灣美術史綱》，臺北：藝術家出版社，2007 年 11 月。

28. 賴英英，《臺灣前衛：60 年代複合藝術》，臺北：藝術家出版社，民國 96 年。

29. 謝里法，《日據時代臺灣美術運動史》，臺北：藝術家出版社，1992 年 5 月。

30. 游允常編，《臺灣美術作品選》，北京：人民美術出版社，1987 年 5 月。

31. 黃光男，《臺灣美術新風貌展（1945～1993）》，臺北：臺北市立美術館，民國 82 年 8 月。

32. 林保堯，《百年臺灣美術圖像》，臺北：藝術家出版社，2001 年。

33. 《開新：80 年代臺灣美術》，臺北：臺北市立美術館，2003 年。

34. 黃承志,《時間的刻度：臺灣美術戰後五十年作品展》,桃園縣：長流美術館,民國 92 年 3 月。

35.《立異：九〇年代臺灣美術發展》,臺北：臺北市立美術館,2004 年。

36. 許秀蘭主編,《臺灣美術六十年》,臺中縣清水鎮：臺中縣文化局,民國 94 年。

37. 林明賢,《藝域長流——臺灣美術溯源》,臺中：臺灣美術館,民國 96 年。

38. 張芳薇編輯,《臺灣美術發展：1950～2000》,北京：中國美術館,2006 年 9 月。

39. 胡永芬作,《後解嚴與後八九：兩岸當代美術對照》,臺中：臺灣美術館,2007 年。

40. 蕭瓊瑞,《戰後臺灣美術文獻編年（1950～1970）》,《炎黃藝術》,1989 年 5 月。

41. 蕭瓊瑞,《戰後臺灣現代繪畫運動大事年表（1945～1970）》,《現代美術》,1990 年 3 月。

42. 倪再沁,《戰後臺灣美術編年史初稿》,《藝術貴族》第 46 期,1993 年 10 月。

43. 顏娟英,《臺灣近代美術大事年表》,臺北：雄獅圖書股份有限公司,1998 年。

44. 劉國松,《臨摹‧寫生‧創造》,臺北：文星書店,1966 年。

45. 久野健等編、蔡敦達譯,《日本美術簡史》,上海：上海譯文出版社,2000 年 11 月。

46. 謝東山,《殖民與獨立之間：世紀末的臺灣美術》,臺北：北美館,1996 年。

二、美術研究類

1. 蕭瓊瑞,《臺灣美術史研究論文集》,臺中：伯亞出版社,1990 年 12 月。

2. 葉玉靜,《臺灣美術中的臺灣意識：前九〇年代臺灣美術論戰選集》,臺北：雄獅圖書股份有限公司,1994 年。

3. 蕭瓊瑞,《觀看與思維：臺灣美術史研究論集》,臺中：臺灣省立美術館,1995 年 9 月。

4. 倪再沁,《藝術家——臺灣美術：細說從頭二十年》,臺北：藝術家出版社,民國 84 年。

5. 倪再沁，《臺灣美術的人文觀察》，臺北：雄獅圖書股份有限公司，1995年。

6. 臺北市立美術館編，《1945～1995：臺灣現代美術生態》，臺北：臺北市立美術館，民國 84 年 12 月。

7. 《臺灣美術影像閱讀》，黃寶萍，臺北：藝術家出版社，1996 年 4 月。

8. 《「何謂臺灣？近代臺灣美術與文化認同」論文集》，（臺北）文化建設委員會主辦，（臺北）國家圖書館國際會議廳，民國 85 年 9 月 13、14 日。

9. 蕭瓊瑞，《島嶼色彩──臺灣美術史論》，臺北：東大圖書公司，民國 86 年。

10. 林惺岳，《渡越驚濤駭浪的臺灣美術》，臺北：藝術家出版社，民國 86 年 7 月。

11. 高千惠，《當代文化藝術澀相》，臺北：藝術家出版社，1998 年。

12. 藝術家出版社編，《臺灣美術評論全集》，臺北：藝術家出版社，1999 年。

13. 林伯欣等，《戰後臺灣美術中的東方優越論》，臺南縣：國立臺南藝術學院發行，1999 年。

14. 曾媚珍等，《臺灣美術與社會脈動》，高雄：高市美術館，民國 89 年。

15. 李戌昆等，《臺灣美術丹露》，臺中：臺灣美術館，民國 92 年。

16. 李既鳴，《邁向無限：臺灣美術研究論述》，臺北：中國文化大學出版部，2004 年。

17. 謝東山，《臺灣美術批評史》，臺北：洪葉文化事業有限公司，2005 年。

18. 倪再沁，《臺灣美術論衡》，臺北：藝術家出版社，2007 年。

19. 廖新田，《臺灣美術四論》，臺北：典藏藝術家庭股份有限公司，2008 年 11 月。

20. 廖新田，《藝術的張力：臺灣美術與文化政治學》，臺北：典藏藝術家股份有限公司，2010 年 6 月。

21. 廖新田，《「臺灣美術與文化認同」課程教材》，（臺北）教育顧問室全球化下的臺灣文史藝術與計劃辦公室，民國 97 年。（未出版）

22. 林明賢主編，《在地情懷──七〇年代臺灣美術之研究》，臺中：臺灣美術館，民國 98 年 12 月。

23. 《日治時期臺灣官辦美展（1927～1943）圖錄與論文集》，臺灣創價學會藝文中心執行委員會企劃，臺北：勤宣文教基金會，2010 年 3 月。

24. 顏娟英,《風景心境——臺灣近代美術文獻導讀》,臺北:雄獅圖書股份有限公司,2001 年 3 月 15 日。

25. 林明賢主編,《島嶼風情——日治時期臺灣美術之研究》,臺中:臺灣美術館,民國 97 年 6 月。

26. 林明賢主編,《閩習臺風——明清時期臺灣美術之研究》,臺中:臺灣美術館,民國 97 年 6 月。

27. 蔣勳,《藝術手記》,臺北:雄獅圖書公司印行,民國 68 年 7 月。

28. John Berger 著、戴行鉞譯,《藝術觀賞之道》,臺北:臺灣商務印書館股份有限公司,1993 年。

29. 郭繼生,《臺灣視覺文化:藝術家二十年文集》,臺北:藝術家出版,民國 84 年。

30. 黃冬富,《臺灣全省美術展覽會國畫部門之研究》,臺灣師範大學美術研究所,1985 年。

31. 黃才郎,《文化政策影響下的藝術贊助:臺灣一九五〇年代文化政策、藝術贊助與畫壇互動》,中國文化大學藝術研究所,1991 年。

32. 郭繼生,《1895～1983 的美術與文化政治:臺灣的日本畫／東洋畫／膠彩畫》,《膠彩畫之淵源、傳承及其影響學術研討會論文集》,臺中臺灣省立美術館,1996 年。

33. 余秀蘭,《臺灣 1950～60 年代抽象繪畫思潮之研究》,成功大學藝術研究所,1998 年。

34. 楊繡綾,《從《雄獅美術》看七〇年代鄉土美術發展之形構與限制》,臺灣師範大學美術學系,1999 年。

35. 高明德,《社會寫實與本土美術之銜接性 ZIP》,中國文化大學美術研究所,民國 89 年。

36. 曹筱玥,《從解嚴前後(1977～1997)的全省美展西畫部門得獎作品——看省展風格的移轉與權力結構的互動關係》,臺灣師範大學美術研究所,2000 年。

37. 李雅婷,《建構臺灣藝術主體性的困境——戰後國民黨的文藝政策》,(臺北)國立臺灣大學法教分處政治學研究所,民國 91 年。

38. 劉聖秋,《70 年代臺灣鄉土美術研究》,屏東師範學院視覺藝術教育研究所,2002 年。

39. 方瓊華，《「美術」概念的形成──以日治時期臺灣美術展覽活動為中心》，臺北藝術大學美術史研究所，2002 年。

40. 孫曉嵐，《現當代美術館展覽與國族認同論述──以 1983 至 1994 年間臺北市立美術館展覽為例》，中央大學藝術學研究所，2002 年。

41. 林玠熹，《戰後臺灣現代國畫運動與在臺國畫家之因應（1945～1991）》，臺灣師範大學美術研究所，2003 年。

42. 劉國松，《中國現代畫的路》，臺北：文星書店，1965 年。

43. 袁德中，《從臺灣本土繪畫探討臺灣的場所精神》，私立中原大學室內設計系，民國 92 年 5 月。

44. 林伯欣，《近代臺灣的前衛美術與博物館形構：一個視覺文化史的探討》，輔仁大學比較文學研究所，民國 93 年。

45. 林芳瑩，《藝術家席德進研究》，東海大學歷史學系，民國 93 年 6 月。

46. 鄭宇航，《展示與觀看：1927～1930 年臺灣美術展覽會活動研究》，（臺北）國立臺灣大學藝術史研究所，民國 93 年 7 月。

47. 蘇稟喻，《美術走向與族群認同──二戰後臺灣藝術文化論述的內在衝突》，高雄師範大學美術學系，民國 97 年。

48. 陳美靜，《日治時期臺灣風景畫中廟宇主題繪畫作品之研究》，（臺南）國立臺南藝術大學藝術史與藝術評論研究所，民國 99 年 1 月。

49. 蘇瑝萱，《形式主義美術批評研究──兼論戰後初期臺灣美術批評（1950～60 年代）》，（臺南）國立臺南藝術大學藝術史與藝術評論研究所，民國 99 年 1 月。

50. 謝里法，《臺灣美術發展史上的國家認同意涵──以二十世紀東方媒材繪畫的命名為例》，（臺北）《國家認同之文化論述學術研討會論文集》，民國 95 年 6 月。

51. 廖新田，《蠻荒之美──殖民臺灣風景畫中的冒險、旅行與漫遊》，《臺灣藝術與設計中折射的殖民現代性國際研討會論文集》，（臺北）文建會主辦，2001 年 8 月 27～28 日。

三、歷史文化類

1. 鶴見佑輔，《後藤新平傳》，東京：太平洋協會出版部，1943 年。

2. 蔡培火等，《臺灣民族運動史》，臺北：自立晚報出版，1971 年（民國 60 年）。

3. 《臺灣省通志 10 卷二 人民志——人口篇》，臺灣省文獻委員會編印，
   1972 年 6 月。

4. 李筱峰著，《臺灣民主運動四十年》，臺北：自立晚報，1987 年。

5. 王克敬，《臺灣民間產業四十年》，臺北：自立晚報，民國 76 年。

6. 林鍾雄著，《臺灣經濟發展四十年》，臺北：自立晚報，民國 76 年。

7. 彭懷恩著，《臺灣政治變遷四十年》，臺北：自立晚報社文化出版部，1987
   年 10 月。

8. 鄭牧心，《臺灣議會政治四十年》，臺北：自立晚報，民國 76 年。

9. 王詩琅，《臺灣社會運動史》，臺北：稻鄉出版社，民國 77 年 5 月。

10. 李宏碩，《臺灣經濟四十年》，山西經濟出版社，1993 年。

11. 林玉體著，《臺灣教育面貌四十年》，臺北：自立晚報文化出版部，民國
    78 年。

12. 徐桂峰，《臺灣集會遊行十年記事》，臺北：自立晚報社文化出版部，民國
    78 年。

13. 廖仁義，《異端觀點：戰後臺灣文化霸權的批判》，臺北：桂冠圖書股份有
    限公司，1990 年 3 月。

14. 張星久、吳懷連，《臺灣政治風雲（1949～1989）》，湖北：武漢大學出版
    社，1990 年 7 月。

15. 涂照彥，《日本帝國主義下的臺灣》，臺北：人間出版社，1990 年。

16. 劉登翰、莊明萱、黃重忝、林承璜主編，《臺灣文學史》，福州：海峽文藝
    出版社，1991 年。

17. 趙寶煦，《彼岸的起飛——臺灣戰後四十年發展歷程》，哈爾濱：黑龍江
    人民出版社，1992 年 10 月。

18. 林柏維，《臺灣文化協會滄桑》，臺北：臺原出版社，1993 年 6 月。

19. 徐正光、蕭新煌，《臺灣的「國家」與「社會」》，臺北：東大圖書股份有
    限公司，民國 84 年。

20. 陳孔立，《臺灣歷史綱要》，九洲圖書出版社，1996 年 4 月。

21. 楊孟哲，《日治時代臺灣美術教育》，臺北：前衛出版社，1999 年。

22. 許世楷，《日本統治下的臺灣》，東京：東京大學出版會，1972 年。

23. 陳體誠等，《臺灣考察報告》，福建省建設廳，1935 年。

24. 陳鳴鐘、陳興唐主編，《臺灣光復和光復後五年省情》，南京出版社，1989年。

25. 張澤南編，《臺灣經濟提要》，臺灣天眾出版社，1948年。

26. 陳儀，《日本統治臺灣的經過》，臺灣行政幹部訓練班，1945年3月。

27. 秦孝儀、張瑞成編，《光復臺灣之籌劃與受降接收》，臺北：中國國民黨中央委員會黨史委員會，1990年。

28. 中國第二歷史檔案館，《臺灣二·二八事件檔案史料》，檔案出版社，1991年12月。

29. 中央研究院近代史研究所編，《二二八事件資料選輯（二)》，臺北：中央研究院近代史研究所，1992年5月。

30. 《臺灣省單行法令彙編》第一輯，臺灣省行政長官公署法制委員會編，1946年10月。

31. 《臺灣省行政長官公署布告》，1946年10月24日，《臺灣省行政長官公署公報》，臺灣省行政長官公署秘書處編輯室編輯發行，1946年冬字。

32. 《陳儀生平及被害內幕》，全國政協文史資料研究委員會、浙江省政協文史資料研究委員會、福建省政協文史資料研究委員會編輯組編，中國文史出版社，1987年。

33. 賴澤涵，《臺灣光復初期歷史》，臺北：中央研究院中山人文社會科學研究所，1993年。

34. 田弘茂著、李晴暉、丁連才譯，《大轉型——中華民國的政治和社會變遷》，臺北：時報文化，1989年。

35. 若林正丈，《臺灣——分裂國家與民主化》，臺北：月旦出版社，1994年。

36. 孫中山，《三民主義（增錄民生主義育樂兩篇補述)》，臺北：中央文物供應社，1969年。

37. 陳紀瀅，《文藝運動二十五年》，臺北：重光文藝，1978年3月。

38. 呂正惠、趙遐秋主編，《臺灣新文學思潮史綱》，北京：崑崙出版社，2002年1月。

39. 吳東權，《國軍文藝運動三十年》，《當代中國新文學大系：史料與索引》，劉心皇編，臺北：天視，1979～1981年。

40. 張道藩，《三民主義文藝論》，臺北：文藝創作出版社，1954年。

41. 張道藩，《張道藩先生文集》，臺北：九歌出版社，1999年10月。

42. 唐文標，《天國不是我們的》，臺北：聯經出版公司，1976 年 5 月。

43. 何寄澎主編，《文化、認同、社會變遷：戰後五十年臺灣文學國際學術研討會論文集》，臺北：文化建設委員會主辦，2000 年。

44. 吳密察，《臺灣近代史研究》，臺北：稻鄉出版社，2001 年 8 月。

45. 許介鱗，《戰後臺灣史記》，臺北：文英堂，2005 年。

46. （臺北）國立歷史博物館編輯委員會編，《臺灣史十一講》，臺北：國立歷史博物館，民國 95 年 12 月。

47. 施敏輝，《臺灣意識論戰選集》，臺北：前衛出版社，1988 年。

48. 尹士俍纂修、李祖基點校，《臺灣志略》（乾隆刻本），九州出版社，2003 年。

49. 陳小沖，《1943～1945 年臺灣光復前後史事述論》，《臺灣建省與抗日戰爭研究：紀念抗日戰爭勝利 60 週年暨臺灣建省 120 週年學術研討會論文集》，福建廈門，2005 年，福建省炎黃文化研究會。

50. 蘇顯星，《戰後臺灣文化政策變遷歷程研究——歷史結構分析》，臺南師範學院鄉土文化研究所，民國 90 年。

51. 蘇昭英，《文化論述與文化政策：戰後臺灣文化政策轉型的邏輯》，（臺北）國立藝術學院傳統藝術研究所，民國 90 年 8 月。

52. 魏嘉男，《國家認同理論與臺灣經驗論述之研究》，臺中：東海大學政治學研究所，2003 年。

53. 楊聰榮，《文化建構與國民認同：戰後臺灣的中國化》，新竹：清華大學社會人類學研究所，2004 年。

54. 王梅香，《肅殺歲月的美麗／美力？戰後美援文化與五、六○年代反共文學、現代主義思潮發展之關係》，成功大學臺灣文學研究所，2005 年 6 月。

55. 楊再熙，《戒嚴時期臺灣劇場空間研究（1947～1987）》，臺灣大學戲劇學研究所，2005 年 7 月。

56. 吳宥霖，《戰後臺灣政治案件之補償與平反——以「二二八基金會」與「補償基金會」為中心》，（臺北）臺灣大學國家發展研究所，2006 年 1 月。

57. 黃怡菁，《《文藝創作》（1950～1956）與自由中國文藝體制的形構與實踐》，（新竹）國立清華大學臺灣文學研究所，2006 年 7 月。

58. 陳郁馨，《臺灣主要報紙對美麗島事件報導之比較研究》，（臺北）臺灣大學社會科學院國家發展研究所，2007 年 1 月。

59. 陳政彥，《戰後臺灣現代詩論戰史研究》，（桃園）國立中央大學中國文學研究所，民國 96 年 6 月。

60. 陳康芬，《政治意識形態、文學歷史與文學敘事——臺灣五〇年代反共文學研究》，東華大學中國語文學系，民國 96 年 6 月。

61. 胡芳琪，《一九五〇年代臺灣反共文藝論述研究》，（新竹）國立清華大學臺灣文學研究所，2007 年 7 月。

62. 顏清梅，《戰後初期臺灣專賣政策的延續與變革（1945～1953）》，中興大學歷史學系，民國 97 年 1 月。

63. 鄭曉華，《藝術概論》，臺灣五南出版社，1999 年。

64. 鄭曉華，《翰逸神飛——中國書法的歷史與審美》，中國人民大學出版社，2003 年。

65. 鄭曉華，《古典書學淺探》，社會科學文獻出版社，1999 年。

66. 李躍乾，《日據時期臺灣留日學生與戰後臺灣政治》，廈門大學博士論文，2007 年 7 月。

67. 蘇玲清，《陳儀主政臺灣之研究》，福建師範大學碩士論文，2008 年。

四、期刊文獻類

1. 蔡淵洯，《清代臺灣基層政治體系中非正式結構之發展》，臺北：《歷史學報》，民國 72 年 6 月第 11 期，第 97～108 頁。

2. 何池，《謝穎蘇——臺灣美術的開山祖》，《炎黃縱橫》，2009 年第 1 期，第 20～21 頁。

3. 吳步乃，《近現代的我國臺灣美術》，《美術》，1988 年第 3 期，第 32 頁。

4. 成喬明，《日治時期臺灣繪畫的反殖民主義運動》，《南京藝術學院學報》，2007 年第 1 期，第 60 頁。

5. 田玨、韓恒煜，《第八講　日據時期臺灣（一）》，《歷史教學問題》，1989 年第 6 期，第 34 頁。

6. 田玨、韓恒煜，《第十講　日據時期臺灣（三）》，《歷史教學問題》，1990 年第 4 期，第 29 頁。

7. 向安強、姜崢，《日據至光復初期臺灣博物館管窺》，《華南農業大學學報》

（社會科學版），2002 年第 2 期，第 55 頁。

8. 彭明輝，《〈聯合報〉社論對臺灣重大政治事件的立場與觀點（1950～1995）》，（臺北）《國立政治大學歷史學報》第 18 期，民國 90 年 5 月。

9. 張小鷺，《淺議近百年來日本美術文化對中國民族繪畫（包括臺灣膠彩畫）的影響》，《國畫家》，2006 年第 4 期，第 39 頁。

10. 王淑津，《日本殖民地時代臺灣美術史的「地方色彩」論題》，《典藏今藝術》，2006 年第 126 期，第 53 頁。

11. 周翔鶴，《日據初期臺灣稻米輸日問題研究》，《臺灣研究集刊》，1997 年第 1 期，第 77 頁。

12. 周翔鶴，《日據時期臺灣改良糖廍研究》，《臺灣研究集刊》，1995 年第 2 期。

13. 賴明珠，《日治時期的「地方色彩」理念——以鹽月桃甫及石川欽一郎對「地方色彩」理念的詮釋與影響為例》，《視覺藝術》，2000 年 5 月第 3 期，第 54 頁。

14. 顏娟英，《日據時期臺灣美術史大事年表——西元一八九五年至一九四四年》，《藝術學》，民國 81 年 9 月第 8 期，第 58～70 頁。

15. 鹽月桃甫，《臺灣美術展物語》，《臺灣時報》，1933 年 11 月，第 27 頁。

16. 王甫昌，《由「中國省籍」到「臺灣族群」：戶口普查籍別類屬轉變之分析》，《臺灣社會學》，2005 年 6 月第 9 期，第 105 頁。

17. 廖新田，《再現臺灣——臺灣風景畫的視覺表徵》，《臺灣美術》，民國 95 年 7 月第 65 期，第 29 頁。

18. 林川夫，《民俗臺灣》（第一輯），臺北：武陵出版有限公司，1990 年版。

19. 褚靜濤，《陳儀與日據下臺灣研究》，《南京社會科學》，2009 年第 2 期，第 67 頁。

20.《陳主席考察臺灣記》，福州：《福建民報》第六版，1935 年 11 月 1 日。

21. 李杏邨、孫樹聲合譯，《外國記者眼中看臺灣》，《臺灣月刊》創刊號，1946 年 10 月 25 日版，第 50 頁。

22. 謝里法，《五十年來臺灣西洋繪畫回顧——從「沙龍」、「畫會」、「畫廊」到「美術館」》，《社會科學戰線》，1984 年第 4 期，第 320 頁。

23. 梅丁衍，《由光復初期的美術現象環視二・二八風暴》，《歷史月刊》，民國 95 年第 217 期，第 27 頁。

24. 黃英哲，《黃榮燦與戰後臺灣的魯迅傳播（1945～1952）》，《魯迅研究月刊》，2001 年第 8 期，第 44～45 頁。

25. 謝里法，《臺灣省展的催生者蔡繼焜》，《藝術家》，2003 年 2 月，第 465 頁。

26. 林惺岳，《戰後復生——楊三郎與臺灣美術運動》，《雄獅美術》第 176 期，1985 年 10 月，第 116 頁。

27. 葉龍彥，《戰後初期的「臺灣省全省美術展覽會」（1946～1955）》，《臺北文獻》直字 126 期，民國 87 年 12 月，第 120 頁。

28. 謝里法，《從臺灣美術之道聽途說中建立的故事性小檔案探索畫家個別關係所串聯起來的時代脈絡》，《藝術家》，2001 年 1 月，第 322 頁。

29. 江如海，《陳夏雨、楊英風與戰後臺灣現代雕塑的起源》，《現代美術學報》第 7 期，注釋 13，2004 年 5 月，第 104 頁。

30. 林果顯，《戰後臺灣的戰時體制（1947～1991）》，《臺灣風物》，2008 年 9 月，第 135～165 頁。

31. 歷史系美帝侵臺簡史編輯小組，《戰後美帝對臺灣的侵略 1945～1958》，《四川大學學報》，1958 年第 2 期，第 5～6 頁。

32. 鄭怡世，《臺灣社會工作發展的歷史分析：1949～1963 年「社會部所從事的工作」與「美式專業社會工作」雙元化的社會工作認識》，《社會政策與社會工作學刊》第 11 卷，2007 年 6 月第 1 期，第 160 頁。

33. 《一九五〇年臺灣藝壇的回顧與展望》（座談記錄），廿世紀社，《新藝術》第 1 卷，1951 年 1 月第 3 期，第 54、55 頁。

34. 《中國畫與日本畫問題》（座談記錄），廿世紀社，《新藝術》第 1 卷，1951 年 4 月第 4、5 合期，第 54、55 頁。

35. 施翠峰，《本省國畫的向路》，《新藝術》第 1 卷，1951 年 4 月第 4、5 合期，第 77 頁。

36. 孫旗，《「臺省七屆美展」透視》（座談記錄），《新藝術》第 2 卷，1952 年第 4 期，第 86 頁。

37. 《美術運動座談會》（會談記錄），臺北市文獻委員會，《臺北文物》第 3 卷，1954 年 4 月第 4 期，第 13 頁。

38. 《目前國畫的幾個重要問題》，劉國松，《文藝月報》第 2 卷第 6 期，1955 年，第 7～8 頁。

39. 李牧，《新文學運動歷程中的關鍵年代——試探 50 年代自由中國文學創作的思路及其所產生的影響》，《文訊》，1984 年 3 月第 9 期，第 147 頁。

40. 王積叢，《中國文藝發展的方向問題》，《文藝創作》，1953 年 5 月第 25 期，第 66 頁。

41. 李王涵，《以生命譜寫的道德神話——戰後臺灣藝人塑像初探》，《雕塑研究》，2008 年 9 月。

42. 周俊宇，《戒嚴、解嚴與集體記憶——以戰後臺灣的法定節日為中心》，《臺灣文獻》，2007 年 12 月。

43. 《我們的路》，《新藝術》創刊號，臺北：廿世紀社，1950 年 12 月，第 2 頁。

44. 魯鐵，《掀起自由中國的新興藝術運動》，《新藝術》創刊號，臺北：廿世紀社，1950 年 12 月，第 3 頁。

45. 梅丁衍，《黃榮燦疑雲——臺灣美術運動的禁區》（上），《現代美術》，民國 85 年 8 月，第 53～54 頁。

46. 陳康芬，《戰後臺灣五〇年代反共文藝論述的政治觀》，《中國文化月刊》，2006 年 2 月，第 95、96 頁。

47. 劉國松，《不是宣言——寫在「五月畫展」之前》，《筆匯》革新號 1 卷，1959 年 5 月第 1 期，第 27～28 頁。

48. 劉國松，《繪畫的峽谷——從十五屆全省美展國畫部說起》，《文星》第 7 卷，1961 年第 3 期 1 月。

49. 王建民，《試論戰後臺灣社會階級結構的演變》，《臺灣研究》，1995 年第 4 期，第 53 頁。

50. 王淳義，《文化造型工作方向的探討》，《中國論壇》第 3 卷，1977 年第 12 期，第 40～41 頁。

附錄　1895～1990年臺灣美術與社會事件年表

年代	藝壇事件	社會大事件
1895		臺灣割讓給日本
1899		臺灣銀行開業
1904		臺北城牆拆除餘下城門
1907		石川欽一郎赴臺
1908		縱貫鐵路全線通車
1912		中華民國成立
1914	臺灣日本畫協會成立	第一次世界大戰
1915	黃土水入東京美術學校	新公園內博物館竣工
1916	石川欽一郎返日	
1918		第一次世界大戰結束
1919		五四運動
1920	黃土水「蕃童」（吹笛）入選日本「帝展」	連雅堂《臺灣通史》出版
1927	第一屆臺灣美術展覽會於臺北樺山小學舉行	
1928		北伐統一
1930		臺灣「霧社事件」
1931		九一八事變，二戰揭開序幕
1935	臺陽美協公募第一屆臺北展出	日本殖民政府「臺灣始政四十週年紀念博覽會」於臺北舉行
1936	臺展（臺灣美術展覽會）至第十屆告一段落	

1937		七七事變中日戰爭開始
1938	第一屆府展（臺灣總督府美術展覽會）開幕	
1941	第七屆臺陽展新設雕刻部	太平洋戰爭爆發
1944	府展停辦	
1945	展覽活動暫停； 臺灣文化協進會成立；	日本投降，臺灣歸還中國； 二次大戰結束；
1946	臺灣行政長官公署公布「臺灣省全省美術展覽會章程及組織規程」； 戰後臺灣第一屆全省美展於臺北市中山堂正式揭幕； 臺北市長游彌堅設立「臺灣文化協進會」，分設文學、音樂、美術三部； 臺灣省立博物館正式開館；	聯合國安全理事會成立，中國為五個常任理事國之一； 臺灣各報紙廢除日文版； 國民黨政府主席蔣介石抵臺； 臺南發生大地震； 國民大會通過中華民國憲法； 美英蘇公布雅爾塔密約；
1947	第二屆全省美展在臺北市中山堂舉行； 李石樵創作油畫巨作「田家樂」； 畫家陳澄波在「二二八事件」中被槍殺； 畫家張義雄等成立純粹美術會；	臺灣發生「二二八事件」； 中華民國憲法開始實施； 德國分裂為東西德；
1948	第三屆全省美展與臺灣省博覽會特假總統府（日據時代的總督府）合併舉行展覽； 臺陽美術協會東山再起，舉行戰後首次展覽； 呂基正等組成青雲美展； 故宮博物館及中山博物院第一批文物運抵臺灣；	臺灣省通志館成立（為臺灣省文獻會之前身）由林獻堂任館長； 蘇聯封鎖西柏林，美英法發動大規模空軍突破封鎖，國際冷戰開始； 朝鮮以北緯三十八度為界，劃分為南、北韓，分別獨立；
1949	第四屆全省美展在臺北市中山堂舉行； 臺北師範學院勞作圖畫科改為藝術學系，由黃君璧任系主任；	臺灣省實施戒嚴； 臺灣省實施三七五減租； 美國發表「中美關係白皮書」； 北大西洋公約組織成立；
1950	何鐵華成立廿世紀社，創辦「新藝術」雜誌； 第五屆全省美展在臺北市中山堂舉行； 李澤藩等人在新竹發起新竹美術研究會； 朱德群與李仲生等在臺北創設「美術研究班」； 國民黨政府教育部舉辦「西洋名畫欣賞展覽會」；	陳誠出任國民黨政府「行政院長」； 首任臺灣行政官陳儀起義被捕而處槍決； 臺灣行政區域調整，劃分為五市十六縣； 蔣渭水逝世廿週年紀念大會在臺北市舉行； 朝鮮戰爭爆發，美國第七艦隊駛入臺灣海峽；

1951	廿世紀社邀集大陸赴臺名家舉行藝術座談會討論「中國畫與日本畫的區別」； 胡偉克等成立「中國美術協會」； 教育廳創辦「臺灣全省學生美展」； 第六屆全省美展在臺北市中山堂舉行； 政治作戰學校成立，設置藝術學系； 朱德群、劉獅、李仲生、趙春翔、林聖揚等在臺北市中山堂舉行「現代畫聯展」；	臺灣省政府通過實施土地改革； 國民黨政府「立法院」通過三七五減租條例；「行政院」通過臺灣省公地放領辦法； 省教育廳規定嚴禁日語及方言教學； 臺灣發生大地震； 國民黨政府「立法院」通過兵役法； 美國軍事援臺顧問團在臺北成立； 聯合國大會通過對中國大陸、朝鮮實施戰略禁運； 四十九國於舊金山和會簽訂對日和約；
1952	廿世紀社舉辦「自由中國美展」； 教育廳創辦「全省美術研究會」； 第七屆全省美展在臺北市綜合大樓舉行； 楊啟東等成立「臺中市美術協會」；	（國民黨）中日雙邊和平條約簽訂；
1953	第八屆全省美展於臺北市綜合大樓舉行； 廖繼春於臺北市中山堂舉行個展； 劉啟祥等成立「高雄美術研究會」；	臺灣實施耕者有其田及四年經濟計劃； 美在臺設立「大使館」，副總統尼克松訪臺； 朝鮮戰爭結束；
1954	全省美展在臺北市省立博物館舉行； 林之助等成立「中部美術協會」； 洪瑞麟等組成「紀元美術協會」； 臺北市文獻委員會舉辦藝術座談會，邀請臺籍畫家討論有關中國畫與日本畫的問題；	臺灣西部縱貫公路通車； （臺北）中美文化經濟協會成立； （臺北）「中美共同防禦條約」簽訂； 東南亞公約組織條約簽訂；
1955	臺灣省立師範學院改制為國立師範大學； 全省美展在臺北市立博物館舉行； （臺北）國立歷史博物館成立； 聯合報開專欄邀請黃君璧、藍蔭鼎、馬壽華、梁又銘、陳永森、林玉山、孫多慈、施翠峰等討論「現代中國美術應走的方向」；	臺灣石門水庫破土開工； 華沙公約組織成立； 美、英、法、蘇二次大戰後第一次高峰會議；
1956	（臺北）國立歷史博物館設立國家畫廊； 巴西聖保羅國際藝術雙年展向臺灣徵求作品參展； 中國美術協會創辦「美術」月刊；	國民黨政府「行政院」決定實施大專聯考； 臺灣東西橫貫公路開工； 日本加入聯合國；

	第十一屆全省美展在臺北市省立博物館舉行；	
1957	五月畫會與東方畫會成立並分別舉行第一節畫會展覽； （臺北）國立臺灣藝術館畫廊成立； （臺北）國立藝術專科學校設立美術工藝科； 莊世和等在屏東縣成立綠舍美術研究會； 第十二屆全省美展移至臺中舉行； 雕塑家王水河應臺中市政府邀請，在臺中公園大門口製作抽象造型的景觀雕塑，後因省主席周至柔無法接受，臺中市政當局斷然予以敲毀，引發文評抨擊； 歷史博物館主持選送中華民國畫家作品參加巴西聖保羅藝術雙年展；	臺塑於臺灣高雄開工，使臺灣進入塑膠時代； 《文星》雜誌創刊；
1958	楊英風等成立「中國現代版畫會」； 馮鍾睿等成立「四海畫會」； 五月畫會與東方畫會分別舉行第二屆年度展； 李石樵在臺北市中山堂舉行個展； 蕭明賢作品獲第四屆「巴西聖保羅雙年展」榮譽獎；	臺灣警備司令部正式成立； 國民黨政府「立法院」以秘密審議方式通過出版法修正案； 「八二三」炮戰爆發； 大戰後首次萬國博覽會於布魯塞爾舉辦；
1959	全省美展開始巡展； 王白淵在《美術》月刊發表「對國畫派系之爭」有感； 《筆匯》雜誌創刊； 劉國松在《筆匯》發表「不可比葫蘆畫瓢——對中學美術教學的意見」； 臺中書畫家施壽柏等成立鯤島書畫展覽會； 顧獻樑、楊英風等發起「中國現代藝術中心」，並舉行首次籌備會；	《筆匯》月刊出版革新號； 「八七水災」；
1960	由余夢燕任發行人的《美術雜誌》創刊出版； 版畫家秦松作品「春燈」與「迷航」被認為涉嫌辱及元首而遭情治單位調查，致使籌備中的中國現代藝術中心遭受波及而流產； 廖修平等成立今日畫會；	國民大會三審通過修改動員戡亂時期臨時條款； 蔣介石、陳誠當選第三任總統、副總統； 臺灣省東西橫貫公路竣工； 美國務院聲明（國民黨政府）中美兩國協議在美舉行中國故宮古物展；
1961	東海大學教授徐復觀發表「現代藝術的歸趨」一文嚴厲批評現代藝術，激起五月畫會劉國松反駁，引發現代藝術論戰；	

	（臺北）國立藝術專科學校成立美術科； 何文杞等於屏東縣成立「新造形美術協會」； （臺北）中國文藝協會舉辦「現代藝術研究座談會」； 劉國松等於臺北中山堂舉行「現代畫家具象展」；	
1962	廖繼春應美國國務院邀請赴美、歐考察美術； 「五月畫會」在（臺北）歷史博物館國家畫廊舉行年度展； 葉公超等成立「中華民國畫學會」； 陳輝東等成立「南聯畫會」； 聚寶盆畫廊於臺北開幕； 「Punto 國際藝術運動」作品來臺，於臺北國立藝術館展出；	胡適在中央研究院院長任內心臟病發逝世； 臺灣電視公司開播；
1963	私立中國文化學院設立美術系； 林國治等成立「嘉義縣美術協會」； （臺北）第一屆中國國防攝影展在歷史博物館展出，三十多國五百七十位攝影家提出作品參展； （臺北）國立中央圖書館成立「西方藝術圖書館」；	花蓮港開放為國際港；
1964	（臺北）國立藝術專科學校增設美術科夜間部； 美國亨利—海欲赴臺介紹新興的普普藝術，議題「美國繪畫又回到了具象」； 黃朝湖、曾培堯成立「自由美術協會」，並於臺灣省立博物館發起召開「十畫會聯誼會」；	臺灣嘉南大地震； 大陸與法國建交；
1965	（臺北）故宮博物院遷至外雙溪並開始公開展覽； 私立臺南家政專科學校成立美術工藝科； 中華民國中山學術文化基金會成立； 劉國松畫論《中國現代畫的路》出版；	蔣經國出任國民黨政府國防部長； 陳誠病逝； 《文星》雜誌被迫停刊； 美國介入越南戰爭；
1966	中華民國第一屆世界兒童畫展於臺北縣新莊國民小學舉行； 李長俊等成立「畫外畫會」； 私立高雄東方工專成立美術工藝科；	臺灣北段橫貫公路通車； 大陸「文化大革命」開始；
1967	臺灣師大藝術系改為美術系； 「文星藝廊」開幕； 何懷碩等發起成立「中國現代水墨畫學會」； 《設計家》雜誌創刊，首先將「包豪斯」概念介紹進臺灣；	臺北市正式改制為國民黨政府直轄市；

1968	《藝壇》月刊創刊； 陳漢強等組成「中華民國兒童美術教育學會」	《大學雜誌》創刊； 國民黨政府「立法院」通過九年國民教育實施條例；
1969	「畫外畫會」舉行第三次年度展；	臺大考古隊在臺東八仙洞挖出先陶文化層； 臺灣中國電視公司正式開播；
1970	（臺北）故宮博物院舉辦「中國古畫討論會」參加學者達兩百餘人； 新竹師專成立國校美術師資科； 廖繼春在歷史博物館舉行個展； 闕明德等成立「中華民國雕塑學會」； 「中華民國版畫學會」成立； 郭承豐等在臺北耕莘文教院舉行「七〇超級大展」； 《美術月刊》創刊；	臺灣中華航空開闢中美航線； 布袋戲「雲州大儒俠」風靡，引起立委質詢； 蔣經國在紐約遇刺脫難；
1971	《雄獅美術》創刊； 私立中國文化學院成立華岡博物館； 第一屆全國雕塑展舉行；	美國將琉球交予日本，臺灣各大學發起「保釣」遊行； 聯合國通過決議大陸代表中國入會； 美國務卿基辛格密訪中國大陸；
1972	王秀雄等成立「中華民國美術教育學會」； 謝文昌等成立「藝術家俱樂部」於臺中； 雄獅美術刊出「臺灣原始藝術特輯」；	蔣經國接任「行政院」，謝東閔任臺灣省主席； 國父紀念館落成； 尼克森訪問大陸，簽訂《上海公報》；
1973	楊三郎在省立博物館舉行「學畫五十年紀念展」； 歷史博物館舉行「張大千回顧展」； 雄獅美術推出「洪通專輯」； 劉文三等發起「當代藝術向南部推展運動展」； 「高雄縣立美術研究會」成立； 歷史博物館舉辦「臺灣原始藝術展」；	《文學季刊》出刊； 霧社山胞抗日四十三年紀念； 美國退出越戰；
1974	（臺北）國家文藝基金管理委員成立； 亞太博物館會議在故宮舉行； 楊三郎等成立中華民國油畫學會； 廖修平出版《版畫藝術》； 鍾有輝等成立「十青版畫協會」； 李詩雲等成立「花蓮縣美術教師聯誼會」； 油畫家郭柏川逝世；	

1975	《藝術家》雜誌創刊； 「中西名畫展」於歷史博物館開幕； （臺北）國家文藝獎開始接受推薦； 光復書局出版《世界美術館》全集； 楊興生創辦「龍門畫廊」；	四月五日，國民黨政府總統蔣介石心臟病逝；
1976	廖繼春去世； 素人畫家洪通的作品首次公開展覽，掀起大眾傳播高潮，也吸引數量空前的觀畫人潮； 朱銘木雕展在歷史博物館舉行； 雄獅美術設置繪畫新人獎；	
1977	李石樵的人體畫「三美圖」被印刊在華南銀行的宣傳火柴盒上，招致省政府及高雄市警察局的干涉，引起藝術界的反彈，掀起藝術與「色情」之論爭； 臺南市「奇美文化基金會」成立； 國內第一座民間創辦的美術館——國泰美術館開幕；	臺灣本土音樂活動興起，「民間藝人音樂會」、「這一代的歌」等； 彭歌、余光中抨擊鄉土文學作家，引發論戰；
1978	「西班牙第二十世紀名家畫展」在臺北市國泰美術館開幕； 「吳三連獎基金會」成立； 「臺灣美術運動史」出版；	蔣經國當選第六任國民黨政府總統，謝東閔為副總統；國民黨政府「行政院」任命林洋港為臺灣省主席，李登輝為臺北市長； 臺灣南北高速公路通車； 美國承認大陸政權；
1979	「光復前臺灣美術回顧展」在太極畫廊舉行； 旅美臺灣畫家謝慶德在紐約進行「自囚一年」的人體藝術創作，引起臺北藝術屆的關注及議論； 水彩畫家藍蔭鼎去世； 馬芳渝等成立「臺南新象畫會」； 劉文煒等成立「中華水彩畫協會」；	臺灣中正國際機場啟用； 「美麗島」事件爆發； 縱貫鐵路電氣化全線竣工；
1980	聯合報系推展「藝術歸鄉運動」； （臺北）國立藝術學院籌備處成立； 新象藝術中心舉辦第一屆「國際藝術節」； 「南部藝術家聯盟」成立； 高雄「八大畫廊」開幕；	北回鐵路正式通車； 國民黨政府「立法院」通過國家賠償法收回淡水紅毛城；
1981	席德進去世； 「阿波羅」、「版畫家」、「龍門」等三畫廊聯合舉辦「席德進生平傑作特選展」； 歷史博物館舉辦「畢卡索藝展」； 歷史博物館舉辦「中日現代陶藝家作品展」；	國民黨政府監察院追查銀行呆帳達一百七十億元；

	印象派大師雷諾瓦油畫原作抵臺於歷史博物館展出； 國民黨政府立法機構通過文化建設委員會組織條例； 臺灣膠彩畫學會成立； 臺灣師範大學美術研究所成立；	
1982	陳庭詩等成立「現代眼畫會」； （臺北）國立藝術學院建校； 「中國現代畫學會」成立； 「李梅樹八十回顧展」於歷史博物館舉行； 「顏水龍五十回顧展」於歷史博物館舉行； 國民黨政府文建會籌劃「年代美展」； 臺南市舉行千人美展； 蔣經國頒發中正勳章於張大千；	墾丁國家公園成立；
1983	李梅樹去世； 張大千去世； 臺北市立美術館開館； 張建富等成立「新思潮藝術聯盟」； 國民黨政府文建會完成黃土水遺作「水牛群像」的翻銅製作； 中華民國首次舉辦「國際版畫展」；	臺灣新電影興起；
1984	載有24箱共452件全省美展作品的馬公輪突然爆炸，全部美術作品隨船沉入海底； 畫家陳德旺去世； 畫家李仲生去世； 「一○一現代藝術群」成立，盧怡仲等發起的「臺北畫派」成立； 輔仁大學設立應用美術系； 國民黨政府文建會舉辦「臺灣地區美術發展回顧展」； 市立美術館舉辦「中國現代繪畫新展望展」；	國民黨第十二屆二中全會提名蔣經國與李登輝為總統、副總統候選人；
1985	李仲生「現代繪畫文教基金會」成立； 臺北市立美術館舉辦首次國際陶藝展； 臺北市立美術館舉辦「吳李玉哥八十六歲回顧展」； 國泰美術館停業； 臺北市立美術館舉辦「國防水墨畫特展」； 洪郁大等成立「高雄藝術聯盟」； 故宮博物院「六十週年慶」； 「國產藝展中心」開幕；	臺灣對外貿易總額躍居全球第15名； 國民黨政府「立法院」通過著作權法修正案； 美蘇高峰會談，冷戰開始打破；

	受邀參加臺北市立美術館「前衛、裝置、空間展」的藝術家張建富因場地布置與官方發生衝突； 臺北市立美術館代館長蘇瑞屏命令將李再鈐紅色雕塑作品「低限的無限」改成銀色，引發抗議風潮； 「環亞藝術中心」開幕； （臺北）「國立臺灣藝術館」更名為（臺北）「國立臺灣藝術教育館」；	
1986	省立美術館徵選門廳平面及立體美術作品進行公開作業； 臺北市第一屆「畫廊博覽會」在福華沙龍舉行； 黃光男接任臺北市立美術館館長； 臺北市立美術館舉辦「中國現代繪畫回顧展」及「陳進八十回顧展」； 「余承堯首度個展」； 郭少宗等成立「三三三現代美術群」； 九月臺北市立美術館將李再鈐「低限的無限」作品恢復原色； 賴純純等成立「現代藝術工作室（SOCA）」； 歷史博物館舉辦第一屆中華民國陶藝雙年展； 臺灣省立博物館正式成立；	「民進黨」宣布成立；
1987	素人畫家洪通去世； 臺北市立美術館舉辦「歐洲眼鏡蛇畫派回顧收藏展」；「中華民國現代雕塑大展」、「郭雪湖回顧展」； 國父紀念館展出大陸畫家作品，引起國民黨政府「教育部」追查； 臺灣畫廊推出大陸畫家作品，掀起大陸美術熱潮； 環亞藝術中心、新象畫廊、春之藝廊，先後宣布停業； 陳榮發等成立「高雄市現代畫學會」； 收藏家張添根宣布成立私人美術館； 國民黨政府「行政院」核准「公眾建築藝術基金會」； 「高雄市現代畫學會」成立； （臺北）國立歷史博物館舉辦「南美瑪雅文物展」；	「大家樂」賭風席捲臺灣； 七月十四日蔣經國發布命令，宣布臺灣地區自十五日起解除戒嚴，放寬外匯管制； 中華民國紅十字會開始辦理大陸探親登記；

1988	高雄市立美術館籌備處成立； 省立美術館開館； 以經營水墨為特色的臺北「漢雅軒」畫廊開業； 臺北市立美術館舉辦「後現代建築大師查理─摩爾建築展」、「中國──巴黎：早期旅法畫家回顧展」、「達達──永遠的前衛」大展、「克里斯多藝術展」、「李石樵回顧展」； 國民黨政府「行政院」決定增設「文化部」； 臺灣省立美術館與美國文化中心合辦「貝蒂─薩而裝置藝術展」；	一月十三日，蔣經國去世，李登輝繼任第七任國民黨政府「總統」； 國民黨開放報紙登記及增加版面； 國民黨政府「內政部」受理大陸同胞赴臺奔喪及探病申請；
1989	國民黨政府「行政院」同意於臺南縣設立（臺南）「國立臺南藝術學院」； 臺灣大學將原歷史研究所中之中國藝術史組改為藝術史研究所； 漢雅軒畫廊舉辦「星星畫會」十年展；大陸現代藝術團體「星星畫會」成員應邀自法抵臺參展； 由企業創立的「誠品畫廊」於臺北開幕； 臺北市立美術館舉辦「畢卡索膠版畫展」、「楊三郎回顧展」； 水彩畫家李澤藩去世； 由一群藝術創作者共同經營的非營利性展示空間「二號公寓」開幕； 《炎黃藝術》在高雄創刊； 國民黨政府文建會在法國巴黎及比利時舉行「臺灣排灣族石雕展」； 歷史博物館舉辦「當代藝術發展研討會」，郭繼生、楊明鍔、王方宇、李渝、蕭瓊瑞、高木森、崔詠雪、劉良佑發表論文； 第一位以大陸傑出人士身份獲准赴臺的大陸國畫家劉海粟抵臺訪問，並主持於（臺北）國立歷史博物館舉辦的「上海美專師生聯展」； 由黃宗宏先生發起的「帝門藝術教育基金會」於 12 月 28 日成立；	李登輝出訪新加坡； 涉及「二二八」事件議題的電影《悲情城市》獲威尼斯影展大獎； 海峽兩岸直撥電話開通； 國民黨政府文建會頒布實施「藝文專業人才及團體獎助辦法」；
1990	畫家李梅樹家屬於三峽設立「劉清港、李梅樹昆仲紀念館」預備館開館； 臺北市立美術館舉辦「劉國松畫展」； 「楊三郎美術館」破土興建； 「蘇聯當代畫家聯展」首獲官方提供展場； 臺北市立美術館舉辦「中國─現代─美術」研	國民黨政府文建會籌劃「第一屆全國文化會議」的召開；標誌著臺灣地區文化發展規劃開始走向規範化； 國民黨政府文建會提出「藝術銀行」方案，以政府購買年輕而

	討會； 畫家趙二呆設立「二呆美術館」於澎湖馬公市開幕； 鼎典藝術中心舉辦海峽兩岸藝術交流座談會「臺灣篇」； 臺北市立美術館舉辦「臺灣早期西洋美術回顧展」，「保羅─德爾沃超現實世界展」；	具潛力藝術家作品來鼓勵年輕藝術家創作； 中華民國代表團赴北京參加亞運會； 國民黨政府「總統府」國家統一委員會成立；
1991	國際都會建築規劃集團規劃「建築空間博物館」，由張世豪為首著手初期規劃； 陳正雄送作品「崇高」參加本次巴黎五月沙龍展並應邀參加開幕典禮；	國民黨政府文建會訂立「文化事業獎助條例」； 國民黨政府文建會草擬「促進兩岸文化關係方案」；
	臺灣五十位版畫家共一百幅作品參加中國美術家協會主辦的「北京─臺北當代畫展」； 鴻禧美術館開幕； 素人石雕藝術家林淵病逝； 臺北市美術館舉辦「臺北─紐約，現代藝術遇合」展； 顏水龍九十回顧展； 浦添生回顧展； 廖德政回顧展； 陳其寬回顧展； 楚戈回顧展； 國民黨政府文建會籌劃投資六億五千萬臺幣於南投草屯九九峰建造 25 棟「藝術家之屋」，以資助藝術家創作與工作； 楊三郎美術館建成； 臺北市立美術館舉辦「後現代藝術座談會」； 黃君璧病逝； 臺灣十六位畫家首次應邀參加法國巴黎秋季沙龍展； 「米羅的夢幻世界」於臺北市立美術館舉辦，共一百餘件作品； 臺北市南海路五十四號美國文化中心搬遷，特舉行「繪畫回顧展」，以追憶一九五五年以來的各項美展縮影； 畫家林風眠去世； 國民黨政府「立法院」審查「文化藝術發展條例草案」，一審通過公共建築經費百分之一購買藝術品； 臺北市立美術館決定結束現代水墨大展、雕塑大展、新展望展，而以「一九九二臺北美術雙年展」取而代之；	國民黨政府文建會基金管理委員會設置的「藝術工作者創業及創作表演貸款」開始接受藝術家申請； 國民黨政府「行政院」原則決議：以後公辦藝文獎項，大陸籍藝術家可參加，以促進兩岸藝術交流； 由國民黨政府文建會主辦、臺北市立美術館承辦的「中華民國美術思潮研討會」在市立美術館舉行； 大陸記者開始赴臺採訪活動； 臺灣動員戡亂時期自五月一日起終止； 臺資深中央民代全面退職； 臺灣獲准加入亞太經濟合作會議，國民黨政府「經濟負責人」蕭萬長率代表團赴韓國漢城開會； 大陸組織「海峽兩岸關係協會」，兩岸關係進入新階段；

1992	國民黨政府文建會決定每年補助臺幣六十萬作為畫家楊三郎私人美術館研究、整理作品之開支； 蘇富比在臺舉行首次拍賣，廖繼春《龜山島》和余承堯《通景山水》分別以六百四十萬和六百二十萬臺幣獲得油畫與水墨作品拍賣的最高價； 臺灣七位藝術家應邀參加德國「K18」展； 東海大學美術系師生畫展在南京博物院舉行，此為臺灣地區學校首次赴大陸展覽； 臺北市立美術館舉辦「陳澄波作品展」與「法國都市景觀展」； 畫家劉國松自香港中文大學藝術系退休歸臺，擔任東海大學客座教授一年； 北美館 9 週年慶，計劃將二樓開闢為「臺灣現代美術始發展陳列館」；	國民黨政府文建會通過「文化藝術獎助條例施行細則草案」； 世界博覽會於西班牙塞維亞舉行；
1993	歷史博物館舉辦「渡海三家——張大千、溥心畬、黃君璧展」； 由國民黨政府文建會籌劃耗資七千萬的「臺北國際傳統工藝大展」於松山外貿展覽館舉行； 藝術家李銘盛獲邀參加第四十屆意大利威尼斯雙年展，作品《火球或圓》； 由藝評人策劃主持的「臺灣 90 新觀念族群展」於漢雅軒舉辦； 「無限江山——李可染藝術世界」在歷史博物館舉辦； 由臺北市立美術館、自立報系主辦，太子建設協辦的「臺灣美術新風貌」展於臺北市立美術館舉辦； 原臺灣故宮博物院副院長江兆申獲邀於北京中國美術館舉辦個展，這是臺籍畫家第一人； 第二屆「中華民國畫廊博覽會」於臺中世貿中心開幕，共四十七家畫廊和八家藝術雜誌社參展；	
1994	省美術館舉辦「中國現代水墨畫大展」及學術研討會，邀請兩岸三地水墨畫家參展； 北美館舉辦「一九九四臺北現代美術雙年展」； 美商艾文斯達公司主辦的「美在臺北——第一屆國際藝術饗宴」在臺北世貿中心舉行；	文化大學美術系事件以抗議「意識形態暴力」和「言語性暴力」發起罷課行動，要求撤換系主任徐坤成，並赴國民黨政府教育部門抗議； 佳士得國際拍賣公司首次在臺

	（臺北）國立歷史博物館舉辦「徐悲鴻紀念展」，徐悲鴻紀念館館長廖靜文、徐慶平抵臺主持； 由皇冠藝文中心主辦、臺北市立美術館協辦的「戰後臺灣美術與環境的互動」學術研討會於臺北市立美術館舉辦； 「李澤藩紀念館」於新竹開幕，並展出作品三十六幅； 「第三屆畫廊博覽會」在臺北世貿中心舉行，共五十四家畫廊參展；	舉行中國現代油畫、水墨、水彩拍賣活動；
1995	范洪甲於臺北市立美術館舉辦生平第一次個展； 楊三郎病逝； 李石樵病逝；	
1997	顏水龍病逝；	
1998	陳進病逝；	
1999	臺灣獲得第七屆威尼斯國際建築雙年展大會邀請，由省立美術館舉辦； 「臺灣省立美術館」改為（臺中）「國立臺灣美術館」； 「朱銘美術館開幕」；	

資料來源：參閱《臺灣美術新風貌展（1945～1993）》，黃光男，臺北：臺北市立美術館，民國 82 年 8 月，第 345～353 頁。